园艺设施工程学

吴凤芝　主编

科 学 出 版 社
北 京

内 容 简 介

《园艺设施工程学》是一本涉及园艺学、建筑学、工程学、材料学和环境学等多学科交叉的实用性教材，重点讲述园艺设施的施工、建造和配套设备的安装与使用。本书共分为7章，主要包括园艺设施的发展现状与趋势、园艺设施的规划与设计、园艺设施工程材料的种类与特性、园艺设施建筑图的识别、园艺设施的建筑与施工、温室环境调控设备的设计与安装以及设施园艺的配套设施设备等。各章末另附思考题供教学使用。

本书适用于设施农业科学与工程专业和园艺专业以及相关专业的学生、教师及广大园艺工作者，同时可供相关科技、生产和管理人员参考。

图书在版编目(CIP)数据

园艺设施工程学/吴凤芝主编. —北京：科学出版社，2012
ISBN 978-7-03-033324-7

Ⅰ.①园…　Ⅱ.①吴…　Ⅲ.①园艺-设备-工程施工-高等学校-教材
Ⅳ.①S6

中国版本图书馆CIP数据核字(2012)第005794号

责任编辑：张静秋 / 责任校对：朱光兰
责任印制：赵　博 / 封面设计：北京蓝正广告设计有限公司

科学出版社出版
北京东黄城根北街16号
邮政编码：100717
http://www.sciencep.com
北京凌奇印刷有限责任公司印刷
科学出版社发行　各地新华书店经销
*
2012年2月第　一　版　开本：787×1092　1/16
2024年1月第十一次印刷　印张：16 1/4
字数：410 000
定价：59.00元
（如有印装质量问题，我社负责调换）

《园艺设施工程学》编委会

主　编　吴凤芝（东北农业大学）

副主编　郭世荣（南京农业大学）

　　　　　刘守伟（东北农业大学）

编　委（按姓氏笔画排序）

　　　　　王　健（南京农业大学）

　　　　　刘晓英（南京农业大学）

　　　　　李清明（山东农业大学）

　　　　　胡晓辉（西北农林科技大学）

　　　　　须　晖（沈阳农业大学）

　　　　　徐志刚（南京农业大学）

　　　　　潘　凯（东北农业大学）

主　审　邹志荣（西北农林科技大学）

前　言

蔬菜产业是关系民生和社会稳定的产业，随着我国人民生活水平的提高，人们对蔬菜产品的数量和质量有了更大和更高的要求。由于近年来灾难性天气频发，这给蔬菜生产带来了巨大损失，出现了供应和价格上的不稳定，特别是2010年，我国蔬菜市场价格持续上涨，已成为社会关注的热点和焦点。设施园艺是我国从传统农业向现代农业转变的重要途径，是实现蔬菜周年生产均衡供应的重要措施，是增加农民收入、稳定社会的有效途径，是调整种植业结构、增加就业的迫切需要。我国已成为世界设施园艺面积最大的国家，随着我国设施园艺的发展，对设施园艺专门人才的需求越来越迫切。为了满足我国对设施园艺专门人才的需要，教育部于2002年颁布了新的专业目录，增加了“设施农业科学与工程”专业。随后，我国很多农业院校相继设立了该专业，有些学校在园艺专业中设立了“设施园艺”方向，重点培养精通园艺设施的专门人才，并将园艺设施工程学列为本方向的核心课程，其目的是为了让学生在设施园艺学课程的基础上，进一步深入了解和掌握园艺设施的规划与设计、建筑与施工、环境调控及配套设备的使用技术。

园艺设施工程学是一门涉及园艺学、建筑学、工程学、材料学和环境学等多学科交叉的课程。它主要包括7章5方面内容：①园艺设施的规划与设计，如温室、大棚的规划和设计；②园艺设施工程材料的种类与特性，如墙体材料、覆盖材料等；③园艺设施的建筑与施工，如温室的建筑与施工技术；④园艺设施的环境调控及其设备，如温度的调控原理与技术设备等；⑤设施园艺配套设施设备，如育苗设备、土壤耕整作业设施设备、卷帘机等。本教材的特色是理论与实践相结合，实用性和可读性强，适用于设施农业科学与工程专业、园艺专业以及相关专业学生、教师和广大园艺工作者。

本教材由东北农业大学的吴凤芝教授主编，南京农业大学的郭世荣教授和东北农业大学的刘守伟为副主编，参加编写的还有南京农业大学的王健和徐志刚，沈阳农业大学的须晖，东北农业大学的潘凯，山东农业大学的李清明和西北农林科技大学的胡晓辉。第1章由吴凤芝编写；第2章的2.1、2.2节由潘凯和胡晓辉编写，2.3节的现代化温室结构设计部分由郭世荣编写，其他部分由吴凤芝编写；第3章由刘守伟编写；第4章由郭世荣和王健编写；第5章除辽沈型温室由须晖编写外其他均由吴凤芝编写；第6章的6.1节由吴凤芝编写，6.2～6.5节由郭世荣、徐志刚和刘晓英编写；第7章由李清明编写。统稿和校对工作由吴凤芝和刘守伟完成。

本教材是在积累一定文献资料和多年教学经验的基础上编写的，但由于水平有限，时间仓促，而且是一门多学科交叉的课程，不足和疏漏之处在所难免，谨请读者批评指正。

编　者

2011年8月

目　　录

第1章　园艺设施的发展现状与趋势

1.1　园艺设施的意义及发展史

1.1.1　园艺设施和设施工程的概念

1. 园艺设施

园艺设施是指利用专门的保温防寒或降温防热材料、设备，创造具备适合作物生长发育的小气候条件，性能比较稳定，可以进行作物栽培生产的结构或建筑。

在园艺设施中，从最简易的阳畦到大型温室的设计建造，从塑料薄膜棚室到大型锅炉、加温、照明和灌溉设备，包括成百上千种材料、设备，我们都称为园艺设施（邹志荣，2002）。

2. 设施工程

设施工程是一门直接为农业服务的应用技术学科。它主要是研究农业生物环境及其建筑设计、农业机器、农业排灌技术及设备、农业产品加工及贮藏工艺和设备、农用仪表及自动化系统、农业能源开发利用、农业自然资源开发利用、农业生态保护、农业机械化继电气自动化技术和管理以及农业生产新工艺等。它是在现代物理科学、生物科学、工程科学、经济科学和农业生产技术相结合的基础上，为满足农业生产和发展的需要而形成的一门新兴学科。设施工程的主要内容包括设施工程的类型与形式、设施工程的设计与计算、设施工程的施工技术与成本概算等（马淑英等，2001）。

1.1.2　园艺设施在农业生产中的作用与意义（以日光温室为例）

1. 丰富了城乡菜篮子，解决了长期困扰我国北方地区的冬淡季蔬菜供应问题

从全国设施蔬菜的人均占有量来看，1980～1981年只有0.2kg；1998～1999年增加到59kg，比1980～1981年增长了290多倍；2006年已达70kg左右，其中近40%是由日光温室提供的，特别是在冬季，设施蔬菜的90%以上是由日光温室生产的，这些蔬菜不仅满足了我国北方地区蔬菜市场的需求，而且已经有部分出口创汇，同时，也提供了部分水果、畜禽及水产品，丰富了城乡的菜篮子（李天来，2005）。

2. 大幅度提高了农民的收入，为调整农业产业结构提供了重要途径

据调查，20世纪90年代初期至中期，每亩温室可获产值1.5万～4.0万元，其中去除成本，可获得0.7万～2.5万元的效益（含人工费）。这一效益是大田作物的70～250倍，是露地蔬菜的10～15倍。尽管90年代后期和21世纪初日光温室生产的经济效益有所下降，但仍是农业产业中效益较高的产业。截止到2005年，全国已有约33万hm^2的大田作物改

种日光温室作物，每年可创造出高于大田作物几百亿元的经济效益。

3. 高投入和高产出的生产方式，带动了其他产业的快速发展

一般日光温室的建筑投资需要 75 万（竹木土墙结构）～180 万元/hm^2（钢架砖墙保温板结构）不等，生产投资每年需要 7.5 万～12 万元/hm^2。因此，如果每年全国建设 20 万 hm^2 日光温室，就需要投资 1500 亿～3600 亿元；按现有日光温室 70 万 hm^2 计算，每年生产投资可达 525 亿～840 亿元，这样可以带动建材、钢铁、肥料、农药、种苗、环境控制设备、小型农业机械、覆盖保温材料等相关行业的快速发展，可以安置百万以上的人员就业。

4. 光能的充分利用节约了大量能源

据测算，与大型连栋温室相比，充分利用光能，每亩日光温室可节约煤炭 50t 左右（35°N 地区可节约煤炭 30～40t，40°N 地区可节约煤炭 40～50t，45°N 地区可节约煤炭 60～70t），这样，70 万 hm^2 日光温室每年可节约煤炭 3.5×10^8t，节约资金 1000 亿元以上，同时，也减少了由于温室加温造成的环境污染。

1.1.3　园艺设施的发展史

园艺设施的发展大体上分为三个阶段。

1. 原始时期

2200 多年前，我国秦朝秦始皇就密令：冬种瓜于骊山陵谷中温处，瓜实成。西汉《汉书补遗》的《循吏传》记载："太官园种冬生葱韭菜茹，覆以屋庑，昼夜燃蕴火，待温气乃生，信臣以为此皆不时之物……"。这种栽培蔬菜的方法，开创了设施蔬菜栽培的先河，说明我国在 2000 多年前就已经能利用设施栽培蔬菜。到了唐朝，在陕西省西安市附近利用天然温泉热源在早春促成栽培瓜类，农历二月即可采收。元朝出现了风障畦栽培韭菜。从明朝开始，北京一带应用火室、炕洞（土温室）于冬季栽培喜温蔬菜，春节时便有黄瓜上市。这证明 400 多年前北京温室黄瓜已栽培成功。以上说明，我国设施蔬菜栽培有悠久历史，虽是靠风障、土温室、温泉补热的简易设施，但已积累了丰富的生产经验，显示了我们祖先无穷的智慧和力量。

在国外，古罗马帝国第五代皇帝尼禄时期，就有掘坑后覆盖云母片或滑石板片栽培黄瓜的记载，是用最简易的材料进行围护栽培，仅有挡风避寒功能，谈不上透光增温。到了 17 世纪，法国、英国、日本和德国等相继出现了简易的园艺设施。1894 年美国人留柏尔斯发明了平板玻璃，1943 年聚乙烯塑料薄膜用于农业生产获得成功后，设施园艺栽培进入了迅速发展时期。

2. 发展时期

第二次世界大战后，工业的发展、科学技术的进步以及玻璃和塑料薄膜的大量应用，极大地推动了世界各地园艺设施的发展，面积迅速扩大。荷兰、日本等国家，大力发展温室，起步早、发展快、面积大。日本在 1953 年引进农用塑料薄膜成功后迅速得到普及，以塑料薄膜温室和大棚为特征的日本园艺设施发展迅速，1965 年其设施园艺面积已达 4992hm^2，其结构也由竹木结构发展成钢管结构，温室构型大型化，设备功能较齐全。1949 年美国建

成了第一个现代化人工气候室，1953 年日本建造了第一个人工气候室，1957 年，原苏联建成了第一个大型人工气候室，世界范围内设施园艺的栽培水平已发展到了高投入、高产出和高技术阶段。

我国的园艺设施在这一时期也有了一定的发展，主要以风障、阳畦、温床、玻璃温室以及改良阳畦、北京改良式温室、东北立窗式温室和废气加温温室等为主。1956 年引入塑料薄膜拱棚；20 世纪 60 年代东北建成了占地 1hm^2 的大型塑料薄膜温室，吉林省建成了占地 1 亩[①]的塑料大棚，70 年代山西省建成晋阳型屋脊式连栋全钢结构塑料大棚，面积达 500hm^2。此时，我国已形成了以塑料薄膜拱棚为主，与风障、阳畦、温室和地面覆盖等园艺设施相配套的设施园艺栽培体系。

3. 现代化时期

20 世纪 70 年代后，大型钢骨架温室、大棚及连栋温室相继出现，而且室内温度、光照、灌水、CO_2 气肥等以及多层覆盖、无土栽培等设备配套，可实行人工控制。计算机应用于温室，设施园艺栽培实现了机械化、自动化和专业化。荷兰、日本、英国、德国、美国、以色列、韩国、俄罗斯、匈牙利、波兰和中国等国家设施园艺面积较大，档次较高，代表着世界设施园艺的发展趋势。据不完全统计，2008 年世界各国设施园艺总面积约有 3626855hm^2（表 1-1）。其分布与结构大体为：西欧各国由于常年天气凉爽，夏季短，而且气温不高，以连栋玻璃温室为主，这种温室透光和保温性能好，使用寿命长；南欧、亚洲及其他地区则以塑料薄膜温室和大棚为主。从设施内栽培的作物来看，各国有所不同，如荷兰以花卉为主、蔬菜为辅；中国和日本则 80%为蔬菜，20%为花卉和果树。

表 1-1　世界各国主要园艺设施面积（2008 年）

国　家	面积/hm^2	国　家	面积/hm^2
加拿大	2100	匈牙利	5500
美国	19000	波兰	6500
智利	1600	罗马尼亚	5505
哥伦比亚	2600	俄罗斯	6000
哥斯达黎加	200	原南斯拉夫	500
西班牙	35000	埃及	1000
比利时	2000	阿尔及利亚	5000
塞浦路斯	300	以色列	3000
丹麦	750	约旦	500
英国	2419	利比亚	1000
法国	7777	摩洛哥	200
德国	4800	突尼斯	1100
希腊	3478	土耳其	9800
荷兰	13000	南非	200
葡萄牙	2500	澳大利亚	600
瑞士	200	日本	53518
瑞典	200	中国	3346000
保加利亚	1350	韩国	52189
捷克	800	意大利	28669
合计			3626855

① 1 亩=666.67m^2。

我国从20世纪80年代开始，针对节约能源、调节市场，积极研究和推广了电热线快速育苗、装配式钢管塑料薄膜温室、大棚、立体栽培等技术。“九五”期间，我国研制开发了华北型、东北型、西北型、华东型、华南型，以及东南沿海等不同生态类型区和气候条件的新型、适用的温室及配套设施，提升了整体园艺设施水平。同时，我国又自建或引进了一批荷兰型、日本型及美国型塑料温室，开展了工厂化育苗技术研究，大面积采用了薄壁镀锌钢管装配骨架的塑料大棚，使我国以塑料大棚为主体的设施园艺生产体系发挥着更高的生产效益。“九五”至“十五”期间，国家又建设了一批现代化示范园区，建立工厂化新型设施园艺示范基地，使设施生产向规模化、集约化、现代化方向发展，使设施栽培成为21世纪现代农业生产的代表方式之一。“十一五”期间，我国大力发展以节能日光温室为主要类型的园艺设施，节能日光温室为我国独创，具有节能、高产、高效等特点，对解决我国冬春淡季鲜菜供应起到非常重要的作用，持续发展前景广阔，现在已由第一代节能日光温室发展到第四代节能日光温室。

1.2 园艺设施生产的现状与展望

1.2.1 园艺设施的面积

从表1-1可以看出，中国是世界上园艺设施面积最大的国家，日本位居第二。从玻璃温室和人均温室面积来看，荷兰位居世界第一。由表1-2可以看出，日本设施内栽培的作物，蔬菜生产占总生产面积的80%左右，其中果菜类可占90%，果菜类中最多的是黄瓜、甜瓜、番茄、西瓜、茄子、甜椒等，而我国西瓜和甜瓜在温室内生产较少；剩余20%是花卉和果树，且以花卉为主，花卉生产主要是切花类、钵物类和花坛用苗类，果树生产主要是栽培葡萄、柑橘和梨等。

表1-2 设施园艺作物生产面积（日本，1985年）

作物		面积/hm^2	比率/%
蔬菜	草莓	7929	22.3
	黄瓜	7520	21.1
	甜瓜	5970	16.8
	番茄	5563	15.6
	西瓜	3400	9.6
	茄子	1770	5.0
	甜椒	1500	4.2
	温室甜瓜	1270	3.6
	生菜	470	1.3
	南瓜	190	0.5
	总面积	35582	
花卉	切花类	4331	79.7
	钵物类	1008	18.6
	花坛用苗类	93	1.7
	总面积	5432	

续表

作　物		面积/hm^2	比率/%
果树	葡萄	3239	70.8
	柑橘	1130	24.7
	梨	67	1.5
	枇杷	51	1.1
	无花果	29	0.6
	桃	22	0.5
	其他	36.9	0.8
	总面积	4575	

资料来源：邹志荣，2002，略修改

1.2.2 国外园艺设施发展现状与趋势

主要以荷兰、美国、日本、以色列和韩国等园艺设施发达的国家为代表，介绍各国园艺设施的发展现状与趋势。

1. 世界各国发展现状

1）荷兰

荷兰地处欧洲西部，地理纬度较高为 51°N～54°N，海洋性气候，受大西洋暖流影响，冬季温和，1 月份最低月平均温度－1.7℃；夏季凉爽，7 月份最高月平均温度 21℃；年平均气温 10℃。而且人多地少，人地矛盾突出，基本是通过围海、围湖等方式来扩大耕地，因此，荷兰的温室园艺发展较早。对温室栽培的有利条件是气候温和，温室设施不必配备降温系统；不利条件是日照时间短，光照强度弱，选育耐弱光品种成为育种家主攻目标。目前，荷兰的经济支柱主要是设施园艺产业，主要进行鲜花和蔬菜的生产。同时，在玻璃温室和配套工程设施方面发展规模较大，而且均采用计算机控制。目前荷兰有设施面积约 1.3 万 hm^2，以玻璃温室为主，蔬菜、花卉的面积约各占一半。荷兰的全自动化温室成套设备在世界市场上享有很高的技术声誉，是世界上设施园艺产品出口最大的国家，但其温室生产耗能很大，全年温室消耗天然气达 $4.2\times10^9 m^3$。

文洛型结构是荷兰温室的主要类型，近年来逐渐向大型化方向发展，最大面积甚至达 $0.5hm^2$。荷兰的种苗业很发达，全国有 130 多家种苗公司，一般情况下种植者不自己播种育苗，而是由这些种苗公司向他们提供优质的种苗和种子。

在荷兰，大型的温室公司在温室结构、计算机控制、机械化、自动化方面的技术、设备开发以及农产品的分级、包装、运输等方面起着重要的作用，促进了园艺设施的发展。荷兰是世界著名的鲜花生产国，每年出口收入达 45 亿欧元，蔬菜每年出口近 35 亿欧元。国内有十多家温室制造公司，大多是 20 世纪 20 年代成立的，生产历史较长，经验丰富，技术精湛。荷兰温室园艺生产之所以能够可持续发展，其具有现代化的管理体制、市场化的运行机制、社会化的服务体系、专业化和规模化的经营策略是荷兰温室园艺可持续发展的政策保障。强大的研发队伍与雄厚的科技储备是推进荷兰温室园艺可持续发展的技术保障。荷兰围绕现代化温室研究有 50 余年历史，涉及的学科有几十个。目前，Wageningen 大学与研究中心 6000 名从事教学与研究的人员中，近千人参与温室园艺相关领域的研究工作，并卓有成效。

2）美国

美国是从第二次世界大战后开始进行园艺设施研究的，依靠其强大的工业技术，20 世纪 90 年代后取得了较大的发展，在很多方面均达到了世界领先水平，包括设施专用品种、温室降温设备以及环境控制的传感器设备等。

美国主要进行园艺作物的适地栽培，温室面积约 1.9 万 hm^2，大部分是玻璃温室，少数是双层充气塑料薄膜温室，近年来主要发展先进的 PC（聚碳酸酯）板材温室。

美国推出了如下在温室中使用的新技术。

（1）太阳能水墙温室。这种温室包括两层结构：第一层是骨架结构，面积约为 $370m^2$；第二层是温床，面积约为 $167m^2$。温室的东、西、北面墙上都装有厚 15cm 的带玻璃罩的太阳能聚酯电池板，它的绝热性能相当于 4 块玻璃，光通量比 2 块玻璃还多，吸收的热量储存在两边的水墙里，水温能上升到 15～27℃，喷灌时就在太阳能驱动下抽出里面的水来。

（2）无土栽培。番茄、黄瓜和生菜是美国在温室中进行无土栽培的主要蔬菜种类，大多数温室用于种植花卉。20 世纪 50～70 年代，采用水培为主，用石砾、砂等固定根系，营养液循环利用，由于成本较高，数量逐渐减少。80 年代开始用袋培系统或营养液膜系统，以草炭、蛭石、珍珠岩和各种泡沫塑料的废脚料做基质，同时开始引进少数岩棉培栽培系统，90 年代以来，岩棉培系统占绝大多数。

（3）二氧化碳的应用。近 20 年来，美国的温室已广泛使用增施二氧化碳气肥技术，浓度比空气中的高 2 倍，主要通过燃烧碳氢化合物的方式实现。

（4）熊蜂授粉。美国最早采用的是振荡授粉，自 1991 年开始，引入熊蜂进行授粉，这种方式比人工授粉更均匀，而且每天授粉时间长，使作物增产 20%左右。可以从专门饲养熊蜂的部门租用熊蜂，每个蜂箱 80 只蜂，能完成 $1500m^2$ 左右的授粉面积，平均每只蜂为 $20m^2$ 左右，蜂箱需要每个月更换一次。

（5）机器人移苗。随着对蔬菜、花卉和观赏植物苗木数量的需求不断增加，美国各地成立了许多专业生产这些苗木的农场，广泛采用穴盘育苗。由于穴盘育苗的工作量较大，因此研制成功了移苗机器人。移苗机器人只有一只机械手，前面有两个触角传感器，它能将在小苗孔穴盘上生长一段时间的幼苗移到大苗孔穴盘上，平均每 1.2s 移 1 株，而且机器人还能辨别苗的好坏，能在移苗过程中挑出不好的苗，选择壮苗。

（6）基质消毒。常用的消毒方法是蒸气消毒和化学消毒，但是蒸气消毒成本太高，化学消毒又对设施环境有污染，因此美国现在正在研究太阳能消毒法，此方法最大的优点是节约能源，虽然不能杀死所有病虫，但可以在很大程度上减轻病害的传播。

3）以色列

以色列的自然地理条件非常恶劣，因此其园艺设施产业非常发达，尤其在微灌设施及其控制方面，处于世界领先地位。近年来温室农业在以色列取得了飞速发展，温室面积从 20 世纪 80 年代的 $900hm^2$ 发展到 90 年代的 $2000hm^2$，到 2008 年已达到 $3000hm^2$。以色列不但首先研制成功了具有实际应用价值的温室作物模型，在开发温室作物专用品种方面更有相当的优势。以色列最有特点的现代园艺设施之一是采用大型塑料薄膜做保温覆盖材料的连栋温室，更加充分地利用了光热资源，内部配备先进的灌溉技术，主要用来生产花卉和高档蔬菜，温室的环境调控设备更是先进，有幕帘、天窗及遮阳网，可以根据光线强度的不同自动调节和移动，并有温、湿度等环境条件的控制系统，现在已成功地开发了一系列计算机软件、硬件，实现了温室中供水、施肥和环境条件的自动化控制。此外，最新的弥雾气候控制技术，使温室降温所需的能耗降低。通过计算机自动调温、调湿、调光的先进技术，在促进全球现代化农业的大发展方面做出了重大的贡献。

4）日本

日本属于岛国，土地狭窄，气候相对恶劣，这是其设施园艺产业比较发达的原因之一。日本的园艺设施内主要生产蔬菜、花卉和水果。日本的塑料业很发达，正因如此，其温室以塑料温室为主，大面积推广使用大型双屋面温室和连栋塑料大棚，内部采用环境综合调控系统，能全方位地进行内部通风降温、保温和加温、灌水施肥、温湿度等方面的调控，实现自动化和智能化管理，日本的无土栽培技术享誉世界，有基质袋培、槽培、营养液膜栽培、溶液流水培、水气培、滴灌岩棉培、渗灌沙培等多种栽培方式。

在设施园艺和无土栽培方面得到长足发展的基础上，日本又开始了植物工厂方面的研究，并很快得到了迅速发展和应用。到2009年，日本已建成并运行的植物工厂有50余个，面积达18900hm^2。这种植物工厂是一种全封闭的园艺设施，内部利用钠蒸气灯取代太阳光，采用营养液栽培，通过计算机将温度、湿度、CO_2浓度和肥料等控制在最适合蔬菜生长发育的水平，完全实现环境高度自动化控制的生产栽培模式。

5）韩国

韩国政府自1992年开始重点发展设施园艺产业，到2008年底，设施栽培面积约为5.3万hm^2，其中能进行温湿度、气体施肥等环境综合调控的现代化设施的面积占10%左右。近年来随着社会的发展和生活水平的提高，人们更加认识到高级园艺产品对身体健康的重要性。因此，设施园艺在韩国逐渐被重视，并得到较好的发展。

(1) 优良品种的培育和新技术的开发、普及：韩国近年来重点进行了设施园艺专用品种的培育，尤其是特色蔬菜品种的工厂化育苗和栽培技术的开发普及。

(2) 园艺设施的现代化和自动化建设：随着新品种和新的育苗、栽培技术的开发与普及，与之配套的园艺设施的现代化和自动化建设也逐步开展，每年建设30～40个。首先是自动化管式温室的建设；其次是钢筋式温室及玻璃温室的建设，同时进行工厂化育苗设施的建设。每年还建成10个左右具有自动化栽培设施的花卉综合生产区域。同时，为了降低成本，还进行温室模式和设施资材的标准化、规格化的开发研究。

6）其他国家

加拿大、法国、西班牙和澳大利亚等国家逐渐开展与园艺设施比较发达的国家之间的科研合作，已取得一定成果，而且由于设施园艺的高投入、高产出和高效益的特点，有的国家的设施园艺产业已经成为国民经济的重要支柱。奥地利、丹麦等许多国家都先后建立了一批植物工厂，用于试验研究和展示现代设施园艺。

2. 国外发达国家设施园艺发展趋势

(1) 温室的建筑面积呈大型化趋势：在农业技术先进的国家，每栋温室的面积都在0.5hm^2以上。温室空间的扩大，便于进行立体栽培和机械化作业。

(2) 温室产品呈多样化、特色化、专业化、规模化：随着各国设施农业的发展，除原来作为主栽作物的蔬菜、水果和花卉外，一些能产生高附加值的植物（如香料、特种植物、工业用原料植物、药用植物、食用菌、其他特种观赏植物等）已成为温室栽培的主要种类，温室类型和栽培作物种类趋于多样化。

(3) 覆盖材料向多功能、系列化方向发展。

(4) 资源优化利用和产品的无公害化：无土栽培技术发展迅速，同时大力发展生物防治技术和无公害生产技术。目前，世界上已有100多个国家将无土栽培技术用于温室生产。在发达国家的设施农业中，无土栽培占温室面积的比例，荷兰超过70%，加拿大超过50%，比利时达到50%。

(5) 温室生产由成本高的地区向成本低的地区转移。

(6) 随着科学技术的高速发展，采用现有的机械化、工程化和自动化技术，实现温室技术质量标准化、加工工艺流程化、经营管理科学化的运营模式是世界各国追求的目标。

(7) 温室环境控制和作物栽培管理向高度智能化、网络化方向发展。

(8) 温室节能技术成为研究的重点：温室光能利用、作物生长与温室环境关系等基础理论研究，以及温室的结构优化设计与新材料开发等在发达国家受到重视。

(9) 设施主体与设施园艺紧密结合：生物学、园艺栽培学、微气象学与生态学、农业生物环境与能源工程学、土木工程学、机械工程、测试技术与自动控制、计算机与信息科学、市场营销与经济学等学科之间相互渗透的综合性研究越来越受到重视。

1.2.3 国内园艺设施发展现状与趋势

1. 基本情况

我国温室生产在一个相当长的时间内是初级的纸窗温室。新中国成立后，将纸窗温室改为玻璃温室，即北京式温室。1966年有了塑料大棚，20世纪70年代温室蔬菜种植迅速在全国发展。从80年代初，北京、天津等地均开始引进或自建现代化自动控制的大型连栋温室，拟采用国外的生产技术方式解决北方冬季蔬菜供应问题，但主要由于“三高”（高投资、高能耗、高成本）“一低”（效益比较低）的原因，绝大部分相继停止运行。我国蔬菜生产在北方采用传统的加温温室，由于煤火费用太高，产量效益相对低下，这在能源短缺的我国，无法大面积发展，此时，节能型日光温室便应运而生。1985年，辽宁省在海城地区采用塑料日光温室，冬季不加温生产黄瓜取得成功，并且由第一代节能日光温室发展到第三代节能日光温室。1987～1989年农业部组织北方地区进行适应性开发研究，在日光温室种植番茄、茄子、辣椒等喜温果菜类和多种叶菜类获得成功，并取得高产，面积发展到1000hm^2。1990年，财政部、国家科学技术委员会、农业部立项开发推广，成立了“日光温室高效节能蔬菜栽培技术开发协作网”，使此项技术迅速推广应用。

在科学研究方面，“六五”（1981～1985）期间，开展了塑料大棚骨架结构及自然光照人工气候室环境机理与调控技术的探索性研究，并对可控环境下蔬菜育苗技术改革进行了系统研究，初步探讨了工厂化育苗的可行性。“七五”期间，农业部设立了“塑料大棚结构优化与蔬菜栽培技术研究”重点攻关课题。“八五”期间，农业部对“日光温室结构性能优化及高产栽培技术”、“工厂化育苗设施及配套技术”和“高产优质低成本的蔬菜无土栽培技术”三个方面进行了重点研究。“九五”期间，国家科技部批准启动了重大科技产业化工程项目

"工厂化高效农业示范工程"，该项目的实施，大大推动了可控环境下农作物高效节能生产技术进步和发展，使温室设施、良种选育、种植工艺、采后处理加工及产品检测等方面都取得了长足的进展。"十五"期间，可控环境农业技术研究列入国家"863"计划，成为"现代农业技术"主题中的重要专题。开展了"可控环境下主要蔬菜作物优质高效和无公害全季节生产技术"、"可控环境下农业数据采集与自动控制系统研究"、"可控环境下蔬菜生育障碍防治技术与配套产品"、"可控环境下园艺作物动态生长模拟与优质高效生产技术"等方面的研究，获得了一批具有自主知识产权的新技术和新产品，进一步推动了我国可控环境农业生产技术普及与提高。

"十一五"期间，国家加大了对设施园艺发展的重视程度和投入力度，中央十七届五中全会明确提出"加快发展设施农业和农产品加工业、流通业，促进农业生产经营专业化、标准化、规模化、集约化"。《国家中长期科学和技术发展规划纲要（2006～2020 年）》明确指出了"积极发展工厂化农业，提高农业劳动生产率"的发展方向。农业部也在 2008 年发布了《关于促进设施农业发展的意见》，北京、天津、浙江、辽宁、吉林和黑龙江等地方政府先后出台了发展设施农业的相关文件和扶持政策，科研机构、企业和农民参与设施农业发展积极性空前高涨，各地积极落实扶植政策、稳步加大资金投入、不断强化科技创新，技术培训日益活跃，社会服务日益健全，初步走出了一条适合我国国情的设施农业发展道路（喻景权，2011）。

我国的设施园艺经过 30 余年的发展，基本形成了不同区域特色的设施类型、生产模式和技术体系。据农业推广中心统计（表 1-3），截至 2010 年，我国园艺设施面积已达 344.33 万 hm^2，占世界总面积的 80%以上。从设施类型上看，大型连栋温室 1.36 万 hm^2，占 0.4%左右；节能日光温室 66.67 万 hm^2，占 19.36%；普通日光温室 11.67hm^2，占 3.39%左右；塑料大中棚 134.00hm^2，占 38.92%；小棚 128.67hm^2，占 37.37%。2010 年的设施面积是 2000 年的 1.9 倍，连栋温室发展很快，是 2000 年的 10.5 倍。从产地分布看，环渤海湾及黄淮地区仍是我国设施蔬菜的最大产地，占我国面积的 55%～60%，山东、河北和辽宁发展尤为迅速。该区域主要充分利用其充足的光能资源发展节能日光温室，实现了冬春果菜的无加温生产。其中，山东省的设施蔬菜产值已经达到全省种植业总产值的近一半左右。在长江中下游地区，主要通过发展塑料大棚等设施，实现果菜、根菜、叶菜、水生蔬菜等多样化蔬菜的周年生产，面积占我国的 18%～21%；而在西北地区，近年来积极发展以平地和山地日光温室以及非耕地无土栽培为代表的设施蔬菜生产，面积发展迅速，约占我国的 8%；其他地区则由于气候等原因（如华南地区），发展相对较为缓慢，约占 15%。

表 1-3　我国园艺设施面积（$10^4 hm^2$）

年　度	合　计	小拱棚	大中棚	节能日光温室	普通日光温室	加温温室	连栋温室
1978 年	0.53	0.37	0.13			0.03	
1982 年	1.05	0.71	0.18	0.0	0.11	0.05	
1984 年	3.16	2.17	0.55	0.01	0.31	0.12	
1986 年	7.92	5.39	1.37	0.06	0.85	0.25	
1988 年	12.00	7.87	2.15	0.22	1.43	0.33	
1990 年	15.68	9.66	3.34	0.75	1.53	0.4	
1992 年	24.36	14.33	5.73	2.22	1.57	0.51	
1994 年	43.45	22.31	10.67	6.29	3.63	0.55	

续表

年　度	合　计	小拱棚	大中棚	节能日光温室	普通日光温室	加温温室	连栋温室
1996年	83.83	37.57	25.59	12.53	7.16	0.97	0.01
1998年	138.93	54.66	52.26	20.71	8.71	2.52	0.07
2000年	183.40	69.12	71.27	28.35	11.68	2.85	0.13
2002年	210.74	75.81	82.46	38.31	11.67	2.38	0.11
2004年	257.68	98.87	106.64	39.19	10.78	1.47	0.73
2006年	274.15	107.62	109.06	45.38	9.55	1.77	0.77
2008年	334.65	127.88	130.21	61.76	11.57	1.93	1.30
2010年	344.33	128.67	134.00	66.67	11.67	1.97	1.36

资料来源：全国农业技术推广中心，2010

表1-4表明，我国设施栽培面积最大的省（区）是山东、河北、河南、辽宁、江苏和广西，而日光温室面积最大的省份为山东、辽宁和河北等；上海、浙江、福建、江西、海南、贵州和云南等省（市）日光温室很少或没有。连栋温室面积较大的是山东、广西、河北和浙江等，塑料大棚面积较大的是山东、江苏、安徽和辽宁等省，小拱棚或遮阳网面积较大的是河北、江苏、山东和广西等省（自治区）。

表1-4　我国主要地区的园艺设施状况（hm^2）

地　区	设施总面积	连栋温室	日光温室	塑料大棚	小拱棚/遮阳网
北京市	14980	120	7913	5480	1467
天津市	19394	67	4727	11640	2960
河北省	349534	867	97333	94667	156667
山西省	78048	7	26307	35007	16727
内蒙古自治区	48954	247	24200	22760	1747
辽宁省	277000		158200	101667	17133
吉林省	50000		12000	38000	
黑龙江省	22682	35	6473	14267	1907
上海市	11467	527		9607	1333
江苏省	286700	33	18667	162000	106000
浙江省	110467	867		74000	35600
安徽省	157001		3667	106667	46667
福建省	27067	67		333	26667
江西省	103333	600		57333	45400
山东省	727868	2267	210867	275467	239267
河南省	261420	473	40340	95907	124700
湖北省	74654	167	1020	38800	34667
湖南省	91033		100	46273	44660
广东省	21533		3600	4400	13533
广西壮族自治区	191668	1267	8667	33067	148667
海南省	5800			2200	3600
重庆市	18274	300	40	6067	11867
四川省	113432	533	233	41333	71333
贵州省	4060	7		720	3333

续表

地　区	设施总面积	连栋温室	日光温室	塑料大棚	小拱棚/遮阳网
云南省	32000	1067		20933	10000
西藏自治区	2847		987	1860	
陕西省	111999		17333	61333	33333
甘肃省	63634		24967	27600	11067
青海省	4160		4160		
宁夏回族自治区	28674	7	14133	7467	7067
新疆维吾尔自治区	33720	447	12553	10607	10113
合计	3469670	9905	698487	1513796	1247482

资料来源：农业部，2009

2. 我国园艺设施面临的问题

(1) 数量较大，质量较差，安全隐患大。全国园艺设施面积已达 346 余万 hm^2，已成为世界园艺设施面积最大的国家，如按城乡人均占有面积来看，现人均达到 10.7m^2，比 20 世纪 80 年代每人 0.36m^2 增长了 28.7 倍，若以当前产量 20kg/m^2 计算，则人均占有蔬菜 143.4kg，如加上露地蔬菜，人均年占有蔬菜 300 多 kg，比 80 年代人均占有量仅 73kg 增长了 3.1 倍，这样每人每日可吃到 0.82kg 蔬菜，已完全满足国人吃菜要求。因此，园艺设施面积较大，蔬菜产需总量已基本平衡，大宗蔬菜出现了季节性、区域性的相对过剩，价位下跌，效益下降。所以，要稳定面积，提高质量，增加科技含量，优化生产布局与茬口安排，才能提高单位面积产量与效益。

从园艺设施水平来看，80%以上的温室和大棚是结构简易类型，以竹木、水泥杆为骨架，厚厚的土墙降低了土地利用率，利用率仅为 40%～50%；作业空间小，立柱多，不便于机械操作，只能靠手工作业，更谈不上自动化管理；保温、采光性能差，强度弱，难以抵御雨雪冲击，年年维修，年年冲垮。例如，2007 年春季辽宁省遭遇 50 年不遇的特大暴雪，导致全省近 2%的日光温室倒塌，30%的大棚倒塌，造成直接经济损失近百亿元。2008 年南方的冰雪灾害，园艺设施损失巨大。2010 年黑龙江省早春一场 60 年不遇的大雪，造成近 8000 栋棚室倒塌，直接经济损失超亿元。对于农户而言，一家一户还能随时补修，只不过增加了维修费用。对于企业来说，大规模专业化生产，年年维修是很不现实的。所以，要实现设施园艺产业化，就必须提高园艺设施水平和管理水平。具体来说，改造普通型温室，逐步提升温室水平。要改土木水泥为钢架结构，改草帘为保温被覆盖，改手工操作为小型农机操作，改单纯温室骨架为内部配备调节环境功能的设备，逐步向现代化、自动化方向发展。同时要加强温室建造的标准化。

(2) 生产的盲目性、灾害性气候和病虫害爆发带来的蔬菜生产供应的不稳定性。目前，我国各地都加大力度发展设施园艺生产，但缺少产业发展宏观规划研究。我们还难以回答我国设施园艺面积发展到多少较为合适这一基本问题。我国大多数设施环境可控性差，生产中因短期和长期的低温弱光导致的产量不稳定情况在所难免。近年来因土传和病毒传播病虫害如根结线虫和番茄黄化曲叶病毒造成的黄瓜和番茄产量毁灭性现象也在一些区域不断发生。此外，近年来灾害性气候和极端天气频发，均导致了蔬菜生产供应的不稳定性。

(3) 过量化肥、农药带来的环境与蔬菜产品安全性问题。由于低温弱光等原因，我国各地特别是北方一些地区采用过量施肥的方式来提高产量，很多地区的养分利用率仅为 10%～

20%。此外，设施条件下的低温高湿和高温高湿等环境也导致病虫害高发，必须依赖大量化学合成农药的投入来防控。所有这些不仅引起设施产品的农药和化肥污染，也容易造成土壤盐渍化以及环境和生态污染，成为社会各界普遍关心的问题。

（4）栽培技术不规范，产量低，效益差。我国设施生产普遍存在产量低、效益差的现象。荷兰温室面积中的70%以上已采用无土栽培，微计算机控制温室的生产达90%以上，使作物栽培向自动化、工厂化发展。而我国大多数农户仍沿用传统的管理方法去种植，难以提高单产。荷兰的番茄和黄瓜等单位面积产量已经达到了100kg/m^2，而我国大多数地区的产量仅为15kg/m^{2}左右，可见相差甚远。随着设施蔬菜生产面积的与日俱增，其产品出现相对过剩状况，由此造成设施蔬菜季节差价不断缩小，价位不断降低。据调查，应时蔬菜价格的下降幅度大多在20%以上，大众化反季节蔬菜价格的下降幅度在50%以上，而日设施蔬菜产量增加缓慢，生产成本却有增无减，因此经济效益逐年下降。

（5）生产面积较大，社会化服务体系与市场发育不健全。表1-5表明，2008年全国蔬菜播种面积为2021.58万hm^2，其中设施蔬菜占16.56%，全国蔬菜产业年净产值5915多亿元。如此庞大的销售量，要靠市场良性循环才可实现。而我国小生产与大市场、大流通的矛盾突出，分散性的经营格局，随意性的种植制度，不确定的品种数量和质量，小生产很难与蔬菜大市场、大流通对接。因此，在发展设施生产的同时，就必须建立市场流通场所，配套的社会化服务体系要跟上。要宏观管理，及时收集和发布市场信息，指导农民及时调整种植计划，减少盲目性，以稳定农民的收入。同时，抓好市场管理，寻找销路，完善社会服务体系，包括生产资料市场、产品市场、产品采后处理、运销等，提高整体生产效益。

表1-5　我国蔬菜生产情况

项　目	生产面积/万hm^2	产值/亿元	净产值/亿元
露地蔬菜	1125.65	2026.17	1620.94
地膜蔬菜	561.23	1333.48	933.44
设施蔬菜	334.70	4545.45	2840.74
蔬菜产业	2021.58	8505.10	5915.12
设施蔬菜占蔬菜产业的百分比/%	16.56	53.44	48.03

资料来源：全国农业技术推广中心，2008

（6）连作障碍和病虫害问题成为制约设施园艺可持续发展的瓶颈。我国的设施生产存在种植种类单一的特点，土壤次生盐渍化、酸化，土传病害和营养失衡导致缺素症等问题日益严重，但我们的连作障碍克服技术体系尚未成熟，日益严重的黄瓜根结线虫和番茄黄化曲叶病毒未能得到根本控制。

3. 我国园艺设施发展的对策

我国大多数地区属于大陆性季风气候，适宜发展园艺设施；经历了30多年，我国设施农业已取得近百项国家级和省部级科研成果，为进一步配套组装、开发高效生产技术体系提供了条件。同时，已同许多发达国家的研究机构建立起良好的合作关系，为进一步与国际接轨创造了有利条件。

尽管我国在园艺设施领域的科研和建设方面取得了很大的成效，但要使园艺设施产业进一步实现科学的可持续发展应做好以下几方面工作。

（1）理顺设施园艺产业的管理体系，成立专门指导机构。设施园艺的宏观管理，要按照国家经济技术与社会发展的总体布置有序、健康、快速地发展，要尽快把园艺设施的开发建设纳入国家及各级地方政府的农业发展计划中，作为农业产业开发和国家科技创新体系的重要组成部分。科技是生产力，同样制度也是生产力；再好的科技没有相应推广管理制度作为保证也是不可能顺利实现可持续发展的。设施园艺产业是多学科交叉的行业，由生物、环境、工程三大学科领域的技术与产品组成。其中，生物是核心，环境是载体，工程是基础，三者相辅相成，缺一不可。同时，也不能忽略设施园艺产业归属于农业产业。因此，该产业应该隶属于农业部门，但鉴于设施园艺产业的重要性、复杂性和特殊性，建议成立一个隶属于农业部的新部门，以此为基础，建立全国范围的对设施园艺产业进行指导的专门机构，其工作重点应放在产业服务上。

（2）加强配套基础设施建设、注重专业人才培养。设施园艺产业的发展离不开大量的配套基础设施建设，其中包括水、电、路、仓储及市场等方面。近 15 年来，国家通过农业开发项目、新农村建设等渠道加大了对农业基础设施的建设，为设施园艺产业的发展奠定了基础，但为设施园艺专门配置的基础设施缺乏现象依然严重，需要各级部门及各个资金渠道的大力支持。专业人才是产业发展最重要的软件力量。设施园艺产业是一个科技含量较高的产业，生产者需要有较高的素质。加快设施园艺生产与经营管理技术人才的培养，是园艺设施迈上新台阶与可持续发展的关键问题之一。可以从几个方面来加强园艺设施专业人才的培养，首先是通过高等教育、职业教育等途径培养高素质的专业人才，并搭建各层次人才深入基层创业和就业的平台，使之成为未来产业发展的领军者；其次是对基层园艺设施领域原有技术骨干的集中性科技培训，使其成为产业提升的示范者；最后是对广大棚室生产农户的科技培训，使其掌握基本的生产技能，成为产业发展的主力。

（3）以市场为导向、利用资源、突出特色、合理规划发展模式。产业发展的规划必须从市场调研入手，设施园艺发展模式不可能千篇一律。山东寿光能够发展成为我国设施园艺产业的第一市，并成为我国最大的蔬菜基地，其根本是所选发展模式的适合性。我国地域辽阔，基本条件千差万别，适应的才是最好的。利用资源是为节约成本，突出特色是要占领市场，在此基础上建立的发展模式就是合理的、科学的。

（4）加强抗病、优质、低能耗和高养分利用率的品种培育以及连作障碍克服技术的研发。基于基因组学和分子育种方法和技术，加快对适合设施园艺新品种的培育，研发环境友好型土壤消毒技术和蔬菜作物病虫害特别是土传及病毒传播的病虫害的控制技术，如根结线虫和番茄黄化曲叶病毒等。

（5）成立专业合作组织、提高经营规模和生产效益。为适应市场国际化的发展潮流，分散的设施园艺生产方式抗风险能力极差，《中华人民共和国农民专业合作社法》的实施，为农民成立属于自己的经济互助组织铺平了道路。通过合作互助生产促进了生产资源整合、实现了产业的分工，节约了劳动力，增强了抗风险能力。同时，还为先进农业科技的推广提供了条件，也为现代农业企业的发展奠定了基础。

（6）制定国家或行业标准，促进园艺设施的规范化与标准化。目前绝大多数生产用园艺设施是生产者自行模仿建设的，质量参差不齐，抗荷载能力差。有关部门应该联合相关专业尽快研发并制定针对不同地区的园艺设施（温室、大棚等）设计、制造、施工以及生产使用等相关标准，并严格按其实施。

（7）强化对园艺设施的保险意识。设施园艺是一项高投入、高产出、高效益的产业，同时也是一项高风险的产业。要强化从事科研、生产和经营单位的法人的保险意识，建立起相应的保险机构和体系，避免或减轻自然灾害或人为灾害对园艺设施造成的不良影响，确保设施园艺生产健康发展（李晔等，2007）。

4. 我国园艺设施发展的趋势

针对我国设施园艺发展的大好形势，今后一段时间的发展重点应该是大力发展以高效节能日光温室为龙头的设施栽培，要制定各种类型的设施标准，建立低成本、低能耗的设施设备成套技术体系、高效设施栽培管理体系和设施生产产业化体系，从机械化、电子化、专业化着手，提高设施环控水平，进一步发展工厂化高效农业。要集成国内外农业高新技术，以市场为导向、科技为先导，大幅度提高单位面积产量与效益，走出一条适合我国国情的，并与世界先进农业生产方式接轨的农业新模式。

（1）以经济效益为中心，因地制宜，发展园艺设施多样性。

要实现园艺设施的多样化，首先要考虑各种园艺作物对环境条件和栽培技术的要求，其次是结合社会经济发展状况，更好地利用自然资源，提高经济效益。在南方，提倡广泛使用塑料棚外加遮阳网；在最低气温−10℃以下的北方地区，应在大力发展高效节能日光温室的同时，注重发展塑料大棚和小棚，提倡采用酿热物温床和电热温床育苗。同时，要有针对性地从国外引进现代化温室设备及其配套栽培技术。大力拓展多种园艺设施的生产形式（李天来，2005）。

（2）以可持续发展为目标，实现园艺设施的产业化和现代化。

目前我国设施园艺的生产经营方式多以个体农户为主，园艺设施更是千差万别，大多以简易型为主，质量普遍较差，设施园艺生产的规模化、产业化水平更低，这种不合理的生产方式与日益发展的市场经济矛盾越来越突出，难以走出国门与国际市场接轨。因此，需要以可持续发展为目标，大力推进园艺设施的产业化和现代化进程。

（3）以生产无公害产品为重点，面向国内外两个市场，全面提高园艺设施的科技含量。

随着设施园艺生产面积的剧增，产品市场的竞争更加激烈，尤其是随着人们生活水平的提高，单纯追求高产而不注意产品质量已没有市场竞争力。而且，随着经济的全球化，激烈的市场竞争迫使我们必须按照国际市场的标准进行生产。因此，园艺产品的安全无公害栽培技术已成为当前设施栽培的重要技术。设施生产最终要达到环境和产品的安全，就要求其园艺设施必须具有较高的科技含量，如新技术、新成果的应用等，最终为生产无公害产品提供技术保障和配套的设施设备。

（4）以建立我国特色的设施园艺产业为核心，加强园艺设施新技术的普及与推广。

未来10～20年我国园艺设施将根据当地自然环境进行设计与建造，并进行无害化优质生产技术的创新。特别是在适宜地区，适当建设大型温室的同时，要以建立我国具有特色的日光温室农业产业为核心，带动整个设施园艺产业的发展。设施园艺生产应瞄准国际市场，以节本、节能、无害化优质高产和提高劳动生产率为重点，围绕温室环境调控配套工程技术、设施专用品种选育、高效节能现代育苗技术体系以及连作障碍克服技术等；与此同时，加大新技术的普及推广力度，提高设施环境控制、工厂化育苗技术，栽培技术、产后处理技术等设施园艺生产水平。

（5）开发实用配套技术及设备，推动园艺设施生产现代化。

设施生产涉及温度、光照、水分、气体、养分、微生物等诸多环境因子的调控，我国发展设施园艺原有的人力资源优势正逐渐被人口的老龄化替代；原始的设施园艺生产方式越来越不适应产业的发展。进入21世纪，农业明显的特征是高科技的工厂化高效农业。工厂化农业是指在相对可控环境条件下采用工业化生产，实现集约高效及可持续发展的现代化生产方式。目前我国的设施园艺生产处于可控水平低、机械不配套的现状，要实现工厂化任重而道远。因此，应尽快提高园艺设施的环境控制能力，缩小与发达国家的差距。重点研究温室环境条件的自动化控制技术，对加温、降温、灌溉、通风、排湿、补光和二氧化碳施肥等环境调控技术实行优化组合，便于应用。全力开发以上各种温室环境调控设备，注重信息技术和专家系统的应用研究。应开发研制或从国外引进一系列温室小型农机具，并能够进行设施内耕翻、定植、铺膜、消毒、嫁接、作埂、开沟、施肥、打药、清洗和包装等机械作业，这是实现园艺设施生产现代化不可缺少的关键技术内容。

总之，我国园艺设施产业的发展还有许多工作要努力，作为世界上最大的设施农业生产国，我们要将提高设施的生产效率作为今后很长一段时间的工作重点；归纳起来目前我国园艺设施发展总趋势是，产业布局趋于合理化、区域化、特色化；园艺设施以钢骨架的温室和大棚为主体，向着节能化、地域化、标准化和现代化方向发展；覆盖材料向高性能、多功能、专用型和低成本方向发展；环境调控自动化、经济节能、简便易行和科学有效（模型化、智能化）；设施利用更加综合高效模式化；栽培技术规范化和标准化；产品多样化、质量无害化、产品信息可追溯。

1.3　园艺设施工程学的内容与特点

1.3.1　园艺设施工程学的主要内容

园艺设施工程学是一门涉及园艺学、建筑学、工程学、材料学和环境调节学的跨学科领域的学科。它的主要内容包括园艺设施的规划与设计，园艺设施工程材料的种类与特性，以塑料大棚和日光温室为重点的园艺设施的设计、施工及环境调控设施设备的设计等方面的内容。它是设施园艺学课程的一个分支。

1.3.2　如何学好园艺设施工程学

园艺设施工程学从内容上看涉及学科较多，难度较大，所以，学习本课程应注意以下方面：

（1）要具备一定的建筑、机电、自动控制、热工学和材料力学等方面的知识，便于理解与应用有关设计原理与方法。

（2）应具有扎实的气象学和园艺学知识，正确应用有关技术。

（3）加强实践教学，做到理论联系实际，才能深刻体会本课程内容。

思　考　题

1. 发展园艺设施的意义及作用是什么？
2. 国内外园艺设施技术上的差异点是什么？
3. 我国园艺设施亟待解决的问题是什么？
4. 我国园艺设施的发展趋势是什么？
5. 什么是园艺设施与设施工程？
6. 如何学好园艺设施工程学？

第 2 章　园艺设施的规划与设计

2.1　园艺设施的总体规划与设计

随着我国设施园艺的迅速发展，特别是日光温室和塑料大棚面积的迅速增加，其建造形式和规格也发生着不断的变化，面积正在由小型向大型，结构形式由单栋向连栋，建材由竹木结构向钢架结构、钢筋混凝土结构，由半永久式向永久式发展。内部设施也正在由简单向复杂，由原始向先进，由手动操作向机械化及自动化方向发展。如果我们不掌握这方面的新知识和建设设计标准去设计施工，就会在物质上造成浪费，给生产造成不应有的损失。例如，近年来特别是 2008 年南方的冰雪灾害和 2010 年 4 月黑龙江省 50 年一遇的大雪，大量温室大棚倒塌，就是由于不懂得结构力学、材料力学等方面的基本知识，设计、建造或施工不当所造成的。如果把园艺设施的设计与施工完全交给建筑部门，往往由于不懂得园艺作物设施栽培的特点和要求，造成采光不合理、建材使用过多、采暖设备设计超量或不足等，从而造成很大的浪费，在施工方面也会因施工、安装不合理，而影响栽培管理和工程质量。结构设计和各种管理设备本身就是一门科学，需要理论力学、材料力学、结构力学、机械学等知识，不可能全部掌握。为了便于研究改进园艺设施的结构性能、内部环境条件、简单设备的设计，以及对复杂工程设计施工的检查、监督和验收，以便合理有效地建设园艺设施，所以有必要学习一些基本知识。

2.1.1　园艺设施的建筑特点与要求

园艺设施与一般工业及民用建筑不同，它具有如下特点与要求。

1）必须满足作物生长发育的要求

园艺设施是栽培蔬菜、花卉和果树等作物的场所，为了适宜作物的生长发育，要求在结构上能保证白天充分利用太阳光能，获得大量光和热，高温时应有通风换气等降温设备，夜间应有密闭度高、保温性能好的结构和设备，现代化温室或条件好的日光温室还应有采暖设备。园艺作物对水肥需求量大，所以要求土壤肥沃，理化性状好。为调节土壤水分，应有性能良好的排灌设备。为使园艺设施能发挥更大的作用，建筑时首先要选择好场地，并对建筑物进行合理布局，做好总体规划与设计。当场地不尽完全理想时，对一些不良的条件可以进行改造，如设防风林、风障或排水沟等。

2）严格调控环境条件

为取得高产优质的产品，要随着作物的生长发育和天气的变化，随时调控设施内小气候。特别是夏季的高温、高湿和早春、秋、冬季的低温弱光，不仅影响作物的生长发育，还容易诱发病虫害，所以要求具有灵敏度高、容易调控环境的结构和设备。

3）良好的生产条件

设施内部环境不仅要满足作物的生长发育需求，同时也应满足劳动作业和保护劳动者的身体健康的需要。例如，采暖、灌水等管道配置不合理或立柱过多时，会影响耕地等作业；结构过于高大时，会影响通风、扣膜等作业，而且也不安全；设施内高温、高湿，不仅容易使劳动者疲劳，降低劳动效率，而且也因病虫害多，经常施农药，而直接影响作业者的健康，其残毒会间接影响消费者的健康。此外，还要考虑废旧薄膜和营养液栽培时废液的处理问题，否则易造成公害。

4）坚固的结构

为了使园艺设施采光屋面能充分透过太阳光，减少遮光，要求结构简单、轻质、建材截面积小，以减少阴影遮光面积。同时，要求强度坚固，能抗积雪、暴风、降雹等自然灾害。园艺设施屋面要求有一定坡度和合理的屋面角度。一是为保证充分采光；二是使薄膜棚面的水滴保持顺畅流下，不积水。

5）透明覆盖材料

应选用透光率高、不易污染、抗老化耐用，且不易附着水滴的多功能薄膜。聚碳酸酯板材也是理想的覆盖材料，保温透光性能良好，但价格比较高昂。

6）建造成本不宜太高

园艺设施生产的产品是农产品，价格低，所以要求尽量降低建筑费和管理费，这与坚固的结构、灵敏度高的环境调控设备等要求，引起费用增加的事实是互相矛盾的。因此，要根据经济情况考虑建筑规模和设计标准，一般应根据当地的气候条件选择适用的园艺设施类型。另外，园艺设施是轻体结构，使用年限一般为 10～20 年，在结构设计的设计参数取值和建筑规模上，应与一般建筑物有所不同。

2.1.2　场地选择与布局

1. 场地选择

园艺设施建筑场地的好坏与结构性能、环境调控、经营管理等方面关系密切，因此在建造前要慎重选择场地。

（1）为了使园艺设施充分采光，要选择南面开阔、干燥向阳、无遮阴的平坦矩形地块。

因园艺设施大型化，利用坡地平整时不仅费工、增加费用，而且整地时挖方处的土层遭到破坏，使填方处土层不实，容易被雨水冲刷、下沉。向南或东南有小于 10°的缓坡地较好，有利于设置排灌系统，坡降走向北高南低。

（2）为了减少放热和风压对设施结构的影响，要选择避风向阳地带。

冬季有季候风的地方，最好选在迎风面有丘陵、山地、防风林或高大建筑物等挡风的地方，但这些地方又往往形成风口或积雪过大，必须事先进行调查研究。另外，要求场地四周不要有障碍物，高温季节不窝风，以便通风换气和促进作物的光合作用，所以要调查风向、风速的季节变化，结合布局选择地势。在农村宜将温室建在村南或村东，不宜与住宅区混建。为了有利于保温和减少风沙的袭击而确保生产安全，还要注意避开河谷、山川等造成风道、雷区、雹线等灾害地段。

(3) 为适宜作物的生长发育，应选择土壤肥沃疏松，有机质含量高，无盐渍化和其他污染源的地块。

一般要求壤土或沙壤土，最好选择3～5年未种过蔬菜、花卉的地块以减少病虫害的发生。用于无土栽培的园艺设施，在建筑场地选择时，可不考虑土壤状况。为使基础牢固，要选择地基土质坚实的地方，否则修建的地基土质松软，如新填土的地方或沙丘地带，基础容易下沉，避免加大基础或加固地基而增加造价。

(4) 园艺设施主要是利用人工灌水，需水量大，因此要选择靠近水源、水源丰富，水质好，pH值呈中性或微酸性，无有害元素污染，冬季水温高（最好是深井水）的地方。水质不仅影响作物的生长发育，而且也影响锅炉、管道等配套设施的寿命。为保证地温，有利于地温回升，应选择地下水低，排水良好的地方，地下水位高不仅影响作物的生长发育，还易引发病害，也不利于建造锅炉房等附属设施。

(5) 为了便于运输和建设，应选择离居民点、公路、水源、电源等较近，交通运输便利的地方。

这样不仅便于管理和运输，而且方便组织人员实施对各种灾害性天气采取措施。为了使物料和产品运输方便，通向温室区的主干道宽度要有保证。温室主要用电设备是灌溉和照明设备，其常用220V电压；但是，现代温室中的机械卷膜机构和自动控制系统，电机需380V电压。此外，大型温室加温壁炉、强行通风系统、喷淋系统等都需要电力供应，与生产区配套的附属用房电力供应也需有保证。所以，温室规划中要充分考虑电力总负荷充足，以确保温室用电的可靠性和安全性。大型温室基地，一般要求有双路供电系统，一旦出现电力故障，基地要启动独立发电设备，保证不中断供电。为了节约能源，减少建设投资，降低生产开支，有条件时应该尽量选择有工厂余热或地热的地区建造园艺设施，可充分利用这些热能。

(6) 温室区要避免建在有污染源的下风向，以减少对薄膜的污染和积尘。

设施栽培地区的土壤、水源、空气如果受到污染，会给蔬菜生产带来很大危害，影响人民群众的健康。因此，在有污染的大工厂附近最好不要建造温室和大棚，特别是这些工厂的下风或河道下游处。如果这些工厂对污水、排出的有害气体进行了处理，那么依然可以建设园艺设施。因为园艺设施生产需要大量的有机肥（一般每公顷黄瓜或番茄年需有机肥10～15t)，温室群位置最好能靠近有大量有机肥供应的场所，如工厂化养鸡场、养猪场、养牛场和养羊场等。

2. 场地调查与地质勘探

1）场地调查

主要对场地的地形、大小和有无障碍物等进行调查，特别要注意与邻地和道路的关系。首先看场地是否能满足需要，其次要看场地需要平整的程度，以及有无地下管道等障碍物。此外，还要调查供水、供电和交通等情况。

2）地基调查

地基的情况与建筑物基础有密切的关系，地基的调查要在施工前进行，一般在场地的某点，挖深为基础宽的2倍，用场地挖出的土壤样本，分析地基土壤构成和下沉情况以及承载力等。一般园艺设施地基的承载力在50t/m^{2}以上，黏质土地基较软，约为20t/m^2，但园艺设施是轻体结构，对勘测精度要求不像工业及民用建筑那么严格。

3. 园艺设施园区布局

园艺设施生产一般采取集中管理，各种类型相结合的经营方式。这有利于加强科学管理，合理利用土地，节约劳动力，配套生产。无论是大型的设施园区还是小型的设施园区，只是在规模上有差别。最小规模的也要考虑设施之间，以及它们与其外部之间的联系进行布局；规模大的要考虑锅炉房、堆煤场（包括煤渣堆放）、变电所、作业场所、水源、仓库、车库、农机具库等共用附属建筑物和办公室、休息室等非生产用房的布局。一般管理楼、作业场、电气室、锅炉房等应设在中心，便于管道、线路设计，节约工事费和热量消耗。锅炉不能离温室过远，同时不要建在温室的上风口，造成烟尘对温室的污染。锅炉两边要有足够的堆煤场和灰渣场。

人和物之间的联系活动在建筑计划中称为动线计划。从动线计划中容易看出布局计划的优劣。计划时动作多、频率高的支线及搬运重物的动线应该短，且尽量不要交错。因此，应该把和每个园艺设施都发生联系的作业室、锅炉房、变电所等共用附属建筑物规划在中心部位，使园艺设施生产场地分布在周围，同时还应靠近道路，便于运输。

园艺设施群的布局首先要考虑方向问题，其次要考虑道路的设置、设施入门的位置和每栋间隔距离等。场内道路应该便于产品的运输和机械通行，主干道路宽要 6m，允许两辆汽车并行或对开，设施间支路宽最好能在 3m 左右。主路面根据具体条件选用沥青或水泥路面，保证雨雪季节畅通。

大型连栋温室或日光温室群应规划为若干个小区，每个小区形成一个独立体系，安排生产不同园艺作物种类或品种。所有公共设施，如管理服务部门的办公室、仓库、料场、机井、水塔等应集中设置，集中管理。每个小区之间的交通道路有机地结合，雨水较多的地区应设置排水渠。图 2-1 是一个日光温室群的园区示例，在实际规划中应在保证合理的交通路线的前提下，最大限度地提高土地利用率。为了管理方便，公共设施区一般规划在南面为好。

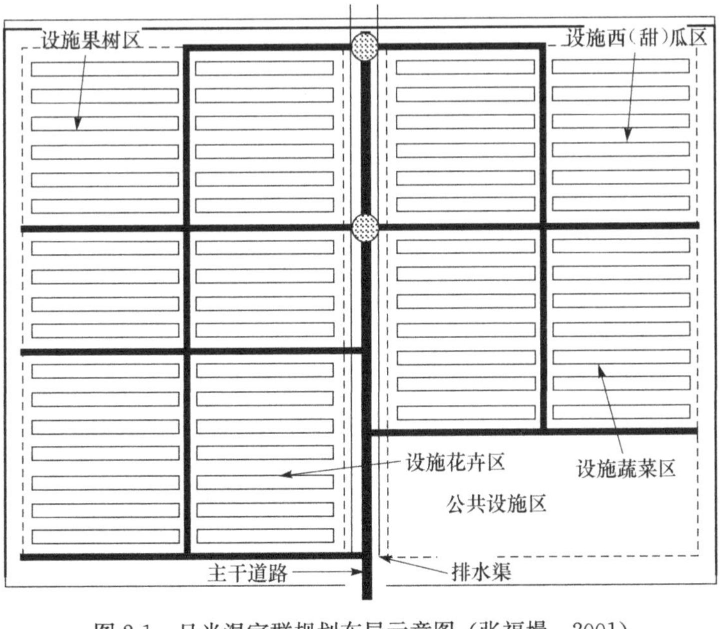

图 2-1　日光温室群规划布局示意图（张福墁，2001）

4. 园艺设施建筑计划的制定

园艺设施一次性投资较大，使用年限较长，为获得较高的经济效益，除了考虑地理、气候等自然条件外，还要考虑劳动力、资金等经济条件。所以，在工程设计前还要作投资计划，进行成本核算，做好建造规划。园艺设施的建筑计划可分为生产性建筑计划和非生产性建筑计划。

1）生产性建筑计划的制定

生产性建筑计划应根据园艺设施的建造设计来制定，建造设计一般要考虑类型和规模（长、宽、高、屋面角度）、门窗的形式、数量和造价等问题。我国园艺设施的类型很多，规格也不尽相同。随着我国农村经济体制改革的推进，承包责任制、公司加农户等形式的落实，出现了极小型（几十平方米）、简易型（土木）、巨大型（几万平方米）自动化控制的现代化园艺设施。如此多种多样的类型和规格，是由于栽培作物、栽培方式、气候条件、建筑材料、经济条件、历史习惯和引进新技术不同而形成的。园艺设施看来很简单，实际上不然，设计的好坏与园艺设施的性能、管理的难易、经济效益高低等关系密切，应慎重做好设计。

（1）设施方位。园艺设施的方位是指屋脊的延长方向（走向），大体分为南北延长和东西延长两种方位。为了保证设施的采光，一般单屋面温室布局均为坐北朝南，但对高纬度（北纬40°以北）地区和晨雾大、气温低的地区，日出时不能立即揭帘受光，方位可适当偏西，以便更多地利用下午的阳光；相反，对于冬季不太寒冷且大雾不多的地区，方位应适当偏东，以充分利用上午的阳光，提高光合效率。无论方位南偏西还是南偏东，偏离角应根据当地的地理纬度和揭帘时间来确定，一般为5°～10°，不宜太大。全光连栋温室或塑料棚方位多为屋脊南北延长，屋面东西朝向，防止骨架产生死阴影。

（2）设施（温室）间距。以每栋不互相遮光和不影响通风为宜，从采光考虑，东西长温室或大棚的前后栋距离（X），应在脊高或后墙高（h）的投影处，即 $X=h\cot\theta$，其中 θ 是冬至时中午的太阳高度角，后墙高在脊高的投影线内时，X 由中柱算起，不然则由后墙算起，高纬度地区在脊高和草苫卷高之和的2～2.5倍，或墙高的3倍以上。一般来说，塑料大棚前、后排之间的距离应在5m左右，即棚高的1.5～2倍，这样在早春和晚秋，前排棚不会挡住后排棚的太阳光线。当然，各地纬度不同，其距离应有所变化，纬度高的地区距离要大一些，纬度低的地区则小一些，大棚左、右的距离最好等于棚的宽度，并且前、后排位置错开，保证通风良好。一般，东西延长的前、后排距离为温室高度的2～3倍，即6～7m；南北延长的前、后排距离为温室高度的0.8～1.3倍。在风大的地方，为避免道路变成风口，温室或大棚要错开排列。

（3）长度。园艺设施的长度，单屋面日光温室或塑料大棚一般以50～60m为宜；过长易造成通风困难，现代化温室一般强制通风有效距离在30～40m，也不宜过长。灌水水道过长浇水不均匀，管道灌水一般在50m以内；长度过长，采收或某些作业时，跑空的距离增加，给生产管理带来不便。设施过长，风雪天在结构上振动大，影响结构强度和稳定性，如果某一地方被破坏时，该部分所负担的荷载要加到邻近构架的同一部位，由于荷载增加可能引起该部位变形且破坏，依次形成连锁作用加大破坏范围，所以长度应适当。塑料大棚和连栋温室的屋顶走向多为南北延长，因此主要东、西侧墙透光，长度（L）越短，即长宽（B）

比（L/B）越小，透光率越大，如 10m 与 50m 长的大棚相比，透光率相差 5%左右；东西延长的日光温室则相反，因东、西两侧山墙不透明，L/B 越小，山墙阴影占的比率越大，光照越差。

（4）宽度。又称“跨度”，他涉及一系列问题。单屋面温室如跨度加大，高度也相应增加，屋架就要变大，必然增加建材。若高度不变则屋面角度必相对变小，特别是大棚几乎接近平顶，棚顶外面容易积水，内面增加屋内湿度；若改为连栋式，则要增加柱子，给管理带来不便。宽度对光线分布也有影响，宽度过大，内部光线减少，光线分布不均匀程度也随之增加，特别是连栋温室的天沟下更明显。日光温室或塑料大棚跨度过宽影响通风效果，夏天不易降温，但保温性能好。塑料大棚的宽度一般为高度的 2～4 倍。当园艺设施的地面积为 A，覆盖面积为 C 时，保温比（R）为

$$R=\frac{A}{C}=\frac{1}{\cos\varphi+2\dfrac{H}{B}\left(\dfrac{B^2}{BL}+1\right)+\dfrac{L}{2n}\dfrac{B^2}{BL}\tan\varphi} \tag{2-1}$$

式中，φ 为屋面坡度；H 为檐高；n 为连栋数。

要使保温比变大，接近 1，需要分母变小，即 H/B 变小，n 变大，B^2/BL 接近 1。因此，宽度越大，连栋越多越保温，且 $B^2=BL$，即宽度和长度相等时，以正方形的面积为最保温，但通风效果以正方形最差。

大型连栋温室的跨度，是指每一单栋的宽度多为 3.2m 的倍数，国外现代化温室跨度最大可达 12.8m。随跨度的增加，温室高度也必须增加，否则屋面坡度变小，不利于采光且易积雨（雪）水。近年来，荷兰现代化温室有跨度减小而高度增加的趋势，跨度 6.4m、脊高达 6m 以上，成为“瘦高形”，目的是为了产生“烟囱”效应，夏季高温时，只利用顶窗自然通风，排除顶部热空气，而 4m 以下作物生长发育层温度并不太高，可不用安装湿帘风机强制通风设备，降低造价且节约能源。

（5）高度。园艺设施的高度一是指脊部（最高点）到地面的垂直高度，又称脊高；二是侧高，即侧墙顶部到地面的垂直高度，也称“檐高”。侧墙光线主要从侧面照射进去，高的温室或大棚，屋内光线好，作物的遮阴也少。东西延长的园艺设施的地窗角度大时，光线好。冬季东西延长比南北延长的光照强，H/B 越大两者光照差异也越大，即 H/B 大的光线分布均匀。檐高的屋内空气流通好，温度分布较均匀，有利于栽培。空间过大保温比变小，保温效果差，使采暖费用增加，所以高度也是有一定限度的。根据风压高度变化系数，园艺设施的高度由 2m 增加到 4m，每增高 1m，风压约增加 10%，影响不十分明显。所以，目前钢架塑料大棚侧高多在 1.5m 以上，脊高 3m 左右；大型现代化温室侧高多在 3m 以上，甚至大于 4m，脊高多在 4.5m 以上。

（6）屋面坡度。塑料大棚或温室的屋面坡度越大，光照、温度、湿度条件越好，对栽培有利，但建筑费、采暖费增加。有人认为屋面坡度大的结构，对风雪的耐力差、不坚固，实际上这种说法不科学，从结构力学来看，屋面坡度（即三角形角度）大的比坡度小的骨架更稳定，雨雪容易滑落；坡度小的虽然保温比大，但增加温差，结露时容易滴水。屋面形状有平面和拱圆形两种，一般玻璃、塑料板材屋面多为平面屋脊形，塑料薄膜多为拱圆屋面。从太阳光线射入情况比较，拱圆屋面更有利。阳光照射到透光屋面上以后，一部分被透光材料吸收，一部分被反射掉，一部分透入室内。根据物理学定律，三者之间有如下关系：

$$\text{吸收率}+\text{反射率}+\text{透过率}=100\%=1 \tag{2-2}$$

吸收率、反射率和透过率的大小和光线与被照面所组成的入射角有关，此入射角除了与透光面的倾角（坡度）有关外，还与太阳位置有关。太阳位置又随着地理纬度、季节和时间而变化，所以想获得最大的透光率，必须要有最佳的入射角，但这最佳入射角每时、每分、每秒都不同，也就是温室透光屋面最佳坡度也应是每时、每分、每秒都不同。温室一旦建成，屋面坡度也就成为定值，但阳光的入射角在不断地变化，所以，最佳屋面坡度有一定的局限性。设计者只能在温室生产的季节中使室内透入的阳光最多为目的，计算出优化屋面坡度。使温室透入阳光最多的屋面坡度称为优化屋面坡度。优化屋面坡度主要取决于太阳位置（包括地理纬度和温室生产季节）和透光材料的光学特性。计算优化屋面坡度比较繁杂，根据屋面采光特点应将温室透光屋面的方位朝向正南，再根据太阳辐射能中太阳直射辐射占绝大部分，所以只计算不同屋面坡度下温室内的太阳直射辐射，来确定优化屋面坡度。

（7）总体规模。建设规模较大的设施园艺生产基地，总体规模也应因地制宜加以考虑。总体规模的确定，一方面与生产用地的面积有关，另一方面也和经济实力与科技力量与经营管理能力有关。更重要的是要作充分的市场调查，以合理确定产品的定位（内销、外销、出口）。如果市场需求好、产品定位较高、回报率也高，能在短期内获得较高的经济效益，而且自身经济实力强，能保证一次性投资费用和后续资金，企业或单位人才技术也有保证，则可较大规模地规划设计。如果不具备以上条件，则应以逐步运作、滚动发展为宜，不要贪多贪大，最忌建设规模很大，建成之后没有流动资金保证，也缺乏管理和生产技术及营销人才，规模越大损失也越大。

2）非生产性建筑计划的制定

生产性建筑规模较大时，生产上必需的附属建筑物，如锅炉房、水井（水泵室）、变电所、作业室、仓库、煤场和集中控制室等的建筑面积，应根据园艺设施的栽培面积及各种机械设备的容量而定。在计划时，安装机械的房屋面积要宽松些，以便操作和维修保养。非生产性建筑计划可根据生产经营规模，其建筑物可设办公室、田间实验室、接待室、会议室、休息室、更衣室、值班室、浴室、厨房和厕所等。这些房子可以单独修建也可以一室多用。园艺设施内易形成高温、高湿环境，与外部温、湿度差异很大，多在门口处修缓冲室，可缓冲温、湿差的剧烈变动对作物和人体健康的不良影响，还能兼做休息室。

2.1.3 投资估算与经济分析

园艺设施基地建设一次性投资大，因此必须在建设前进行投资估算和经济分析。投资估算包括固定资产投入、固定资产投入的不可预见费、勘察设计费和银行流动资金贷款。然后计算生产运行成本，包括直接生产成本、间接生产成本和生产不可预见费等，根据投资估算和生产运行成本进行经济分析，经济分析的关键是产值利润率和投资回收期。若产值利润率小于 15%、投资回收期大于 5 年，经济效益就比较差，对于这种情况，应该扩大或缩小经营规模，降低设施结构标准和设备标准或调整种植结构。投资估算和生产运行成本的估算应根据当地建筑材料、生产资料价格标准、劳动力市场和销售市场而定。

下面以哈尔滨市郊区拟建占地规模为 33.33hm^2（500 亩），具备农业观光采摘和生产功能的高效设施农业园区为例说明如下。

功能分区及规模：功能区Ⅰ（综合服务区——办公、会议、贮藏、产品检验及车库等

$1000m^2$，占地 $1200m^2$），功能区Ⅱ［观光及工厂化育苗——全光照智能温室 $0.5hm^2$，10 栋加温型阳光板覆盖的温室（$500m^2$/栋）$1.2hm^2$］，功能区Ⅲ［采摘及园区产品生产——节能日光温室 100 栋（$400m^2$/栋）$10hm^2$，塑料大棚 200 栋（$600m^2$/栋）$13hm^2$］，露地生产区 $6hm^2$。

1. 投资估算（2731.27 万元）

（1）固定资产投入（2117 万元）。

① 种子包衣车间、播种车间、催芽车间、仓库、车库、办公室、会议室、实验室等土建费及配套：$1000m^2 \times 1500$ 元/m^2＝150 万元。

② 工厂化育苗中心建设费用：全光照智能温室 $5000m^2 \times 1200$ 元/m^2＝600 万元，10 栋温室×15 万元/栋＝150 万元。

③ 自动化播种机、催芽设备等设备费。

自动化播种机（包括 FS-3 型基质粉碎筛选机、JB-6 型基质混拌机、TSH-5 型基质提升运输机、ZXB-360-3 型精量播种机、YS-11 型喷水机、BY-1、O-2 型包衣机）：1 套×12 万元/套＝12 万元。

穴盘：50000 个×4 元/个＝20 万元。

④ 节能日光温室投资：100 栋×5.5 万元/栋＝550 万元。

⑤ 钢骨架塑料大棚投资：200 栋×2.5 万元/栋＝500 万元。

⑥ 机电井及供水管线：60 万元。

⑦ 运输车 2 辆：25 万元。

⑧ 园区道路修建：50 万元。

（2）不可预见费（10%）（以上①、②、④、⑤、⑥、⑧项之和的 10%）：206 万元。

（3）勘察设计费（1%）（以上（①、②、④、⑧项之和的 1%）：15 万元。

（4）土地租赁：4000 元/(hm^2·年)×$33.33hm^2$×19 年＝253.27 万元。

（5）年流动资金：银行贷款 140 万元。

2. 生产运行成本（572.82 万元）

（1）直接生产运行成本（277.1 万元/年）。

① 无滴膜：(60kg/栋温室×100×18 元/kg＋110kg/栋大棚×200×14 元/kg)/2＝20.8 万元。

② 种苗、农药、肥料、微肥、水费等（每年）。

智能温室：4 万元；

节能日光温室：0.3 万元/栋×100 栋＝30 万元；

钢骨架大棚：0.4 万元/栋×200 栋＝80 万元；

露地：$6hm^2$×0.75 万元/hm^2＝4.5 万元。

③ 采暖费（每年）：$10600m^2 \times 30/m^2 + 40000m^2 \times 5/m^2$＝51.8 万元。

④ 基质（每年）：$350m^3 \times 200$ 元/m^3＝7 万元。

⑤ 人工及福利：合同工 120 人×6000 元/(人·年）＝72 万元/年，管理人员 7 人×10000 元/(人·年)＝7 万元/年。

（2）间接生产成本（221.81 万元/年）。

① 固定资产折旧费（使用年限 15 年，按平均 15 年折旧）：2117 万元÷15＝141.33 万元。
② 流动资金贷款还息（占用 1 年）：140 万元×10.2%＝14.28 万元。
③ 固定资产投资贷款还息：600×10.2%＝61.20 万元。
④ 年办公费：5 万元。
（3）生产不可预见费（73.91 万元）。

3. 经济效益分析

（1）年产值（1272.4 万元）。
① 温室区年产值：100 栋×4 万元/栋＝400 万元。
② 塑料大棚区年产值：200 栋×2 万元/栋＝400 万元。
③ 露地区年产值：$6hm^2$×5.4 万元/hm^2＝32.4 万元。
④ 种苗年产值（包括自用）：800 万株×0.25 元/株＝200 万元。
⑤ 农业采摘及观光旅游收入：30000 人次×80 元/人次＝240 万元。
（2）年利润（年产值－年成本）

1272.4－572.82＝699.58 万元

（3）投资回收期

投资回收期＝固定资产投入/(年利润＋折旧)＝2731.27/(699.58＋141.33)＝3.25 年

（4）产值利润率

产值利润率＝年利润/年总产值＝699.58/1272.4＝55.0%

（5）全员劳动生产率

全员劳动生产率＝年产值/从业人员数＝1272.4/127＝10.01 万元/人

（6）人均利润

人均利润＝年利润/从业人员数＝699.58/127＝5.51 万元

上述材料在不同地区、不同年份、不同规模等均会发生变动，仅供参考；另外，在北方高寒地区建设设施园区时，全光智能连栋温室的建设选择需要慎重，除具有一定的观光和育苗功能外，对整个园区的产值和利润贡献有限，且建设和运营成本很高，因此，如需建设规模不宜过大。

2.1.4　温室和大棚的设计步骤

1. 设计的指导思想

由于园艺设施的建设是一次性投资较大的工程，特别是温室和塑料大棚不能盲目滥建，应该本着节约能源、经济耐用、降低成本、使用高效的原则。所以设计前必须先进行成本核算，根据园艺设施的用途，决定建造何种类型以及何种内外部配套设备的设施。

2. 设计的步骤与基本要求

1）基本要求

（1）必须为作物生长发育提供良好的生活空间，即按照栽培作物种类、生产方式和生产季节，为作物提供最佳的温、光、水、气、肥等条件，室内环境条件要均匀一致。
（2）结构必须能有效地进行作业和管理，条件容易调控，作业方便。

（3）要有一定的强度和耐久性，竹木结构 5～10 年，钢架结构 20 年以上。

（4）尽量降低成本，维持费要低。

2）设计步骤

（1）设计前准备工作。根据场地选择原则对场地进行详细调查。

（2）根据园艺设施的用途确定设计类型和规格。

（3）平面设计。温室栽培床宽，路宽，管理是否方便；跨度、长度、墙体厚度、立柱位置、加温设备、电器设备、灌溉设备等位置，设备型号；温室单元划分，包括作业室、化验室、走廊和门厅等。

温室附属设施位置，如锅炉房、荫棚、温床、道路、排水沟等，还应标明方位。

大棚平面设计可展示出跨度、长度、基础位置、规格、立柱位置分布、出入口位置、拱架与基础连接方式等。

（4）剖面设计。温室剖面设计应出示脊高、立窗高、屋面角、后墙高、出入口、中柱高、规格、作业室位置（跨度，高度）、连接点、连接方式、架位、规格、内部保温设施和温室周围排水管道等。

大棚剖面设计展示出大棚高、跨度、立柱高及间距、门规格、通风窗位置、拱架及结构形式和规格等。

（5）附属设施设计。锅炉房、作业室、水塔、道路等规格和位置。

（6）工程计算。荷载（风载、雪载）计算、应力计算、供热、通风计算、建筑材料规格、用量及成本计算等。

2.2　园艺设施的荷载

园艺设施一般使用年限为 5～20 年，或更长，整体结构的完整性、安全性、耐久性和合理性是反映园艺设施优劣的评价依据。因栽培的目的和作物种类不同，对安全性、耐久性的要求也不同，与工业及民用建筑物不同，应有专用的荷载范围。所谓园艺设施的荷载，指作用于园艺设施之上的所有外力。对园艺设施进行结构设计时需要计算荷载，根据荷载的数值，再计算构件的应力，所以荷载大小是园艺设施结构设计的基本依据。取值过大则结构粗大，增加阴影，影响作物生长发育，浪费材料，增加成本；取值过小，经不起风雪的袭击，而发生损坏倒塌，给生产和人身安全造成严重后果，因此确定设计荷载是一项慎重而周密的工作。

2.2.1　荷载

1. 荷载的类型

1）按其性质分

（1）恒载：是指作用在园艺设施永久性结构上的重量，包括墙体、屋架、透明覆盖材料和所有固定设备的重量。在恒载计算时应注意可能造成的计算误差，把任何长期受结构支撑的荷载，均应算做恒载。美国温室制造商协会出版的《温室设计标准》中把任何作用于结构上超过 30 天的活载都视为恒载计算，如作物吊重以及花卉温室内悬挂的花盆、花篮等。

（2）活载：是指在园艺设施使用过程中产生的临时荷载，包括风荷载、雪荷载、地震荷载和施工荷载，还应包括管理人员走动、操作时产生的作用力，如日光温室拉盖草苫时，管理人员需在后屋面上走动及拉放草苫，对前屋面的作用力。

2）按其作用力方向分

（1）垂直荷载：作用于园艺设施结构垂直方向上的荷载，如园艺设施的自重、雪荷载和作物吊重等属于垂直荷载。

（2）水平荷载：作用于园艺设施结构水平方向上的荷载，如风荷载和地震荷载等属于水平荷载。

3）按其作用力的状态分

（1）分布荷载：沿梁的全长或部分长度连续分布的横向荷载，如温室屋面活载和风雪荷载。分布荷载的大小和分布方式，以梁单位长度上的荷载值即荷载集度（q）来表示，按 q 在其分布长度是否为常量又分为均布荷载和非均布荷载。

（2）集中荷载：当横向荷载在梁上的分布范围远小于梁的长度时，便可简化为作用于一点的集中力。例如，在温室安装或维修过程中的人体荷载，在温室使用过程中在结构局部或桁架节点处悬挂设备和植物等临时荷载等。

2. 荷载的组合

在园艺设施的结构上往往同时作用着几种不同性质的荷载，应考虑他们总的作用和对设施结构、基础和构件产生最不利影响的情况，这就是荷载的组合问题。

计算荷载时先计算恒载，恒载除自重外，有作物和吊物荷载时也要计算在内，如表 2-1 所示。恒载再和风、雪、地震时的荷载分别进行组合（表 2-2），取其中对结构最不利、最大的荷载为设计荷载。因为园艺设施结构较矮小，一般不考虑地震荷载。

表 2-1　荷载

应力种类	荷载状态	荷载组合
长期的	恒载（D）	D
短期的	活载（L）	$D+L$
	雪载（S）	$D+S$
	风载（W）	$D+W$
		$D+L+W$
		$D+S+W$

表 2-2　我国日光温室不利荷载组合

序　号	荷载组合	发生条件
1	$D+S+K$（前屋面均布）$+P+$（V）	雪后登屋顶卷帘
2	$D+$（$S+K$）（屋脊集中荷载）$+P+$（V）	湿草帘卷在屋顶
3	$D+W$（南风）$+K$（前屋面均布）$+P+$（V）	刮风放帘或卷帘
4	$D+W$（北风）$+K$（屋脊集中荷载）$+P+$（V）	刮风卷帘

注：D 为恒载，S 为雪载，K 为保温草帘重，P 为屋脊集中活荷载，V 为植物吊重，W 为风荷载，括号内荷载可根据情况选用

资料来源：张福墁，2001

3. 主要荷载分析

1）恒载（自重）

恒载（自重）是指构成园艺设施（温室和大棚）的构架、覆盖物的重量。按表 2-3 所示的单位重量进行计算。其他部分的材料，按表 2-4 的单位体积重量进行计算。

表 2-3　构架、覆盖物的单位重量

构成部分		荷载/(kg/m²)	备　注
构架	木质	10+0.4L	L 表示跨度（m），包括排架、檩梁、椽子等全部，是水平投影面的值
	钢铁	10+0.4L	
	铝合金	5+0.1L	
覆盖物	塑料薄膜	每 1mm 厚 1.4	估计面积的值
	塑料板	每 1mm 厚 1.5	
	玻璃	每 1mm 厚 2.5	

资料来源：张福墁，2001

表 2-4　材料的重量

材　料	状　态	重量/(kg/m³)
黏土	干燥	1300
壤土	干燥	1600
	普通	1800
沙	干燥	1700
	饱水	2000
混凝土	无筋	2300
	钢筋	2400
金属	钢铁	7850
	铝	2700

资料来源：张福墁，2001，略修改

2）作物荷载大致按 15kg/m² (0.15kN) 计算

采用拉水平线吊挂时，在水平线的固定处能产生张力（T），所以设计时还要考虑固定处的水平力（H）（图 2-2）。

$$T=\frac{ql^2}{8d^2}\sqrt{1+\frac{16d^2}{l}} \tag{2-3}$$

$$H=\frac{ql^2}{8d} \tag{2-4}$$

$$N=\frac{gl}{2} \tag{2-5}$$

式中，N 为压缩力（N）；q 为作物荷载（kg/m²）（或 kN/m²）；l 为跨度（m）；d 为水平线垂下的距离（m）。

d 和 H 成反比，如 d 减少一半，H 就要增加 2 倍，即水平力要急剧增加，所以水平线不能拉得太紧。

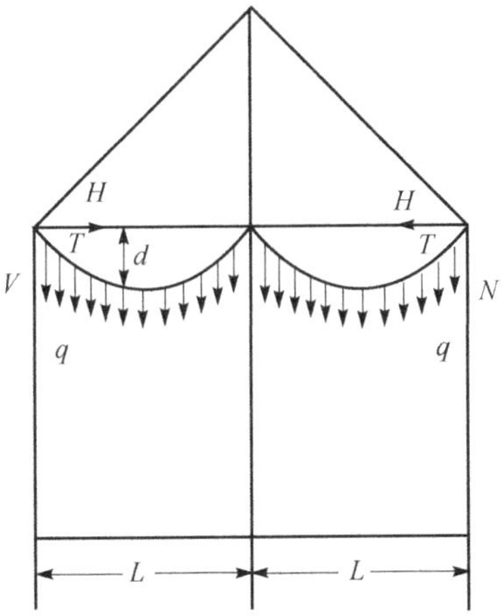

图 2-2　作物荷载（邹志荣，2002）

3）雪荷载

雪荷载是作用在园艺设施屋面水平投影面上的雪压。这是最深积雪和积雪的单位体积重（密度）的乘积。积雪的密度是根据气温、风速和积雪深等而变化的。所以，各地设计用的地面雪荷载也不一样。建筑规范规定的基本雪压 S_0，是以一般空旷平坦地面上的 30 年一遇最大积雪深度为标准的（表 2-5）。在我国积雪深度除天山山脉以北外，一般不足 50cm。单位体积积雪重量系数（K）根据各地的经验，一般取 0.8～0.9。另外，积雪的程度与屋面的坡度和形状有关。按规范根据屋面坡度乘屋面积雪分布系数（C）折减积雪量，如表 2-5 和表 2-6 所示。

表 2-5　我国主要城市的积雪深和雪压

城市名称	积雪深/cm	雪压/Pa	城市名称	积雪深/cm	雪压/Pa
哈尔滨	41	450	太原	16	200
长春	18	350	呼和浩特	30	300
沈阳	20	400	西安	22	200
大连	16	400	兰州	8	150
天津	16	250	乌鲁木齐	48	600
北京	24	300			

资料来源：张福墁，2010

表 2-6　屋面积雪分布系数

平面屋面		拱圆屋面	
坡度/(°)	C	高跨比	C
≤25	1.0	≤1/8	1.0
30	0.8		
35	0.6	1/6	0.8
40	0.4		
45	0.2	≥1/3	0.4
≥50	0.0		

资料来源：张福墁，2001

因此，屋面水平投影面的积雪荷载（S）可按下列公式求得：

$$S = KCS_0 \tag{2-6}$$

例 2-1　北京地区有高 3m、跨度 8m 的大棚，求其雪荷载。

解　查表 2-5，北京地区 $S_0=300$Pa。

高跨比 $f/l=3/8>1/3$，查表 2-6，$f/l>1/3$ 时，$C=0.4$，$K=0.8$，代入式（2-6），有

$$S = 0.8 \times 0.4 \times 300 = 96(\text{Pa})$$

4）风荷载

风吹到园艺设施上会产生一种压力，称为风压，也就是风荷载。温室大棚向风面为正压，背风面为负压。建筑荷载规范的基本风压（W_0，kN/m²）是根据风速（v，m/s）和风（速度）压的关系式 $W_0=\frac{1}{1600}v^2$ 求得的。以一般空旷平坦地面离地 10m 高（h_0）统计得到的 30 年一遇、10min 平均最大风速（v）为标准。ρ 为空气密度，约等于 1/8。这个 W_0 值对

温室和大棚的轻体结构来说偏大些，计算时要取调整系数（K）。K 为 0.8～0.9，但根据地形如迎风面有高大建筑物，或树林形成风口时，调整系数要取 1.0～1.2。

风压还随高度不同而变化，基本风压是 10m 高的值。温室和大棚比较矮，一般以屋面的平均高度为温室大棚的高度，多在 4m 以下。计算时要取风压高度系数（K_2），按规范高低于 2m 时为 0.52，5m 时为 0.78，10m 时为 1.00，中间值用插入法计算。

风吹到的时刻，建筑物的形状不同风压也要变化。此时的风压与基本风压的比值称为风载体形系数（K_1）（表 2-7），中间值用插入法计算，正号为压力，负号为吸力。设计用风载 W（Pa）以下式表示：

$$W = KK_1K_2W_0 \tag{2-7}$$

表 2-7　风载体型系数

序号	名称	建筑体型及体型系数 K		
1	封闭式双坡屋面	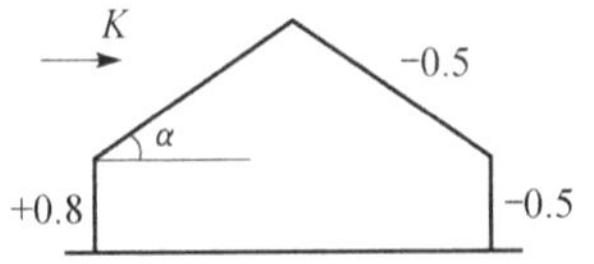	α	K
			≤15°	−0.6
			30°	0
			≥60°	+0.8
			中间值按插入法计算	
2	封闭式落地拱形屋面	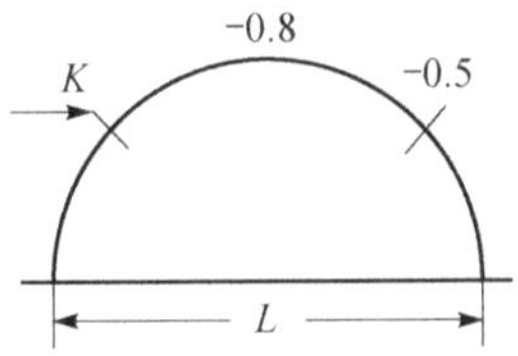	f/L	K
			0.1	+0.1
			0.2	+0.2
			0.5	+0.6
			中间值按插入法计算	
3	封闭式拱形屋面	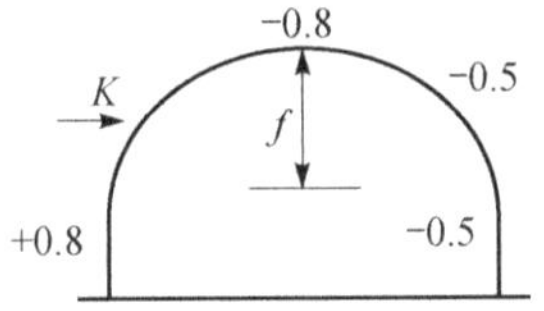	f/L	K
			0.1	−0.8
			0.2	0
			0.5	+0.6
			中间值按插入法计算	
4	封闭式单坡屋面	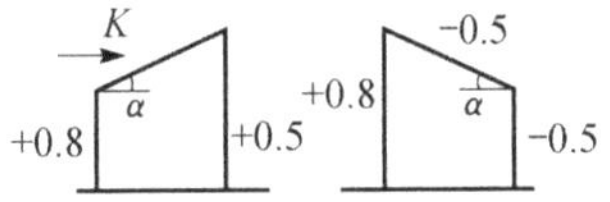	迎风坡面的 K 按序号 1 选用	
5	封闭式双跨双坡屋面	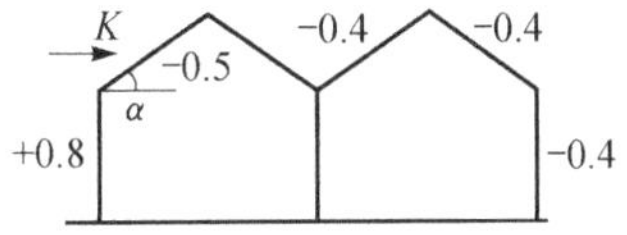	迎风坡面的 K 按序号 1 选用	
6	封闭式拱形屋面	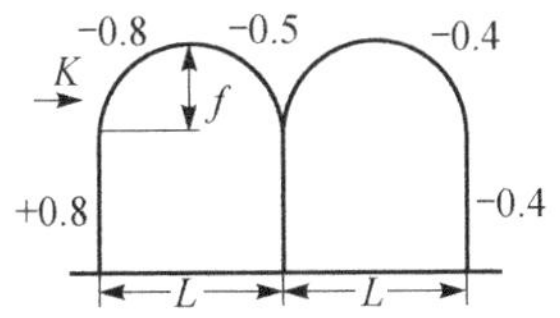	迎风坡面的 K 按序号 3 选用	

资料来源：邹志荣，2002

2.2.2 园艺设施结构设计的力学知识

1. 结构形式

温室和大棚的结构，应具有适于作物生长发育的空间和环境，尽量减少对作物的遮阴，且坚固、安全、经济和实用。因此，要求构件最好使用轻型的钢材，构件的外面用玻璃或塑料薄膜覆盖，形成一种很轻的薄壁围护结构。为了便于作物生长发育和管理，要采用矮而面积小的结构形式。为达到此目的，最好采用跨度大、立柱少的排架。现在一般均采用跨度大的钢架、桁架和拱架结构。这对地上部的构架和地下基础均有利，经济实用，既符合结构力学原理，也符合创造良好的光照环境的要求。其类型多种多样，主要有如下几种结构。

1）钢架结构

刚度大，内力分布均匀，刚节点能承受和传递弯矩，可削减弯矩峰值。杆数少，适用于大跨度的温室和大棚。空间大，遮光少，便于安装管理设备，且制作方便，被广泛应用。

2）桁架结构

由于型钢用料少，造价低，但加工复杂，荷载作用在节点时，各杆只有轴力，截面上的应力分布均匀。温室和大棚中常用的有三种：平行弦桁架［图 2-3（a）］，多用于梁等构件，内力分布不均匀，弦杆的内力中间最大；三角形桁架［图 2-3（b）］，多用于跨度小的温室，弦杆内力分布不均匀，弦杆内力支座处最大；拱形桁架［图 2-3（c）］，多用于跨度大的大棚，弦杆的内力分布均匀，受力状况好。

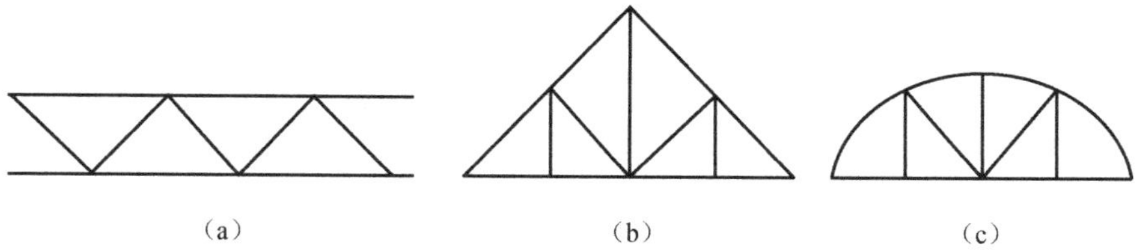

图 2-3 桁架结构（张福墁，2001）

（a）平行弦桁架；（b）三角形桁架；（c）拱形桁架

3）拱架结构

由于扣膜方便，大棚多用此结构。它的特点是竖向荷载作用下有水平反力，也叫推力。由于有推力，弯矩小而轴力大，截面上的应力分布均匀，推力与拱高成反比，拱越低推力越大。

2. 建材的形状与配置

构件的遮阴是透光率的 25％～30％。遮阴与杆件的粗细、形状和配置方法有关。例如，有一截面为矩形的杆件（横断面），长边为短边的两倍，当把长边竖立时，从材料力学来说，抗弯强度要比横放的大 2 倍，但从阴影来看，影幅主要受高度的影响。抗弯强度与透光是矛盾的，为了提高屋顶的抗弯强度，往往檩、椽采用工字钢，甚至采用高而窄的工字钢，因此遮光更严重。另外，遮光与杆件的配置方向也有关，东西长的水平杆件是“死阴影”，影响面大，东西长的倾斜杆件影响较小。建造时一定要考虑建材的选用和配置。从光照条件看，圆管截面的比矩形截面好，应使用钢筋和质量高的薄壁钢管。

3. 结构受力分析

1）园艺设施整体结构受力

园艺设施结构设计，要求结实耐用，用材经济。因此，要求荷载内力的路线距离最短、路线最简单、最合适。特别要求结构材料的全断面尽量都是有效作用力。图 2-4 为屋脊型（一个单栋）温室屋架的铅直荷载的内力示意图。图 2-5 表示屋顶结构受力俯视，椽子（IJ）承载屋面的重量，使 $ABCD$ 范围内的荷载形成均布荷载。檩条（MN）使 $EFGH$ 范围内的荷载经过椽子，形成集中荷载。大梁（人字梁 OP）使 $IJKL$ 范围内的荷载经过檩条，也形成集中荷载。大梁荷载经过每间各部构件传给柱子，然后通过柱子传给地基或基础，同时在柱角部位产生反力。

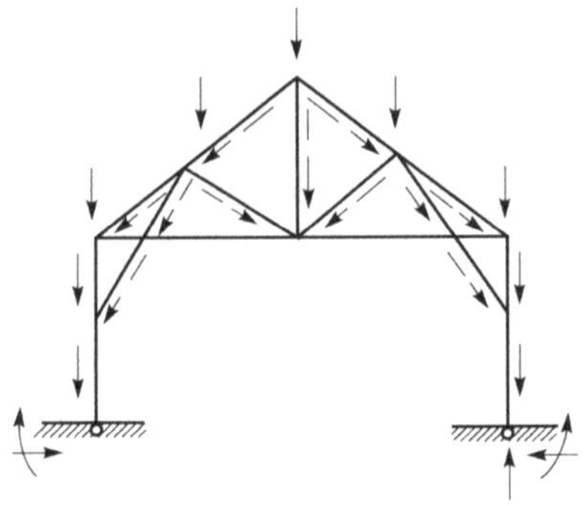

图 2-4　温室屋架的铅直荷载的内力
（张福墁，2001）

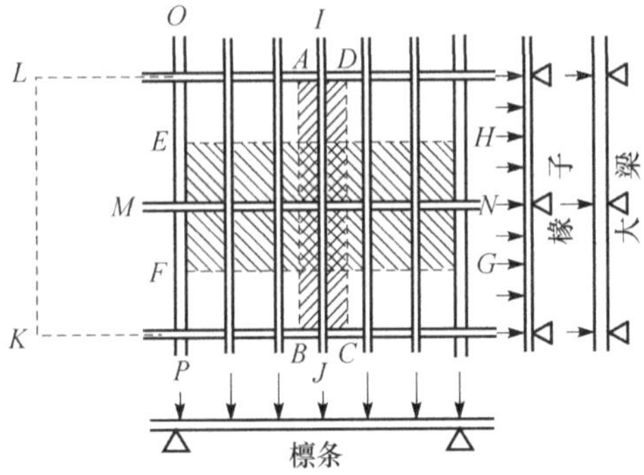

图 2-5　屋顶结构受力俯视
（张福墁，2001）

水平荷载分成纵、横两个方向的作用力，应该采取分别处理。例如，屋架构架的人字梁和柱子对水平荷载产生抵抗应力，如图 2-6 所示，然后传给地基。

对小梁（下弦杆）的水平荷载，它和屋架结构同样产生抵抗应力。在两柱之间加对角拉筋，可以增强墙壁的抵抗应力（图 2-7）。也可在屋面上用拉筋来增强抵抗应力。

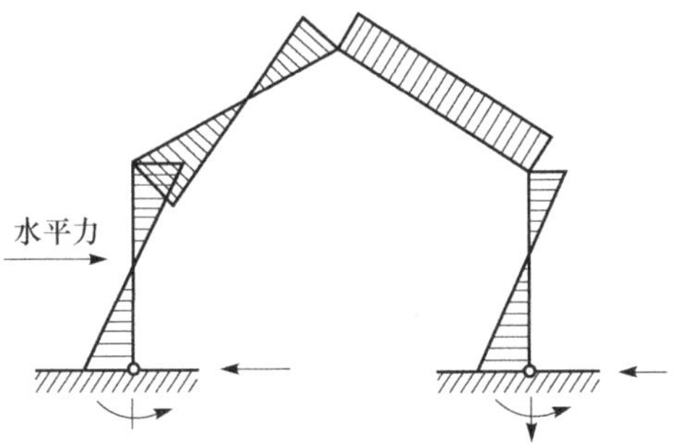

图 2-6　人字梁和柱子对水平荷载产生抵抗应力
（张福墁，2001）

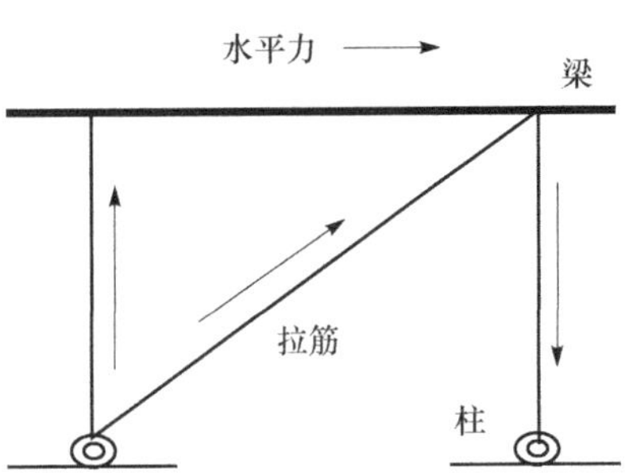

图 2-7　柱子、拉筋对水平力的抵抗应力
（张福墁，2001）

拉筋的柱子有水平荷载作用时，柱子产生压缩力，在柱脚与基础之间有上浮的拉力作

用。因此，必须研究柱子的压弯、地脚螺丝的张力、基脚的上浮或倒转等问题。

2）构件的基本受力特性

构件受力（荷载作用）时，要发生形状和长短的改变，一般变形很小，不易用肉眼看出，需要用专门仪器测量。园艺设施（温室和大棚）的构件主要受三种力，每个杆件受其中的一种或两三种力的作用。

（1）拉伸与压缩。沿着杆的轴线作用有两个大小相等、方向相反的力，将使杆件沿轴线伸长或缩短。求内力时一般将假想构件横切断面截开进行研究，这种研究方法称为截面法或断面法。用截面法计算的内力（N）与荷载（P）相等，$N=P$，这个内力叫轴力。轴力和弯矩产生的应力称为正应力。受轴力的杆件有屋架中的拉杆、压杆和结构支柱等。

（2）剪切。当杆件受到一对大小相等、方向相反，作用线平行又相距很近的力作用时，杆件相邻两截面内将产生相对滑动，这种变形称为剪切变形。用截面法计算的内力（Q）与荷载（P）相等，$Q=P$，这个内力 Q 称为剪力。剪力产生的应力称为剪应力。受剪力的杆件有梁、连接件（铆、销）等。

（3）弯矩。杆件受到与其轴线相垂直的力（荷载作用）或在其轴线所在平面内的外力偶作用时，其轴线将由直线变为曲线，即杆件产生弯曲变形。主要发生弯曲变形的杆件通常称为梁。这里所指的弯曲只限于平面弯曲，其特点是外力作用在构件的纵向对称平面内，弯曲后的轴线也在此对称面内。梁因受力产生变形时，梁的某些纵向层将因受压而缩短，另一些纵向层则因受拉伸而变长，二者之间必然存在一层既不伸长又不缩短，这一层称为中性层，横截面与中性层的交线，称为中性轴。用截面法计算内力矩 M 为梁反力与外力对该截面力矩之和，这个内力矩 M 称为弯矩。产生弯曲变形时，梁同时受剪力 Q 和弯矩 M。

3）结构强度

结构与构件要有一定的强度，在结构计算中要检查计算每个杆件的强度。杆件受力时产生变形，这时材料内部则出现抵抗变形的力，这个力称为内力（N，Q，M）。内力是与荷载相平衡的大小相等、方向相反的力。荷载增加，内力也随之增大，杆件内力增大到一定范围以上就会引起破坏。求出杆件内力后，再由内力求杆件的应力，杆件的应力大小与杆件横截面面积大小有关，因此，需要用单位面积上的内力大小来判断强度，单位面积的内力称为应力，单位用 N/m^2 表示。单位长度内的变形称为应变，无量纲。

不同材料的破坏状态和强度各不相同，对不同材料需要用试验测定出该材料能够承受的最大应力。为保证安全可靠，再除以一个大于 1 的安全系数，这个应力称为允许应力。在结构设计时，可先用假定的截面积计算杆件的应力，如果大于允许应力，表示截面积不够大，加大截面积后重新计算，直至符合要求为止。

2.3 园艺设施的结构设计

目前我国能够进行园艺作物周年生产的主要类型，北方主要是日光温室，南方是塑料拱棚。日光温室的结构比塑料拱棚复杂得多，现以这两大类园艺设施加以分析。

太阳辐射既是园艺设施的热量来源，又是栽培作物光合作用所必需的。我国北方，园艺设施生产的特点就是要经历一年中日照时间最短的季节，因此搞好园艺设施的采光设计，最大限度地吸收太阳辐射，是保证设施园艺作物栽培取得成功，并获得高产和高效益的关键。

2.3.1　大棚的结构设计

建造大棚的用地要选择避风向阳、地势平坦、灌水方便、排水容易、地下水位较低、土质不宜过黏的地方，以便防止风害和早春土地翻浆而影响大棚提早种植。同时，要避免在大棚的附近有高大建筑物，这样冬、春季虽有防风保温的作用，但到夏季和初秋则影响通风，容易发生病虫害。另外，在大棚附近不应有灰尘和煤烟等污染，以免影响大棚的透光。

1）大棚的方位

大棚以塑料薄膜为覆盖材料，全面透光，因此它的方向和棚顶角度不及温室严格。就其方向与棚顶角度来说，主要是争取最大的受光量。从光照状况来看，天空的散射光在各种情况下对透光率没有太大的影响。但是太阳的直射光在薄膜上的入射角，却与大棚的方位和棚顶角度关系很大。其反射光的损失与玻璃温室大体相同，当入射角增加时，棚表面的反射率也明显加大。例如，太阳光与棚面呈垂直照射时，透光量最大为90%；与棚面偏30°，光量损失2.7%；与棚面偏45°，光量损失11.2%；与棚面偏60°，光量损失41.2%。因此，确定棚的方向时要考虑当地纬度和太阳高度角。

一般来说，东西向延长的大棚，光照分布是上午东部受光好，下午西部受光好。棚内光照是午前与午后相反，但就日平均来说受光基本相同。棚内受光量东、西相差大约为4.3%，南、北相差2.1%，植株表现受光均匀，不受“死阴影”的影响，棚内局部温差较小。确定棚向方位虽受地形和地块大小等条件的限制，需要因地制宜加以确定，但也应考虑主要生产季节，选择正向方位，不宜斜向建棚。

2）长度和宽度（跨度）

大棚的全长以40～60m为宜，最长不宜超过100m，太长则管理不方便。棚宽多为8～14m，过宽则通风不良。在面积和其他条件相同的情况下，大棚的跨度越大，拱杆负荷的重量越大，抗风的能力相对下降。棚顶越宽，扣棚也越困难，薄膜不易绷紧。薄膜经常颤动，更易使薄膜吹破；反之，棚的跨度越小、拱杆越密、抗风能力越强。大棚长度与宽度的关系有个比值。例如，棚长100m、棚宽10m，宽长比为10/100＝0.1。又如，棚长50m、棚宽20m，其比值为20/50＝0.4。比值越大，受风的引力越大，因此在相同的条件下，比值小的抗风力强。

3）高度

竹木结构大棚脊高多为1.8～2.5m，侧高1.0～1.2m；钢架大棚脊高多在2.8～3.2m，侧高1.5～1.8m。大棚越高承受的风压越大，因此在多风地区不宜过高，设计大棚的高度，应以满足园艺作物生长需要和便于管理为原则，尽可能矮一些，以减少风害。竹木结构有柱大棚各排立柱的高差为20～30cm，使拱杆保持较大弧度，有利于排水和加强拱杆的支撑力。

4）棚面坡度

目前大棚的棚面以拱圆形为主，只要高度和宽度设计合理，屋面呈自然拱形，其坡度角没有严格要求。

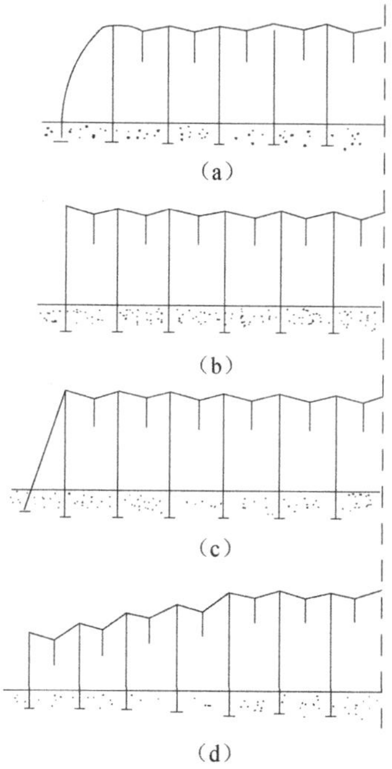

图 2-8　棚头的几种形状（侧断面）（陈友，1998）
(a) 弧头棚；(b) 齐头棚（垂直）；(c) 齐头棚（倾斜）；(d) 缩头棚

5）棚头、棚边与门

大棚屋脊部延长线方向的两端称为“棚头”，棚头形状有拱圆形（拱圆棚头、弧头棚、圆棚头）和平面垂直形（齐头棚、直棚头、平棚头）两种（图 2-8）。

拱形棚头呈自然弧形，竹木结构大棚棚头第一行立柱要用两根斜柱支撑，使其稳定，棚头部位每隔 1m 插一根竹竿，上端固定在第一根拱杆上，使之弯成弓形，即呈拱形棚头。钢架大棚为定型产品，购买时自由选型。此种棚头为流线形，抗风能力较强，但建造较费工、费料。拱形棚头的门凹入棚头安装。垂直平面棚头只需将第一根拱杆用立柱垂直支撑，并用横杆固定成架，不再起拱。此种棚头建造省工、省料，但抗风能力不如拱形棚头。门设在棚头中部、两端均可。

6）棚膜安装

竹木大棚用 8 号铁丝或压膜线固定棚膜，钢管大棚用卡槽与蛇形钢丝固定棚膜。

7）通风

大棚宽度（跨度）小于 10m，只需在两侧设通风带，若大于 10m，棚顶正中部应设通风带，均采用“扒缝”方式通风，也可在顶部设置可调通风带。

8）面积

单栋大棚面积多为 333.3～666.7m^2，太小不利于操作、保温性差，太大不利于放风、灌溉及其他操作管理。

2.3.2　节能日光温室的结构设计

1. 节能日光温室的采光设计

1）最佳方位角

节能日光温室在冬、春、秋三季进行反季节园艺作物生产，以冬季生产为关键时期。冬季太阳高度角低，为了争取太阳辐射多进入室内，建造日光温室大体上应采取东西延长，前屋面朝南的方位，但根据具体情况，有时候前屋面应适当偏东或偏西。作物上午的光合作用强度较高，日光温室前屋面采取南偏东 5°～10°，可提早 20～40min 接受到太阳的直射光，对作物光合作用是有利的。但是高纬度地区冬季早晨外界气温很低，提早揭开草苫，室内温度下降较大，所以，北纬 40°以北地区，如辽宁、吉林、黑龙江和内蒙古地区，为保温而揭苫时间晚，日光温室前屋面应采用南偏西朝向，以利于延长午后的光照蓄热时间，为夜间储备更多的热量。北纬 39°以南，早晨外界气温不很低的地区，采用南偏东朝向是可以的，但若沿海或离水面近的地区，虽然温度不很低，但清晨多雾，光照不好，也可采取南偏西朝向。但是不论南偏东还是偏西，偏角均不宜超过 10°。

建造节能日光温室方位角是正南、正北，不是磁南、磁北。各地有不同的磁偏角（表 2-8），确定磁偏角时必须进行校正。

表 2-8　主要地区磁偏角

地　名	磁偏角	地　名	磁偏角
漠河	11°00′	长春	8°53′
齐齐哈尔	9°54′	满洲里	8°40′
哈尔滨	9°39′	沈阳	7°44′
大连	6°35′	赣州	2°01′
北京	5°50′	兰州	1°44′
天津	5°30′	遵义	1°25′
济南	5°01′	西宁	1°22′
呼和浩特	4°36′	许昌	3°40′
徐州	4°27′	武汉	2°54′
西安	2°29′	南昌	2°48′
太原	4°11′	银川	2°35′
包头	4°03′	杭州	3°50′
南京	4°00′	拉萨	0°21′
合肥	3°52′	乌鲁木齐	2°44′
郑州	3°50′		

资料来源：张福墁，2001

2）采光屋面角

根据前面有关温室光照环境的讲述内容，为提高温室屋面的透光率，应尽量减小屋面的太阳光线入射角，入射角越小，透光率越大，反之透光率就越小。太阳光在日光温室前屋面的入射角（θ,°），当太阳正对日光温室前屋面时，可以计算为

$$\theta = 90 - \beta - \alpha \tag{2-8}$$

式中，α 为太阳高度角（°）；β 为屋面倾角（°）。

如日光温室前屋面与太阳光线垂直，即入射角为 0°时，理论上这时透光率最高。但这种情况在节能日光温室生产上并不实用，因为太阳高度角不断在变化，进行采光设计是考虑太阳高度角最小的冬至日的正午时刻，并不适用于其他时间。况且这样设计温室，由式（2-8）可知，前屋面倾角（β）必然很大，非常陡峭，既浪费建材，又不利于保温（图 2-9）。

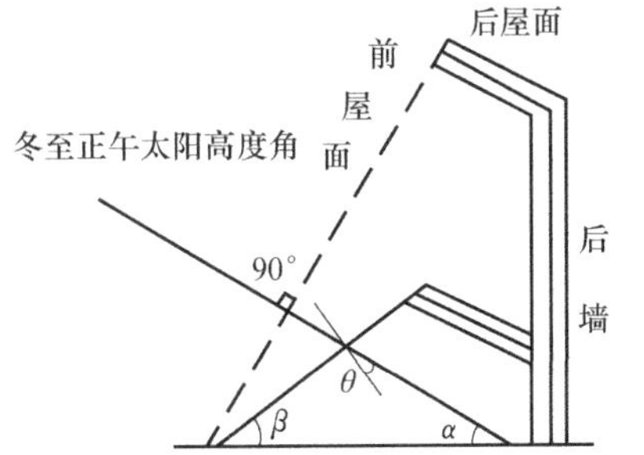

图 2-9　太阳高度角和采光屋面角示意图（张福墁，2001）

由于透光率与入射角的关系并不是直线关系，入射角在 0°～40°，透光率降低不超过 5%；入射角大于 40°以后，随着入射角的加大，光线透过率显著降低。因此，可按入射角（θ）小于 40°的要求设计屋面倾角，即取屋面倾角 $\beta \geqslant 50 - \alpha$，这样不会产生屋面倾角很大的情况。但是如果只按正午时刻计算，则只是正午较短时间达到

较高的透光率，午前和午后的绝大部分时间，阳光对温室采光面的入射角将大于40°，达不到合理的采光状态。

张真和提出合理采光时段理论，即要求中午前后4h内（一般为10～14点）太阳对温室前屋面的入射角都能小于或等于40°。这样，对于北纬32°～43°地区，节能日光温室采光设计应在冬至日正午入射角40°为参数确定的屋面倾角基础上，再增加9.1°～9.28°，这是第二代节能日光温室的设计方法。这样10～14点阳光在采光面上的入射角均小于40°，就能充分利用严冬季节的阳光资源。因此，屋面倾角（β,°）可按下式计算：

$$\beta \geqslant 50-\alpha+(5\sim10) \tag{2-9}$$

式中，太阳高度角按冬至日正午时刻计算。例如，北京地区冬至太阳高度角（α）为26.5°，则由式（2-9）可知合理的屋面倾角（β）为28.5°～33.5°。

但如果是主要用于春季生产的温室，因太阳高度角比冬季大，则屋面倾角可以取小一些。

目前日光温室前屋面多为半拱圆式，前屋面的屋面倾角（各部位的倾角为该部位的切平面与水平面的夹角）从底脚至屋脊是从大到小在不断变化的值。要求屋面任意部位都满足上述要求也是不现实的，实际上，只要屋面的主要采光部位满足上述倾角的要求即可。例如，可取前底角（底脚处）为50°～60°，距离底脚1m处35°～40°，2m处25°～30°，3m处20°～25°，4m以后15°～20°，最上部15°左右。

3）日光温室的跨度和高度

日光温室的跨度影响着日光能截获量、温室总体尺寸、土地利用率。跨度越大截获的直射光越多，如7m跨度温室的地面截获的日光能为4m跨度温室的1.75倍（图2-10）。

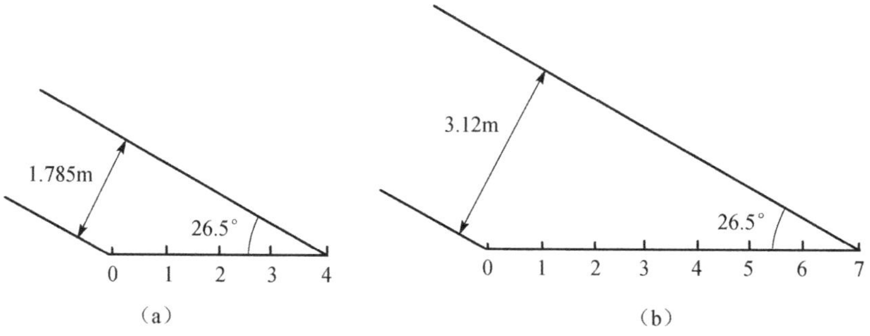

图2-10　日光温室跨度与截获光能示意图（穆天民，2004）

（a）跨度为4m；（b）跨度为7m

实际上，日光温室后墙也参与截获日光，则其跨度和高度均影响截获日光量的多少。在跨度相等的条件下，温室最高采光点的空间位置成为温室拦截光能多少的决定性因素。例如，一个8m跨度温室，若将温室前缘与地面的交点作为直角坐标系的原点（图2-11中的O点），然后在横坐标5.0m和6.6m处分别向上引垂线，如在相同高度3.6m处设采光点，于是得坐标点K_1（5.0，3.6）和K_2（6.6，3.6）两个最高采光点（图2-11）。最高采光点K_2处的截获直射光量为K_1处的1.13倍。而将K_2点下降到高度2.6m处时，所拦截的直射光量仅为3.6m处的85.2%。可见最高采光点越高日光截获量越大，当然单纯提高采光点会导致温室造价增加。因此，日光温室节能设计中要找到各种要素、参数的最佳组合。

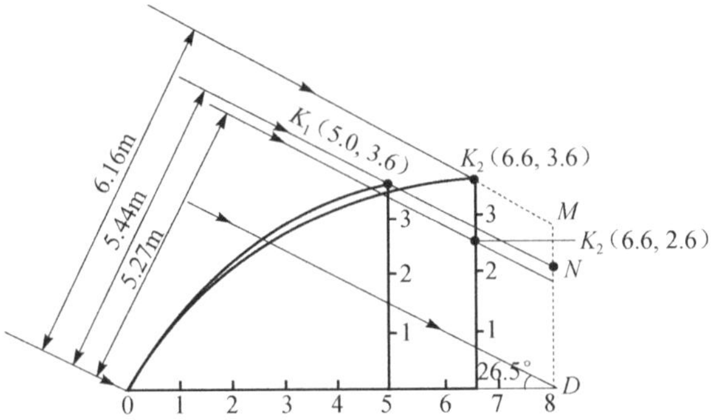

图 2-11　跨度、最高采光点位置与拦截直射光的关系（穆天民，2004）

我国的日光温室经过半个多世纪的发展，各地均优选出一些构型，如河北、山东、内蒙古、宁夏及京津唐地区等，其代表性的温室，跨度和最高采光点位置的相互关系有较佳的组合。例如，河北的冀优Ⅱ型和冀优改进型，日光温室的跨度是 6.0m 和 8.0m，相应的最高采光点为 3.0m 和 3.6m（图 2-12）。在寒温带的辽宁、吉林和黑龙江各地区一些有代表性的日光温室，如鞍山Ⅱ型、改进型一斜一立式、辽沈Ⅰ型日光温室，其跨度依次为 6.0m、7.2m 和 7.5m，相对应的最高采光点依次为 2.8m、3.0m、3.2～3.4m。

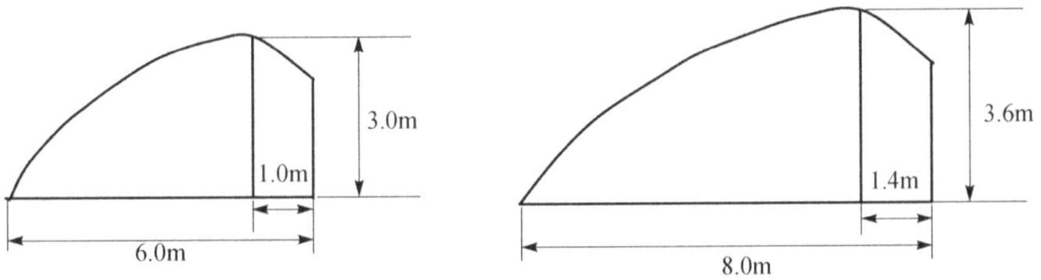

图 2-12　冀优Ⅱ型和冀优改进型日光温室跨度与最高采光点位置参数

数十年园艺栽培实践结果表明，在使用传统建筑材料、透光材料并采用草苫保温的条件下，在中温带地区建日光温室，其跨度以 8m 左右为宜；在中温带与寒温带的过渡地带，跨度以 6m 左右为宜；在寒温带地区，如黑龙江和内蒙古北部地区，跨度宜取 6m 以下。这样的跨度有利于使日光温室同时具备造价低、高效节能和实现周年生产三大特性。

4）采光屋面形状

当跨度和最高采光点被设定之后，温室采光屋面形状就成为温室截获日光能量的决定性因素（此处不涉及塑料膜品种、老化程度、积尘厚度、磨损程度等因素），因此设计者对棚形设计应予以高度重视。

节能型日光温室屋面形状有两大类：一类是由一个或几个平面组成的折线形屋面，其剖面由直线组成；一类是由一个或几个曲面组成的曲面形屋面，其剖面由曲线组成。折线形屋面的屋面倾角就是直线与水平线的夹角。曲面形屋面，其剖面曲线上各点的倾角（曲线的切线与水平线的夹角）都不相等，比较复杂，其各点在某时刻透入温室的太阳直接辐射照度是不相同的，整个屋面透入温室的太阳直接辐射量，需要逐点分析进行累计，根据累计的辐射量，可对不同曲线形状屋面的透光性能进行比较。

理想的采光屋面形状应能同时满足以下四方面要求：①能透进更多的直射辐射能；②温

室内部能容纳较多的空气；③室内空间有利于园艺作业；④造价较低。

这里以冀优改进型日光温室为例，对各种采光面形状作比较。这种温室的形体尺寸参数如图 2-13 所示。在该图 O 与 H（最高采光点）之间可以设计为若干种线形：A* 为直线，这是 20 世纪 30 年代使用过的“一面坡”形；B* 是“二折形”，至今仍有采用；C* 为幂函数曲线形；D* 是圆弧形。当然，还可以设计成其他形状的线或复合曲线。

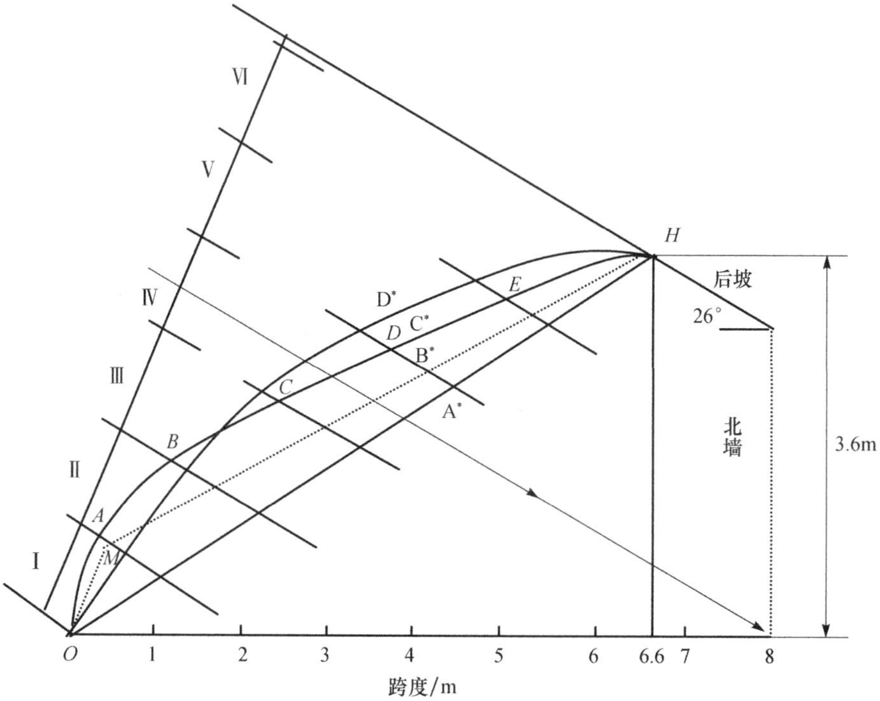

图 2-13　几种采光面（曲线）上直射光入射情况（穆天民，2004，略修改）

A*—一面坡形；B*-二折形；C*-幂函数曲线形；D*-圆弧形；OA、AB、BC、CD、DE、EH-幂函数曲线上的6 个采光单元；Ⅰ，Ⅱ，…，Ⅳ-温室上空直射光的分区号，H 为最高采光点

对上述 4 种线，均可求得他们在冬至日正午（真太阳时 12:00）直射辐射的平均入射角：A* 线是 34.8°；B* 线 OM 段是 5.4°，MH 段为 40.8°，两者的加权平均是 34.8°；C* 线按能截获直射光的部分可划分为 6 个单元，对应于Ⅰ～Ⅵ分区的采光单元为 OA、AB、BC、CD、DE 和 EH，光的入射角各单元不同，其平均入射角经计算为 33.4°；D* 线是以 7.83m 为半径过 O、H 点的圆弧，采用了 C* 相同的方法，求得其平均入射角是 31.3°。因此，从采光的角度看，圆弧形最好。

屋面前部应有一定的高度，给室内的管理作业留出较充裕的空间，以上 4 种屋面以幂函数曲线形为最好，圆弧形屋面次之，一面坡屋面最差。

屋脊处的屋面倾角，如过小，将使该处透光较差，同时，屋面保温草帘或保温被向下铺放不顺畅；此外，还易造成屋面薄膜兜水的情况。因此，一般屋脊处的屋面倾角应保证大于 10°。以上 4 种屋面中，屋脊处的屋面倾角，圆弧形屋面偏小，一面坡与二折形较大。

实践证明，在我国中温带地区（指行政区划中的山西、河北、辽宁、宁夏，以及内蒙古、新疆的部分地区）建设日光温室时，圆与抛物线组合式曲面比单圆、抛物线、椭圆线更好。圆与抛物线采光面不但比上述几种类型的入射光量都多，而且还比较易操作管理，容易固定压膜线，大风时不致薄膜兜风，下雨时易于排走雨水。

5）后坡面仰角

日光温室后坡面仰角是指日光温室后坡面与水平面之间的夹角（图 2-14 中 α_2）。日光温室后坡面角的大小对日光温室的采光和保温性均有一定的影响。后坡面仰角应视温室的使用季节而定，但至少应该略大于当地冬至正午的太阳高度角，在冬季生产时，尽可能使太阳直射光能照到日光温室后坡面内侧；在夏季生产时，则应避免太阳直射光照到后坡面内侧。一般后屋面角取当地冬至正午的太阳高度角再加 5°～8°。

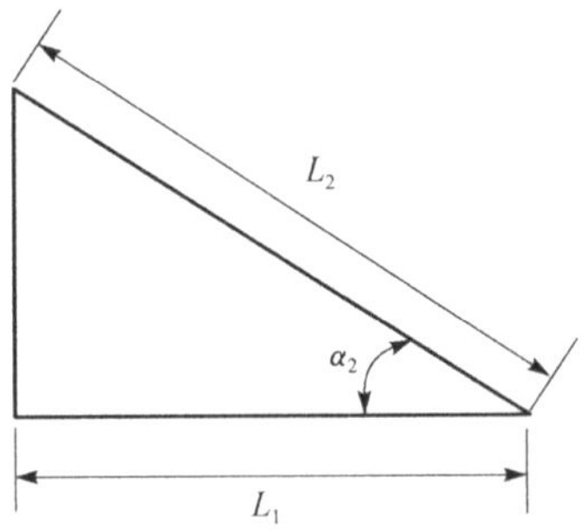

图 2-14 日光温室后坡面仰角及水平投影（张晓东等，2002）

6）后坡水平投影长度

日光温室后坡的长短直接影响日光温室的保温性能和其内部的光照情况。当日光温室后坡长时，日光温室的保温性能提高，但这样当太阳高度角较大时，就会出现温室后坡遮光的现象，使日光温室北部出现大面积阴影。而且日光温室后坡长，其前屋面的采光面将减小，造成日光温室内部白天升温过慢。反之，当日光温室后坡面短时，日光温室内部采光较好，但保温性能却相应降低，形成日光温室白天升温快、夜间降温也快的情况。日光温室的后坡面水平投影长度 L_1 一般以 1.0～1.5m 为宜，$L_1=L_2\cos\alpha_2$（图 2-14）。

2. 节能日光温室的保温设计

节能日光温室在密闭的条件下，即使在严寒冬季，只要天气晴朗，在光照充足的午间室内气温可达到 30℃以上。但是如果没有较好的保温措施，午后随着光照减弱，温度很快下降。特别是夜间，各种热量损失有可能使室温下降到作物生长发育适温以下，遇到灾害性天气，往往发生冷害、冻害。因此，不搞好保温设计，就不能满足作物正常生长发育对温度条件的要求。日光温室的保温性与温室墙体结构、后屋面及前屋面的覆盖物等有关。

1）墙体的材料、结构与厚度

日光温室的墙体和后坡，既可以支撑、承重，又具有保温蓄热的作用。因此，在设计建造墙体和后坡时，除了要考虑承重强度外，还要考虑材料的导热、蓄热性能和建造厚度、结构。但一般地讲，日光温室墙体和后坡的保温蓄热是主要问题，为了保温蓄热的需要，一般都较厚，承重一般容易满足要求。现在日光温室墙体和后坡多采用多层复合构造，在墙体内层采用蓄热系数大的材料，外层为导热系数小的材料。这样就可以更加有效地保温蓄热，改善温室内环境条件。常用日光温室墙体材料的热工性能参数如表 2-9 所示。

表 2-9 日光温室墙体材料的热工性能

材料名称	密度 ρ /(kg/m³)	导热系数 λ /[W/(m·℃)]	蓄热系数 S_{24} /[W/(m²·℃)]	比热容 c /[kJ/(kg·℃)]
钢筋混凝土	2500	1.74	17.20	0.92
碎石或卵石混凝土	2100～2300	1.28～1.51	13.50～15.36	0.92

续表

材料名称	密度 ρ /(kg/m³)	导热系数 λ /[W/(m·℃)]	蓄热系数 S_{24} /[W/(m²·℃)]	比热容 c /[kJ/(kg·℃)]
粉煤灰陶粒混凝土	1100～1700	0.44～0.95	6.30～11.40	1.05
加气、泡沫混凝土	500～700	0.19～0.22	2.76～3.56	1.05
石灰水泥混合砂浆	1700	0.87	10.79	1.05
砂浆黏土砖砌体	1700～1800	0.76～0.81	9.86～10.53	1.05
空心黏土砖砌体	1400	0.58	7.52	1.05
夯实黏土墙或土坯墙*	2000	1.1	13.3	1.1
石棉水泥板	1800	0.52	8.57	1.05
水泥膨胀珍珠岩	400～800	0.16～0.26	2.35～4.16	1.17
聚苯乙烯泡沫塑料*	15～40	0.04	0.26～0.43	1.6
聚乙烯泡沫塑料	30～100	0.042～0.047	0.35～0.69	1.38
木材（松和云杉）*	550	0.175～0.350	3.9～5.5	2.2
胶合板	600	0.17	4.36	2.51
纤维板	600	0.23	5.04	2.51
锅炉炉渣	1000	0.29	4.40	0.92
膨胀珍珠岩	80～120	0.058～0.07	0.63～0.84	1.17
锯末屑	250	0.093	1.84	2.01
稻壳	120	0.06	1.02	2.01

资料来源：张福墁，2010

（1）墙体厚度。鞍山市园艺研究所对墙体厚度与保温性能进行了研究，采用 3 种不同厚度的土墙：①土墙厚 50cm，外覆一层薄膜；②土墙厚 100cm；③土墙厚 150cm，其他条件相同。其结果表明，自 1 月上旬至 2 月上旬，②比①室内最低气温高 0.6～0.7℃，③比②室内最低气温高 0.1～0.2℃。室内最高气温差分别为 0.2～0.5℃和 0.1～0.3℃。由此可看出，随着墙体厚度的增加，蓄热保温能力也增加，但厚度由 50cm 增至 100cm，增温明显，由 100cm 增至 150cm，增温幅度不大，也就是实用意义不大。根据经验，单质土墙厚度比当地冻土层厚度增加 70cm 左右为宜。据北京地区生产实践证明，节能型温室的墙体厚度，土墙以 70～80cm 为宜，砖墙以 50～65cm 为宜，有中间保温隔层的更好。

（2）墙体的材料与构造。节能型日光温室墙体有单质墙体，如土墙、砖墙、石墙等，以及异质复合墙体（内层为砖、中间有保温夹层、外层为砖或加气混凝土砖）。异质复合墙体较为合理，保温蓄热性能更好。经研究表明，白天在温室内气温上升和太阳辐射的作用下，墙体成为吸热体，而当温室内气温下降时，墙体成为放热体。其中，墙体内侧材料的蓄热和放热作用对温室内环境具有很大作用。因此，墙体的构造应由 3 层不同的材料构成。内层采用蓄热能力高的材料，如红砖、干土等，在白天能吸收更多的热并储存起来，到夜晚，即可放出更多的热。外层应由导热性能差的材料，如砖、加气混凝土砌块等加强保温。两层之间，一般使用隔热材料填充，如珍珠岩、炉渣、木屑、干土和聚苯乙烯泡沫板等，阻隔室内热量向外流失。

墙体材料的吸热、蓄热和保温性能，主要从其导热系数、比热容和蓄热系数等几个热工性能参数判断，导热系数小的材料保温性好，比热容和蓄热系数大的材料蓄热性能较好。表 2-9 列出了温室常用墙体材料的热工性能参数供参考。

2）后屋面的结构与厚度

日光温室的后屋面结构与厚度也对日光温室的保温性能产生影响。其一般由多层组成，有防水层、承重层和保温层。一般防水层在最顶层，承重层在最底层，中间为保温层。保温层的材料通常有秸秆、稻草、炉渣、珍珠岩、聚苯泡沫板等导热系数低的材料。此外，后屋面为保证有较好的保温性，应具有足够的厚度，在冬季较温暖的河南、山东和河北南部地区，厚度可在 30～40cm；东北、华北北部、内蒙古寒冷地区，厚度为 60～70cm。

3）前屋面保温覆盖

前屋面是日光温室的主要散热面，散热量占温室总散热量的 73%～80%。所以，前屋面的保温十分重要。节能型日光温室前屋面保温覆盖方式主要有两种。

一种是外覆盖，即在前屋面上覆盖轻型保温被、草苫、纸被等材料。外覆盖保温在日光温室中应用最多。草苫是最传统的覆盖物，是由芦苇、稻草等材料编织而成的，由于其导热系数小，加上材料疏松，中间有许多静止空气，保温效果良好，可减少 60%的热损失。在冬季寒冷地区，常常在草苫下附加 4～6 层牛皮纸缝合而成的纸被，这样不仅增加了覆盖层，而且弥补了草苫稀松导致缝隙透气散热的缺点，提高了保温性。但草苫等传统的覆盖材料较为笨重，易污染、损坏薄膜，易浸水、腐烂等。因而近 10 年来研制出了一类新型的称为保温被的外覆盖保温材料，这种材料轻便、洁净、防水而且保温性能不逊于草苫。保温被一般由三层或更多层组成，内、外层由塑料膜、防水布、无纺布（经防水处理）和镀铝膜等一些保温、防水和防老化材料组成，中间由针刺棉、泡沫塑料、纤维棉、废羊绒等保温材料组成。目前市场上出售的保温被，其保温性能一般能达到或超过传统材料的保温性能，但有的保温被的防水性和使用寿命等性能还有待提高。

另一种是内覆盖，即在室内张挂保温幕，又称二层幕、节能罩，白天揭、晚上盖，可减少热损失 10%～20%。保温幕多采用无纺布，银灰色反光膜或聚乙烯膜、缀铝膜等材料。

4）减少缝隙放热

在严寒冬季，日光温室的室内外温差很大，即使很小的缝隙，在大温差下也会形成强烈对流交换，导致大量散热。特别是靠门一侧，管理人员出入开闭过程中，难以避免冷风渗入，应设置缓冲间，室内靠门处张挂门帘。墙体、后屋面建造都要无缝隙，夯土墙、草泥垛墙，应避免分段构筑垂直衔接，应采取斜接的方式。后屋面与后墙交接处，前屋面薄膜与后屋面及端墙的交接处都应注意不留缝隙。前屋面覆盖薄膜不用铁丝穿孔，薄膜接缝处、后墙的通风口等，在冬季严寒时都应注意封闭严密。

5）设置防寒沟

在温室四周设置防寒沟，沟内填入稻壳、麦秸等，可减少温室内热量通过土壤外传，阻止外面冻土对温室的影响，可使温室内土温提高 3℃以上。防寒沟设在距温室周边 0.5m 以内，一般深 0.8～1.2m，宽 0.3～0.5m。也可在温室四周铺设 PS 板保温。

3. 节能日光温室的建筑设计

1）温室的间距

如果并排建造两栋以上温室，两栋之间距离要保证前栋温室不挡后栋温室光线（图 2-15）。

相邻两温室间隔距离（L_3，m）可用下式计算：

$$L_3 = (H + h_1)/\tan h - b \tag{2-10}$$

式中，H 为日光温室高度（m）；h_1 为卷起后的棉被（或草苫）高度（m）；h 为当地冬至正午太阳高度角（°）；b 为日光温室后墙及后坡水平宽度（m）。

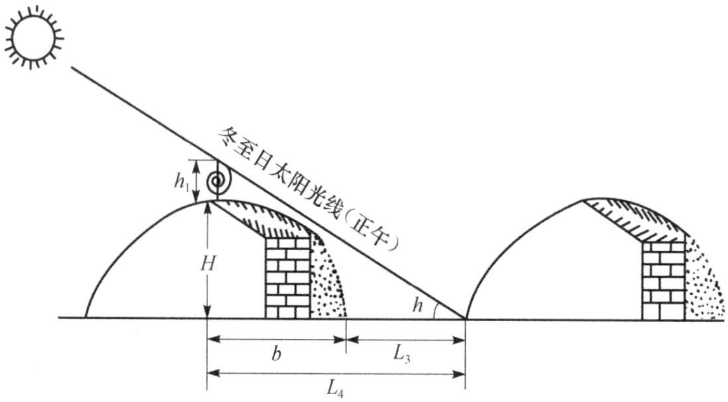

图 2-15　日光温室间距（张晓东等，2002）

2）温室内地面标高

为了防止室外雨水积水倒灌入温室，一般温室内地面比室外地面高 150mm。但是，许多日光温室为了保温的需要，采取室内地面低于室外地面的做法，以提高地温和室内的气温。在北纬 43°～50°地区，宜将室内地面降低 0.3～0.5m，即采用半地下式温室。

3）温室面积

目前日光温室净跨度一般在 6.0～8.0m，长度为 50～100m，一栋温室面积最好在 300～667m²，这样基本上满足生产及管理上的需要；但有时受用地限制，面积也可适当减小，可根据具体情况来确定，如庭院建造温室面积可小些，但不宜小于 50m²。

2.3.3　现代化温室的结构设计

1. 现代化温室种类

1）文洛（Venlo）型温室

Venlo 型温室是 18 世纪以后随着世界玻璃工业的发展，在西方国家大量兴起的一种玻璃温室形式。在这种温室形式中，Venlo 型小屋面玻璃温室是最具典型意义的一种结构形式。“Venlo”一词来源于荷兰一个小镇的名称，20 世纪 50 年代，Venlo 型温室就诞生在这里。经过近 50 年的发展，这种温室已在世界各国得到广泛的应用，成为世界上应用地域最广、使用数量最多的玻璃温室形式，其常见的结构形式如图 2-16 所示。

（1）Venlo 型温室的结构特点。Venlo 型温室的最大特点是构件截面小、安装简单、使用寿命长、便于维护等，其有关参数如下。

结构单元跨度为 6.40m、9.60m、12.80m 等，屋面单元跨度为 3.20m。

屋面标准高度为 0.80m，常用温室檐高为 3.00m、3.50m、4.00m、4.50m、6.00m 等。

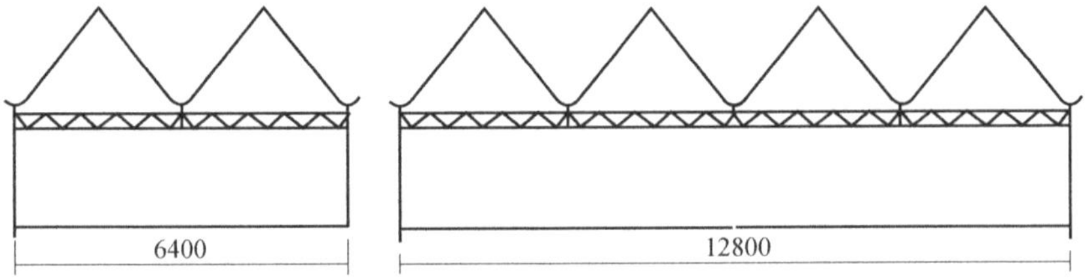

图 2-16　Venlo 型温室结构常见形式（周长吉，2003）

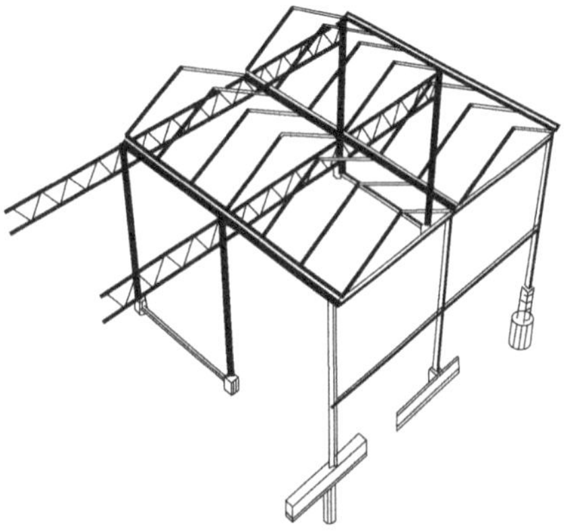

图 2-17　Venlo 型温室标准单元结构（周长吉，2003）

在其结构材料方面，Venlo 型温室钢柱及侧墙檩条采用热浸镀锌轻钢结构；屋面梁采用水平桁架结构；屋盖梁采用专用铝合金型材“人字形”对接；温室天沟采用断面相对较小的热镀锌钢制天沟或铝合金天沟；屋面和侧墙采光材料为 4mm 厚浮法玻璃；基础通常采用钢筋混凝土独立基础，四周侧墙用砖墙或钢筋混凝土护板连接。Venlo 型温室标准的单元结构如图 2-17 所示。

（2）Venlo 型温室的受力特点。Venlo 型温室采用了典型的无檩屋盖系统，玻璃所承受的荷载直接作用于温室纵向天沟，由天沟将力直接传给立柱或屋面梁节点，因此，天沟承受屋盖系统传来的均布力和检修集中荷载等，屋面梁承受的外力主要是由天沟传来的、作用于某些节点上的集中力和其他一些悬挂于桁架上的设备荷载等。

目前 Venlo 型温室已形成了标准化、定型化产品，分为 A、B、C 三种型号（图 2-18）。A 型［图 2-18（a）］跨度为 3.0～3.6m，通常取 3.2m；B 型［图 2-18（b）］跨度为 6.0～7.2m，通常取 6.4m，且比 A 型减少了柱子的数量；C 型［图 2-18（c）］跨度为 6.4～9.2m，与 A、B 型相比，C 型既增加了跨度又减少了天沟数量，增加了建筑空间，适合于种植高大植物。Venlo 型温室屋顶为人字形，以玻璃覆盖，天窗可根据温度的变化进行自动启闭，侧墙采用双层中空玻璃以提高冬季的保温性能。Venlo 型玻璃温室的一些具体参数如表 2-10 所示。

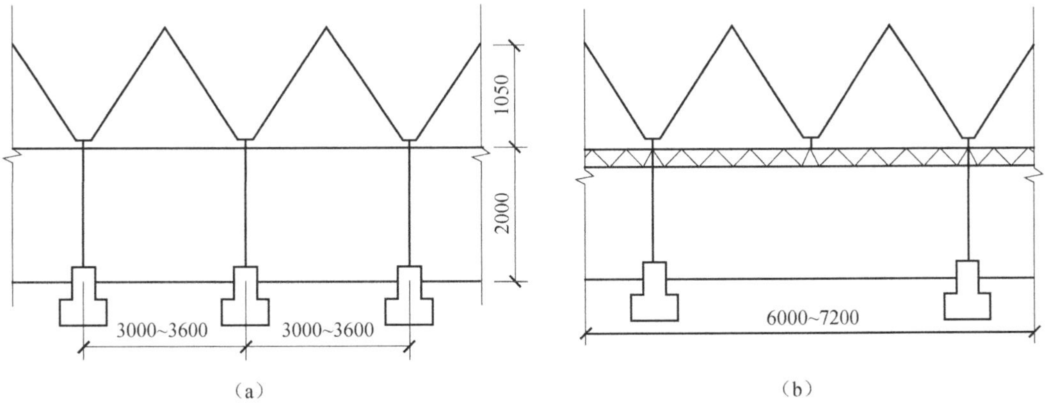

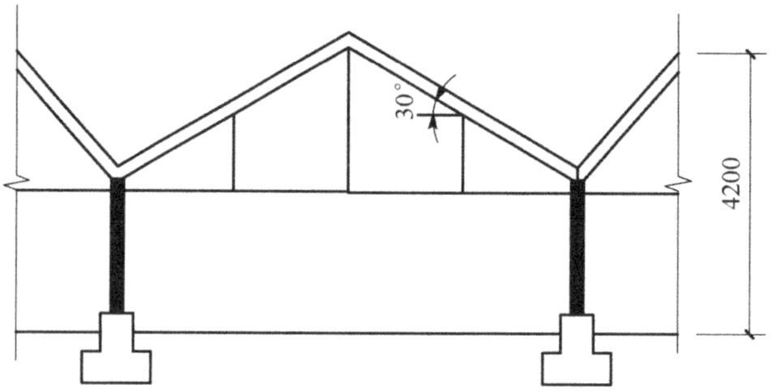

(c)

图 2-18　Venlo 型温室（孟少春等，2003）

(a) A 型；(b) B 型；(c) C 型

表 2-10　Venlo 型温室标准规格表

	A 型	B 型	C 型
跨度/m	3.2	6.4	6.4～9.2
屋面坡度/(°)	20	20	30
侧高/m	2.5	2.5	2.5
顶高/m	3.05	3.05	4.2
结构材料	钢＋铝合金	钢＋铝合金	钢＋铝合金
玻璃厚度/mm	0.004	0.004	0.004

资料来源：孟少春等，2003

2）大型连栋温室

代表性的连栋温室为胖龙公司生产的温室，其关键技术主要来自美国，生产的连栋温室有以下型号。

(1) XA 型温室系列。如图 2-19 所示，其中图 2-19 (a) 为 XA-100 型，跨度 10m，柱距 1.9m，顶高 5.35m，雨槽下净高 2.5m；图 2-19 (b) 为 XA-210 型，跨度 6.4m，柱距 1.9m，顶高 4.75m，雨槽下净高 2.13m。这两种型号又各自分为 A 型和 B 型，其区别是骨架材料和承载力不同：A 型骨架由进口三层防护（镀锌、铬化、高分子涂层）温室专用钢管构成，抗雪载 0.30kN/m²；B 型骨架由国产热镀锌钢管构成，抗雪载 0.225kN/m²，两者抗

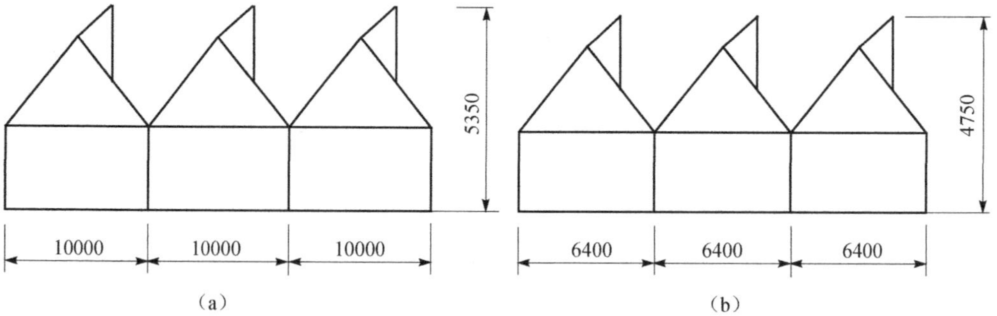

图 2-19　胖龙 XA 型温室（孟少春等，2003）

(a) XA-100 型；(b) XA-210 型

风载均为 0.50kN/m²。覆盖材料为进口聚乙烯（PE）长寿膜，双层充气，用聚碳酸酯（PC）中空板做墙裙。

（2）GK 型温室系列。常见 GK-80 型如图 2-20 所示，跨度 8m，柱距 4m，天沟高 3m 或 4m，脊高 4.67m 或 5.67m，为拱形顶开窗温室，顶窗由齿轮、齿条装置启闭。顶拱梁采用热镀锌钢管，立柱、顶窗采用冷弯矩形钢管制成。其抗雪载荷 0.3kN/m²，抗风载 0.5kN/m²。温室可根据不同地区需要选用不同的覆盖材料，如单层塑料薄膜、双层充气膜，侧墙可采用 PC 中空板或 PVC 波形板。

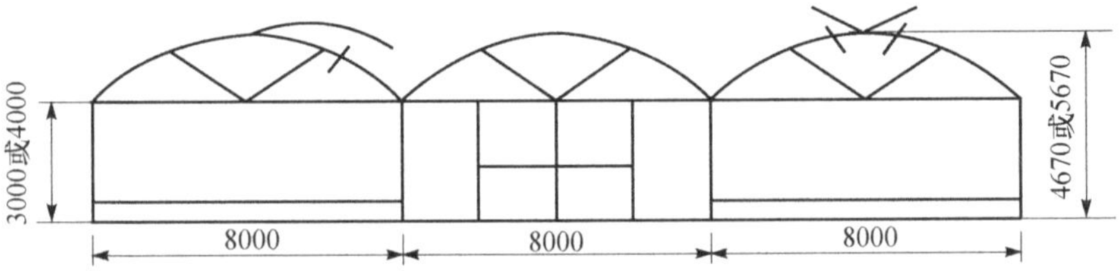

图 2-20　胖龙 GK-80 温室（孟少春等，2003）

（3）以色列连栋温室。以色列的温室业较发达，在中国有多家代理商。图 2-21 为几种以色列连栋温室，其中图 2-21（a）为阿拉斯加 2000 型的两款。这两种温室跨度分别为 9m 和 6.5m，檐高 3.5m，脊高 5.0m。顶部有直立的通风窗，通风面积大，塑料覆盖面层抗风能力较强。图 2-21（b）是日兹克拉兄弟有限公司（Rizk Alla DBrothers Ltd.）另一类型的连栋温室，跨度 7.5m，檐高 3.5m。这种温室的最大跨度可达 11m，最大高度可达 5.7m，主要骨架采用热镀锌钢材。图 2-21（c）是以色列连栋温室，其跨度为 8m，柱距 4m，檐高 3.8m，脊高 5.5m，拱形屋顶，热镀锌钢管结构，全部采用高强度塑料膜覆盖。南侧墙上每两跨安装一台轴流风机，北侧墙设通长的通风带。当温度达到设定值时，风机自动开启，同时通风带自动卷起（通风带内侧设防虫网）。圆翼散热器挂于柱子下部，既减轻了屋架的荷载，又不遮光。栽培畦间还布置散热光管，可兼做运输小车的轨道，大沟两侧设化雪管，屋架下设水平大幕用于冬季保温及夏季遮阴。

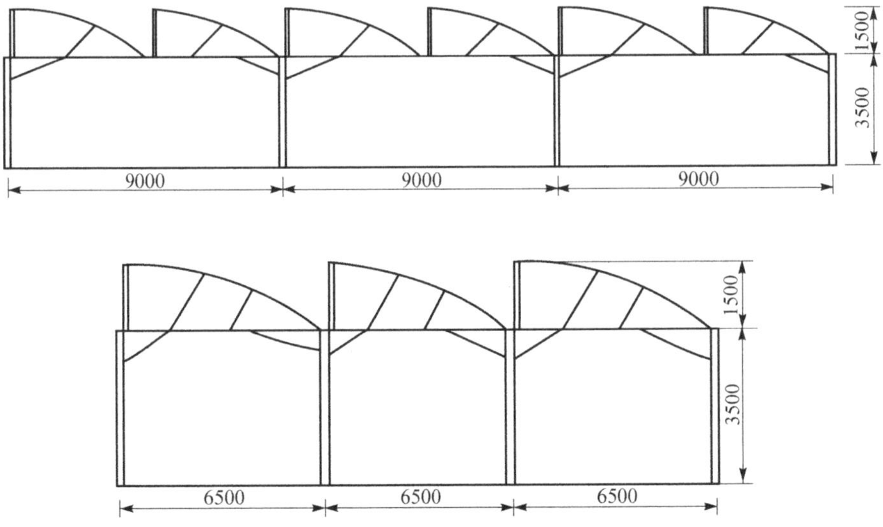

（a）

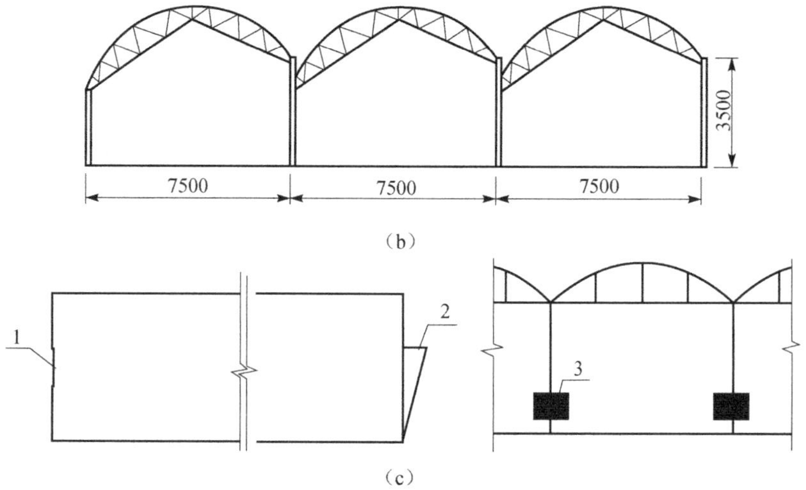

图 2-21　几种以色列连栋温室（孟少春等，2003）

(a) 阿拉斯加 2000 型连栋温室两款；(b) 日兹克拉兄弟有限公司生产的连栋温室；(c) 中以示范农场的连栋温室

1-通风带；2-风机；3-散热器

(4) 台湾三易连栋温室。图 2-22 为台湾三易环境工程股份有限公司生产的温室。其中，

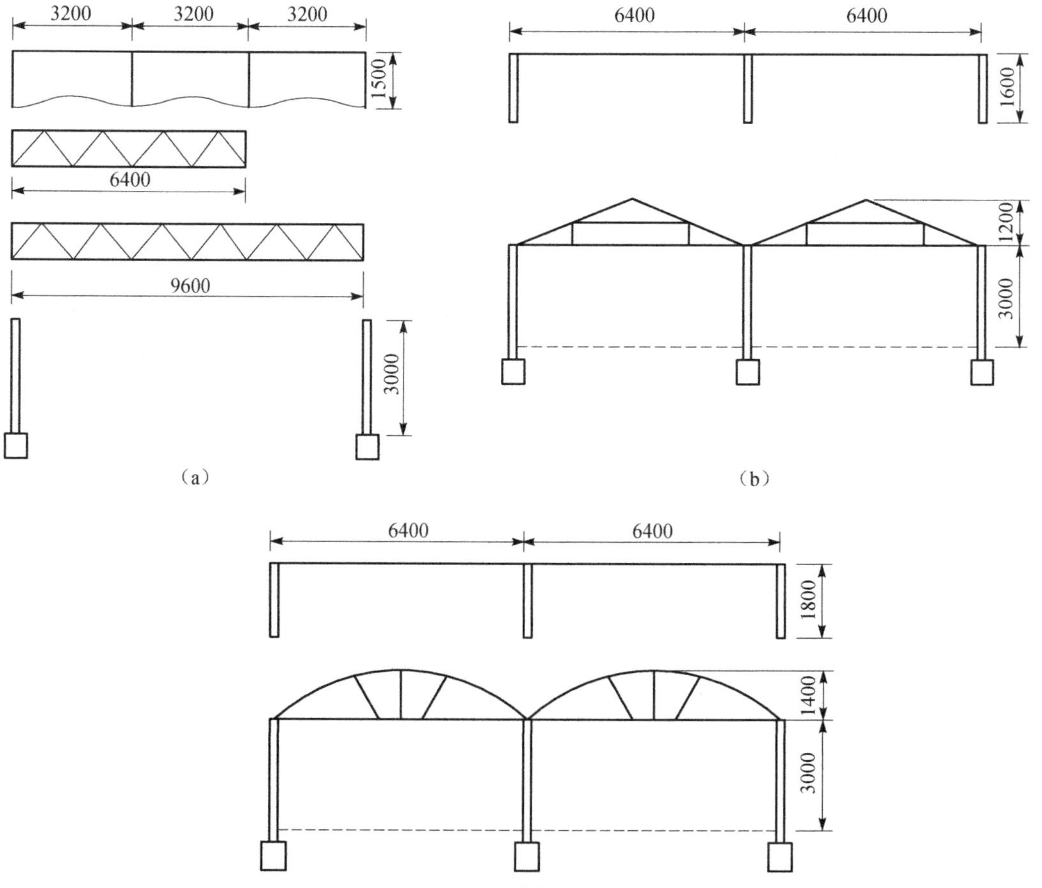

图 2-22　台湾三易连栋温室（孟少春等，2003）

(a) JT-2000 高级型；(b) JT-3000 经济型；(c) JT-5000 实用型

图 2-22（a）为 JT-2000 高级型温室，跨度有 6.4m、9.6m，可任意组合，每跨屋顶分成 2 或 3 个跨度为 3.2m 的人字形小屋顶，以减小屋顶高度和重量，屋面全部采用 PC 板覆盖。图 2-22（b）为 JT-3000 经济型温室，跨度 6.4m，柱距 4m，檐高 3m，脊高 4.2m，人字形屋顶。图 2-22（c）为 JT-5000 实用型温室，跨度 6.4m，柱距 4m，檐高 3m，脊高 4.4m，拱形屋顶。

（5）门式钢架连栋温室。这种温室采用型钢或方钢管在屋脊和天沟处刚性连接，结构简单，跨度不大，如图 2-23 所示。

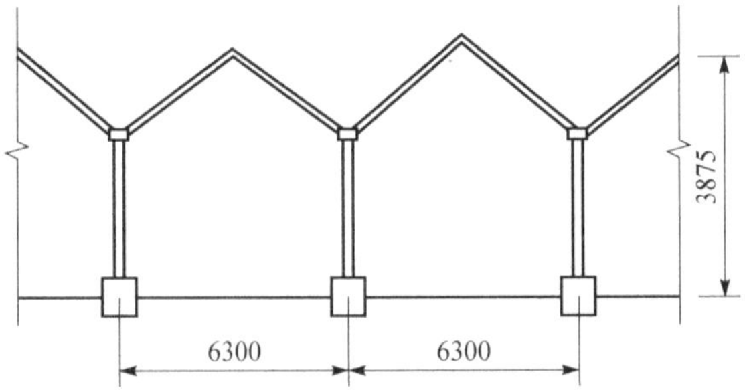

图 2-23　门式钢架连栋温室（孟少春等，2003）

（6）FRP 板连栋温室。这种温室采用玻璃纤维增强聚酯板（FRP 板）覆盖，其质量小，单张面积大，接缝少，透光性、保温性均较好，使这种温室跨度和高度均较大，如图 2-24 所示。

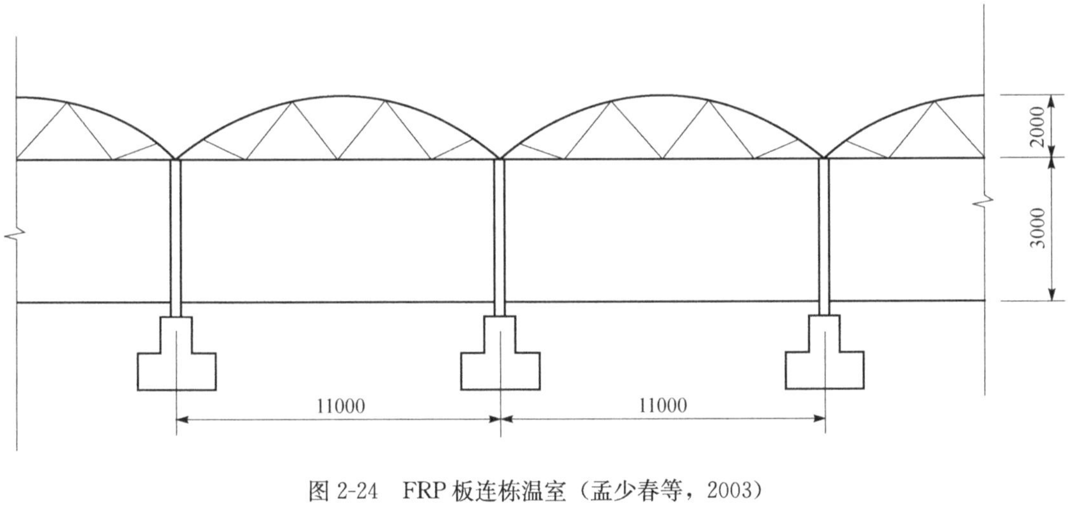

图 2-24　FRP 板连栋温室（孟少春等，2003）

（7）双层塑料薄膜充气温室。除前面提到的双层充气膜温室（如胖龙温室）以外，这里介绍的是承重骨架采用钢管立柱加柔性悬索作为承重系统、覆以双层塑料薄膜的连栋温室，两层膜之间用微型风机不断地将室外的干空气吹入，以达到保温的目的。悬索埋于土中，用地锚固定，如图 2-25 所示。这种温室结构较简单，造价较低，保温性能较好。

2. 现代化温室结构设计示例

以 LJW-1L 北方现代型连栋温室主体结构设计为例。

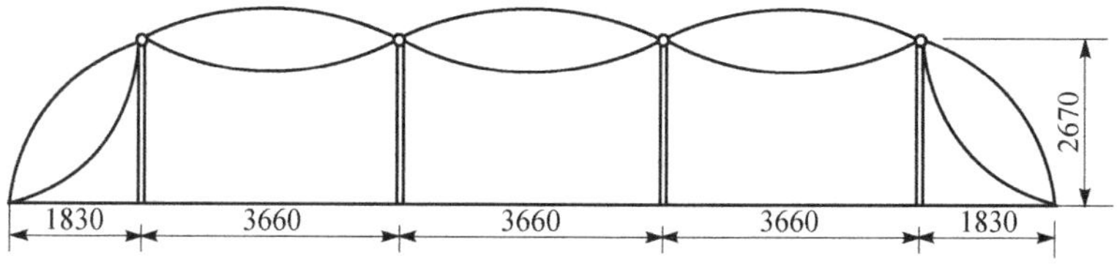

图 2-25 双层塑料膜充气温室（孟少春等，2003）

1）基本条件

（1）温室使用区域。黑龙江大部分农区，北纬 43.5°～47.5°。

（2）室外日平均气温。黑龙江室外日平均气温：最高为 30℃；最低为－26℃。

（3）月日照时数为 200h 以上。

（4）日照百分率为 60%以上。

（5）最大雪荷载≤0.4kN/m^2。

（6）最大风荷载≤0.5kN/m^2。

（7）最大吊挂荷载≤0.1kN/m^2。

2）温室的功能定位及类型选择

（1）功能定位。LJW-1L 型温室基本功能定位为生产经营型，兼有高科技设施农业的示范功能。

（2）类型选择。设施农业中栽培生产的设施主要有 3 种：塑料大棚（或称简易塑料温室）、日光温室和大型现代化连栋温室。在此选择大型现代化连栋温室。

（3）温室主体覆盖类型的确定。温室按主体覆盖材料有 3 类：玻璃温室、塑料温室、PC（聚碳酸酯）板温室，也有塑料膜与 PC 板混合型的，该温室采用塑料薄膜作为覆盖材料。

（4）温室的形状与坐落方位。现代温室按屋面的形状可以分为圆形、锯齿形和三角屋脊形。该温室采用双三角形屋面，具有良好的采光性能，而且具有结构强度好、天窗易于布置等优点。

温室的坐落方位，按屋脊取东西走向，栋宽排列。这样的方位配合三角形屋面具有较好的性能（试验表明，东西走向温室比南北走向温室总采光量提高 10%～15%）。

3）温室主体骨架结构的设计

（1）主体结构参数的选择如下。

净高（H_0）。温室地面至内覆盖遮阳幕的高度，即栽培作物高度。生产型的现代温室，一般要求为 3.0～4.0m，按照北方温室的特点，选取 H_0＝3.2m，既保证足够宽敞的空间，又有利于冬季保温。

檐高（H_y）：温室的侧墙高度取决于 H_0 和屋面形状，该温室取 H_y＝3.45m。

跨度（B）：也称栋宽，垂直于屋脊方向上中间立柱之间（或侧墙与中间立柱之间）的距离。现代温室跨度一般取 6.4～10.8m，单栋温室有的达 16.0m。该温室选取跨度 B＝10.0m，每跨上设双三角形屋脊。

屋面角（θ）（三角形坡屋面与水平面的夹角）：东西向温室屋面角的大小对采光性能影

响很大，在北纬 43.5°～47.5°地区，合理采光屋面角应为 27°～34°，θ 越大，越有利于采光，但相应屋脊变高。综合考虑在此选取 $\theta=32°$。

脊高（H_w）：指的是地面至屋脊的高度。L 和 θ 确定后 $H_w=5.04$m。

开间（L）：在温室的纵向（即屋脊方向），中间立柱的距离一般取 3.0～5.0m，该温室的开间。考虑到覆盖所用的塑料薄膜常用规格及其合理利用，确定开间 $L=3.72$m。每个开间设 2 道中间骨架，便于固膜，承受风雪荷载。中间骨架间距为 $L/3=1.24$m。

雨水槽宽度（b）：雨水槽不仅有集雨排水功能，而且还是温室主体骨架的重要构件。因此，要有足够大的沟槽断面，保证在强降雨条件下顺利排水，还要有足够的强度和刚度。该温室采用 2mm 冷弯钢板制造雨水槽，又考虑到维修与冬季需上人进行清雪等作业，确定 $b=260$mm。

基础参数：基础采用复合砌筑结构，由于冬季冻层深度 1.8m，基础地下部分深度取 1.4m，基础的地上高度 h 取 0.4m。

温室的面积（A）：温室的长度取开间（L）的整数倍，温室跨度取跨度（B）的整数倍。因此，温室的面积可按需要取任意值。该温室东西向长度取 13 个开间，南北向跨度取 4 个跨度，即 4 连栋 8 屋脊，其面积 $S=13\times L\times 4\times \mathrm{B}=1934.4\mathrm{m}^2$。

（2）温室主体骨架结构简图。温室主体骨架结构如图 2-26 所示。

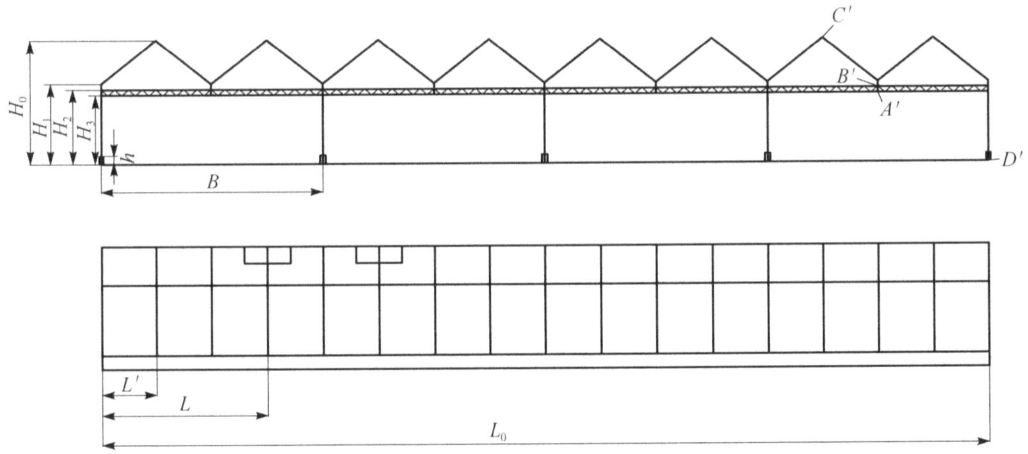

图 2-26　温室主体骨架简图（潘亚东等，2002）

（3）主要构件及其参数。构成温室主体桁架的构件是立面骨架（侧墙和山墙）、屋面骨架、横梁架、立柱（包括山墙立柱和中间立柱）、雨水槽和屋脊。除此之外，柱间和横梁间还架设了斜撑。

（4）荷载及受力分析。由于温室为对称结构，而且东西走向的屋脊和雨水槽的强度与刚度相当大，加上柱间设有斜撑，强度和稳定性易于保证。因此，空间框架取南北向的一个断面，按平面框架进行受力分析。

结构自重（D）：全部钢结构质量为 27260kg，覆盖塑料材料膜为 980kg，内覆盖遮阳幕为 400kg，外覆盖保温被为 4760kg。即总结构自重为 33400kg，按温室总面积（$2000\mathrm{m}^2$）平均，则为 $D=16.7\mathrm{kg/m^2}\approx 0.17\mathrm{kN/m^2}$，以此作为计算 D 值。

雪荷载（S）

$$S = S_0 C_e I_e C_{tg} \mu_r \tag{2-11}$$

式中，S_0 为基本雪荷载，取 0.4kN/m²；C_e 为场区暴露系数，取 $C_e=1.0$；I_e 为结构重要性系数，取 $I_e=1.0$；C_{tg} 为采暖系数，考虑到有外覆盖保温被，按不加温温室计算，取 $C_{tg}=1.0$；μ_r 为屋面积雪分布系数，以雨水槽为中心左、右 1/2 屋面取 $\mu_{r1}=1.4$，其余取 $\mu_{r2}=0.95$，按均布取值时 $\mu_{r0}=1.0$。

这样，雨水槽左、右 1/2 屋面为 $S_1=0.56\text{kN/m}^2$，其余为 $S_2=0.38\text{kN/m}^2$；按均布取值时 $S_0=0.4\text{kN/m}^2$。

风载（W）：按最大风载取值，$W=0.5\text{kN/m}^2$；

作物吊挂荷载（d）：取值 $d=0.1\text{kN/m}^2$。

荷载的组合方式有：一是 $D+S+d$ 组合；二是 $W+D+d$；三是 $D+S+W$ 组合。

根据对结构相近温室进行有限元程序 FEM 计算分析的结果，在上述 3 种荷载组合下，A'、B'、C'和 D'出现的最大应力分别为 195MPa、160MPa、183MPa 和 191MPa，安全系数>1.2。

思考题

1. 园艺设施具有何种建筑特点？
2. 如何选择园艺设施的建筑场地？
3. 设计温室和大棚的步骤有哪些？
4. 什么是园艺设施的荷载？荷载有哪些类型？
5. 什么是恒载、活载？
6. 什么是垂直荷载、水平荷载？
7. 什么是雪荷载、风荷载？
8. 什么是风载体形系数？什么是风压高度变化系数？
9. 温室和大棚有哪些结构形式？
10. 什么是剪切？什么是弯矩？
11. 什么是内力、亢力？内力与荷载有什么关系？
12. 叙述日光温室采光设计原理及其采光设计。
13. 叙述日光温室保温设计原理及其保温设计。
14. 大棚结构设计的主要内容是什么？
15. 现代化温室的类型是如何划分的？
16. 举例说明如何进行现代化温室主体结构的设计。

第 3 章　园艺设施工程材料的种类与特性

3.1　墙 体 材 料

墙体作为日光温室的重要组成部分，它具有双重作用，一是作为日光温室的维护结构，起支撑作用；二是蓄热保温，既作为蓄热材料蓄存投射在其上的太阳热能，又作为保温材料阻挡流向温室外的热损失。因此，在建造技术上，既要满足建筑结构上的强度和耐久性的要求，能经受住外来和自身的荷载，在正常使用年限内不会完全损坏，又要严密保温，使通过它散失的热量减少到最低程度。此外，还应综合考虑取材方便、经济合理等方面因素，通常采用的形式有单质墙体，如土墙、砖墙等，使用的墙体材料有土、砖和加气混凝土砌块等；还有异质复合墙体，如砖加苯板、砖加填充材料、加气混凝土砌块加苯板等形式，常用的墙体材料有苯板、珍珠岩和生石灰等；最近又开发了新型墙体材料，如缀铝箔、相变材料。水泥和砂浆则是建造各种墙体都要使用的普通墙体材料。

3.1.1　土墙

日光温室在中国发展迅速，其中土质墙体日光温室作为中国最古老的温室建筑方式，其造价低，保温性好，目前仍然是北方地区的主流。常用的土墙形式有土坯墙和夯实黏土墙，用土坯砌成或用黏土夯实，外层用草泥抹平，建造工艺简单，可就地取材，非常适合应用于农户自建的温室中。一般土墙高 1.6～2.2m，在厚度上因各地气候特点的差异而有所不同，西北地区一般厚 1.0～1.4m 就能起到较好的保温效果，在此基础上通过增加温室墙体厚度带来的增温效果不明显；东北的黑龙江省，一般厚为 1.5m（内贴 0.24m 厚的砖），辽宁地区的墙体底部宽 3.5～4.0m，顶部宽 1.5～2.0m，通常采用挖掘机堆积温室土墙；山东地区土墙厚 0.5～1.0m，后墙外培防寒土，或者后墙横截面呈梯形，下宽为 3.5～4.5m，上宽为 1.0～1.5m。

建造日光温室土墙的土壤主要有黏土、黏土墙夯实草泥、砂土，他们的热物理性能参数如表 3-1 所示。

表 3-1　不同土壤的物理性能

土壤种类	质地特点	密度/(kg/m^3)	导热系数/[W/(m・K)]
黏土	主要由细粉状黏粒构成，干燥的土块坚硬而不易粉碎，可塑性良好	1600（干土，压实）	0.81
		1800（湿土，压实）	稍大于 0.81
黏土墙夯实草泥	墙体牢固，掺入碎草后和泥夯实，牢固且不易出现裂缝	2000（湿土，压实）	0.93
砂土	主要成分为砂粒，土块受力后易碎，可塑性差	1220（干土，松）	0.35
		1800（湿，压实）	—
		2000（很湿，压实）	—

资料来源：邹志荣，2002

3.1.2 砖

砖的种类很多，按有关孔洞可分为普通砖（实心砖）和空心砖两种。普通砖是没有孔洞或孔洞率小于15%的砖，包括普通黏土砖（N）、煤矸石砖（M）和粉煤灰砖（F）等多种，用于温室或房屋建筑中的是普通黏土砖，而孔洞率大于或等于15%的砖称为空心砖，其中孔的尺寸小而数量多者，又称多孔砖。

1. 普通黏土砖

普通黏土砖是以黏土为主要原料，经过配料、制坯、干燥、焙烤而成，按颜色不同可分为红砖和青砖，在温室建筑中广泛使用的是红砖。红砖的外形尺寸为240mm×115mm×53mm，$1m^3$ 砌体需红砖512块。

红砖具有较好的隔热、耐火和耐久性，不结露、价格低，长期以来一直得到广泛使用，由于温室内部的高温、高湿环境，红砖墙内一般不抹白灰，直接采用水泥勾缝即可。红砖墙的结构和厚度依各地气候而异，目前在华北地区采用比较多的一种结构形式为：温室墙厚为50cm，其中墙内层用12cm红砖，外层用24cm红砖，中间夹层填充隔热材料，如泡沫板、珍珠岩、煤渣、锯末和玉米秸秆等，在东北尤其是黑龙江省高寒地区，一般是内层37cm红砖，外层24cm红砖。

红砖的导热系数较大，因而显热能力有限，为了提高砖墙蓄存太阳热能的能力，同时减少向外热损失，通常采用加大砖墙厚度的方法，提高墙体蓄热作用，但其带来的负面影响是红砖用量大且土地利用率低。

随着科学技术的发展和人们环保意识的加强，保护土地资源和生态环境已成为时代主题之一，虽然普通黏土砖具有毁田取土、生产耗能大、自重大等缺点，但由于其造价相对低廉，至今在民用和温室建筑中仍被广泛应用。

2. 多孔砖

多孔砖是以黏土和煤渣灰为主要原料，经原料处理、成型、烧制而成，孔洞率不小于15%，孔的尺寸小而数量多，主要用于承重部位。其有P型和M型两种，P型规格为240mm×115mm×90mm，M型规格为190mm×190mm×90mm。多孔砖除和普通黏土砖一样有较高的抗压强度及耐久性外，还具有节省土地资源、密度小、保温性能好等特点，是温室建筑中能够替代红砖的较好的墙体材料。

3. 空心砖

空心砖是近些年建筑行业常用的墙体材料，由于其质轻、消耗原材料少等优势，已经成为国家建筑部门的首选，在温室建筑中也广泛使用。它是以黏土、页岩和煤渣灰等为主要原料焙烤而成。其孔洞率也在15%以上，孔的尺寸大而数量少，一般规格为390mm×190mm×190mm。空心砖的保温和隔热效果都优于普通黏土砖。与实心砖相比，可节省大量的土地用土和烧砖燃料，还能减轻砌筑时的劳动强度，减轻温室自重。

3.1.3 砌块

1. 加气混凝土砌块

加气混凝土砌块是以水泥、石灰、石膏、粉煤灰、高炉渣等为主要材料，铝粉为发气剂，经蒸压养护等工艺制成的轻质材料。加气混凝土砌块相对于普通黏土砖，密度减少 3/2，导热系数约是普通黏土砖的 1/5，混凝土的 1/10，而实际保温能力是普通黏土砖的 3～4 倍，是混凝土的 4～8 倍，其砌体的抗压强度为 4.0～5.0MPa，优于其他轻质材料。因此，对于日光温室而言，加气混凝土砌块是一种适宜的替代红砖的新型建筑材料，它与苯板构筑的异质复合墙体具有比普通黏土砖相对优越的热特性，增加了温室北墙作为蓄热体来提升温室内夜间温度的作用。研究表明，加气混凝土砌块能在减少墙体厚度 14%的前提下保持室内温度不低于后墙为双 24 的普通红砖温室（张立芸等，2006）。

其常用的规格是 390mm×190mm×190mm，规格比较多样，可根据需要自由切割。用加气混凝土砌块建造同等厚度的温室后墙，能与红砖砌体后墙造价持平甚至更低，是一种较为经济可行的温室墙体材料。虽然单价比普通黏土砖高，但因其尺寸规格较大，材料用量较少，所以综合造价要低。

需要指出的是，加气混凝土砌块墙面需加 107 胶和铁丝网方能抹灰，而且由于加气混凝土砌块自身的物理性能及施工因素，墙体在施工后的一定时间内常出现一些裂缝，但是可以通过选用到龄期的材料、严格控制灰缝的饱满度及厚度、进行抹灰层与墙体之间的处理和基层清理等措施尽量减少这种缝隙。

2. 泡沫混凝土砌块

泡沫混凝土砌块是用机械方法将泡沫剂溶于水，并制成泡沫，再将泡沫加入到由水泥基胶凝材料、集料、掺和料、外加剂和水制成的料浆中，经养护而成的轻质多孔混凝土砌块。其外形及主要物理力学性能类似于加气混凝土砌块，但其突出特点是在混凝土内部形成封闭的泡沫孔，孔与孔之间不相通，而加气混凝土砌块内部其孔连通，所以相对来说泡沫混凝土砌块的保温性能更好，渗水率更低。其导热系数一般都小于 0.15W/(m·K)，远远低于普通黏土砖、土坯等，保温效果是普通黏土砖的 4 倍，采用厚度为 200～250mm 的泡沫混凝土砌块外墙，相当于 490mm 厚的实心黏土墙的保温效果，而且其耐湿性较好，完全抗冻，收缩裂缝较少；但不可以做温室基础使用。

此砌块有多种规格，标准长 400mm、600mm，宽 100mm、150mm、200mm 和 250mm，高 200mm、300mm，也可以按照实际需要的尺寸进行切割。

3. 混凝土小型空心砌块

混凝土小型空心砌块是以水泥、粉煤灰、砂、石、外加剂为主要原料，经称量、配料，加水搅拌，碾压成型和自然养护等工序所制成，孔洞率为 45%～48%的一种新型墙体材料。小型空心砌块规格是按建筑模数 100mm 为基数设计选型的，共有十几种规格（张涛等，2000），常用尺寸为 390mm×190mm×190mm。

在同等条件下该砌块墙体承受的重量不亚于常用的 240mm 厚实心黏土墙，在其内墙面粉刷上一层保温隔热材料后，其保温隔热性能超过 240mm 厚实心黏土墙。

3.1.4　苯板

苯板的全称是“聚苯乙烯泡沫板”，简称泡沫板或 EPS 板，主要原材料是从石油中提取出来的聚苯乙烯，这种材料经过加压发泡后形成聚苯颗粒，再在模具中通过加压二次加热发泡成具有微细闭孔结构的白色板材，它可以被制成不同的密度、不同的厚度。苯板具有质轻、隔热的特性，经切割后就成了建筑用保温苯板。

由于苯板良好的隔热特性，近些年来，被广泛用作温室墙体、基础及后屋面的保温材料，以此来解决日光温室冬季生产气温和地温不足的问题。

在日光温室墙体建筑中，常采用两种方法，一种是砖墙上直接外贴苯板，砖和苯板的厚度根据建造地点的气候条件决定，在黑龙江省高寒地区，常采用 0.5～0.7m 厚的砖墙，外贴 10cm 苯板，辽沈地区常用 370mm 砖墙外贴 240mm 苯板。另一种是里外红砖，中间夹设苯板，一般里砖较厚，有 240mm、370mm 不等；外砖较薄，常用 120mm、240mm，苯板厚 120mm 或 240mm。

在温室基础的建造中，通常在温室基础外埋设苯板，这种处理方式的效果与温室基础外挖防寒沟的效果基本一致，由于不同地区的冻土层厚度不同，所需要埋设苯板的厚度与深度也有所不同。在黑龙江省，苯板外护深度以 1100mm 以上最好。

在建造温室后坡时，通常将 50mm、100mm 厚的苯板（里外包薄膜）放在水泥预制板或木板上，然后放炉渣、粉煤灰、锯末或秸秆作保温蓄热处理，上层用水泥砂浆或油毡沥青作防水处理。

3.1.5 珍珠岩

珍珠岩是一种火山喷发的酸性熔岩，经急剧冷却而成的玻璃质岩石，因其具有珍珠裂隙结构而得名，该玻璃质岩石在矿山经爆破、挖掘、破碎，筛分至一定粒度，再经预热、瞬间高温焙烧而制成的一种富含闭口和开口气孔的白色或浅色的轻质保温材料。其主要化学成分是 SiO_2 和 Al_2O_3，其颗粒内部是独特的蜂窝状通孔结构，无毒、无味，其特点是密度小、导热系数低、耐火性强，是温室空心墙体和后坡建造中最常用的一种保温（填充）材料，原材料丰富、价格低廉，在城镇郊区和农村已得到广泛使用。珍珠岩的缺点是导热系数不稳定，吸湿性较大，且水分不易蒸发，后屋面成型后起泡。

3.1.6 炉渣

炉渣是最原始的保温材料，是电厂锅炉、各种工业及民用锅炉燃烧煤炭后排出的固体废渣，呈浅灰色，煤炭燃烧越不充分，炉渣的颜色越深。由于煤炭在燃烧过程中里面进入大量空气，冷却后又逃逸，导致生成的炉渣具有蜂窝状的结构，气孔较多，这种特殊的结构使得炉渣在温室建筑中被用做较好的保温材料，用做空心墙的填充材料和后屋面保温材料。但因其表面不规则，棱角多，整体颗粒级配不佳，在使用时尤其是做后屋面材料时，最好适度碾压，来改善其颗粒级配，使其粗细分布均匀，这样的炉渣易压实到具有高承载能力的状态，且抗剪切能力高，抗冻性好，稳定性高。炉渣的颗粒多数含硫量高，具有一定的强度，因其自身承压强度低，不能做承重墙体。炉渣还具有强度高、抗磨损、耐磨蚀、耐风化等特性。选用时，最好选用燃烧彻底的炉渣，否则因其含碳量高，易吸水软化，导致后屋面或空心墙膨胀或龟裂，影响温室的耐久性。炉渣不仅保温性差而且吸湿性大，炉渣吸湿后，保温性大大下降。

由于民用和工业用煤的需求，将长期稳定地提供大量炉渣，因此炉渣资源价廉、数量充足，可以节省温室建造成本，长时期以来一直被广泛使用。炉渣还可以改良土壤，使土壤疏松透气，有利于作物生长，还可以以炉渣为骨料做水泥炉渣空心砌块。

3.1.7　水泥与砂浆

1. 水泥

水泥是以硅酸盐为主要成分的粉末状水硬性凝胶材料，即加入适量水后成为塑性浆体，既能在空气中硬化，又能在水中硬化，并能把砂、石等材料牢固地黏结在一起，形成坚固的石状体。按照水泥的主要水硬性物质可将其分为硅酸盐类水泥、铝酸盐类水泥和硫铝酸盐水泥等。按照水泥的用途分为通用水泥（用于一般的建筑工程，主要是硅酸盐类的 6 种水泥）、专用水泥（是指适于专门用途的水泥，有大坝水泥、油井水泥、砌筑水泥等）、特种水泥（具有比较突出的某种性能的水泥，如膨胀水泥、低热水泥、彩色水泥、白水泥等）。

在诸多的水泥品种中，硅酸盐类水泥是最基本且用量最多的一类水泥，在建造园艺设施时，就用这类水泥。

我国从 2001 年 4 月 1 日起正式实施通用水泥新标准，新标准中将水泥标号改为强度等级，以 MPa 表示，硅酸盐水泥分 3 个强度等级 6 个类型，即 42.5、42.5R、52.5、52.5R、62.5、62.5R。其他 5 大水泥也分 3 个等级 6 个类型，即 32.5、32.5R、42.5、42.5R、52.5、52.5R。带“R”的是早强型水泥，即在早期就能产生较高的强度，适合快速施工要求。例如，对于 42.5 的普通水泥，在硬化过程中，3d 时的抗压强度约为 17MPa，养护 28d 左右，方可达到 42.5MPa；但对于 42.5R 的早强水泥，3d 时的抗压强度就可达 22MPa，完全硬化时也能达到 42.5MPa。

生产不同强度等级的水泥，是为了适应制作不同强度等级的混凝土的需要。一般情况下，配制混凝土所用水泥的强度等级为 425、525、625 三种，且水泥强度等级为混凝土强度等级的 1.5～2.0 倍为宜。

2. 砂浆

砂浆是建筑上砌砖石用的黏结物质，由无机胶凝材料、细骨料和水按一定的比例调制而成，无机胶凝材料有水泥、石灰等，细骨料主要是天然砂。按其用途分为砌筑砂浆和抹面砂浆；按所用无机胶凝材料不同，分为水泥砂浆、石灰砂浆和混合砂浆等。合理使用砂浆对节约胶凝材料、方便施工、提高工程质量有着重要的作用。

砂浆的抗压强度用砂浆标号表示，常用的普通砂浆标号有 4、10、25、50、100 等。对强度要求高及重要的砌体，才需要用 100 号以上的砂浆。砂浆的黏结力随其标号的提高而增强，也与砌体等的表面状态、清洁与否、潮湿程度以及施工养护条件有关。因此，砌砖之前一般要先将砖浇湿，以增强砖与砂浆之间的黏结力，确保砌筑质量。近些年来，新型墙体材料逐渐取代普通黏土砖，实践证明，适用于黏土砖的砂浆对加气混凝土砌块和混凝土空心砌块等新型墙体材料已不适用，若对新型墙体材料淋水，将提高他的含水率，块体干缩值增大，砌体出现开裂的几率明显增加。因此，国家对于砌块类的专用砂浆，增加了对稠度、保水性以及干密度和分层度等指标的要求。

3. 水泥砂浆

普通水泥砂浆的配合比为水泥：砂＝1：(4～9)，水灰比应在 0.5～0.55，建议水泥选用强度为 32.5R 的普通硅酸盐水泥，砂子最好是中砂。制作砂浆的加料顺序一般都是首先加入 1/2 的砂，再加入 3/4 的水（注意将所有的砂都要浇到水），然后将所有的水泥或石灰或两者的混合物倾倒在砂堆上，搅拌 1～2min，再加入余下的砂子和水，再搅拌 2～3min。其中，混合砂浆的用水量一般为 240～300kg/m^2，水泥砂浆和石灰砂浆的用水量为 270～330kg/m^2。按照这样的加料顺序搅拌出的砂浆的工作性和均匀性，要优于通常一次性加料的方法。

3.1.8 相变材料

相变材料（phase change materials，PCM）是指在一个相对稳定的温度下发生相状态转变（固-固、固-液、固-气）时，能吸收或释放大量热的材料。因此，相变储热就是利用材料在相变化过程中会吸收或放出大量的潜热量而温度变化很小的特点，这就为热能储热的应用提供了广泛的基础。目前被广泛应用于航空、电子、纺织和建筑等行业。日光温室的北侧和东、西两侧均为墙体，完全可以借鉴建筑中相变材料的应用技术，将相变材料与建筑用材料结合制成温室用墙体，其减少日光温室内温度的波动，并自动调温、调热的功能对温室植物的生长和温室节能具有非常重要的现实意义，而且可以减少墙体的厚度，增加温室面积（陈红武等，2009）。

可用作相变材料的物质有 1000 多种，主要包括无机类 PCM、有机类 PCM 和复合 PCM 三类。其中，无机类 PCM 主要有结晶水合盐类、熔融盐类、金属或合金类等；有机类 PCM 主要包括石蜡、醋酸和其他有机物；近年来，复合相变储热材料应运而生，它既能有效克服单一的无机物或有机物相变储热材料存在的缺点，又可以改善相变材料的应用效果以及拓展其应用范围。因此，研制复合相变储热材料已成为储热材料领域的热点研究课题。但是混合相变材料也可能会带来相变潜热下降，或在长期的相变过程中容易变性等缺点（王宏丽等，2008）。

目前已研究的相变材料应用于建筑的较多，而应用于日光温室还具有一定的局限性。根据日光温室的特点，用于日光温室储热的相变材料应满足：①相变温度应在 5～30℃；②相变过程可逆性好、膨胀收缩性小、无过冷或过热现象；③导热系数大、密度大、比热容大；④相变材料无毒、无腐蚀性，不污染环境；⑤不能从围护结构中泄露，长期循环不变质，与温室建造材料有良好的相容性；⑥成本低（陈红武等，2009）。

目前应用于日光温室围护结构的相变材料主要有六水氯化钙、石蜡、十水硫酸钠、三水醋酸钠、聚乙二醇、硬脂酸正丁酯（有机）、十水碳酸钠等，如果同时考虑植物的生长需要和冬、夏季气温的差异，上述任何一种相变材料的相变温度都无法直接用于温室生产，需要开发适用于温室生产的以不同配合比混合制备的复合相变材料，如硬脂酸正丁酯和石蜡、十水硫酸钠和十水碳酸钠等复合相变材料。一般的做法是将复合相变材料涂抹于日光温室内表面，或将其制成砌块，采用可热封且防渗漏的复合包装材料或专业液体包装膜将砌块密封好（孙心心等，2010）。使用具有相变材料的墙体，跟常见具有厚苯板的墙体在成本上没有明显差异，这也有利于相变墙体的推广应用。不过，目前还没有专业生产相变砌块的企业，大面积的推广应用还有待于研究单位与相关企业进一步合作。

3.2 骨架材料

骨架不但是园艺设施的主要承重结构，而且还要最大限度地满足植物对光的要求。因此，园艺设施所用的骨架材料除了有一般建筑物都采用的木材、竹材、钢材、水泥制品等材料外，还必须大量使用玻璃、塑料薄膜、透明塑料板、玻璃钢等透明覆盖材料。

随着科技的发展，温室大棚骨架材料也在不断进步，早期以竹木为主，现阶段以竹木、钢筋混凝土、钢管和钢材等材料并存。各种材料被用于不同经济实力地区，在我国广大农村，建造温室、塑料棚多为就地取材，采用廉价的竹、木、钢筋混凝土、钢筋等材料，中等水平以上温室建造，大都使用钢筋（钢管）焊接骨架，现代化的园艺设施则采用薄壁镀锌的钢管、型钢及异形铝合金等作为骨架材料。

在实际生产中对骨架材料的基本要求是在满足强度的前提下，其断面尽可能小，以利于减少遮光面积；此外，园艺设施内湿度大，骨架材料应具有较好的抗腐蚀能力，以延长设施的使用寿命。骨架材料主要有木材、竹材、钢材、混凝土和钢筋混凝土等。

3.2.1　木材

木材具有取材方便、容易加工、价格低廉等特点，几十年来，一直被用于建造塑料大棚的立柱、纵向拉杆、小吊柱以及日光温室的立柱、拱杆、梁、檩木、通风窗等。

建造温室用的木材多为落叶松、杉、杨树和柳树的原条和原木，松、杉木纹理通直、结构均匀，材质轻韧、强度适中，木结疤较少，现已被广泛用于建造土木或砖混木结构温室中，作为柱、梁、檩和玻璃框等使用。

建造塑料棚时主要用木材做立柱，各种木材都可使用，但考虑到建筑成本问题，实际生产中应尽量采用那些不成材的杂木杆。

由于木材本身承受荷载能力较弱，所以温室和大棚的跨度不能太大，而且由于立柱较多，设施内部遮光面积比较大，阴影较多，对作物生长不利，其抗腐能力也较弱。加之木材是国家紧缺物资，近些年来已逐渐被钢或钢筋混凝土所代替，除林区等特殊地区外，木结构的温室和塑料棚会越来越少。

3.2.2　竹材

我国竹类资源非常丰富，竹材产量居各国之首。竹子具有相当高的强度，尤其是抗拉、抗压强度明显优于木材，可以代替钢筋混凝土使用。它材质轻，能自由弯曲，弹性好，韧性大；在潮湿条件下使用不易腐烂、价格低廉、便于运输。由于这些优点，它在我国温室大棚的发展过程中曾经起到重要作用，直到现在，在一般的竹木结构大棚中用做立柱、拱杆、拉杆，在钢、木、混凝土等结构日光温室中大量地用竹竿作为立柱、檩子以及拱杆。选用的竹材种类有毛竹、车筒竹、刚竹、麻竹和淡竹等，使用中用圆竹比竹片为好，因为圆竹外层保护层坚硬、不易开裂，而且表面光滑，具有防腐、防虫、防湿的作用，做成竹片后保护层破坏易腐烂。竹子使用中要注意防止干燥开裂，造成强度降低，影响寿命。我国木材资源相对贫乏，在棚室建造中以竹代木、减少木材资源的利用将会对我国的生态环境起到重要的保护作用。

3.2.3　钢材

钢材是现代建筑施工过程中应用最广泛的重要建筑材料。不论在强度、刚度、塑性和韧性等方面都远比其他材料为优。

钢材具有以下优点：①承载力高而质量较小；②具有一定的塑性和韧性，可焊接、铆接或螺栓连接，便于加工制造或装配；③材质均匀、致密，可靠性高；④耐热性较好；⑤数量大，规格品种多样。

1. 钢材的化学成分对钢材性能的影响

钢材按照化学成分可以分为碳素钢和合金钢，在钢材中除了铁元素这个主要成分外，还有硅、锰等有利元素和硫、磷等有害杂质，这些元素的状况直接影响着钢的组织构造，从而影响着钢的机械性能。

（1）碳。碳是决定钢材性能的主要合金元素，随着含碳量的增加，钢的强度和硬度提高，塑性和韧性下降，影响焊接性能。含碳量在 0.6%以上的钢为高碳钢，当含碳量大于 1.0%时，由于钢材变脆，强度反而下降。因此，一般建筑钢，含碳量不应超过 0.2%。

（2）硅、锰。硅和锰是两种重要的合金元素，通常在炼钢后期作为脱氧剂加入，可以与钢中的有害成分 FeO、FeS 分别形成 SiO_2、MnO 和 MnS 而进入钢渣排出，起到脱氧、降硫、提高钢材强度的作用，而且对塑性和韧性的影响不明显。

（3）硫、磷。硫使钢材的热脆性增加，钢材出现裂纹、变脆。磷使钢材的冷脆性增加，低温时，钢材的冲击韧性大幅度下降。随着硫、磷含量的增加，钢材的强度和硬度相应提高。

2. 钢材的选择

我国生产的普通碳素钢分为甲类钢、乙类钢和特类钢，建筑用钢是甲类钢。甲类钢按其机械性能不同分为各种标号，有 0 号、2 号、3 号、4 号及 5 号钢。标号越高，含碳量越高，强度越大，但塑性和韧性则越低，质地也较坚硬，不易进行剪切、冲、弯等加工。温室、大棚设计时要按照结构特点进行选材，目前含碳量在 0.20%左右的 3 号钢是建筑用钢的主要材料，它在强度、塑性、韧性及焊接等方面都能很好地满足一般结构性能的要求。因此，建造温室、大棚时也以 3 号钢居多。0 号钢材是生产中的一种废品材料，质量不稳，强度低，作为受力杆件不经济，也不可靠，作为大棚中一些配件也可使用，但尽量不用。在温室、大棚上常用的钢材有薄壁镀锌钢管和圆钢两种。

（1）薄壁镀锌钢管或覆塑薄壁钢管。通常把壁厚小于 2.0mm 的钢管称为薄壁钢管，是经冷拔而成，主要用于塑料薄膜大棚和日光温室的拱架，一般壁厚 1.2～2.0mm、直径 20～32mm。由于大棚和温室内部湿度较大，一般将钢管进行处理，一是采用热浸镀锌处理以防生锈，其镀层较厚，并可内、外壁两面都镀，因此，使用年限可达 10 年以上。这种骨架采用工厂化生产，可长途运输，就地拼装，运输、安装、拆迁均比较方便。拱架受力较合理，耗钢量在 3.75～4.50kg/m^2。一般用途热轧无缝钢管（YB231-70）的常用规格和理论质量如表 3-2 所示。二是在钢管的外表面，注上一层 0.5mm 厚的 PE 或其他塑料保护膜，使塑料和钢管黏在一起，永不生锈，阻热、防氧化，成本约为镀锌管的 2/3，寿命可达 15 年以上。

表 3-2 热轧无缝钢管的规格及理论质量

外径/mm	壁厚/mm	理论质量/(kg/m)	外径/mm	壁厚/mm	理论质量/(kg/m)
20	1.2	0.556	25	1.2	0.703
	1.5	0.684		1.5	0.869
	2.0	0.888		2.0	1.130

续表

外径/mm	壁厚/mm	理论质量/(kg/m)	外径/mm	壁厚/mm	理论质量/(kg/m)
30	1.2	0.851	32	1.2	0.910
	1.5	1.050		1.5	1.130
	2.0	1.380		2.0	1.480

（2）圆钢。圆钢俗称钢筋，是建筑用钢中用量最大的材料，直径一般为 2.5～40mm。为便于运输，直径为 6～9mm 的钢筋的包装形式为盘圆，因此也称盘元，其他规格则称为线材。按照生产工艺不同，钢筋可分为下列四类。

① 热轧钢筋。热轧钢筋是将低碳钢和普通合金钢（钢原材）在白炽状态下，热轧压制成型并自然冷却的成品钢筋，主要用于钢筋混凝土和预应力混凝土结构的配筋，是土木建筑工程中使用量最大的钢材品种之一。一般直径 6.5～9mm 的热轧钢筋卷成盘条，10～40mm 的是 6～12m 长的直条。热轧钢筋应具备一定的强度，即屈服点和抗拉强度，它是结构设计的主要依据。热轧钢筋按表面纹饰可分为光滑圆、人字纹和绿纹三种类型，按强度可分为Ⅰ、Ⅱ、Ⅲ和Ⅳ级钢筋。

② 冷拉钢筋。是在常温条件下，用机械的方法，以超过原来钢筋屈服点强度的拉应力将各种热轧钢筋强行拉伸，使钢筋产生塑性变形以达到钢筋屈服点强度和节约钢材为目的。冷拉的控制方式有两种：单控和双控。单控是控制冷拉伸长率，设备简单，无需测力系统，平时大量应用这种方式。双控是以应力和冷拉伸长率同时控制，因此强度比较一致。

③ 热处理钢筋。进行热处理后的强度比冷拉加工更高，但这种生产工艺复杂，成本高，目前只在重要的预应力钢筋混凝土中应用。

④ 冷拔钢丝。冷拔钢丝是把钢筋强制拉长，使其截面变小而长度增加。这种钢丝与冷拉钢筋不同之处是冷拉钢筋仅受纵向拉力，而冷拔钢丝不但受纵向拉力同时也受径向挤压力，因此其抗压强度更高，性质变脆。冷拔钢丝直径一般为 2.5～5mm。

在园艺设施工程中，钢筋主要用于建造单栋大棚和日光温室的拱架以及钢筋混凝土预制件，一般的钢筋桁架无柱塑料大棚，其拱杆的钢筋直径为 14～16mm，拱架腹杆为 6～8mm；日光温室拱架上弦多为 14～16mm，下弦 12～14mm，拉筋 8～10mm，拱架间支撑钢筋为 10mm。园艺设施中常用钢筋的直径、横截面面积和理论质量如表 3-3 所示。

表 3-3　圆钢（钢筋）直径、横截面面积和理论质量

直径/mm	横截面面积/mm²	理论质量/(kg/m)	直径/mm	横截面面积/mm²	理论质量/(kg/m)
5	19.63	0.154	12	113.1	0.888
6	28.27	0.222	14	153.9	1.210
7	33.18	0.261	16	201.1	1.580
8	50.27	0.395	18	254.5	2.000
10	78.54	0.617	20	314.2	2.470

资料来源：邹志荣，2002

（3）型钢。一些日光温室骨架设计采用了型钢，如矩形钢管、外卷边 C 型钢、工字钢、U 型钢等。一次性投入高，农户不看好。

3. 钢材的连接

钢结构是由若干构件组合而成的，连接的作用就是通过一定的方式将板材或型钢组合成构件，或将若干个构件组合成整体结构，以保证其共同工作。因此，连接方式及其质量优劣直接影响钢结构的工作性能，钢结构的连接必须符合安全可靠、传力明确、构造简单、制造方便和节约钢材的原则。钢结构的连接方式有四种，即焊接、铆接、螺栓连接和卡具连接。

（1）焊接。焊接是现代钢结构最主要的连接方法之一，它的优点是不削弱焊件的截面，构造简单，节约钢材，加工简便，可采用自动化操作，既可以工厂化生产也可以现场施工，生产效率高。刚度较大、密封性能好。钢骨架大棚和日光温室中常使用此法来连接钢筋。焊接的缺点是在焊缝附近的热影响区，钢材的金相组织发生改变，导致局部材质变脆；焊接残余应力和残余变形使受压构件承载力降低；焊接结构对裂纹很敏感，局部裂纹一旦萌生，就很容易扩展到整个构件截面，低温冷脆问题突出。

（2）铆接。铆钉连接是把铆钉加热到1000～1500℃，用铆钉枪铆合。其优点是塑性和韧性较好，传力可靠，可用于承受动力荷载的重型结构。其缺点是工艺复杂、用钢量大、费时费工，在温室、塑料大棚这样的轻型结构中一般不采用。

（3）螺栓连接。螺栓通常为圆柱形金属杆，一端有方头或六角头，另一端有螺纹，配有螺母和垫圈，可把钢构件或钢木构件紧固在一起。它的优点是装拆方便，安装时不需要特殊设备，操作简便，是装配式温室建筑的主要连接方式；缺点是易松动，要求制孔精度较高。

（4）卡具连接。已成为大型温室构件连接的主要形式，其特点是装配方便，不损伤钢管表面，拆卸容易，连接坚固。

但是在装配式钢管塑料大棚上，为了装拆方便，除个别连接用上述形式外，大多数则应用承插连接和楔连接。但这种连接牢固性稍差，不能承受较大的荷载。如遇大风、大雪袭击时，应及时检查，防止松脱而引起骨架损坏。

3.2.4 混凝土与钢筋混凝土

1. 混凝土材料

混凝土是指用水泥做凝胶材料，砂、石做骨料（还常加入适量的掺和料和外加剂），再与水按一定比例配合，经搅拌、成型、养护而成，它广泛用于土木工程。其中，砂、石用量最大，约占混凝土工程总量的85%～90%。混凝土的强度决定于原材料的强度和它们之间的配制比例，水泥强度等级越高，混凝土强度越高，在能保证密实成型的前提下，水灰比（水和水泥用量比例）越小，强度越高；使用的砂、石骨料粒径较大、级配较好，且较干净，可降低水灰比，增加接触面黏结强度，因而提高混凝土强度。上述四种原材料的用量，也会影响混凝土的强度和他的流动性，其中水灰比是重要因素，而水泥的用量又起着主导作用。

2. 混凝土的强度等级及抗压强度

混凝土抗压性好，因此在温室、塑料棚建设中主要用做基础、立柱和后屋面预制板等。混凝土的强度等级按立方体试件抗压强度标准值划分，该值则是指按标准方法制作、养护的边长为150mm的立方体标准试件，在28d龄期用标准试验方法所测得的抗压强度总体分布中的一个值，强度低于该值的百分率不得超过5%，即保证率为95%。混凝土的强度等级通常采用C15、C20、C25、C30、C35、C40、C45、C50、C55、C60表示，C60及其以上的混凝土属高强混凝土。在温室大棚建造中一般选用C10～C30强度等级的混凝土。

混凝土的抗压强度，除与水泥等级、水灰比、骨料配合比、养护温度、湿度和施工方法等有关外，与期龄也有很大关系，养护时间越长，水化越彻底，孔隙率越小，强度越高。在捣制初期，强度增长速度是很快的，而且最初 7d 应保持在潮湿环境中养护，养护 28d 即达到上述设计标准。

混凝土的强度等级系指按照标准方法制作、养护的边长为 20cm 的立方体标准试件，当龄期为 28d 时，在材料试验机上用标准试验方法测得的抗压极限强度，以 kgf/cm^2 表示。如 150 号混凝土，其试件抗压极限强度为 $150kgf/cm^2$，常用的混凝土标号是 75、100、150、200 号四种。其轴心抗压强度，75 号为 $42kg/m^2$，100 号为 $55kg/m^2$，150 号为 $85kg/m^2$，200 号为 $110kg/m^2$，标号 100、150 的混凝土可分别近似换算为 C8、C13 强度等级。

3. 钢筋混凝土

在建筑工程上，钢筋混凝土常被简称为“钢筋砼”，是指通过在混凝土中加入一些抗拉钢筋，钢筋与之共同工作来改善混凝土力学性质的一种组合材料，是当今最主要的建筑材料之一。

混凝土密度较小，他有一定的抗压强度，但抗拉强度很差，他的价格比较低廉，但却不坚固。而细长的钢筋密度较大，受压时很容易弯曲，但有很好的抗拉强度，能承受张力，但他的造价高，保温性能很差。将这两种机械性能不同的材料组合起来，做成钢筋混凝土，由钢筋承担其中的拉力，混凝土承担压应力部分，使得钢筋混凝土具有很好的机械性能。

钢筋与混凝土两种不同性质的材料能有效地共同工作，原因有三。

首先，混凝土硬结收缩时，钢筋和混凝土的接触面上存在有黏结强度，能够传递两者之间的作用力，特别是钢筋表面粗糙不平或有纹沟时，这种黏结力很大，使两者成为一个整体，共同受力，当有外力作用时，不会产生相对的滑动。

其次，钢筋与混凝土有着近似相同的温度线膨胀系数（钢为 0.000012，混凝土为 0.00001～0.000015），当温度变化时，钢筋和混凝土几乎同样地伸长和缩短，不会因环境不同产生过大的应力，不致破坏两者之间的黏结。

最后，钢筋埋置在混凝土中，混凝土是很好的保护层，可以防护钢筋遭受大气和其他有害气体的侵入而锈蚀，保证构件的耐久性。

钢筋混凝土中的水泥、砂、石取材方便，价格低，钢材价格较高，但用量较少，按体积计算只占 3%左右，非常适合在园艺设施工程中使用，而且在湿度较大的环境条件下，又可避免全钢构件的锈蚀问题，因此各地在温室、塑料棚中应用很多，甚至有全部骨架（除拱杆外）采用钢筋混凝土制作的。但是它自重大，截面尺寸大，只宜少量用做立柱。

3.2.5　铝合金

铝合金是纯铝加入一些合金元素制成的，主要合金元素有铜、硅、镁、锌、锰，次要合金元素有镍、铁、钛、铬、锂等，添加一定元素形成的合金在保持纯铝质轻等优点的同时还能具有较高的强度，是 20 世纪末开始应用于园艺设施的新型材料。它与传统骨架材料竹、木材、钢筋相比，最大的优点是其表面有一层致密的氧化保护膜，使其具有很好的耐腐蚀性能。同时，铝合金材料密度为钢材的 1/3，而强度远大于竹或木材，接近普通钢材。

铝合金作为温室骨架材料，在许多国家应用已逐渐增多，但主要用于门窗框架等不承重结构上。用于温室门窗框架的铝合金属于变形铝合金类中的锻铝（LD），铝-镁-硅系。其中，

LD_2 牌号的铝合金其弹性模量 $E=7100kg/mm^2$，抗拉强度 $\sigma_b=22kg/mm^2$。近几年来我国开始应用铝合金做温室门框、侧窗及天窗框架。

3.2.6 玻璃纤维增强复合材料

玻璃纤维是由熔融的玻璃拉成或吹成的无机纤维材料，其主要化学成分为二氧化硅、氧化铝、氧化硼、氧化镁、氧化钠等，将玻璃纤维作为主要组织结构的连接材料，以氧化镁作为化合主剂，以氯化镁为配料剂，以新的催化固体剂作为助剂，通过材料配比、搅拌、振荡等过程，将混液注入高强塑料模内，经冷压固化后形成各种形状的温室或大棚骨架，在骨架构件的截面中，8号或截面尺寸更大的冷拔丝作为加强主筋，嵌入无机复合材料中（骨架内底侧胶料中间），与其合成一体，有效提高了温室（大棚）拱架、连杆和支杆等构件的强度，从而可达到塑料连栋温室或大棚的大跨度无支柱建造的强度要求。成品为乳白色圆柱杆，断面有云状花纹，按其化学成分和材料合成原理可以将其规范为玻璃纤维增强复合材料。

与现行温室、大棚材料相比，玻璃纤维增强复合材料成本相对较低，相对质量小，表面光滑美观、耐高温、防腐蚀、性价比高，在园艺设施工程中应用有着良好的前景（孟欣等，2009）。

3.2.7 材料防腐

园艺设施建筑用的骨架材料长期处于高温、高湿的环境中，结构构件受腐蚀的程度最为严重，所以必须充分考虑其表面的防腐处理问题。材料防腐的方法有很多，在此只介绍几种常见的方法。

1. 竹木防腐

（1）石蜡浸渍处理。木材浸渍石蜡是一种方便可行、效果良好的防护方法，适用于门窗及檩条等。其方法是将石蜡放在锅内加热至120℃，然后把木材浸入，浸煮2～3min，取出后即包有一层石蜡薄膜。浸煮时间不宜过长，使用中防止用硬物、铁件碰撞。

（2）涂料防腐。用石灰、焦油、桐油等涂料涂刷在竹木材表面，将竹木材暴露的表面保护起来，防止竹木材与外界环境因素直接接触，以防止微生物的侵蚀。也可以涂刷化学涂料，如聚乙烯基乙炔清漆、环氧类防腐油漆等，以便埋入地下的木材可进行碳化处理或者浸渍热沥青防腐。

2. 钢材防腐

园艺设施的钢结构骨架普遍存在损伤塑料薄膜、促进塑料老化、对塑料产生“色烧”腐蚀、成本偏高等问题，因此必须进行钢材防腐处理，目前钢材表面裸露部分的防腐方法有表面刷漆和镀锌防腐两种，其中以表面刷漆比较常用。

（1）表面刷漆。刷漆通常有底漆、中间漆和面漆三道，对底漆的要求是要有较好的附着力和防锈能力，常用的有红丹酚醛防锈漆、硼钡酚醛防锈漆、环氧富锌漆、云母氧化铁和铁红环氧底漆。中间漆为防锈漆，常用的有红丹、铁红等。对面漆的要求是应有较好的牢度和耐候性，能保护底漆不风化，常用酚醛磁漆。

① 红丹酚醛防锈漆。涂刷前金属表面要去锈，然后涂刷两遍。这种漆防锈性能强，附着力好，有毒。它可以在20～60℃情况下使用，环境温度为25℃时，经24h即可干燥。需

要注意的是，做底漆使用时不能涂于铝及新的锌皮表面。

② 硼钡酚醛防锈漆。这种漆干得快，无毒，防锈性能强，使用温度－20～60℃，只需涂刷一层。

③ 7108-1 防锈底漆。这种漆附着力很强，施工方便，干得快，防水性好，使用温度低于 100℃，可以喷涂，一般以喷涂两层为宜，经 24h 干燥。

以上三种漆属于常用底漆，刷完干燥后可用其他调和漆罩面。

④ 煤沥青清漆。运用于地下金属表面的涂刷，以两层为宜。此漆耐水、不耐油，干燥快，干燥时间不到 1h，可以在－20～70℃情况下使用。此种漆也可以作为一般底漆使用，外部涂刷调和漆保护。

表面刷漆防腐处理时应特别注意正确配套涂刷，基体焊接骨架的表面必须进行严格清理，不能有锈迹斑点存在，这样才能保证油漆能够较好地与基面结合。处理完基面后，至少要刷两道底漆，再刷面漆，每道漆之间应保证上一道漆必须干燥，而且涂刷厚度要均匀，避免漏刷或存在气泡，不然将会大大降低附着力，达不到防腐的目的。另外，刷漆的骨架在运输和安装过程中应尽量避免出现磕碰，保证漆面不受损伤。

(2) 镀锌防腐。钢材除用表面刷漆防腐外，最好的办法是镀锌防腐，就是用耐腐蚀性好的金属元素锌，以电镀或喷镀的方法覆盖在钢材的表面，提高钢材的耐腐蚀能力，常采用电镀和热浸两种方法。

① 电镀锌。也叫冷镀，镀层厚度为 0.01～0.02mm，表面光滑，镀的薄锌层与钢材结合力不强，一般只在装配式温室骨架的连接件上使用。

② 热浸镀锌。镀层较厚，可达 0.1～0.2mm，是电镀锌的 10 倍，锌层在热镀的过程中分子可以渗透到钢材表面，形成与钢材牢固的结合层，附着力强，因此热浸镀锌具有很强的表面防腐能力。热浸镀锌钢材表面不及电镀锌光滑，但因其较强的防腐能力，目前已成为国内外现代温室主要使用的钢材防腐措施。传统的热浸镀锌表面处理是将构件焊接完成后整体镀锌，这种方法镀锌质量好，不会漏镀，但考虑成本，很多生产棚室骨架的厂家先将管材镀锌，然后再焊接，这样就要在焊接完成后，对因焊接而出现的破坏镀锌层的局部地方进行补漆处理。

无论采用哪种方式镀锌的钢材，镀锌后要保护好镀锌层，在安装棚室骨架时如有损伤，要及时清理表面，然后涂上防锈漆和调和漆，不然将会因局部锈蚀破坏而影响整体使用寿命。

3.3　覆盖材料

覆盖材料在设施园艺中占有很重要的地位，对设施园艺的发展起着非常重要的作用。园艺设施的覆盖材料种类繁多，性能各异，按其主要功能来划分，可区分为三类：一是用于园艺设施采光的，如各种塑料薄膜、塑料板材、玻璃等；二是用于外部保温覆盖的，主要是一些不透明材料，如草苫、保温被等；三是用于调节温度、光照等环境的，他们是一些半透明或不透明材料，如遮阳网、无纺布、反光膜、防虫网等。随着设施园艺生产的发展，园艺设施的覆盖材料品种不断更新，其功能化研究已逐渐趋于系统化、专用化，成为一个完整的体系和产业。因此，了解和认识设施园艺覆盖材料的发展、种类、性能以及国内外的应用情况有着积极的意义。

3.3.1　设施园艺覆盖材料的发展

覆盖材料是设施园艺的重要组成部分，它的好坏对园艺作物的质量起着至关重要的作用。园艺设施发展有悠久的历史，与此相伴而生的园艺设施的覆盖材料也是源远古长，从低级到高级，从简陋到完善。早在古罗马帝国时期，就有利用云母片或半透明的滑石板作为材料覆盖木箱，进行园艺作物早熟栽培的记载。大约在 14 世纪 80 年代，人们开始用玻璃充当覆盖材料，屋顶不透光、四周由玻璃窗围成的玻璃房开始出现，主要用于种植花卉。到 18 世纪初才建成具有玻璃屋顶的温室，并逐渐普及。19 世纪末，平板玻璃问世，并应用于温室上，至今已逾百年。20 世纪 30 年代，英国化学家福西特（Faucett）和吉布森（Gibson）发明了聚乙烯（PE）薄膜，并于 1938 年在英国生产。此后又相继研制出聚氯乙烯（PVC）和乙烯-醋酸乙烯（EVA）薄膜，用于温室和塑料棚等园艺设施的覆盖材料。由于塑料薄膜具有质地柔韧、经济、便于安装、透光能力较强等优点，被广泛应用，成为当今温室、塑料棚等园艺设施的主要覆盖材料。50 年代后期玻璃纤维增强塑料板（又称玻璃钢）开始用做温室的覆盖材料，这种材料主要是玻璃纤维增强聚酯板和玻璃纤维增强丙烯酸聚酯板，此后丙烯酸树脂板和聚碳酸脂板也相继问世，这种板材最大的优点是耐冲击、不易破碎、可有效地防止冰雹等冲击，比玻璃更耐雪压，自身重量较轻，可见光透过率比塑料薄膜高，紫外线和散射光透过率比玻璃高（FRP 板除外），保温性与玻璃相当，使用寿命长，可达 10 年以上。但由于价格十分昂贵，限制了大面积推广。

中国在汉代以前用不透明的天然材料作为简易园艺设施的保温覆盖物。汉代以后，由于纸张的发明，在宋朝出现了纸窗温室，以半透明的纸或油纸为覆盖材料，白天采光，夜晚保温。到 20 世纪 30～50 年代，以玻璃为透明覆盖材料的阳畦、改良阳畦和温室有了较大的发展。中国农用塑料薄膜的应用始于 1957 年，当时从日本引入，在塑料小拱棚内进行水稻育秧，效果明显。1958 年中国自己研制的聚氯乙烯薄膜问世，60 年代初应用于小拱棚蔬菜栽培，取得成功，因其投资少，实施相对容易和效益较好，深受广大菜农欢迎，从此揭开了我国以塑料薄膜取代玻璃作为透明覆盖材料的棚室栽培新篇章。1966 年聚氯乙烯薄膜被应用于大棚蔬菜生产，获得早熟、增产、增效的良好效果，产生了较大影响。60 年代初至 70 年代中期，聚氯乙烯薄膜被大面积应用于大、中、小棚栽培，促进了中国塑料棚园艺生产的发展。1975～1976 年冬春季节，由于聚氯乙烯薄膜增塑剂选择不当，造成大面积棚栽作物中毒，恰逢此时（1976 年）聚乙烯农膜研制生产成功，由于其安全无害，除了东北高寒地区有一定生产和使用经验的农户尚且使用聚氯乙烯薄膜外，其他地区均改用聚乙烯薄膜，并逐渐开始取代玻璃用做阳畦、改良阳畦和温室的透明覆盖材料。到了 80 年代中期，塑料薄膜应用于节能型日光温室，取代了玻璃，并得到大面积推广，目前已成为我国主要的园艺设施透明覆盖材料。目前中国农用塑料薄膜主要有两种，即聚氯乙烯薄膜和聚乙烯薄膜。其中聚氯乙烯薄膜因其保温性优于聚乙烯薄膜，主要在东北地区冬季日光温室生产中应用，其余地区一般用聚乙烯薄膜。由于在生产实践中发现了普通聚氯乙烯和聚乙烯薄膜的缺点，1988 年后，在有关部门组织实施的国家农业试验示范及新型农膜专项计划的推动下，我国农膜生产工艺技术发展很快，先后研制开发出三代新型棚膜，如无滴膜、防老化膜（“长寿膜”）、保温膜、多功能膜和反光膜等。90 年代初已生产出乙烯-醋酸乙烯多功能复合膜，他是一种新型农膜，其透光性、保温性及耐候性都强于 PVC 或 PE 农膜，用其覆盖可较上述两种膜增产 10%，连续使用 2～3 年，老化前不变形，是今后重点发展的农用功能薄膜。70 年代末至80年代初，地膜、无纺布、遮阳网等覆盖材料相继从日本引入中国，并成功地应用于生产实践，中国的园艺设施覆盖材料从采光、保温，扩展到遮阳、降温。中国单屋面温室的外保温覆盖材料，以往主要是具有高保温能力的草苫、蒲席、纸被等。由于草苫、蒲席等覆盖材料在铺卷时劳动强度大，易污染和破损薄膜，易遭雨雪浸湿，逐渐不适应当前园艺设施发展的要求，因此，在90年代初，人们开始研制生产出轻型复合保温被，代替上述草苫等传统的温室外保温覆盖材料。这种材料的内芯由棉织物、厚型无纺布、化纤织物或塑料发泡片材等组成，外层包有防雨绸、塑料薄膜、镀铝反光膜或喷胶薄型无纺布等。轻型保温覆盖材料现在已被广泛使用，但功能还有待进一步完善。

园艺设施覆盖材料从无到有，从低级到高级，种类越来越多，其功能也越来越齐全，它的发展和进步离不开设施园艺生产的发展，离不开近代高科技的进步，正是设施园艺生产的蓬勃发展，对覆盖材料数量的要求增多，而且对他的功能要求越来越高；而近代高科技的发展，特别是化工材料科学的发展，各种高分子有机材料大量涌现，使覆盖材料功能日臻完善，种类不断更新，为使用者提供了更多的选择机会。如今，园艺设施覆盖材料的生产，正形成一个新兴产业，不断促进园艺生产的发展（邹志荣等，2002）。

3.3.2　园艺设施覆盖材料的种类

园艺设施覆盖材料的种类繁多，功能也从传统的保温功能延伸到减少病虫害发生、提高品质等多功能上。表3-4列出了由传统向现代发展而来的各种覆盖材料的名称、主要用途和功能。

表3-4　园艺设施覆盖材料种类及功能

种　类	主要用途和功能
传统覆盖材料	
草帘	小拱棚外覆盖保温
草苫	单屋面温室外覆盖保温
纸被	单屋面温室外覆盖保温
棉被	单屋面温室外覆盖保温
竹帘	温室外覆盖遮阳
玻璃	温室采光、保温、使用寿命长
现代覆盖材料	
塑料薄膜	
普通膜	短期用于塑料棚或温室采光、保温
PVC普通膜	有效使用期较短（4～6个月）
PE普通膜	有效使用期较短（3～6个月）
防老化膜	用于塑料棚或温室采光、保温，使用时间长
PVC防老化膜	有效使用期8～12个月
PE防老化膜	有效使用期12～18个月
双防膜	用于塑料棚或温室，使用时间较长，流滴性好
PVC双防膜	有效使用期8～10个月，流滴持效期4～6个月
PE双防膜	有效使用期12～18个月，流滴持效期2～6个月
多功能复合膜	用于温室或塑料棚，有防老化、流滴、防病等多种功能
PE多功能复合膜	有效使用期12～18个月，流滴持效期3～4个月，保温、防病
EVA多功能复合膜	有效使用期18～24个月，流滴持效期6～8个月，保温、高透光

续表

种　类	主要用途和功能
调光膜	用于塑料棚或温室采光，调节光照度和光质
漫反射膜	将直射阳光转变成均匀的散（漫）射光，早晚光照弱时透光率高，棚室内温度高；中午光照强时，透光率降低，棚室内温度低
转光膜	能将太阳光谱中的紫外线转化成蓝紫光、红光或将太阳光谱中的绿光转化成红光，增加棚室内有效光照度、保温
有色膜	如紫色膜，可用于塑料棚或温室栽培韭菜等叶菜
硬质塑料板材	
FRP 板	温室采光、保温，使用寿命长
FRA 板	温室采光、保温，使用寿命长
MMA 板	温室采光、保温，使用寿命长
PC 板	温室采光、保温，使用寿命长
镜面反光膜	用于增加棚室内光照度，促进果实着色
遮阳网	用于棚室遮阳、降温、防暴雨，或防霜冻、防虫
无纺布	
薄型无纺布	做棚室内保温帘幕，或浮面覆盖栽培
厚型无纺布	做温室外保温覆盖材料
防虫网	用于棚室防虫
复合保温被	做温室外保温覆盖材料
地膜	
普通（无色透明）地膜	用于地面或近地面覆盖，增温、保墒
有色地膜	用于地面覆盖，具有不同颜色，对杂草、病虫害等产生特殊影响
特殊功能性地膜	用于地面覆盖，有防老化、防草、夏季降温、降解等特殊功能

资料来源：张福墁，2010

由表 3-4 可见，各种覆盖材料功能不同，有用于园艺设施采光的透明覆盖材料，有用于外覆盖保温的不透明材料，还有一些是调温光环境的，它们是一些半透明或不透明的材料，如遮阳网、反光膜、薄型无纺布等。各种不同功能的材料都要适应设施园艺作物生长发育的要求，这是设施园艺生产者在选择覆盖材料时要充分考虑的。总的要求应是性能优良，轻便耐用，价格合理。而从技术进步角度讲，设施园艺对不同覆盖材料有着不同的质量性能要求，下面针对不同类型的覆盖材料，介绍对其质量性能的基本要求。

3.3.3　设施园艺生产对覆盖材料的要求

1. 透明覆盖材料

透明覆盖材料很多，但均需满足以下基本要求：具备良好的采光性、较高的密闭性和保温性，必要时可以进行换气，还要有防雾滴性能，有较强的韧度、耐候性和较低的成本等。

1）透光性

透明覆盖材料最主要的功能是采光，其透光性是衡量园艺设施性能的一个重要指标，要满足设施内作物对光量和光质的要求，获得更好的温室效应和栽培效益，通常要求透明覆盖材料对有益的太阳辐射具有高透过性，即对波长在 350～3000nm 的可见光、近红外线范围内的太阳辐射具有高透过性，其中 400～700nm 是光合成有效辐射（PAR）所在波段，而

760～3000nm 波段有热效应，所以该波段透过率高，有利于作物的光合成和室内的增温。对 350nm 以下波长的紫外线具有高吸收或高阻隔性（透过率低），并对 3000nm 以上波长的远红外线具有强阻隔性。紫外线对薄膜的作用是促进其氧化，加速老化。紫外线对植物有两方面的影响：一方面，315～380nm 波长的近紫外线参与某些植物花青素和维生素 C、维生素 D 的合成，并有抑制作物徒长等形态建成的作用；另一方面，315nm 以下波长的紫外线，对大多数作物有害，345nm 以下波长的近紫外线可促进灰霉病分生孢子的形成，370nm 以下波长的近紫外线可诱发菌核病子囊盘的形成。综合考虑，应通过在透明覆盖材料中添加特定的紫外线阻隔、吸收剂或转光剂，将 350nm 以下波长的紫外线切除掉，既延缓了薄膜的老化过程又满足植物正常生长的要求。波长在 3000nm 以上的远红外线，是各种物质热辐射失热的主要波段，其对园艺设施内温度的影响主要是地面热辐射，通过在棚膜内添加特定的红外线阻隔剂，降低其透过率，阻隔地面热辐射，能明显提高园艺设施内的温度。另外，覆盖材料的光散射性能也不容忽视，它是一种可见光，参与光合作用，空间分布均匀，所以散射性较强的材料对作物生长很有利（张真和等，1996）。

2）强度

覆盖材料是园艺设施的围护物，长年暴露在大自然中，因此必须结实耐用，具有一定的抗风、积雪、雨水的压力和抗冲击能力，同时还应经得住运输、安装过程中受到的拉伸挤压。归纳起来主要是受到以下几种力：①冲击力，如下落的雨水、冰雹的冲击以及刮风引起的风沙磨损等；②积雪的横向荷载；③安装时受到的拉伸力；④园艺设施不光滑的骨架对覆盖材料的磨损等。当然其中有些外力，如在运输、安装时，小心操作是可以减轻甚至是可以避免的，但有些则在研制覆盖材料时必须加以考虑，必须使覆盖材料达到一定的强度，例如对于塑料薄膜，则必须要求其有一定的纵向和横向的拉伸强度（kg/m^2），纵向和横向的断裂伸长率（%），对硬质塑料板材也要求有一定的抗冲击强度。

3）耐候性

耐候性是指透明覆盖材料在受到阳光照射、温度变化、风吹雨淋等外界条件的影响下，经长年累月之后表现不易老化的性能，它关系到覆盖材料的使用寿命。覆盖材料的老化至少应当包括两方面的涵义：一是覆盖材料在强光和高温作用下会发生光氧化，逐渐变脆，表现出许多细小裂纹，或自动撕裂，慢慢丧失对光的反射能力，最后完全丧失隔热和防水的功能；二是光衰减，随覆盖材料使用时间的延长，透光率变低，以至于不能满足设施生产的需要，失去使用价值。紫外线照射是促使塑料薄膜老化的关键因素，其次是薄膜被紧绷在棚室拱架上，白天拱架表面的温度高，尤其是夏季晴天，常常超过 50～60℃，加速氧化的过程。塑料薄膜紧贴拱架的部分先变灰，而后变棕色，最终变脆、撕裂。硬质塑料板材，由于表面的氧化作用，颜色逐渐变黄（黄化），表面出现裂缝，露出纤维（开花），甚至在裂缝中滋生微生物；此外，高温还将导致板材膨胀，而冷却时会收缩，板材的温差会导致其破碎。

为了抑制老化进程，延长覆盖材料的使用寿命，需要在生产塑料薄膜、塑料板材等一类覆盖材料时，在现有材料的基础上，添加光稳定剂、热稳定剂、抗氧化剂和紫外线吸收剂等功能性助剂，这是目前延长合成覆盖材料耐候性的切实可行的途径。需要指出的是，使用添加剂延长透明覆盖材料的耐候性只是一种相对的延长，普通聚烯烃薄膜的户外使用寿命为半年左右，使用添加剂可使寿命延长 5～8 倍，但具体覆盖材料的耐候性会因薄膜的材质、厚度、加工工艺、耐候剂添加量和当地的气候条件而有所差别。

4）防雾、防滴性

园艺设施内经常是一种高湿环境，当温度降到露点温度以下时，就有可能在室内生成雾，或在覆盖材料的内表面上生成露。雾气弥漫或表面被水滴沾满，将大大降低覆盖材料的透光率（可降低5%～10%），也影响室内地温和气温的升高；同时雾滴和露滴容易使作物的茎叶濡湿，诱导病害的发生和蔓延。为了克服这一缺点，需要对覆盖材料进行防雾滴处理。防雾滴剂是一类表面活性剂，旨在降低表面张力，增加薄膜表面与水的亲和性，主要有多元醇脂肪酸脂类，含聚氧乙烯化合物、带亲水基的低分子聚合物等。通常有两种方法可将防雾滴剂附着于薄膜表面，一是涂布法，就是将薄膜表面涂上一层防雾滴剂涂层，由于近些年国内不少单位都在研究此法，也有少数产品投放市场，但效果都不太理想；二是内添加法，将防雾滴剂与树脂相混炼，制成塑料薄膜和塑料板材，这样材料内部和表面都含有许多防雾滴剂分子，使园艺设施具有防雾滴性。具有防雾滴功能的薄膜，能快速捕捉棚室内的微细水珠，使微细水珠吸附在膜面上形成水珠，水珠在无滴剂的作用下铺展成薄薄的水膜顺膜流下，这就避免了微细水珠在棚室内往返形成雾气，从而达到消除雾气的目的。不具备防雾滴功能的薄膜，表面与水不亲和，当雾滴较小时，沾着在薄膜表面，当其较大时，在重力作用下，下落作物表面。从设施园艺生产的角度看，要求防雾滴功能持续时间长，而且防雾与防滴同步，目前我国农膜在这方面的差距比较大，主要存在防滴不防尘、防滴不防雾，而且防滴持效期短等问题。发达国家的塑料薄膜，防雾滴持效期可达1年、2年、3年，长者达5年以上，基本上与防老化同步。而我国的塑料薄膜防雾滴持效期一般不足4个月，最长的三层复合膜是8个月。这些问题是该领域急需解决的课题，也是目前塑料膜防雾滴工作的努力方向。

5）保温性

设施园艺生产中，要求覆盖材料必须具有较高的保温性能，以减少冬春能源消耗。各种覆盖材料的保温性能不同，如玻璃保温性能优于塑料薄膜，塑料薄膜中聚氯乙烯保温性能最好，聚乙烯最差，乙烯-醋酸乙烯介于两者之间。究其原因在于各种覆盖材料的热辐射透过率不同，热辐射透过率高的，保温性能差。因此，为了提高覆盖材料的保温性能，在生产塑料薄膜或塑料板材时，需要添加保温剂，即红外阻隔剂，阻挡设施内向外界散失热辐射，提高其保温性，并对流滴剂起着吸附、缓释的作用，以提高流滴类功能膜流滴持效期并降低成本。国内使用的保温剂主要是矿物质类，包括高岭土、滑石粉、硅藻土、绢云母和碳酸钙等，国外已经开始使用有机保温剂，国内很少用。

除了上述5个主要性能外，还要求覆盖材料具有防尘性，某些覆盖材料如聚氯乙烯，因其具有静电性，表面易吸附灰尘，使透光率下降；对塑料板材还要求表面耐磨和阻燃等特性。

2. 不透明覆盖材料

不透明覆盖材料主要用于温室和塑料棚的外覆盖保温，如草苫、草帘、纸被、保温被等，也有用于温室和塑料棚的内覆盖材料，如薄型无纺布、塑料薄膜等。

对于外保温覆盖材料的要求如下：

(1) 有较高的保温性能。如优质的草苫、蒲席，可使温室夜间的热损失量减少 60%，其传热系数仅有 2.0W/(m^2 · ℃) 左右。因此要求其他的一些外覆盖保温材料的传热系数不应高于 2.0W/(m^2 · ℃)。

(2) 重量轻，便于机械化操作。草苫、蒲席比较笨重，操作费时、费力，因此要求新型的保温覆盖材料重量轻，应减轻卷铺时的劳动强度，也有利于机械化、自动化操作。

(3) 表面洁净、光滑。由于外覆盖保温材料直接盖在塑料薄膜之上，因此要求表面洁净、光滑，以免污染和磨损薄膜。

(4) 防老化和防水处理。表面防雨水浸湿，否则会非常沉重，使骨架承重增加，并易腐烂；同时要求防风吹日晒，经久耐用。

对于内覆盖的保温材料，除了要求高保温以外，还要求防雾滴，结实耐用，柔软易卷曲，便于铺张和收卷，不允许有破损，否则会大大降低保温效果。

3.3.4　透明覆盖材料的种类、特性及其应用

1. 农用塑料薄膜的种类、特性及应用

农用塑料薄膜是目前我国设施园艺生产中使用面积最大的覆盖材料，其特点是质地轻柔，性能优良，价格较低，使用和运输方便。根据基础母料可分为三大类：聚氯乙烯 (PVC) 薄膜、聚乙烯 (PE) 薄膜和乙烯-醋酸乙烯 (EVA) 多功能复合膜。

1) 普通聚氯乙烯和聚乙烯薄膜

普通聚氯乙烯薄膜是由聚氯乙烯树脂添加适量的增塑剂（增加其柔性）经高温压延而成，许多产品还同时添加光稳定剂、紫外线吸收剂，以增加耐候性和耐热性，添加表面活性剂以提高防雾效果。这种膜单幅、较厚，一般厚 0.1～0.15mm，密度为 1.25g/cm^3。普通聚氯乙烯薄膜曾广泛应用于覆盖塑料大棚，目前则仅用于中、小拱棚，厚度仅 0.03～0.05mm。因其原料中使用不同种类添加剂，所以聚氯乙烯薄膜种类繁多，功能丰富，其各种功能膜是我国目前最普遍使用的一类薄膜。

聚乙烯薄膜是由低密度聚乙烯 (LDPE) 树脂或线型低密度聚乙烯 (LLDPE) 树脂吹制而成。其质地轻，密度为 0.92g/cm^3，而且柔软、易造型、无毒，适合用做各种棚膜、地膜。普遍应用于长江中下游地区覆盖塑料大棚，厚度为 0.05～0.08mm，而厚度为 0.03～0.05mm 的普通聚乙烯薄膜，则广泛应用于覆盖中、小拱棚，0.01～0.02mm 厚的则广泛用做地膜覆盖。下面就两种薄膜的性能做简要比较。

(1) 透光性。透明覆盖材料的透光特性通常表现为对不同波长辐射的透过率即分光透过率；透过率与光入射角的关系；散光性，即透射光中散射光的比例和透光性的衰减，即由水滴、灰尘和老化引起的透光率下降速率。

表 3-5 是两种薄膜在不同光波段的透过率值，可以看出，在小于或等于 300nm 的紫外线区域，聚乙烯薄膜的透过率高于聚氯乙烯，在 400～700nm 的光合有效辐射区 (PAR)，聚氯乙烯薄膜的透过率高于聚乙烯薄膜，而在中远红外区域（热辐射部分），聚氯乙烯薄膜的透过率远低于聚乙烯薄膜，这表明聚氯乙烯薄膜对光合有效辐射的透过率高，增温性、保温性强。

表 3-5　两种塑料薄膜在不同光波区的透过率（%）

光波区	薄膜种类	
	PVC	PE
紫外（≤300nm）	20	55～60
可见（450～650nm）	86～88	71～80
近红外（1500nm）	93～94	88～91
中红外（5000nm）	72	85
远红外（9000nm）	40	84

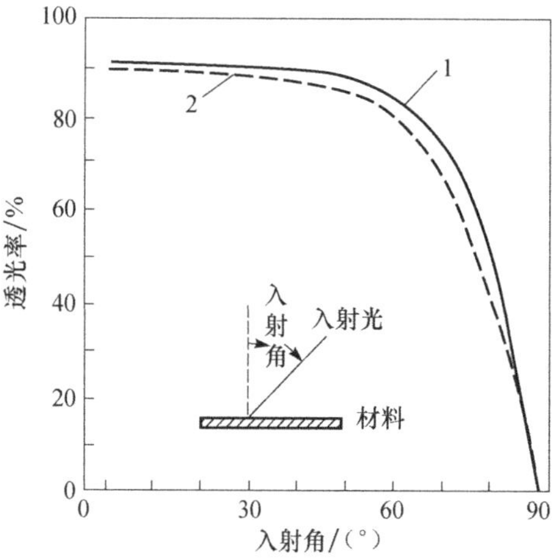

图 3-1　透明覆盖材料的透光率
（张福墁，2001）
1-玻璃；2-塑料薄膜

图 3-1 提供的结果是在实验室条件下，透明覆盖材料的透光率与光线入射角的关系，由图可知，二者关系极大，随着光线入射角的增大，透过率下降，当入射角由 0°增大至 45°时，透光率下降缓慢，入射角＞45°以后，透过率下降明显，≥60°以后透过率急剧下降，直到 90°时为零。

在实际生产条件下，由于太阳位置不断变动，阳光的入射角不断改变，所以不同时刻测得的透光率不同。同时由于温室骨架遮阴、棚膜积尘和结露、老化等，两类薄膜的透光率都比实验室测定数据小得多，一般新膜的透光率为 60%～70%。

上面介绍的是聚氯乙烯和聚乙烯两种薄膜的初始透光性能，聚氯乙烯薄膜初始透光性能优于聚乙烯薄膜。但用过一段时间以后，增塑剂逐渐析出，膜表面发黏，因而吸尘性强，又很难清洗，因此聚氯乙烯的透光率衰减得很快，而聚乙烯薄膜由于吸尘少，无增塑剂析出，透光率下降较慢。根据测定，新聚氯乙烯薄膜使用半年后，透光率由 80%下降到 50%，使用一年后下降到 30%以下，失去使用价值；新的聚乙烯薄膜使用半年后，透光率由 75%下降到 65%，使用一年后仍在 50%以上。

（2）强度和耐候性。整体来讲，聚氯乙烯薄膜的强度优于聚乙烯薄膜，由于聚乙烯薄膜对紫外线的吸收率较高，容易引起聚合物的光氧化，加速老化（自然破裂），普通聚乙烯薄膜的连续使用寿命仅 3～6 个月，普通聚氯乙烯薄膜则可连续使用 6 个月以上。所以聚氯乙烯的耐老化性能也优于聚乙烯。

（3）保温性。保温性与薄膜对长波辐射区域（中、远红外区）的透过率有关，聚氯乙烯薄膜对长波热辐射区域的透过率显著低于聚乙烯薄膜，从而可以有效地抑制棚室内的热量以热辐射的方式向棚室外传导，一般中午土壤中吸收的太阳热量，能一直保持到夜间，而夜间因热辐射损失的热量只有 5%～10%，用聚氯乙烯扣膜的棚室，内部最低气温能提高 3～5℃。而聚乙烯薄膜最大的缺点是保温性能差，早春，在夜间晴朗无风、空气干燥的条件下，棚室内最低气温比外面还低，出现“棚温逆转”现象，因此，聚氯乙烯的保温性能优于聚乙烯。当然，大棚室内的保温性受多种条件的影响，如天气条件、棚室的结构、管理措施等，但总的来说聚氯乙烯薄膜覆盖的棚室比聚乙烯薄膜覆盖的棚室内的气温，白天高 3.0℃左右，夜间高 1.0～2.0℃。

（4）其他性能。由于聚乙烯为非极性，与表面活性剂的相容性较差，因此其无滴持效期要比聚氯乙烯薄膜短得多。聚乙烯耐寒性强，其脆化温度为－70.0℃，聚氯乙烯薄膜脆化温度较高，为－50.0℃，而在温度为20.0～30.0℃时，则表现出明显的热胀性，所以往往表现昼松夜紧，在高温强光下薄膜容易松弛，因此容易受风害。此外，聚氯乙烯和聚乙烯薄膜损坏后，都可用热焊法和胶黏剂修补，但用胶黏剂修补聚乙烯薄膜的效果不如聚氯乙烯。但在洗涤、收藏保管方面，聚乙烯薄膜比较方便容易。不适合用于高温季节的覆盖栽培，多用于大棚内的二层幕、裙膜或大棚内套小棚覆盖。

（5）单位面积棚膜覆盖费用。PE薄膜的密度为0.92g/cm^3，PVC为1.25g/cm^3，同样质量、同样厚薄的两种膜，由于PE薄膜的密度较小，就可以多覆盖29.1%的面积。此外，PE薄膜的成膜性能好，可加工成较薄的棚膜，而PVC膜要用1/3重量的DOP增塑剂。PVC膜制造工艺复杂，费用高，加之膜较厚、幅宽较窄（仅700～3000mm），使得单位面积的覆膜耗用量大，使用费用高。

2）功能性聚氯乙烯薄膜

（1）聚氯乙烯长寿无滴膜。在聚氯乙烯树脂中，添加一定比例的增塑剂，受阻胺光稳定剂或紫外线吸收剂等防老化助剂，以及聚多元醇脂类或胺类等复合型防雾滴助剂压延而成。其有效使用期由普通聚氯乙烯的6个月提高到8～10个月，厚度为0.12mm左右，该膜在日光温室果菜类越冬生产上应用比较广泛。

雾滴是指在棚膜内表面上凝结的分散水珠，造成的原因是棚内外温差大，使棚内水蒸气冷却凝聚成水滴。由于这些冷却水与薄膜表面的临界浸润能力存在着很大的差异，故使水冷凝分散的水珠而不能成为连续的水膜。进入薄膜的太阳光遇到水珠会发生“内反射”，穿透薄膜返回外部，使棚内光透过量明显减少，同时水珠相当于一面透镜，会聚光，灼伤嫩弱的植物叶片。防雾滴剂能增加薄膜的临界浸润能力，使水分遇冷凝结时不会形成水珠附着在薄膜表面，而是形成一层均匀的水膜，水膜顺着倾斜的膜面流入土中，因此可使透光率大大提高，棚室内光照条件变好，增温效果明显，也不会灼伤植株。而且由于没有水滴落到植株上，病害发生率会降低。由于聚氯乙烯分子具有极性，防雾滴剂也是具有极性的分子，因此分子间形成弱的结合键，可有效降低防雾滴剂迁移和流失的速度，保持防雾滴性能。由于在成膜过程中加入大量的增塑剂，可使防雾滴剂分散均匀。所以聚氯乙烯长寿无滴膜流滴的均匀性好且持久，流滴持效期可达4～6个月。

（2）聚氯乙烯长寿无滴防尘膜。聚氯乙烯长寿无滴膜近些年来在棚室蔬菜生产中应用广泛，但它在使用过程中薄膜表面污染严重，大大降低了棚室内的透光率，同时也加速了薄膜的老化。为了克服上述缺点，在聚氯乙烯长寿无滴膜的基础上，增加一道表面涂敷防尘工艺，使薄膜外表面附着一层均匀的有机涂料，该层涂料主要作用是阻止增塑剂、防雾滴剂向外表面析出。由于阻止了增塑剂向外表面析出，使薄膜表面的静电性减弱，从而提高了薄膜的透光率，在辽宁地区，扣膜45d后，棚室上的吸尘量比聚氯乙烯长寿无滴膜少60%左右，透光率高约12%。由于阻止了防雾滴剂向外表面迁移流失，从而延长了薄膜的无滴持效期，其无滴性略好于或等于无滴膜，更好于聚乙烯膜，室内雾气小，空气相对湿度有的可降低7%左右。另外在表面敷料中还加入了抗氧化剂，从而提高了薄膜的防老化性能，延长使用寿命。

3）功能性聚乙烯薄膜

功能性聚乙烯薄膜包括较多种，如聚乙烯防老化膜、聚乙烯保温膜、聚乙烯长寿无滴膜、聚乙烯多功能复合膜和薄型多功能聚乙烯膜等，下面重点介绍最具有代表性的 3 种膜。

（1）聚乙烯长寿无滴膜。在聚乙烯树脂中按一定比例加入了耐老化剂和流滴剂，也称为防老化无滴膜，此膜具有抗拉伸强度高、耐老化、透光性强和增温效果明显等多重优点。因膜内表面有亲水物质，使水滴顺膜流下，可有效降低棚室内的空气和土壤湿度。该薄膜的厚度为 0.12mm，防雾滴效果可保持 3～5 个月，覆盖后耐老化寿命长达 12～18 个月，透光率较普遍聚乙烯薄膜提高 10%～20%，是目前我国棚室等设施蔬菜栽培中应用最多的一种农膜，尤其是在北方节能日光温室冬春茬蔬菜栽培中，由于使用时间长、成本相对较低、保温节能良好被作为首选的透明覆盖材料。

（2）聚乙烯多功能复合膜。它是一种多功能性薄膜，制作时在聚乙烯树脂中分层加入不同功能的助剂（防老化剂、防雾滴剂、保温剂），采用共挤设备挤压而成。一般来说，将防老化剂相对集中到薄膜与外界空气接触的一面，使其具有防老化性能，延长薄膜寿命；将防雾滴剂相对集中于薄膜与棚室内部空气接触的一面，使薄膜具有流滴性，流滴持效期 3～4 个月，提高薄膜透光率，并防止水滴落到作物上引起病害；将保温剂加在中层，该保温剂是折光系数与聚乙烯相近的无机填料，有阻隔红外线的性能，大大提高保温效果，夜间保温性能优于聚乙烯膜，接近于聚氯乙烯膜。这种薄膜厚度为 0.08～0.12mm，用其覆盖，棚室内温度上升快，保温效果好，使用期可达 12～18 个月。该膜覆盖的棚室内，散射光比例占棚室内总光量的 50%，使朝不同方向的叶片的总受光量得到改善，棚室内光照比较均匀，同时还能减轻骨架材料的遮阴。此外，该膜中还添加了特定的紫外线阻隔剂，可以抑制灰霉病、菌核病的发生和蔓延。该膜 1995 年左右开始批量生产，用于东北地区早春至晚秋大棚，取得了良好应用效果，现已广泛用于东北、华北和西北地区的棚室覆盖。

（3）薄型多功能聚乙烯膜。薄型多功能聚乙烯膜的厚度为 0.05mm，仅为普通膜的 40% 厚。其生产工艺和聚乙烯多功能复合膜相同，把长寿、保温、防雾滴等多种功能融为一体。经测试，这种薄型多功能聚乙烯膜透光率为 82%～85%，比普通的聚乙烯薄膜透光率低些，但棚室内散射光比例高达 54%，比普通聚乙烯膜高出 10%，使棚室内作物上、下层受光均匀，有利于提高整株作物的光合效率，促进生长和产量的形成。经测试，普通聚乙烯膜（厚 0.10mm）在远红外线区域（7000～11000nm）的透过率为 71%～78%，而薄型多功能聚乙烯膜透过率仅为 36%，保温能力提高 1.0～4.5℃。薄型多功能聚乙烯膜的强度和耐老化性能都优于普通聚乙烯膜，经暴晒和实际扣棚实验，暴晒和扣棚 10 个月后，其伸长保留率远高于 50%，有效使用年限为 1～1.5 年。由于薄膜中添加了紫外线阻隔剂，植株的病情指数明显下降。同时棚内植株生长良好，黄瓜茎粗、株高、叶片数、叶面积都有增长，平均每公顷产量比普通 PE 膜高 8%。

4）调光薄膜

（1）漫反射膜。漫反射膜是在聚乙烯或聚氯乙烯中掺入性状特殊的结晶材料，使直射光进入棚室后，形成更均匀的散射光，作物受光趋于一致，设施中的温度变化减少，可促进作物的光合作用。在可见光和近红外线区域透过率与 PVC 相近，因此透光率不受影响；在中红外区域和远红外区域透过率分别比 PVC 降低 20%～30%、18%，保温性增大，在阴天和夜间的气温明显高于普通膜，晴天中午升温慢，气温反而低于普通膜，该膜还对紫外线有一定的转换能力。

据测试，在棚内日平均气温 13～20℃较低的条件下，漫反射膜棚内晴天比对照高 13℃，阴天高 0.6～2.0℃；在棚内日平均气温 15～32℃较高的条件下，早晚比对照高 0.6℃，中午低 1.7℃；当棚内气温高于 30℃时，棚内最高气温比对照低 0.7～2.0℃，有利于防止作物受高温危害。

(2) 转光膜。原苏联较早开展稀土铕有机配合物转化紫外光功能的研究，并在此基础上研究开发出转光农膜，就是借助加入薄膜中的转光剂将自然光中对光合作用贡献较小的紫黄光、绿黄光转换为红橙光和蓝紫光，从而增强棚膜对有效光的透过率，作物光合作用增强，一般转化率在 80%左右。转光膜比同质的功能性聚乙烯膜透光率高出 8%左右，有的转光膜在橙红光区高 9%～11%。使用的转光剂主要有 3 类：稀土有机配合物、有机荧光材料、稀土或碱土金属硫化物，其中稀土有机配合物是最常用的一种，但因成本太高，应用受到限制，有机荧光材料光稳定性较差，而稀土或碱土金属硫化物与高分子的相容性较差。

转光膜的另一显著特点是与普通棚膜相比，具有增温、增产的作用。一般可升温 3～5℃，增产 20%。尤其在严寒的 12 月份和翌年 1 月份，增温效果更显著，最低气温可提高 2.0～4.0℃，有的转光膜阴天时或晴天的早晚，棚室内气温高于同质的聚乙烯膜；而晴天中午反而低于聚乙烯膜。转光膜还能改善蔬菜品质，如提高维生素 C 和糖等的含量。

转光膜存在一些不足之处：可转紫外光范围较小，转化强度低，转光与光合作用吻合不理想，转光效果衰减快，转光寿命短，对作物品质提高及抑制病虫害发生作用不明显，还未做到针对不同作物生态要求，应用专业转光膜。尽管转光膜较普通棚膜有增产作用，但主要是由于增温作用所致，转光膜还未对作物生态产生明显影响。因此，需要研究一种模拟作物生长光谱，根据作物不同光生态学特点设计能转化紫外光、调控透过光谱、与作物的光合作用光谱充分吻合、能增强光合作用的光生态膜，既能增产，又能显著改善作物品质（叶永成等，2002）。

(3) 紫色膜和蓝色膜。紫色膜和蓝色膜有两种，一种是在无滴长寿聚乙烯膜基础上，加入适当的紫色或蓝色颜料；另一种是在转光膜的基础上添加蓝色或紫色颜料，两种薄膜的蓝、紫光透光率均增加，创造了更适合光合作用的某些特定光谱，从而达到促进作物生长的作用。紫光膜用于韭菜、茴香、芹菜、莴苣和叶菜等覆盖，都具有明显的增产增质的作用；蓝色膜对防止水稻育秧时的烂秧效果显著。

有色膜的分光透过率与其本身的色调有关，红色膜在蓝绿光区透过率低，而在红光区透过率提高；而青色膜则在黄红光区透过率较低，蓝、紫、绿光区透过率较高。

有色膜的缺点是性能不稳定，且总透光率低，限制了其在生产上的应用。

5）乙烯-醋酸乙烯多功能复合薄膜

EVA 是指乙烯-醋酸乙烯共聚树脂，根据国家标准规定 EVA 树脂为主体的三层复合功能性薄膜。其厚度为 0.10～0.12mm，幅宽为 2～12m。由于醋酸乙烯（VA）的引入，使 EVA 树脂具有许多独特的性能，主要是随着 VA 含量的增加，EVA 的结晶度降低，薄膜透明性增加，透光率增大，散射光透过率降低；耐低温、耐冲击，因而不易开裂；具有弱极性，使其与防雾滴剂有良好的相容性，流滴持效期长；EVA 膜红外阻隔率高于 PE 膜，故保温性好（但较 PVC 膜差）。EVA 多功能复合膜由 3 层复合时，外表层为 LLDPE、LDPE

或以 VA 含量低的 EVA 树脂为主，添加耐候、防尘等助剂，使其机械性能良好，耐候性强，能防止防雾滴助剂析出；中层以 VA 含量高的 EVA 树脂为主，添加保温防雾滴助剂，使其有良好保温和防雾滴性能；内表层以 VA 含量低的 EVA 树脂为主，添加保温防雾滴助剂，其机械性能、加工性能均好，又有较高的保温和流滴持效性能。也有的 EVA 多功能复合膜 3 层均为 VA 含量高的 EVA 树脂，保温性能更好，适用于高寒地区。

（1）透光性。用于棚室覆盖的薄膜 VA 含量为 12%～14%最好，透光性较高。在短波太阳辐射区域，EVA 膜的透过率在<300nm 的紫外线区域低于 PE 膜，在 400～700nm 的光合有效辐射区域高于 PE 膜，与 PVC 膜相近，在长波热辐射区域，EVA 的透过率低于 PE 而高于 PVC。一般来说，700～1400nm 的红外线区域，0.1mm 厚的 PVC 膜阻隔率为 80%，EVA 膜为 50%，PE 膜为 20%。由此可见，其耐老化、防御病害发生、蔓延及保温性均应优于聚乙烯薄膜。市场上现有的 EVA 膜在制备过程中添加了结晶改性剂，从而使薄膜本身的雾度（即混浊程度）不高于 30%，使薄膜的透光率提高，其初始透光率甚至不低于 PVC 膜。此外，EVA 膜流滴持效期长，又有很好的抗静电性能，表面具有良好的防尘效果，所以扣棚后透光率衰减较缓慢，如在北京连续使用 18 个月后，棚内测得的透光率仍高达 77%。

（2）强度和耐候性。EVA 膜的强度优于 PE 膜，总体强度指标不如 PVC，但实际生产的 EVA 多功能复合膜均超过 PVC 和 PE 膜。

由于 EVA 树脂本身阻隔紫外线的能力较强，加之在成膜过程中又在其外表面添加了防老化助剂，所以其耐候性也较强。经自然暴晒 8 个月，纵、横向断裂伸长保留率仍可达 95%，自然暴晒 10 个月，伸长保留率仍在 80%以上。经实际扣棚 13 个月和 18 个月后未出现老化迹象，在田间对大棚所覆盖的膜进行手撕测试，均有良好的拉伸强度，伸长保留率均高于 50%，在东北北纬 42°地区使用寿命可达 3 年。

（3）保温性和增温性。EVA 多功能复合膜的中层和内层添加了无机物保温剂，能有效阻隔 7～13μm 波长的远红外线，阻隔率高于 PE，低于 PVC，保温性能较好。在冬春季温度较低的时节，尤其在夜间低温时表现更佳，一般夜间比 PE 膜高 1.0～1.5℃，白天比 PE 膜高 2.0～3.0℃。因其透光性较高、流滴时间长，在清晨日出后，棚内温度上升速度较快，增温效果明显。

（4）防雾滴性。EVA 树脂材料是极性分子，与添加的防雾滴剂相容性好，有效地防止防雾滴助剂向表面迁移析出，因而延长了无滴持效期，同时棚室内雾气相应减少。可见 EVA 多功能复合膜防雾滴性能是优异的，无滴持效期在 8 个月以上。

综上可知，EVA 多功能复合膜在耐候、初始透光率、透光率衰减、无滴持效期和保温等方面均有优势，既解决了 PE 膜无滴持效期短、初始透光率低、保温性差等问题，又解决了 PVC 膜比重大，同样重量薄膜覆盖面积小，幅宽窄，需要较多粘接，易吸尘，透光率下降快，耐候性差等问题。使用该膜作棚室透明覆盖材料，可较好地改善棚室内的小气候条件，能更加促进作物生长，改善品质，增加产量，而且老化前不变形，用后可方便回收，不易造成土壤或环境污染（张国芝，2001）。是较理想的 PE 膜和 PVC 膜的更新换代产品，非常适合在北方日光温室越冬蔬菜生产上推广应用。

6）聚烯烃（PO）薄膜

PO 薄膜是采用先进工艺，将聚乙烯和醋酸乙烯多层复合而成的新型温室覆盖薄膜，该薄膜综合了 PE 和 EVA 的优点，具有强度大、抗老化性能好、透光率高且衰减率低、燃烧时不散发有害气体等特点（宋希强等，2000），最突出的特点是厚度分布均匀，因此此膜有更长的持久性，而且其机械性好，它的横向、纵向断裂强度、收缩拉力、伸长率、抗冲击强度等性能都优于其他薄膜，近几年得到迅速推广应用。在山东地区对 PO 和 EVA 薄膜进行比较，两薄膜覆盖的温室内，PO 薄膜比 EVA 薄膜具有更好的透光性和增温保温效果，能显著促进番茄生长和产量的提高（闫明明等，2009）。

7）ETFE 薄膜

ETFE 的化学名称为乙烯-四氟乙烯共聚物，它是一种高分子材料，具有良好的耐化学性能，通过将无色的 ETFE 颗粒高温熔化、挤压成型、冷却等自动化工艺制作后，得到 ETFE 薄膜，又称氟素膜，用于建筑屋面或墙面材料，其厚度通常为 50～300μm，成品以卷状供应。

ETFE 薄膜有着优于 PVC 膜的特性，如自重更轻、建筑效果更好、透光率更高等，但他不像 PVC 薄膜那样具有聚酯纤维或玻璃纤维，其强度低于 PVC 薄膜。其初始透光率高达 95%，使用 10 年后，透光率仍在 90%。通过添加剂和表面涂层的方法，ETFE 薄膜可有效防止紫外线的侵入。抗拉强度为 40～60MPa，当温度达到 40℃以上时，强度将明显下降。同时膜结构在使用过程中，处于被张紧的状态，长期拉伸应力作用下会出现徐变，通过降低膜面应力、增设调节机构定期对膜面进行再次张拉。ETFE 材料的熔化温度为 260～270℃，热分解温度为 350～360℃，因此在通常情况下，该薄膜不会发生热分解老化及熔化。

ETFE 膜具有极好的稳定性及耐化学药品性能，在欧洲已有 20 年以上的使用实例，经过室外长期使用后其透光性能、强度及延伸率均无明显下降，可以通过热熔成颗粒状等，进行重新加工使用。ETFE 膜表面非常光滑，有极佳的自洁性能，灰尘及污垢不易粘接在薄膜表面，容易被雨水冲刷掉，需要进行的人工清洗次数比普通玻璃结构要少得多。延伸率增大，易发生徐变，但其变形吸收能力较好。

ETFE 薄膜价格昂贵，20 世纪 80 年代，欧洲开始将 ETFE 薄膜用做植物园、动物园以及游泳馆等建筑的屋面材料，在 2008 年奥运会主场馆国家体育场和国家游泳中心建成使用后，ETFE 薄膜结构迅速地吸引了中国广大建筑专业人员的兴趣，随着南通博览园温室的建成与使用，相信未来 ETFE 薄膜材料会在我国园艺设施工程中得到大面积的应用（吴明儿等，2009）。

8）光生态膜

为了使透过封闭温室大棚薄膜的太阳辐射光谱同栽培作物的作用光谱一致，采用浮染法将荧光助剂、红外辐射剂、着色剂分散进低密度聚乙烯（LDPE）树脂中，通过挤出吹塑制成厚 0.12mm、宽 12m 的无滴、长寿棚膜。因这种农膜主要根据栽培作物的光生态设计的，所以称为光生态膜。我国在 1999 年发明了光生态膜。2000 年，用这种光生态膜覆盖的温室进行水稻育秧，在哈尔滨市 12 个县进行大面积试验示范，使水稻产量提高了 8.6%。将模拟番茄的作用光谱制备出的荧光助剂分散进高分子树脂中制成棚膜，用这种光生态膜覆盖日光温室，在哈尔滨市进行了温室番茄种植的示范推广，番茄产量提高了 53.7%，产值提高了 61.4%。

上述列举了比较典型的塑料薄膜的种类及特性，还有较多种功能性薄膜正在被逐渐应用。例如北方越冬日光温室用的 PE-EVA 薄膜、PETP 薄膜等，随着设施园艺的发展，今后的研发方向仍然主要以开发功能性薄膜为主，以适应作物对环境的要求。例如光转换膜、温诱变膜、光诱变膜等。

2. 硬质透明塑料板材的种类、特性及应用

用在园艺设施上的硬质透明塑料板，是覆盖温室的理想材料。考虑到温度变化而引起的收缩以及散光性等，大多为瓦楞状的波形板。常用的有 4 种规格，即玻璃纤维增强聚酯树脂板（FRP 板）、玻璃纤维增强聚丙烯树脂板（FRA 板）、丙烯树脂板（MMA 板）和聚碳酸酯板（PC 板）。FRP，FRA 和 MMA 板又称玻璃钢。

（1）玻璃纤维增强聚酯树脂板。简称 FRP 板，是以不饱和聚酯为主体，加入玻璃纤维而成，厚度为 0.7～0.8mm，波幅 32mm，强度较大，为了抑制表面在阳光照射下发生龟裂，滋生微生物和积累灰尘，使透光率迅速衰减，一般表面覆有聚氟乙烯薄膜或有涂层保护，使用寿命在 10 年以上。

（2）玻璃纤维增强聚丙烯树脂板。简称 FRA 板，以丙烯酸酯类树脂与玻璃纤维为主要原料，其厚度、波幅与 FRP 板一样。棚室内无投影，光照强度好。因阻隔了紫外线透过，所以比 FRP 板耐老化，使用寿命可达 15 年，但耐火性较差。

（3）丙烯树脂板。简称 MMA 板，以丙烯酸树脂为母料，由于里面没有加玻璃纤维，所以比较厚，温室常用 1.3～1.7mm 厚，波幅 63mm 或 130mm。MMA 板透光度高，落灰尘后透光率仍然较高，保温性能强，抗冰雹打击，但热线性膨胀系数大，耐热性能差，价格也较高。

图 3-2 是玻璃和其他三种塑料板在光波长为 500nm 以下的透光率，与玻璃相比，FRA 板紫外线区域透过率最高，其次是 MMA 板，而 FRP 板几乎不透过紫外线。在可见光区域，三者的透光率都比较高，与玻璃接近，均为 90％以上，三者在＞5000nm 的红外线区域几乎都不透过。其保温性与玻璃相当，尤其是 MMA 板，不透过＞2500nm 的红外线，加之它的导热性较低，保温性能极佳，使用 MMA 板比使用其他塑料板可节能 20％。与玻璃相比三种塑料板材散光性都比较强，因而棚室内的散射光比例较高。

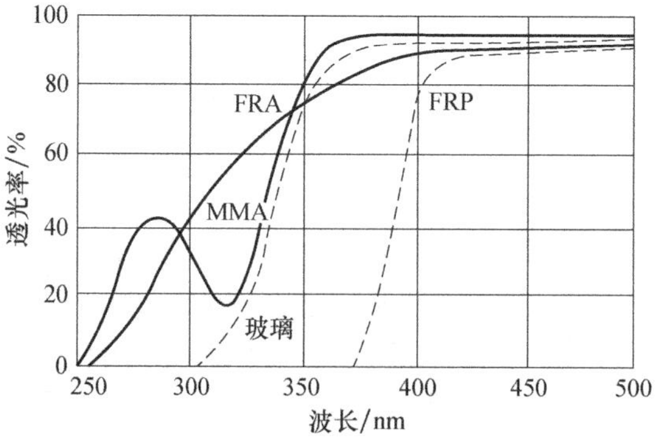

图 3-2　塑料板和玻璃在光波长≤500nm 的透光率（引自张彦萍编著《设施园艺》，2002 年）

上述 3 种硬质透明塑料板材，都能连续使用 10 年以上，比玻璃轻，破碎后对人危害小，但对气候变化的适应性不如玻璃，而且容易聚积水珠。安装时采用螺丝固定，否则会被大风刮掉，破碎后修补比较麻烦。

（4）聚碳酸酯板。是由挤出级聚碳酸酯原料经过熔融状态挤出成型的工程塑料板材，学名聚碳酸酯板，简称 PC 板，其板材多用于建筑物和农业温室采光，故又叫阳光板。阳光板在中国的发展始于 20 世纪 90 年代，初期主要从欧美国家进口，价格较高，其应用受到一定的限制，90 年代末，德国拜耳公司首先进入中国建厂，随后许多个国内外塑料板生产厂家纷纷加入，促使价格下降，应用领域迅速扩大，由于其质量轻、保温性能好、抗冲击、使用寿命长，作为透光保温覆盖材料也被越来越多地用在现代园艺设施工程当中。

园艺设施上常用的 PC 板有矩形双层和矩形三层板，双层板有中空平板和波纹板两种。双层中空的厚度为 6～10mm，波纹的厚度为 0.8～1.1mm，波幅 76mm，波宽 18mm。

PC 板的特性有：透光性能优异，透光率高达 90%，且衰减缓慢（10 年内透光率下降 2%），与相同厚度玻璃的可见光透射率接近；保温性好，比一般玻璃温室能节约 35%以上的能源消耗；抗冲击强度高，是玻璃的 40 倍，是其他玻璃钢的 20 倍；耐热和耐寒性能远超过一般的透明塑料板材，使用温度范围是－40～120℃；在挤出过程中共挤防紫外线保护层并涂覆防雾滴层，最后覆保护膜，使用寿命在 15 年以上，而且质量较轻，仅为玻璃的1/5，隔音、难燃性好。

其缺点是板子中空内部容易积留水汽和飞尘，无法清除，时间久了就会严重影响透光率，成本高，是塑料薄膜的 5～8 倍，其所需的骨架成本也比塑料薄膜的高很多，实际使用在生产型的温室也相对较少。

3. 透光塑料片

用于棚室覆盖的透光塑料片又称为硬塑料膜，厚度一般为 0.1～0.2mm。包括 PVC 透光塑料片、GF-UP 透光塑料片和硬质聚酯片等几种类型。

GF-UP 塑料片是采用光稳定的树脂和特种玻璃纤维布制成，它的起始透光率为 85%～89%。塑料片内外都有耐候性的保护膜，保温绝热性好，高耐雨雪冰雹的冲击，但使用一段时间后，表面变得粗糙。

PVC 塑料片材因其内部添加了紫外线吸收剂，所以对 380nm 以下的紫外线几乎不透过，起始透光率为 85%～87%，进行了防雾滴处理，具有流滴性，但光稳定性差，使用几年后会下降 30%，在湿热老化中由硬而韧变为硬而脆。

硬质聚酯片能透过 320nm 以上的紫外线，在可见光波段透光性与 PVC 塑料片基本一致，对红外线透过率极低，只有 10%左右，也具有流滴性。聚酯膜附着尘埃以后透光率下降幅度小，不易断裂，耐候性比聚氯乙烯的好，二者保温性基本相同，燃烧时均释放出有毒气体，价格也较贵。

4. 反光膜

弱光环境一直限制温室生产，通过在温室后墙或其附近张挂反光膜，以改善温室内光环境，提高温室生产能力，早已成为比较简单易行的方法而被广泛使用。农用反光膜是一种复合的聚酯镀铝膜，由于聚酯镀铝膜形成光亮镜面，利用其光亮镜面悬挂成幕布于温室后部，把射入室内后部的太阳光线反射到作物和地表上，使温室内光照度大大提高（陈白凤，2009）。通常有 3 种不同的类型：一是混铝膜，在 PVC 膜或 PE 膜成膜过程中混入铝粉；二是蒸气涂铝膜，以铝粉蒸气涂于膜表面；三是镜面反射膜，将 0.03～0.04mm 的聚酯膜进行真空镀铝，光亮如镜面，因此得名。

反光膜一是具有较强的反光作用，能增加棚室内的光照；二是铝箔的长波放射系数很小，可以阻挡热辐射的散失，能提高地温、气温和土壤含水量，同时还能促使土壤保持疏松，促进根系生长，提高光合能力，促进作物增产增收。而且其耐水、耐盐碱、不脱铝、成本低，使用寿命可达 3～5 年。

反光膜的张挂部位一般在温室后墙或中柱附近，张挂时必须平整，否则易形成凹面，使反射光集中于焦点处，引起作物灼伤。通常是将上端固定，下端要随着太阳照射角度的变化向后墙方向移动，以保证反光膜与地面始终保持最佳的角度。

使用反光膜最佳的悬挂角度，是根据太阳视运动方程，计算反射光在床面上的落点，推算全国各地主要纬带、主要使用期等指标来进行计算而得，在徐州地区（北纬 34.28°），秋延后种植模式下，反光膜悬挂角度在 103°～110°最佳，越冬栽培模式在 108°～115°，春提前模式则 98°～106°最佳。

但反光膜减弱了后墙的蓄热能力，降低了温室内凌晨温度，故可尝试在温室内应用位置能上下移动面积可变的反光膜补光，既扩大反光膜直接反射光的影响范围，且使后墙受热较均匀，增大后墙蓄热量而不致使温室内凌晨气温下降过大，以保证提高温室生产力。

5. 玻璃

玻璃是塑料薄膜普及以前利用最多的透明覆盖材料。目前仍有一定的覆盖面积。用于园艺设施上的玻璃主要有如下三种：平板玻璃、钢化玻璃和红外线吸收（热吸收）玻璃。

平板玻璃的厚度为 3mm 和 4mm，长 300～1200mm，宽 250～900mm。玻璃在 330～380nm 的紫外区域透过率达 80%～90%，对小于 310nm 的紫外线则有阻隔作用，热吸收玻璃对 350～380nm 的紫外区域透过率为 40%～70%，对小于 330nm 以下的则基本不透过。

在可见光波段，玻璃的透过率高达 90%，热吸收玻璃则为 70%～80%。在小于 4000nm 的近红外区域玻璃的透过率仍很高，在 80%以上，而热吸收玻璃的透过率在 70%以下，尤其在 1000nm 处，仅 50%。两种玻璃在大于 4000nm 的红外线区域，基本上都不透过。

玻璃的透光率与光线入射角的关系是入射角小于 45°时，透光率变化不大，大于 45°时，透光率明显下降，大于 60°时透光率急剧下降。玻璃厚度对透光率的影响不大，随玻璃厚度的增加透光率略有下降。

1）增温保温性

太阳辐射中的近中红外区辐射具有热效应，因此玻璃的增温性能强，而热吸收玻璃有效地削弱了近中红外辐射，从而降低了自身的增温能力，这有利于降低夏季室内的温度。远红外辐射又称热辐射，是园艺设施散热的重要途径，两种玻璃对该部分辐射的透过率极低，因此具有较强的保温性能。

2）其他性能

玻璃在所有覆盖材料中耐候性最强，使用寿命可达 40 年。其透光率很少随时间变化，防尘、耐腐蚀性均是最好的。亲水性和保温性都很好，玻璃的线性热膨胀系数也比较小，安装后较少因热胀冷缩损坏。但玻璃重量重，要求支架粗大，不耐冲击，破损时容易伤害操作人员和作物。因此在冰雹较多的地区，可以采用钢化玻璃，钢化玻璃破碎时呈小碎块不易伤人，但破损后不能修补，且比重大造价高，易老化，透光率衰减快。

玻璃的固定方式有两种，一种为抗老化橡胶件配合专用铝合金压条装配式组合，一种为专用铝型材配合专用橡胶件镶嵌式组合。两种装配方式均具有防止温室型架及玻璃的热冷伸缩功能，故玻璃定型后不会自然破损。

3.3.5　半透明与不透明材料的种类、特性及其应用

1. 无纺布

无纺布是以聚丙烯、聚酯长纤维、维尼隆等纤维材料不经纺织，而是通过熔融纺丝，堆积布网，热轧黏合，最后干燥定型而成的棉布状材料。因其无织布工序，故称“无纺布”或“不织布”；因其可使作物增产增收，又称为“丰收布”。

常用的规格有 $15g/m^2$、$20g/m^2$、$30g/m^2$、$40g/m^2$、$100g/m^2$ 等数种，宽度最宽 2.85m 左右。

（1）种类。按照纤维的长短，无纺布分两种：即长纤维无纺布和短纤维无纺布，短纤维无纺布强度差，不宜在设施园艺生产上应用，应用于设施园艺的是长纤维无纺布。根据每平方米的重量，可将无纺布分为薄型无纺布（单位面积重量为每平方米十几克到几十克）和厚型无纺布（单位面积重量为 $100g/m^2$ 或以上）。按照颜色，有白色、黑色、银灰色无纺布，其中白色最常用。

（2）性能。一般来讲，重量为 $10\sim20g/m^2$ 的薄型无纺布的透光率高达 80%～85%，而 $30\sim50g/m^2$ 的仅为 60%～70%，$60g/m^2$ 的在 50%以下。由于无纺布由纤维组成，所以在其覆盖下，散射光的比例大。

无纺布的基础母料是聚酯，聚酯对热辐射有较强的吸收作用；另外，无纺布纤维间隙常常会挂上一层水珠，形成水膜，可抑制在其覆盖下的作物和土壤的热辐射，减弱冷空气的渗透，所以无纺布具有一定的保温性能。例如，用无纺布做温室的保温幕帘，可使气温提高 2～3℃。无纺布具有很多微孔，具有透气性，有利于减轻病害，而且通气量与覆盖层内外温差成正比。这说明无纺布有自然通风的特征，有一定的调节温度的能力。

无纺布除了遮阳、调光、保温、防湿以外，还具有质量轻、操作简便、受污染后可用水清洗；燃烧时无毒气释放；不易黏合、易保管；耐药品腐蚀和不易变形等性能。无纺布的寿命一般为 3～4 年，若保管得好，不用时放在阴凉干燥处，避免阳光暴晒，可用 5 年。

（3）应用。

① 浮面覆盖。$15\sim20g/m^2$ 的薄型无纺布，主要用于冬春棚室或露地育苗及栽培蔬菜的浮面覆盖，起到增温、保温、保墒、防霜冻、促进蔬菜早熟、增产的作用。在进行覆盖时，由于作物的生长，会把无纺布顶起来，因此所用无纺布的宽度和长度应大于畦宽或畦长。由于无纺布有许多微孔，可透光通气，能自行调节通风和温度，不会烧苗。一般上午揭开，晚间盖上。一般用其作浮面覆盖可提高距地表 10cm 处的最低温度约 2℃，提高地温1～2℃，因此可使覆盖的蔬菜早上市 5～7 天，前期产量提高 15%左右（徐闻，2006）。

② 双层覆盖。用做天幕，一般使用 $30\sim40g/m^2$ 的无纺布，在棚室内顶部用铁丝作为支撑在薄膜下面覆盖，幕与棚膜间距为 15～20cm，中间的空气即是一个保温层，有天幕的棚室日均温度可提高 3～5℃，5cm 地温提高 1℃左右。

③ 小棚外层覆盖。使用 $100g/m^2$ 的无纺布，用于大棚里的小棚上，替代草苫覆盖于小棚外层，其优点是揭盖操作简单方便，省工省力，保温效果与草苫相当，如果用旧薄膜包裹

缝合无纺布，再配合在大棚四周及畦沟盖上厚稻草，则小棚里的温度可提高 7～8℃。

2. 遮阳网

过去南方夏季降温防雨，用的主要是苇帘，但使用时费工费力，不易贮存，而且成本高，不适合大面积推广，针对这些问题，1987 年江苏省吸取国外的经验技术，研制成功了高强度国产遮阳网，它是用聚丙烯树脂加入耐老化助剂，拉伸塑料成扁丝后编织而成的一种网状织物。特点是强度好、质轻，耐候性好，柔软，铺卷方便，可代替传统的草帘；同时可以通过控制网眼大小和疏密程度，使其具有不同的遮光、通风特性，供用户选择使用。

1）遮阳网的种类

根据颜色分为黑色、银灰色、绿色、白色和黑白相间等多种，生产上常用的是黑色。依据遮光率分为 35％～50％、50％～65％、65％～80％、80％以上等 4 种规格，应用最多的是 35％～65％的黑网和 65％的银灰色网。幅宽有 90、150、160、200、220cm 等多种（叶剑波等，2011）。

生产上使用较多的有透光率 35％～55％和 45％～65％的两种，宽度 160～220cm，颜色以黑和银灰色为主，单位面积重量为 45～49g/m^2。

2）遮阳网的性能

（1）削弱光强、改变光质。使用遮阳网可显著降低进入设施的光照强度，有效降低热辐射，如绿叶菜生长的适宜光照强度为 2 万～3 万 lx，而夏季晴天时光照强度往往超过 10 万 lx，采用遮光率 75％的遮阳网即可满足绿叶菜类的生长要求。

遮阳网的遮光效果一天中有日变化，中午前后太阳高度最大时，效果最显著。

一般情况下，银灰色网和黑色网下太阳辐射光谱与室外基本一致，只是黑网辐射量有所减少而已，而绿色网在 600～700nm（红橙光）波段范围内光量明显减少，此处正是绿色植物具有最强吸收率的波段。有关研究还表明，无论是 200～350nm 的紫外线区域还是 400～700nm 的光合有效辐射区域，银灰网的透过率大于黑网，特别是紫外线透过率远大于黑网，不仅影响其降温性能，也影响作物的生长和品质。另外，在中、远红外线区域（4600～16700nm），黑网的透过率为 47％，灰网为 50％，故黑网的热积蓄少于灰网。

（2）降低地温、气温和叶温。黑色遮阳网有较好的遮阳降温作用，夏季覆盖遮阳网，对地面 30cm 以上气温的降温效果仅有 1℃左右，对地面的降温效果一般为 4～6℃，最大可达 19.9℃，对 5cm 土壤的降温效果为 3～5℃（张真和等，1997），如果采用浮面覆盖，则 5cm 地温可下降 6～10℃。需要指出的是，遮阳网的降温效应与天气类型关系极大，在夏季晴热型天气条件下，室外最高气温高达 35.1～38.0℃，露地地面最高温度平均值为 48.6℃，各种网型的降温幅度达 8～13℃，其中以遮光率为 65％～70％的黑网最佳。当室外最高气温为 30.1～35.0℃时，露地地面平均最高温度为 39.1℃，各种网型平均地面降温幅度为 3～6℃。当室外最高气温为 25～30℃时，露地地表最高温度为 34.1℃，各种网型覆盖的降温效应明显减弱，甚至出现负效应。在大棚覆盖遮阳网下生长的小白菜叶温平均降幅可达 2～3℃。由此可知，遮阳网覆盖下，显著改善了根际的温度环境，降低了叶温，有利于生理代谢，促进生长。

（3）减少田间蒸散量。遮阳网覆盖可以减少设施土壤水分蒸发，其蒸发量的多少与遮阳网透光率变化趋势一致，大棚覆盖遮阳网，农田蒸散量可比露地减少1/3（遮光率33%～45%）至2/3（遮光率60%～70%）。

(4) 防雨、防风、防病。据江苏省镇江市农业气象站测定，在100min内降雨量达34.6m^3的情况下，遮阳网内中部的降雨量仅26.7m^3，边缘的降雨量为30.0m^3，网内降雨量减少了13.3%～22.8%，同时水滴对地面的冲击力仅为露地的1/50，露地植株因暴雨冲击而严重损伤，网内的植株却安然无恙。遮阳网能减轻大风对幼苗的损伤，其防风效果可达50%～60%，由于能避免雨水尤其是夏季热雨对幼苗植株和叶片的直接冲刷，可明显降低番茄疫病、青枯病及病毒病的发病率（亢立，2008）。

(5) 防寒、防冻。设施蔬菜春提前或秋延后栽培时，在棚室内用黑色遮阳网作为保温用的内覆盖材料进行浮面覆盖或二层幕覆盖，可比露地气温提高1.0～2.8℃。在遇到严重冻害时，因网内光照弱，温度回升缓慢，可缓解冻融过程，抑制因组织脱水而坏死，减轻霜冻危害。

(6) 防虫、防病。在夏季病虫害多发的季节进行绿叶菜类栽培时，由于遮阳网隔绝了害虫，可基本上实现不打药或少打药。利用银灰色遮阳网避蚜效果达88%～100%；油菜病毒病的防病效果达96%～99%，辣椒日灼病减少到零。

3）遮阳网的应用方式

遮阳网覆盖栽培的方式一般有塑料大中棚遮阳覆盖、小平棚遮阳覆盖和遮阳浮面覆盖等。

(1) 温室、大中棚遮阳覆盖。在炎热的夏季使用，特别是阳光板温室，将遮阳网悬空架设在温室上方，距温室1.5m左右。大中棚使用时则将遮阳网直接覆盖在骨架上，覆盖后网两边要离开地面1.6～1.8m，以利于通风。或者在大中棚棚架距地面1.2～1.4m处将遮阳网悬挂于畦面上，用于育苗，但此法通风效果不好。

(2) 小平棚遮阳覆盖。用矮粗竹或木桩、石柱搭平棚架，上面用小竹杆、绳子或铁丝固定遮阳网，架高、畦宽不一。南方使用较多，一般用80～100cm高、160cm宽。因为有一段距离，早晚阳光可以直接射到畦面，有利于光合作用，中午又能遮光防徒长，一般是全天候覆盖（徐学梅，2004）。

(3) 浮面覆盖。将遮阳网直接覆盖在畦面或植株上，可在大、中、小棚上使用，主要用于蔬菜出苗期覆盖，如夏季栽培绿叶类蔬菜，播种后用其覆盖，可起到遮光、降温和保湿的效果，为种子发芽和出苗创造有利条件。出苗后将遮阳网揭掉，就地搭小拱棚或平棚，将遮阳网移到棚上，进行遮阳栽培。

使用遮阳网时要科学选择遮阳覆盖的网型和方式，加强管理，防止产生负面效应，应当根据当地的自然光强度、覆盖作物的光饱和点以及覆盖栽培的管理方法，选用适宜遮光率的遮阳网。在通常情况下，白菜、甘蓝类蔬菜全天候覆盖栽培，不宜选用遮光率大于40%的遮阳网；当最高气温在35℃以上时，晴热型夏季气候条件下，宜选遮光率为65%～70%的黑网；当最高气温在30～35℃时，晴热型夏季则宜选遮光率为45%～55%的黑网，冷夏型宜选灰网；当最高气温在30℃以下时，在晴热型气候下也要注意一天中中午前后覆盖，早晚揭盖，谨慎使用；冷夏多阴雨型气候条件下，没有必要使用遮阳网覆盖。

实践表明：遮阳网覆盖栽培夏白菜在表观商品性（粗纤维少、口感好）上和产量上优于露地，但内涵营养品质（干物质重、蛋白质、维生素C含量等）明显不如露地栽培，尤其亚硝酸盐积累量明显高于露地产品。为了解决这些问题，应当于采收前5～7d揭网，改善作物光合作用，有利于产品品质的提高。

3. 防虫网

制作防虫网的主要材料为高密度聚乙烯，并添加防老化、抗紫外线等化学助剂，经拉丝织造而成网状，具有拉力强度大、抗热、耐水、耐腐蚀、耐老化、无毒无味等特点。它与塑料布等覆盖物的不同之处在于网目之间有空气通过，但能将昆虫阻隔于外界。

1）防虫网的规格种类

防虫网目数、丝径、颜色、幅宽有多种规格，目数越少，网眼越大，防虫效果越差；目数越多，网眼越小，但遮光率高，影响通风降温，反而对作物不利。防虫网按目数可分为20、24、30、40目等规格，按宽度可分为100～360cm不等的规格，按丝径可分为0.14～0.18mm不等，按颜色可分为白色、银灰色、黑色和杂色等种类，使用寿命为3～4年。目前生产上使用较多的是20～40目、0.18mm丝径、1.2～3.6m幅宽的白色防虫网。

2）防虫网的作用

（1）防虫。防虫网孔径小，一般害虫如甜菜夜蛾、斜纹夜蛾、甘蓝夜蛾、蚜虫、菜青虫、小菜蛾、美洲斑潜蝇等难以从防虫网进入棚室设施，还能控制蚜虫进入。试验表明，覆盖防虫网后，对辣椒病毒病的防治效果达67%（徐刚，2007）。

（2）防高温强光。我国夏季普遍高温、光照强，对蔬菜特别是叶菜类生长不利，目前采用遮阳网覆盖降温，但是遮阳网覆盖后设施内过于阴暗，需要昼盖夜揭，费工费时，防虫网可以较好地解决这一难题，防虫网的颜色、目数及覆盖方式不同，遮光程度有所不同。其中，黑色的遮光率最高，26目防虫网遮光率最大（徐刚，2007）。适当选择防虫网遮光，降低光照强度，有利于蔬菜生长，提高产量和品质。

（3）防强风暴雨。防虫网网眼小、抗拉强度大，可以减弱强风暴雨的冲击，避免蔬菜发生机械损伤。

此外，在有些地区防虫网还有防冰雹、防霜冻以及提高蔬菜品质的作用（浦秀萍等，2010）。

3）覆盖方式

（1）棚室完全覆盖。就是以大、中、小棚或温室拱架为构架，外铺防虫网，主要用于春夏秋季速生叶菜类栽培和秋菜育苗。其中以大棚覆盖最常见，就是将防虫网直接覆盖在棚架上，四周用土或砖压实，棚架间用压膜线压紧，一侧留门。由于此类棚室的防虫网投入较多，在普通农户中使用并不多。

（2）棚室局部覆盖。在大棚、温室等的通风口、门等局部地区设置防虫网，其他部位覆盖正常的透明覆盖物。生产中常用的形式是夏季高温季节，在塑料大棚架的顶部保留原来农膜，四周围设防虫网，主要用于5～10月份果菜类、瓜类、豆类等蔬菜的生产或制种。能减少蚜虫传播的病毒病的发生。用银灰色防虫网防虫覆盖栽培豇豆，可减少喷药次数。

（3）其他方式。除了上述常用的两种覆盖方式外，还有平棚覆盖、连栋大棚整体覆盖以及与遮阳网配套覆盖等方式（徐刚，2007）。

4. 保温被

日光温室的传统保温覆盖材料有草苫、蒲席、纸被等，缺点是比较笨重，卷放费工费力，而且被雨雪浸湿后既增加了重量，又降低其自身的保温性。近十几年来，我国逐渐开发出新型覆盖材料保温被，其内芯采用一些保温性好的材料，如纤维棉、针刺棉、废羊毛绒、塑料发泡片材等，外皮采用一些防雨材料，如防雨绸、塑料膜、喷胶无纺布、镀铝反光膜等。具有轻便、表面光滑、防水、耐候、易藏等特点，一般可使用 6～7 年，保温效果好，但价格较高（孔云等，2009）。目前各地开发出许多种类型的保温被，仅就使用较多的加以介绍。

（1）复合型保温被。用 2mm 的厚蜂窝塑料薄膜 2 层，加 2 层无纺布，外加化纤布缝合制成。他重量轻、保温性好，非常适合机械卷放。但其使用 1 个冬季受冻后，里面的蜂窝塑料膜和无纺布容易在机械传动碾压后破碎。

（2）针刺毡保温被。用旧碎线、布等材料经破碎等处理后，重新制成的保温被，其造价低、保温性较好。此被中间用针刺棉作防寒材料，一面用化纤布，一面用化纤布和镀铝薄膜相间缝合做面料，然后缝制而成。此被较厚重，比较防风，但是防水性较差，早春被雨淋后，除了保温差以外，被会变得更加笨重，因此在使用后收藏前必须在较大的场地上充分晾晒，等内部彻底干透之后，才能叠好放起来。

（3）晴纶棉保温被。采用的是晴纶棉或太空棉做保温防寒原料，用无纺布做面料，缝合制成。该被的保温性能能够满足设施的要求，但其不够结实，表面的无纺布经过卷帘机的卷放碾压后，破损较严重。而且在缝制时留下的针眼较大，雨水或雪水会从针眼渗进保温被里面，而晴纶棉没有任何防水性。为防止此类问题，在缝制保温被时，应用棉线缝，并将针眼作防水喷浆处理。

（4）保温棉毡被。采用棉毡作为防寒的主要材料，内外面都包上防水牛皮纸，其保温性和防水性都不差，和针刺毡保温被性能相似，因牛皮纸价格较其他材料便宜，所以此被价格也相对较低，但其使用寿命较短（徐闻，2006）。

（5）微孔泡沫保温被。以微孔泡沫作防寒材料，里外面都是化学纤维布，具有质轻、柔软、保温、自防水、耐化学腐蚀和耐老化的特性，而且容易保存。缺点是重量较轻，使用时要注意春天大风侵袭。

此外，还有较多种保温被，比如缀铝箔发泡聚乙烯保温被、聚乙烯发泡材料自防水保温被、缀铝箔无纺布保温被、喷胶棉保温被、羊毛保温被等，还有一些保温被在生产上未广泛使用，正处在改进发展阶段，其技术尚不完全成熟。将来无论是哪种保温被，都应该有传热系数好、重量适当、卷放容易、防风防水性好以及寿命长等性能，在具备上述条件的基础上，尽量降低成本，让农民能够容易接受（柴立龙等，2007）。

5. 草苫和草帘

草苫和草帘都是用稻草、谷草、蒲草加芦苇以及其他的草等编制而成。我国很久以前在设施栽培中就开始用草苫和草帘进行防寒保温，目前仍然是日光温室和改良阳畦外保温覆盖材料之一。南方多用草帘，保温效果为 1～2℃，北方多用草苫，可使温室夜间耗热减少 60%，保温效果可达 4～6℃。在制作草苫时，要求将草捆紧勒实，以使其结构致密、牢固耐用，一般宽 1.5m、长 5.5m 的稻草苫重量达 30kg 以上才能达到理想的保温效果。其最大的特点是取材方便，制造简单，成本低廉，但草苫或草帘个体制作存在质量不均、防水性能差、使用寿命短（注意保管可使 3 年）、易污染棚膜，影响透光，而且容易吸湿，降低保温效果，易损坏，比较笨重，不易铺卷和贮运，一次性投入虽较低，但使用寿命短，折旧成本较高等问题。

6. 纸被

纸被也是较原始的保温覆盖材料，由 4 层旧水泥袋纸或 6 层牛皮纸缝制而成，与草苫的宽度相同。在沈阳等地试验，其保温效果可达 6～7℃。现在生产中单独使用的较少，一般是盖在草苫上共同覆盖保温。纸被质轻，保温性好，造价较低，使用方便，但在北方冬春季雨雪较多，易受雨淋融雪损坏，因此在其外面罩一层薄膜可延长使用寿命。

思 考 题

1. 建造温室墙体时常用的材料有哪些？
2. 园艺设施的骨架材料有哪些？有哪些特性？
3. 标准普通黏土砖的规格是多大？
4. 普通水泥有哪些强度等级？配制混凝土时使用什么强度等级的水泥？
5. 简述园艺设施覆盖材料的发展过程。
6. 在园艺设施上使用的覆盖材料有哪些？
7. 钢材有几种类型？适合于温室应用的是哪一种？
8. 透明覆盖材料都包括什么？它们都有哪些特性以及有哪些方面的应用？
9. 半透明和不透明覆盖材料有哪些？它们都有哪些特性及应用？
10. 木材和钢材的防腐方法有哪些？
11. 硬质塑料板材的种类有哪些？

第 4 章　园艺设施建筑图的识别

4.1　建筑图样的绘制原理

4.1.1　投影概念

对工程图样的基本要求是能在一个平面上准确地表达物体的几何形状和大小。建筑工程中所使用的图样是根据投影的方法绘制的。

投影原理和投影方法是绘制投影图的基础，掌握了投影原理和投影方法，就容易学会制图和识读各种工程图样。本节主要介绍正投影法的基本原理和三面投影图的形成及其基本画法。

光线照射物体，在地面或墙面都会产生影子，当光线的照射角度或距离发生改变时，物体影子的位置、形状等也会随之改变，这就是日常生活中的投影现象。人们从光线、物体和影子之间的内在联系中，经过科学的总结归纳，形成了在平面上作出物体投影的原理和投影作图的基本规则和方法。

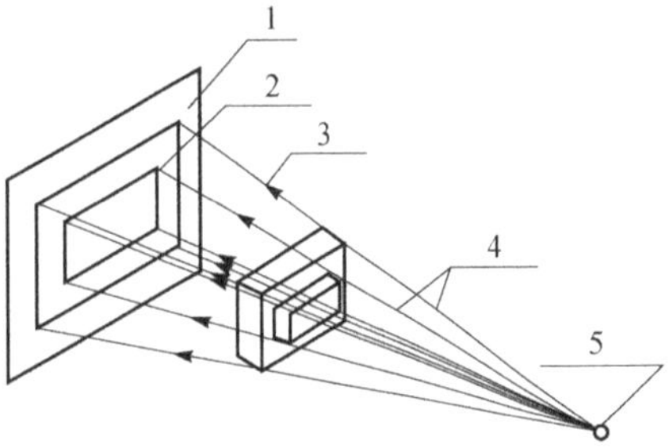

图 4-1　投影图的形成（陆叔华，1994）
1-投影面；2-投影图；3-投射方向；
4-投射线；5-投影中心

在制图中，把光源称为投影中心，表示光线的线称为投射线，光线的射向称为投射方向，落影的平面（如地面、墙面等）称为投影面，所产生的影子称为投影，用投影表示物体的形状和大小的方法称为投影法，用投影法画出的物体图形称为投影图（图 4-1）。

投影法一般可分为中心投影法和平行投影法。投射线由一点放射出来对物体进行投影的方法称为中心投影法［图 4-2（a）］，用这种投影法作出的投影图，其大小和原物体不相等，不能准确地度量出物体的尺寸大小。当投影中心离开物体无穷远时，投射线可以看做是相互平行的，如太阳光线。投射线为相互平行的投影方法称为平行投影法［图 4-2（b）、（c）］。根据投射线和投影面的角度关系，平行投影法又可分为两种：平行投射线倾斜于投影面的称

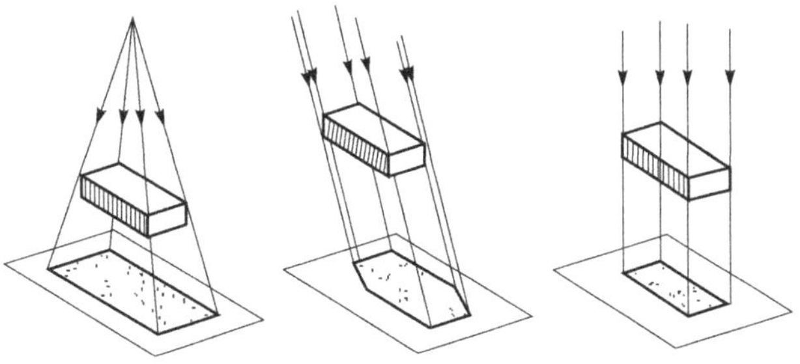
（a）　　（b）　　（c）

图 4-2　投影法（陆叔华，1994）

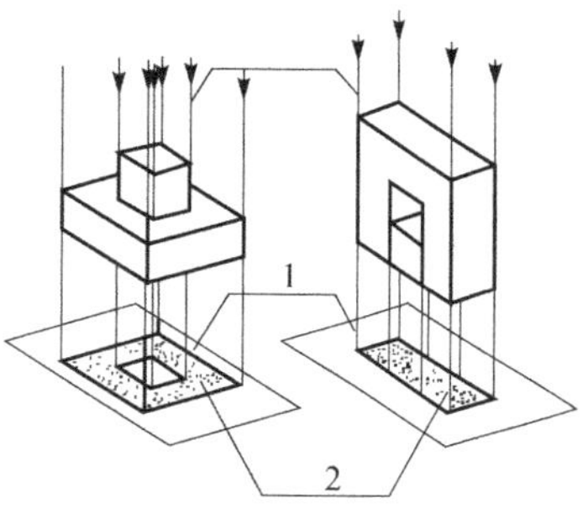

图 4-3 正投影图（陆叔华，1994）
1-投影面；2-正投影图

为斜投影［图 4-2（b）］；平行投射线垂直于投影面的称为正投影［图 4-2（c）］，正投影能反映出物体的真实形状和大小。为了把物体各面和内部形状变化都反映在投影图中，可以假设投射线能透过物体，并用虚线表示那些看不见的轮廓线，这样就可将某些内部构造表示出来。一般的房屋建筑图都是用正投影法绘制出来的，利用正投影法绘制的工程图样，称为正投影图（图 4-3）。

4.1.2 点、直线、平面正投影的基本规律

画在图纸上的物体的投影，那是由许多面组成的。面与面相交有交线，线与线相交有交点。温室建筑物一般由平面、直线和点组成的。下面简单介绍点、直线、平面正投影的基本规律，掌握了这些规律，对识图和绘图有很大帮助。

1. 点的正投影规律

（1）点的正投影仍然是点，而且在过该点垂直于投影面的投射线的垂直处，如图 4-4（a）所示（在投影作图中规定空间点用大写字母表示，其投影用同名小写字母表示）。

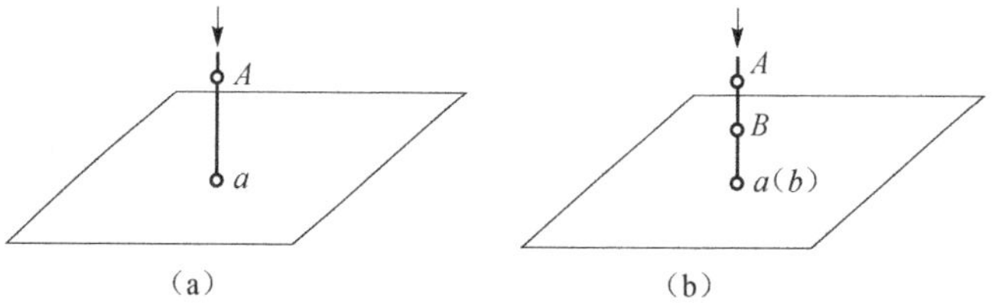

图 4-4 点的正投影（陆叔华，1994）

（2）如果两点位于同一投影面的同一条垂直线上，则此两点在该投影面上的投影必定重合，对该投影面来说此两点称为重影点。这时离投影面较远的那个重影点的投影是可见的，而另一个重影点则不可见。在重影点的投影中，不可见点（图 4-4 中 *B* 点）的投影标注，如图 4-4（b）所示。

2. 直线的正投影规律

（1）平行于投影面的直线在该投影面上的投影仍是一条直线，且反映这条空间直线的实长［图 4-5（a）］。

（2）垂直于投影面的直线在该投影面上的投影积聚成一点［图 4-5（b）］，这种持性称为积聚性。

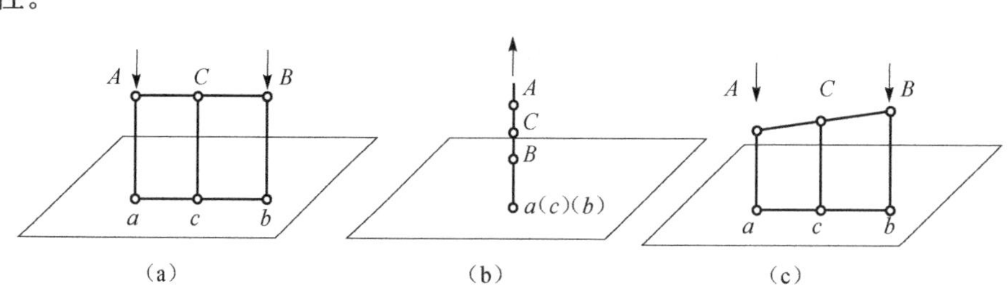

图 4-5 直线的正投影（陆叔华，1994）

(3) 倾斜于投影面的直线在该投影面上的投影仍是一条直线，但长度较空间直线的实长为短［图 4-5（c)］。

(4) 直线上任意一点的投影必在该直线的投影上（图 4-5)。

3. 平面的正投影规律

(1) 平行于投影面的平面在该投影面上的投影，反映该平面的实形，即形状和大小不变［图 4-6（a)］。

(2) 垂直于投影面的平面在该投影面上的投影积聚成一条直线，该平面（包括延展面）上所有的线和点的投影都积聚在该直线上［图 4-6（b)］

(3) 倾斜于投影面的平面在该投影面上的投影仍为平面，但不反映原平面的实形［图 4-6（c)］。

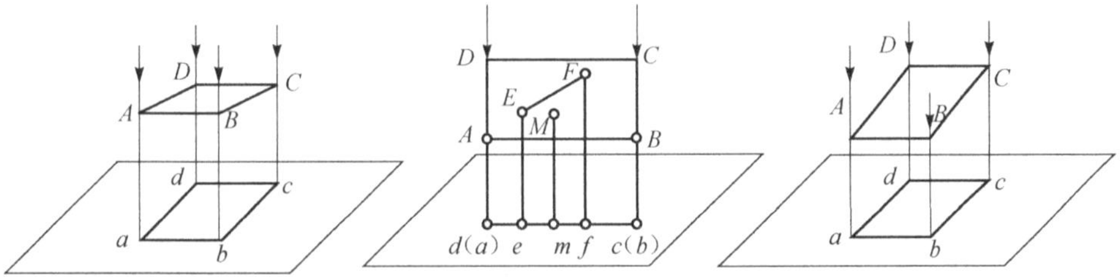

(a)　　(b)　　(c)

图 4-6　平面的正投影（陆叔华，1994)

4.1.3　正投影图

图样是施工操作的依据，应尽可能地反映物体各部分的形状和大小。如果一个物体只向一个投影面投影，就只能反映它一个面的形状和大小，不能完整地表示出它的形状和大小。图 4-7 中的空间三个不同形状的物体，它们同向一个投影面投影，其投影图都是相同的，所以该投影是不能反映三个不同物体的形状和大小的。

如将物体放在三个相互垂直的投影面之间，用三组分别垂直于三个投影面的平行投射线投影，由此就可得到物体的三个不同方向的正投影图（图 4-8)。这样就能比较完整地反映出物体顶面、正面及侧面的形状和大小。

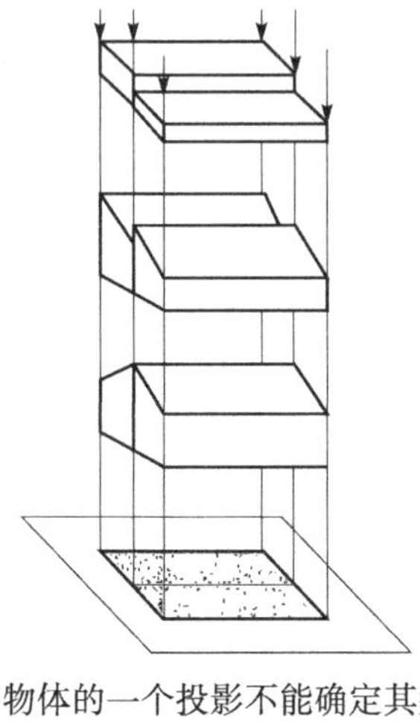

图 4-7　物体的一个投影不能确定其空间形状（陆叔华，1994)

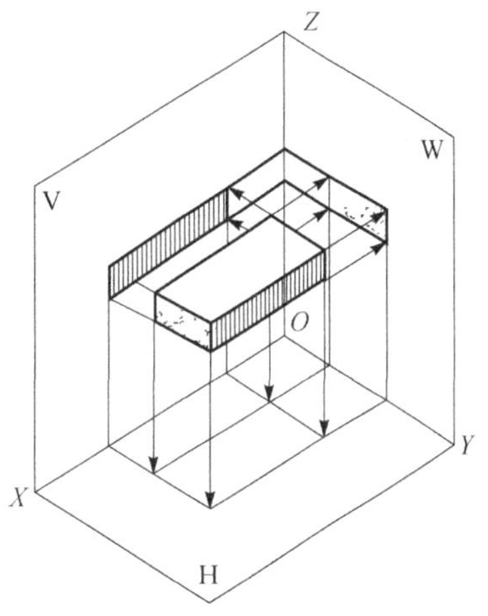

图 4-8　砖的三个不同方向的正投影图（陆叔华，1994)

1. 三面正投影图的形成

三个相互垂直的投影面，构成了三投影面体系（图 4-8）。在三投影面体系中，呈水平位置的投影面称为水平投影面（简称水平面），用字母 H 表示，水平面也可称为 H 面；与水平投影面垂直相交呈正立位置的投影面称为正立投影面（简称正面），用字母 V 表示，正面也可称为 V 面；与水平投影面及正立投影面同时垂直相交的投影面称为侧面投影面（简称侧面），用字母 W 表示，侧面也可称为 W 面。

平行投射线由上向下垂直 H 面，在 H 面上产生的投影称为水平投影图；平行投射线由前向右垂直 V 面，在 V 面上产生的投影称为正面投影图；平行投射线由左向右垂直 W 面，在 W 面上产生的投影称为侧面投影图。

三个投影面的两两相交线 OX、OY、OZ 称为投影轴，它们相互垂直。三条投影轴相交于点 O，称为原点（图 4-8）。

2. 三个投影面的展开

为了把处于空间位置的三个投影面在同一个平面上表示出来，按规定 V 面保持不动，H 面绕 OX 轴向下翻转 90°，W 面绕 OZ 轴向右翻转 90°，则它们就和 V 面在同一个平面上了（图 4-9）。

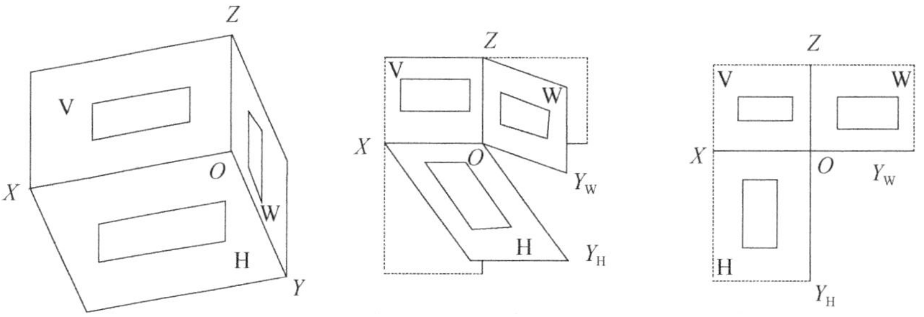

图 4-9　三个投影面的展开（陆叔华，1994）

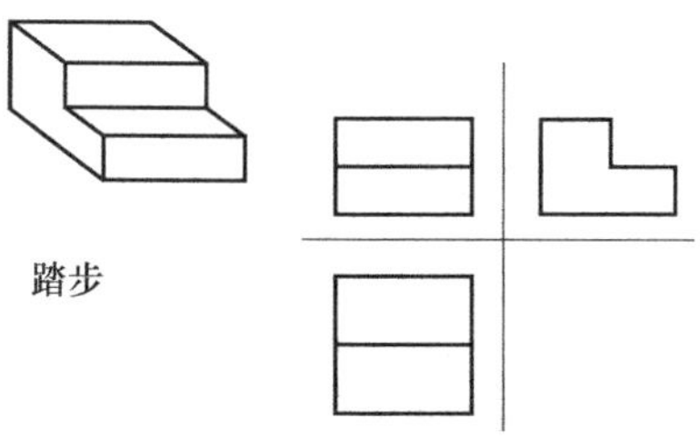

图 4-10　踏步三面正投影图（陆叔华，1994）

三个投影面展开后，三条投影轴成为两条垂直相交的直线，原 OX、OZ 轴的位置不变，原 OY 轴则分为两条，在 H 面上的用 OY_H 表示，他与 OX 轴成一直线，在 W 面上的用 OY_W 表示，他与 OX 轴成一直线。

从展开后的三面正投影图的位置来看：水平投影图在正面投影图的正下方，侧面投影图在正面投影图的正右方。按照这种位置画投影图时，在图纸上可以不标注投影面、投影轴和投影图的名称（图 4-10）。

由于投影面是设想的，并无固定的大小边界范围，正投影图与投影面的大小无关，所以作图时也可以不画出投影面的边界，在工程图样中投影轴一般也不画出来（图 4-11）。但在初学投影作图时，最好还需将投影轴保留，并将投影轴用细实线画出。

3. 三面正投影图的分析

一个物体可用三面正投影图来表达它的整体情况。对图 4-12 中的图形，如果将三个投影图综合起来分析，并根据标注尺寸符号及一定的说明，就可以准确地了解物体的真实形状和大小。

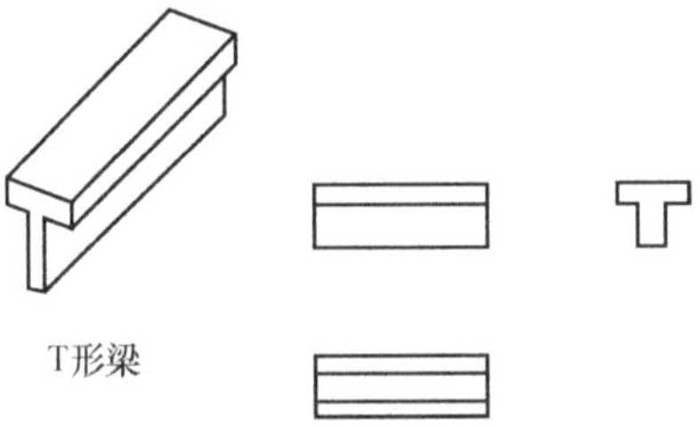

图 4-11　T 形梁三面正投影图
（陆叔华，1994）

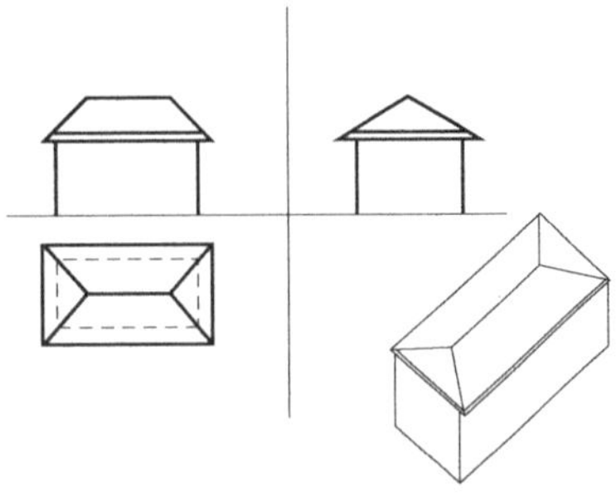

图 4-12　四坡屋面房屋的三面正投影图
（陆叔华，1994）

物体的三个投影图之间既有区别又互相联系。

(1) 同一个物体的三个投影图之间具有“三等”关系：正面投影图与侧面投影图等高，即“正侧高平齐”；正面投影图与水平投影图等长，即“正平长对正”；水平投影图与侧面投影图等宽，即“平侧宽相等”。“高平齐、长对正、宽相等”这“三等”关系是绘制和识读物体正投影图必须遵循的投影规律。

(2) 任何一个物体都有上、下、左、右、前、后六个方向的形状和大小。在三个投影图中，每个投影图各反映其中四个方向的情况，即：正面投影图反映物体的上、下和左、右的情况，不反映前、后情况；水平投影图反映物体的左、右和前、后的情况，不反映上、下情况；侧面投影图反映物体的上、下和前、后情况，不反映左、右情况（图 4-13）。

熟练掌握在投影图上识别物体各方向的形状和大小，这对识图有很大帮助。

(3) 用三面正投影图表示一个物体，是各种工程图常采用的表现方法。但是物体的形状是多种多样的，有繁有简，有些形体简单的物体只需用两个甚至一个投影图就能表达清楚。如图 4-14 中的圆管可用两个正投影图表达，圆柱只需用一个正投影图标明直径符号和尺寸就能表达清楚。

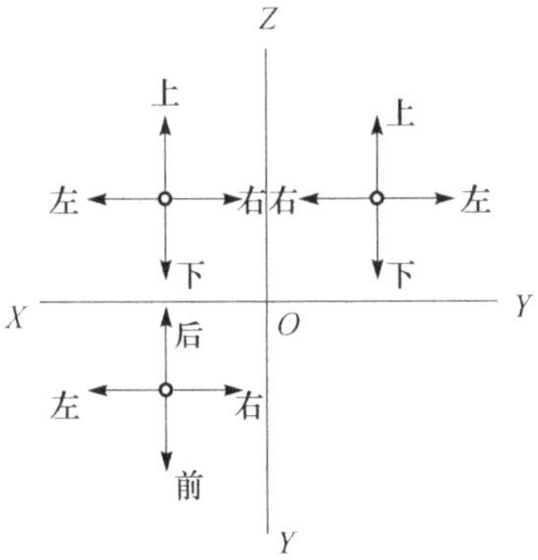

图 4-13　投影图上的方向（陆叔华，1994）

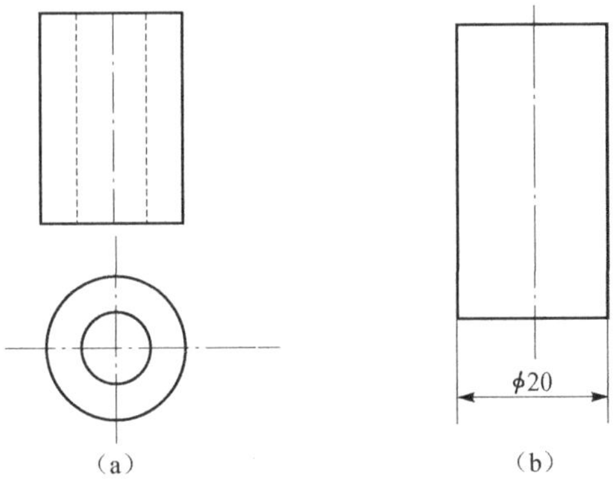

图 4-14　圆管与圆柱的图示（陆叔华，1994）
(a) 圆管；(b) 圆柱

4.1.4 三面正投影图的作图方法和符号

1. 三面正投影图的作图方法和步骤

绘制三面正投影图时，一般先绘制正面投影图或水平投影图（因为这两个图等长，且一般反映了物体形状的主要特征），然后再绘侧面投影图。熟练地掌握物体的三面正投影图的画法是绘制和识读工程图样的重要基础。下面是画三面正投影图的具体方法和步骤。

(1) 在图纸上先画出水平和垂直十字相交线，以作为正投影图中的投影轴［图 4-15 (a)］。

(2) 根据物体在三投影面体系中的放置位置，先画出能够反映物体特征的正面投影图或水平投影图［图 4-15 (b)］。

(3) 根据“三等”关系，由“长对正”的投影规律，画出水平投影图或正面投影图；由“高平齐”的投影规律，把正面投影图中涉及高度的各相应部分用水平线拉向侧立投影面；由“宽相等”的投影规律，用过原点 O 作 45°斜线或以原点 O 为圆心作圆弧的方法，得到引线在侧立投影面上与“等高”水平线的交点，连接关联点而得到侧面投影图［图 4-15 (c)］。

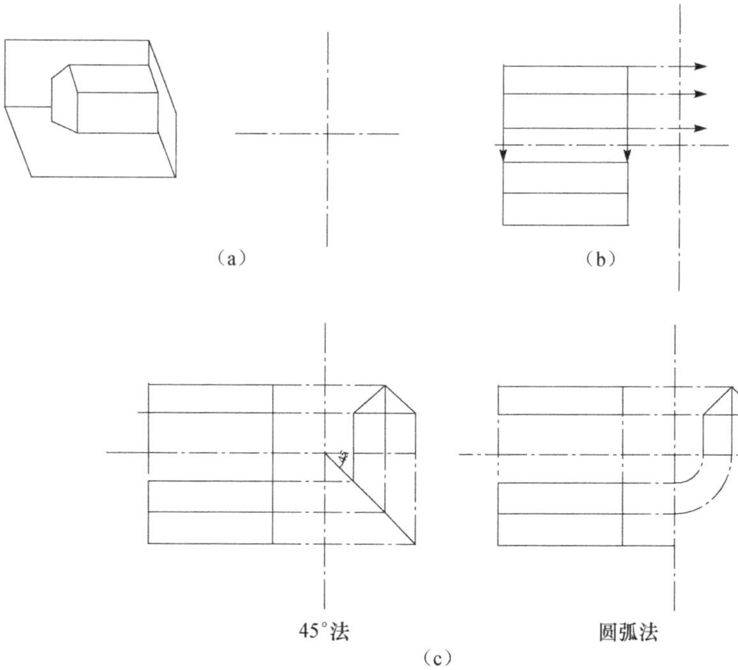

图 4-15 三面正投影作图（陆叔华，1994）

由于在制图时只要求各投影图之间的“长、宽、高”关系正确，因此图形与轴线之间的距离可以灵活安排。在实际工程图中，一般不画出投影轴，各投影图的位置也可以灵活安排，有时各投影图还可以不画在同一张图纸上。

2. 三面正投影图中的点、线、面符号

为了作图准确和便于校核，作图时可把所画物体上的点、线、面用符号（字母或数字）标注。

一般规定空间物体上的点用汉语拼音大写字母 A，B，C，…或大写罗马数字Ⅰ，Ⅱ，

Ⅲ，…表示，其水平投影用相应的 a，b，c，…或数字 1，2，3，…表示，正面投影用相应的 a'，b'，c'，…表示，侧面投影用 a''，b''，c''，…或 $1''$，$2''$，$3''$，…表示。

投影图中直线段的标注，是用直线段两端的符号表示，如空间直线段 AB 的水平投影图标注为 ab，正面投影图为 $a'b'$，侧面投影图为 $a''b''$。

空间的面通常用 P，Q，R，…表示，其水平投影图、正面投影图和侧面投影图分别用 p，q，r，…，p'，q'，r'，…，p''，q''，r''，…表示。

4.2　温室建筑图的基本表示法

建筑图样是建筑设计人员用来表达设计意图、交流设计思想的技术文件，是建筑物施工的重要依据。在建筑方案设计阶段，为了便于方案的比较和审查，设计人员常用建筑表现图来形象地表达设计构思；技术设计阶段，需要设计人员绘制施工图，将建筑物各部分的形状、大小、内部布置、细部构造、结构、材料及其他施工要求，准确而详尽地在图纸上表达出来，以便作为施工的依据。无论是建筑表现图、方案图或是施工图，都是运用建筑制图的基本理论和基本方法绘制的，都必须符合国家统一的建筑制图标准的规定。本节将介绍建筑制图国家标准的一些基本规定、制图工具的使用、常用几何作图的方法，以及建筑制图的一般步骤等。

4.2.1　图幅和幅标

图幅即图纸幅面，指图纸的大小规格。为了便于图纸的装订、查阅和保存，满足图纸现代化管理要求，图纸的大小规格应力求统一。建筑工程图纸的幅面及图框尺寸应符合表 4-1 的规定。表中数字是裁边以后的尺寸，单位均为 mm，尺寸代号的意义如表 4-1 所示。

表 4-1　幅面及图框尺寸（mm）

尺寸代号	幅面代号				
	A0	A1	A2	A3	A4
$b \times l$	841×1189	594×841	420×594	297×420	210×297
c	10	10	10	5	5
a	25	25	25	25	25

资料来源：廖远明，1996

图幅分横式和立式两种。从表 4-1 中可以看 1 号图幅是 0 号图幅的对折，2 号图幅是 1 号图幅的对折，其余类推，上一号图幅的短边 b 即是下一号图幅的长边。

建筑工程一个专业所用的图纸应整齐统一，选用图幅时宜以一种规格为主，尽量避免大小图幅掺杂使用。一般不宜多于两种幅面，目录及表格所采用的 A4 幅面，可不在此限。

在特殊情况下允许 A0～A3 号图幅按表 4-2 的规定加长图纸的长边，但图纸的短边不得加长，有特殊需要的图纸，可采用 $b \times l$ 为 841mm×392mm 与 1189mm×1261mm 的幅面。

表 4-2　图纸长边加长尺寸（mm）

幅面代号	长边尺寸	长边加长后尺寸								
A0	1189	1338	1487	1635	1784	1932	2081	2230	2387	
A1	841	1051	1261	1472	1682	1892	2102			
A2	594	743	892	1041	1189	1338	1487	1635	1784	1932
A3	420	631	841	1051	1261	1472	1682	1892	2081	

资料来源：廖远明，1996

图纸的标题栏（简称图标）、会签栏及装订边的位置应按图 4-16 布置，图标的大小及格式如图 4-17 所示。

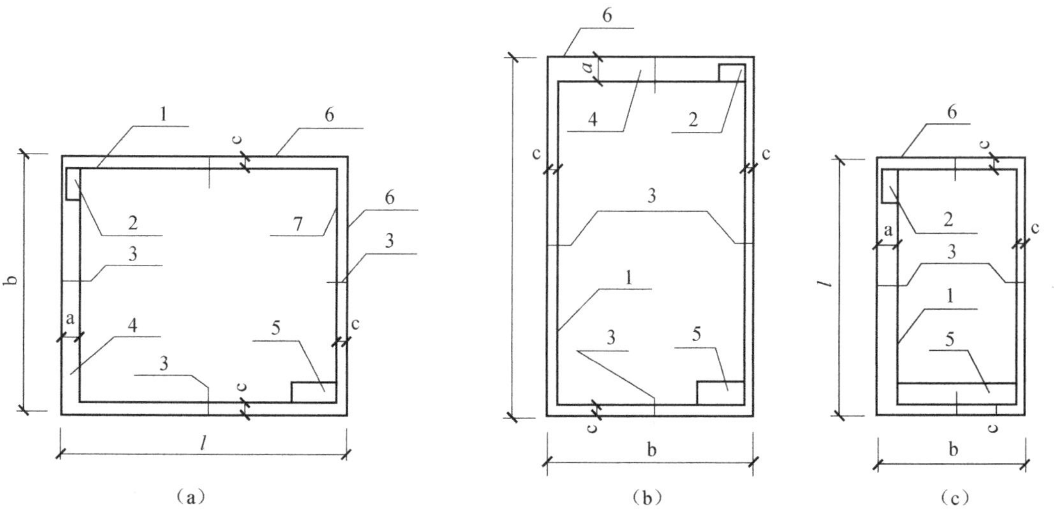

图 4-16 图幅格式（廖远明，1996）

(a) A0～A3 横式幅面；(b) A0～A3 立式幅面；(c) A0～A3 幅面

1-图框线；2-会签栏；3-对中标志；4-装订边；5-图标；6-幅画线；7-图框线

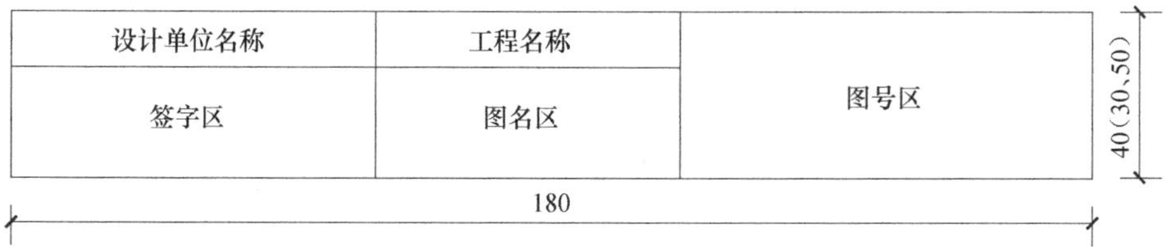

图 4-17 图标（廖远明，1996）

会签栏应按图 4-18 的格式绘制，栏内应填写会签人员所代表的专业、姓名、日期（年、月、日），一个会签栏不够用时可另加一个，两个会签栏应并列，不需会签的图纸可不设此栏，学生制图作业用标题栏推荐图 4-19 的格式。

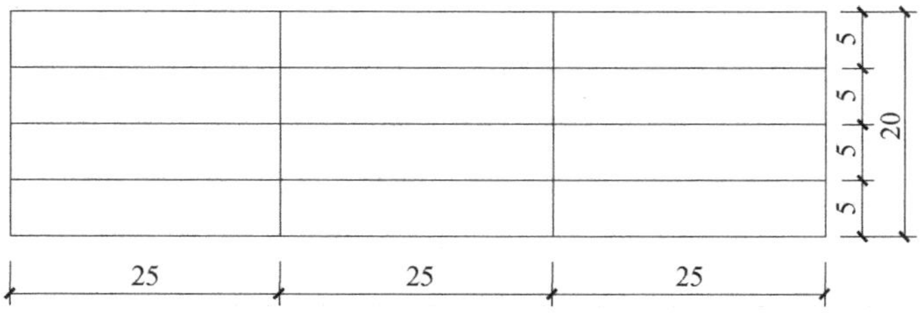

图 4-18 会签栏（廖远明，1996）

4.2.2 线型与线宽

《房屋建筑制图统一标准》（GBJ1—86）规定工程建设制图应选用表 4-3 中所规定的线型，每个图样都应根据复杂程度与比例大小，先确定基本线宽 b，再选用表 4-4 中适当的线宽组。

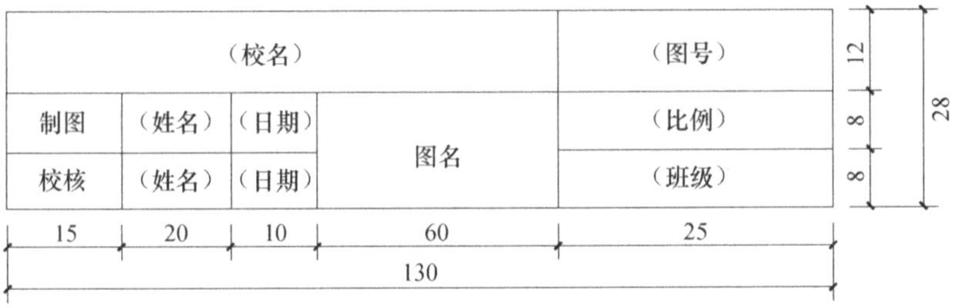

图 4-19　制图作业标题栏推荐格式（廖远明，1996）

表 4-3　线型

名　称		线　型	线　宽	一般用途
实线	粗		b	主要可见轮廓线
	中		$0.5b$	可见轮廓线
	细		$0.35b$	可见轮廓线、图例线
虚线	粗	3~6 1	b	见有关专业制图标准
	中		$0.5b$	不可见轮廓线
	细		$0.35b$	不可见轮廓线、图例线等
点划线	粗	3 15~20	b	见有关专业制图标准
	中		$0.5b$	见有关专业制图标准
	细		$0.35b$	中心线、对称线等
双点划线	粗	5 15~20	b	见有关专业制图标准
	中		$0.5b$	见有关专业制图标准
	细		$0.35b$	假想轮廓线，成型前原始轮廓线
折断线			$0.35b$	断开界线
波浪线			$0.35b$	断开界线

资料来源：廖远明，1996

表 4-4　线宽组

线宽比	线宽组/mm					
b	2.0	1.4	1.0	0.7	0.5	0.35
$0.5b$	1.0	0.7	0.5	0.35	0.25	0.18
$0.35b$	0.7	0.5	0.35	0.25	0.18	

资料来源：廖远明，1996

图线的画法如下：

(1) 在同一张图纸内，相同比例的各图样，应选用相同的线宽组。

(2) 相互平行的图线，其间隙不宜小于其中粗线的宽度，且不宜小于 0.7mm。

(3) 虚线、点划线或双点划线的线段长度和间隔，宜各自相等。

(4) 如图形较小，画点划线或双点划线有困难时，可用实线代替。

(5) 点划线或双点划线的两端小应是点，点划线与点划线交接或点划线与其他图线交接时应是线段交接。

（6）虚线与虚线交接或虚线与其他图线交接时，应是线段交接。虚线为实线段的延长线时，不得与实线连接。

（7）图线不得与文字、数字或符号重叠、混淆。不可避免时，应首先保证文字等的清晰。

4.2.3 字体及书写方法

图纸上所需书写的文字、数字或符号等，均应笔划清晰、字体端正、排列整齐，标点符号应清楚正确，如果字迹潦草，难于辨认，则容易发生误解，甚至造成工程事故。

图及说明的汉字应写成长仿宋体，大标题、图册封面、地形图等的汉字，也可以写成其他字体，但应易于辨认。汉字的简化写法，必须遵照国务院公布的《汉字简化方案》和有关规定。

长仿宋体字样：

建筑设计结构造施工设备水电暖风平立侧断剖切面总详标准草略图正

长仿宋字是由宋体字演变而来的长方形字体，它的笔划匀称明快，书写方便，因此是工程图纸最常用字体。写仿宋字（长仿宋体）的基本要求，可概括为“行款整齐、结构匀称、横平竖直、粗细一律、起落顿笔、转折勾棱”。

为了使字写得大小一致、排列整齐，书写前应事先用铅笔淡淡地打好字格，再进行书写。字格高宽比例，一般为 3∶2。为了使字行清楚，行距应大于字距。通常字距约为字高的 1/4，行距约为字高的 1/3（图 4-20）。字的大小用字号来标明，字的号数即字的高度（单位为 mm），各号字的高度与宽度的关系如表 4-5 所示。图纸中常用的为 10、7、5 三号，如需书写更大的字，其高度应按$\sqrt{2}$的比值递增，汉字的字高应不小于 3.5mm。

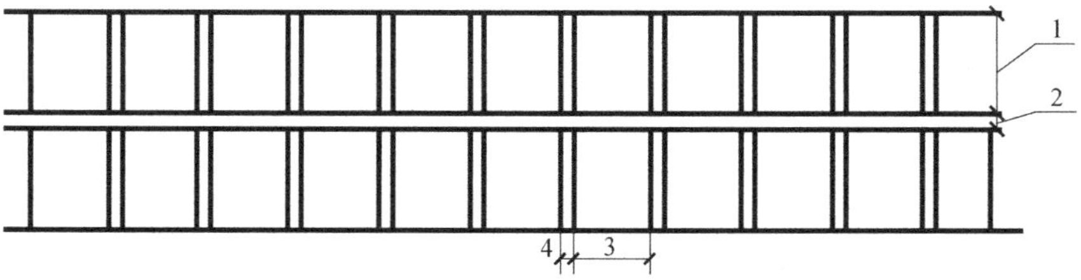

图 4-20 字格（廖远明，1996）

1-字高；2-行距；3-字宽；4-字距

表 4-5 线宽组

项 目	线宽组/mm					
字号	20	14	10	7	5	3.5
字高	20	14	10	7	5	3.5
字宽	14	10	7	5	3.5	2.5

4.2.4 比例

绘图所用的比例，应根据图样的用途与被绘制对象的复杂程度从表 4-6 中选用。建筑专业制图选用的比例宜符合表 4-7 的规定。

表 4-6　绘图所用的比例

常用比例	1∶1，1∶2，1∶5，1∶10，1∶20，1∶50
	1∶100，1∶200，1∶500，1∶1000
	1∶2000，1∶5000，1∶10000，1∶20000
	1∶50000，1∶100000，1∶200000
可用比例	1∶3，1∶15，1∶25，1∶30，1∶40，1∶60
	1∶150，1∶250，1∶300，1∶400，1∶600
	1∶1500，1∶2500，1∶3000，1∶4000
	1∶6000，1∶15000，1∶30000

资料来源：陆叔华，1994

表 4-7　建筑专业制图选用的比例

图　名	比　例
建筑物或构筑物的平面图、立面图、剖面图	1∶50　1∶100　1∶200
建筑物或构筑物的局部放大图	1∶10　1∶20　1∶50
配件及构造详图	1∶1　1∶2　1∶5　1∶10　1∶20　1∶50

资料来源：陆叔华，1994

4.2.5　尺寸标注

在建筑施工图中，图形只能表达建筑物的形状，建筑物各部分的大小还必须通过标注尺寸才能确定。房屋施工和构件制作都必须根据尺寸进行，因此尺寸标注是制图的一项重要工作，必须认真细致，准确无误，如果尺寸有遗漏或错误，必将给施工造成困难和损失。注写尺寸时，应力求做到正确、完整、清晰、合理。下面介绍建筑制图国家标准中有关尺寸标注的一些基本规定。

1. 尺寸的组成

建筑图样上的尺寸一般应由尺寸界线、尺寸线、尺寸起止符号和尺寸数字四部分组成，如图 4-21 所示。

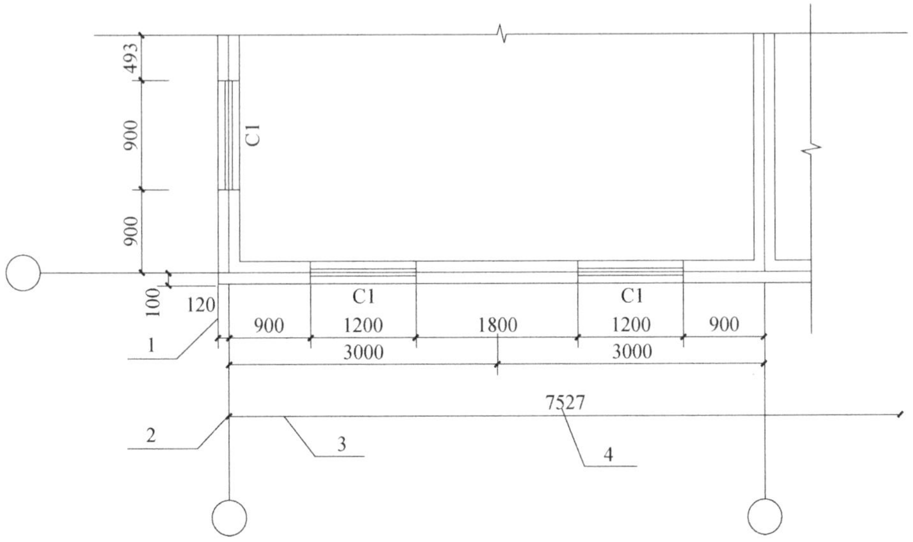

图 4-21　尺寸的组成和平行排列的尺寸（廖远明，1996）

1-尺寸界线；2-尺寸起止符号；3-尺寸线；4-尺寸数字

(1) 尺寸界线是控制所注尺寸范围的线，应用细实线绘制，一般应与被注长度垂直，其一端应离开图样轮廓线不小于 2mm，另一端宜超出尺寸线 2～3mm。必要时，图样的轮廓线、轴线或中心线可用做尺寸界线（图 4-22）。

(2) 尺寸线是用来注写尺寸的，必须用细实线单独绘制，应与被注长度平行，且不宜超出尺寸界线，任何图线或其延长线均不得用做尺寸线。

(3) 尺寸起止符号一般应用中粗斜短线绘制，其倾斜方向应与尺寸界线成顺时针 45°角，长度宜为 2～3mm。半径、直径、角度和弧长的尺寸起止符号，宜用箭头表示（图 4-23）。

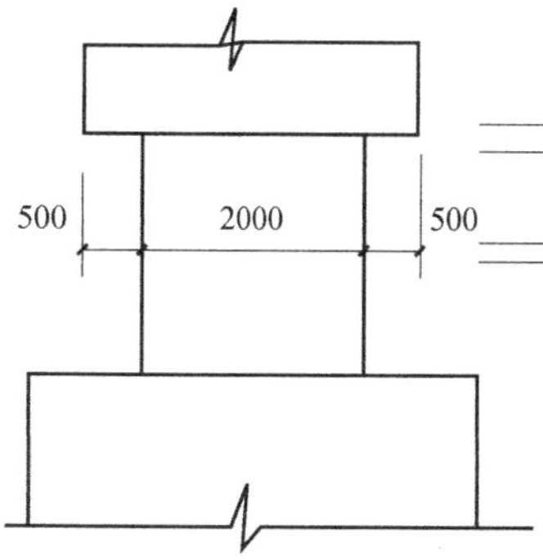

图 4-22 轮廓线用做尺寸界线（廖远明，1996）

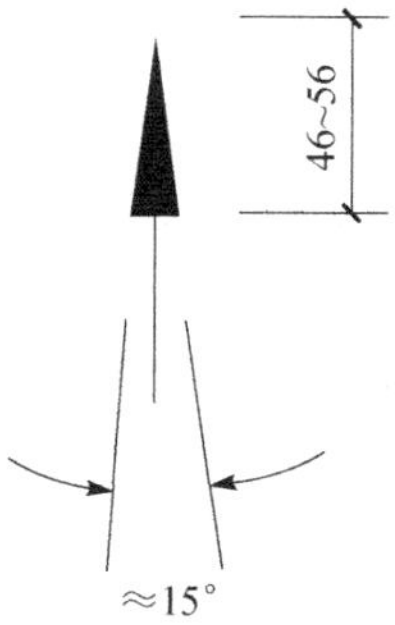

图 4-23 箭头的画法（廖远明，1996）

(4) 建筑图样上的尺寸数字是建筑施工的主要依据，建筑物各部分的真实大小应以图样上所注写的尺寸数字为准，不得从图上直接量取。图样上的尺寸单位，除标高及总平面图以米为单位外，均必须以毫米为单位，图中不需注写计量单位的代号或名称。

尺寸数字的读数方向，宜按图 4-24（a）规定的方向注写，尽量避免在图中所示的 30°范围内标注尺寸，当实在无法避免时，宜按图 4-24（b）的形式注写。

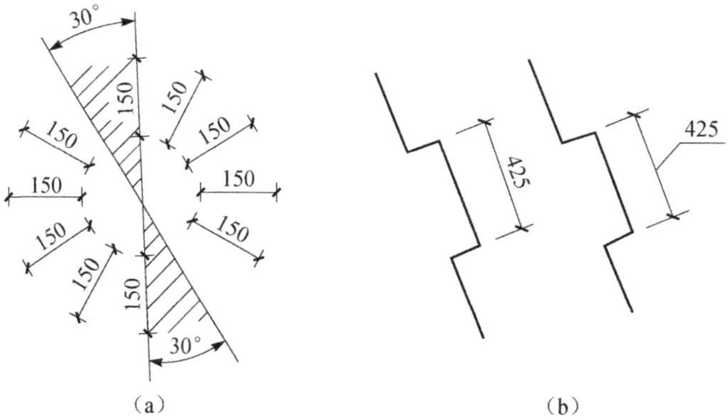

图 4-24 尺寸数字的读数方向（廖远明，1996）

尺寸数字应依据其读数方向注写在靠近尺寸线的上方中部，如没有足够的注写位置，最外边的尺寸数字可注写在尺寸界线外侧，中间相邻的尺寸数字可错开注写，也可引出注写，如图 4-25 所示。图线不得穿过尺寸数字，不可避免时，应将尺寸数字处的图线断开（图 4-26）。

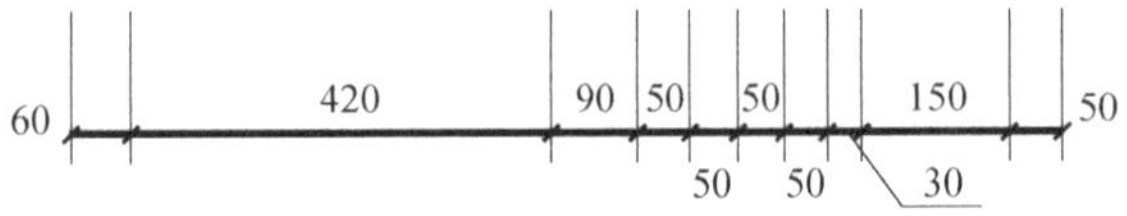

图 4-25　尺寸数字的注写位置（廖远明，1996）

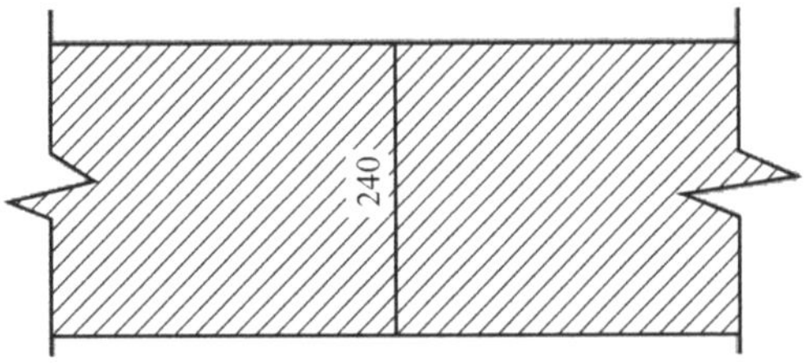

图 4-26　尺寸数字处图线应断开（廖远明，1996）

2. 常用尺寸的排列、布置及注写方法

尺寸宜标注在图样轮廓线以外，不宜与图线、文字及符号等相交。相互平行的尺寸线，应从被注的图样轮廓线由近向远整齐排列，小尺寸应离轮廓线较近，大尺寸应离轮廓线较远。图样轮廓线以外的尺寸线，距图样最外轮廓线之间的距离，不宜小于 10mm。平行尺寸线的间距，宜为 7～10mm，并应保持一致。

总尺寸的尺寸界线，应靠近所指部位，中间的分尺寸的尺寸界线可稍短，但其长度应相等。

半径、直径、球、角度、弧长、薄板厚度、坡度以及非圆曲线等常用尺寸的标注方法如表 4-8 所示。

表 4-8　常用尺寸标注方法

标注内容	图　例	说　明
角度	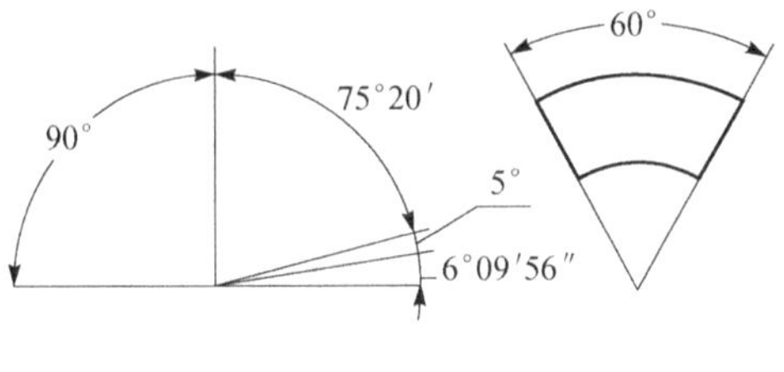	尺寸线应画成圆弧，圆心是角的顶点，角的两边为尺寸界线。角度的起止符号应以箭头表示。如没有足够的位置画箭头，可用圆点代替，角度数字应水平方向书写
圆和圆弧	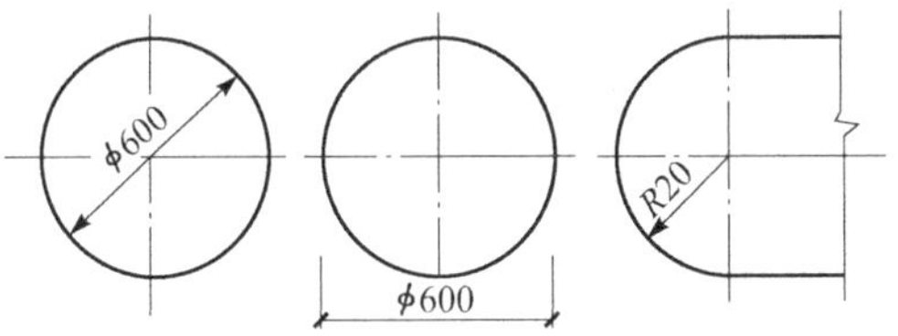	标注圆和圆弧的直径、半径时，尺寸数字前应分别加符号 ϕ、R，尺寸线及尺寸界线应按图例绘制
大圆弧	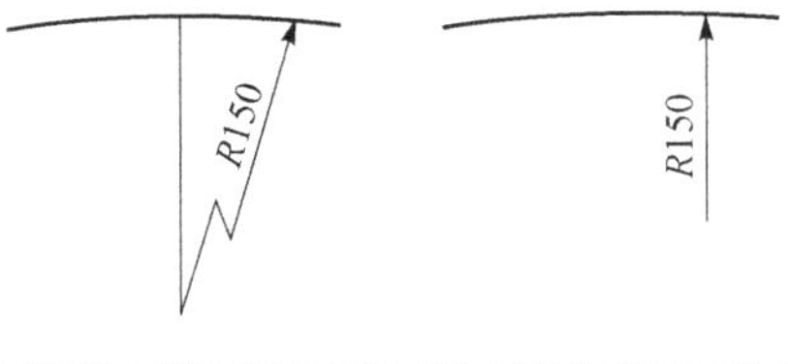	较大圆弧的半径可按图例形式标注

续表

标注内容	图　例	说　明
小圆和小圆弧	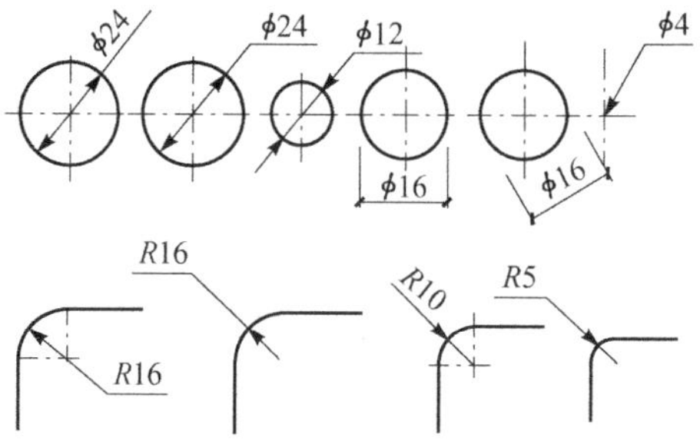	小圆的直径和小圆弧的半径可按图例形式标注
球面	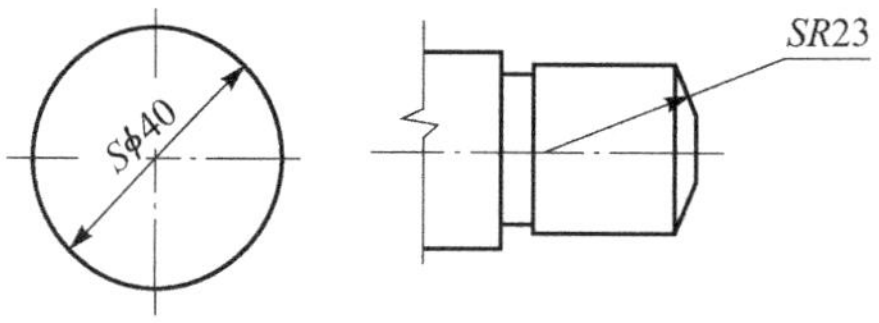	标注球的直径、半径时，应分别在尺寸数字前加注符号 *S*ϕ、*SR*，注写方法与圆和圆弧的直径、半径的尺寸标注方法相同
弧长和弦长	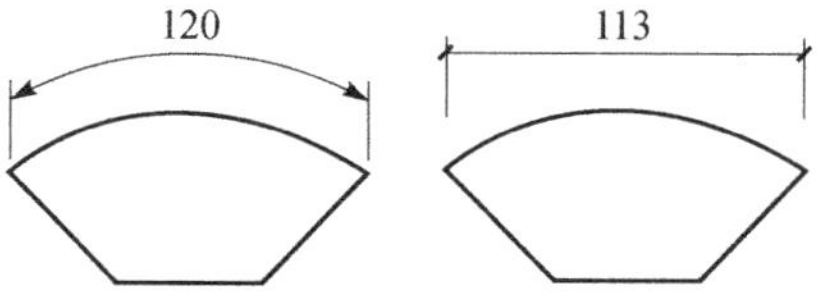	尺寸界线应垂直于该圆弧的弦，标注弧长时，尺寸线应以与该圆弧同心的圆弧线表示，起止符号应用箭头表示，尺寸数字上方应加注圆弧符号，标注弦长时，尺寸线应以平行于该弦的直线表示，起止符号用中粗斜短线表示
薄板厚度	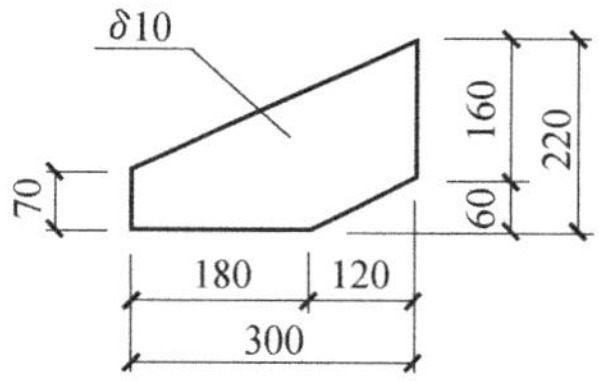	在薄板板面标注板厚尺寸时，应在厚度数字前加厚度符号 δ
正方形	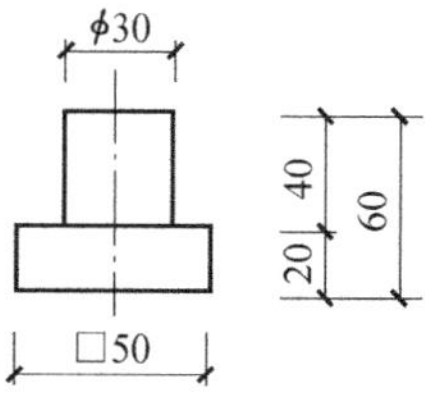	在正方形的侧面标注该正方形的尺寸，除可用“边长×边长”外，也可在边长数字前加正方形符号□
坡度	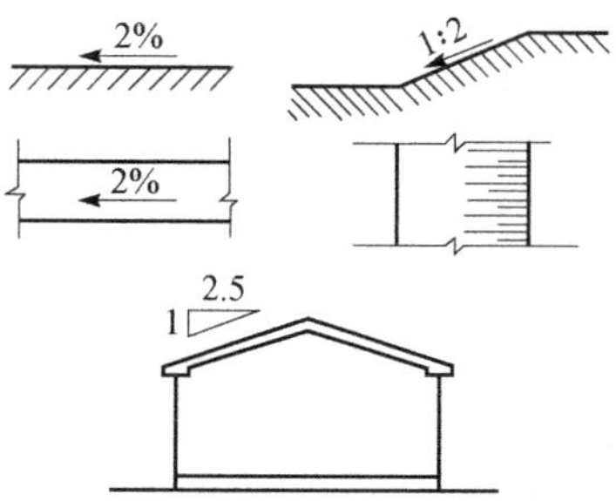	标注坡度时，在坡度数字下，应加注坡度符号，坡度符号的箭头，一般指向下坡方向坡度，也可用直角三角形的形式标注

续表

标注内容	图　例	说　明
构件外形为非圆曲线时	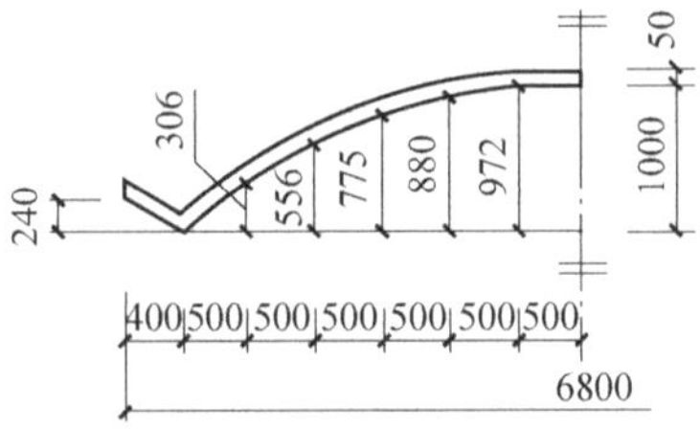	用坐标形式标注尺寸
复杂的图形	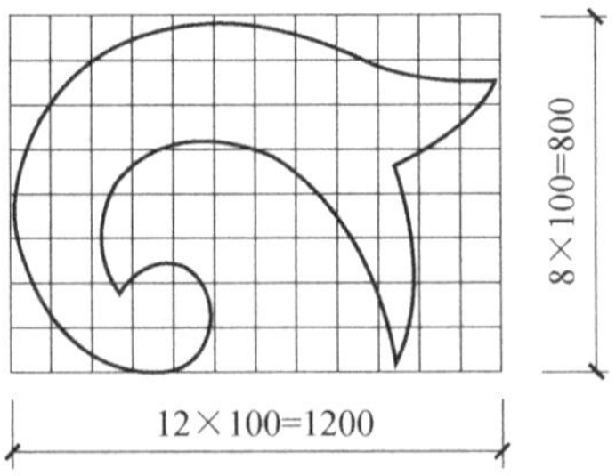	用网格形式标注尺寸

资料来源：廖远明，1996

3. 尺寸的简化标注

（1）杆件或管线的长度，在单线图（桁架简图、钢筋简图、管线图等）上，可直接将尺寸数字沿杆件或管线的一侧注写（图 4-27）。

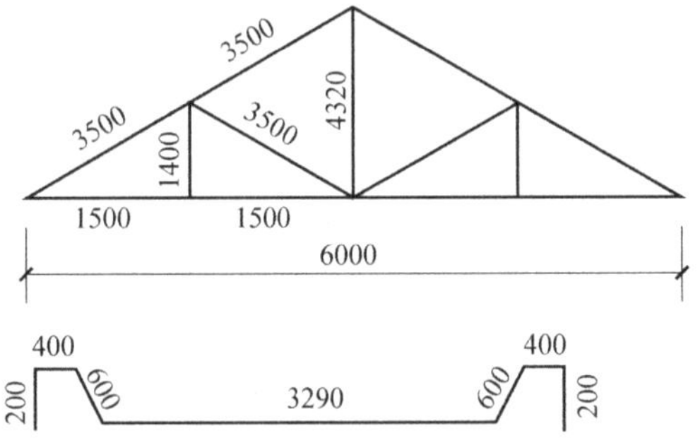

图 4-27　单线图尺寸标注方法

（2）连续排列的等长尺寸，可用“个数×等长尺寸＝总长”的形式标注（图 4-28）。

（3）构配件内的构造要素（如孔、槽等）如相同，可仅标注其中一个要素的尺寸（图 4-29）。

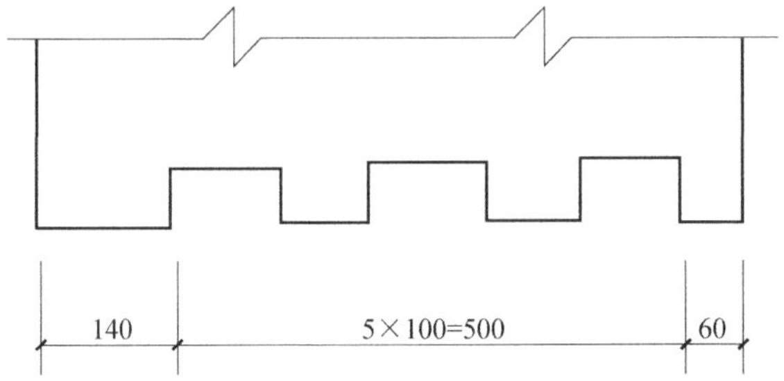

图 4-28　等长尺寸简化标注方法
（廖远明，1996）

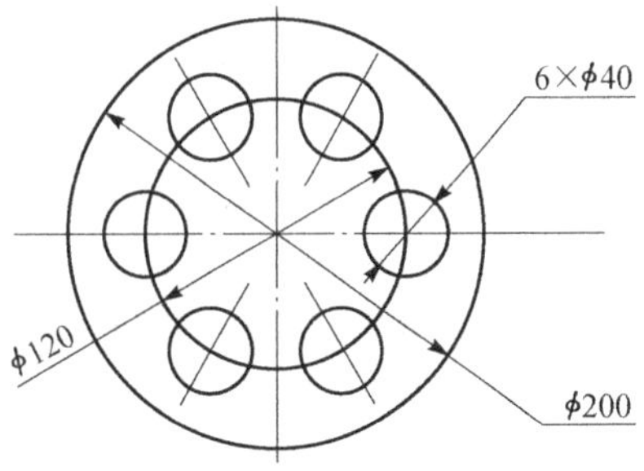

图 4-29　相同要素尺寸标注方法
（廖远明，1996）

（4）对称构配件采用对称省略画法时，该对称构配件的尺寸线应略超过对称符号，仅在尺寸线的一端画尺寸起止符号，尺寸数字应按整体全尺寸注写，其注写位置宜与对称符号对直（图 4-30）。

（5）两个构配件，如仅个别尺寸数字不同，可在同一图样中，将其中一个构配件的不同尺寸数字注写在括号内，该构配件的名称也应注写在相应的括号内（图 4-31）。

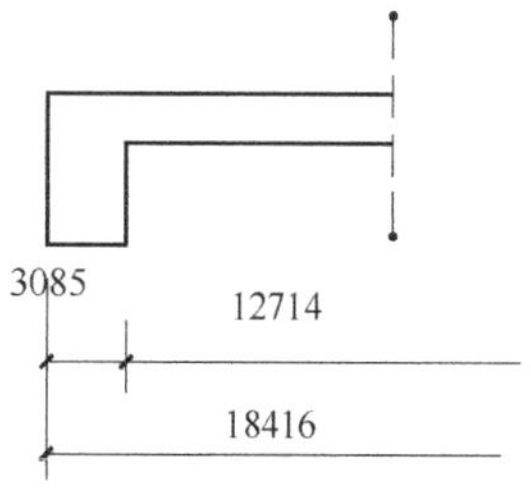

图 4-30　对称构件尺寸标注方法

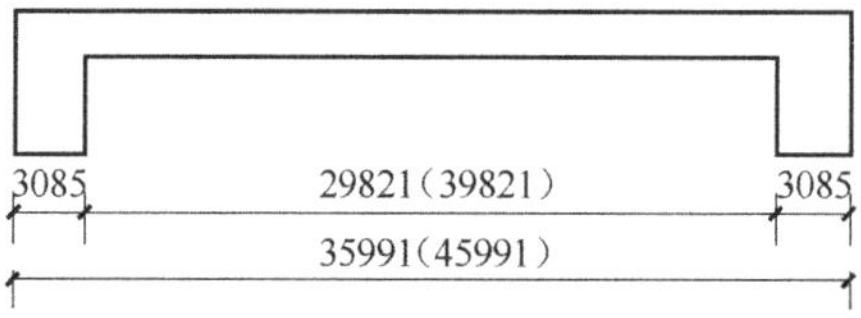

图 4-31　相似构件尺寸标注方法

（6）数个构配件，如仅某些尺寸不同，这些有变化的尺寸数字，可用拉丁字母注写在同一图样中，另列表格写明其具体尺寸（图 4-32）。

构件编号	a	b	c
Z-1	200	400	200
Z-2	250	450	200
Z-3	200	450	250

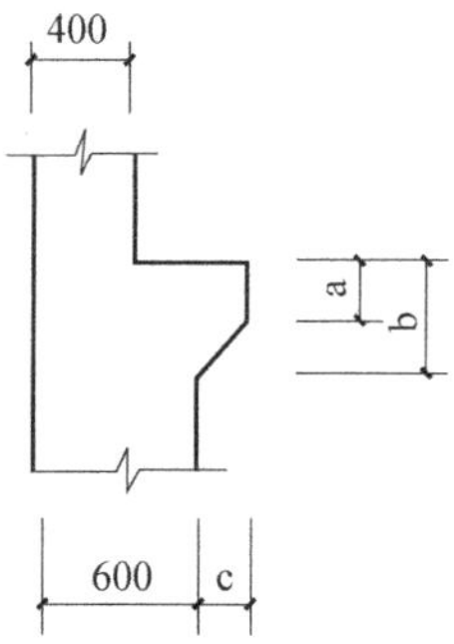

图 4-32　相似构配件尺寸表格式标注方法（廖远明，1996）

4.3　温室建筑制图的一般步骤

制图工作应当有步骤地循序进行。为了提高绘图效率，保证图纸质量，必须掌握正确的绘图程序和方法，并养成认真负责、仔细、耐心的良好习惯。本节将介绍建筑制图的一般步骤。

4.3.1　制图前的准备工作

（1）安放绘图桌或绘图板时，应使光线从图板的左前方射入，不宜对窗安置绘图桌，以免纸面反光而影响视力。将需用的工具放在方便之处，以免妨碍制图工作。

（2）擦干净全部绘图工具和仪器，削磨好铅笔及圆规上的铅芯。

（3）固定图纸：将图纸的正面（有网状纹路的是反面）向上贴于图板上，并用丁字尺略略对齐，使图纸平整和绷紧。当图纸较小时，应将图纸布置在图板的左下方，但要使图纸的底边与图板的下边的距离略大于丁字尺的宽度（图 4-33）。

（4）为保持图面整洁，画图前应洗手。

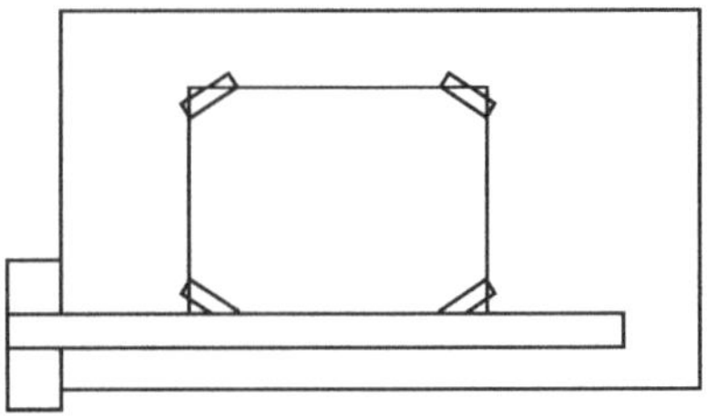

图 4-33　贴图纸（廖远明，1996）

4.3.2　绘铅笔底稿图

铅笔细线底稿是一张图的基础，要认真、细心、准确地绘制。绘制时应注意以下各点：

1）铅笔底稿图

宜用削磨尖的 H 或 HB 铅笔绘制，底稿线要细而谈，绘图者自己能看得出便可，故要经常磨尖铅芯。

2）画图框、图标

首先画出水平和垂直基准线，在水平和垂直基准线上分别量取图框和图标的宽度和长度，再用丁字尺画图框、图标的水平线，然后用三角板配合丁字尺画图框、图标的垂直线。

3）布图

预先估计各图形的大小及预留尺寸线的位置，将图形均匀、整齐地安排在图纸上，避免某部分太紧凑或某部分过于宽松。

4）画图形

一般先画轴线或中心线，其次画图形的主要轮廓线，然后画细部，图形完成后，再画尺寸线、尺寸界线等。材料符号在底稿中只需画出一部分或不画，待加深或上里线时再全部画出。对于需上墨的底稿，在线条的交接处可画出头一些，以便清楚地辨别上面的起止位置。

4.3.3　铅笔加深的方法和步骤

在加深前，要认真校对底稿，修正错误和填补遗漏，底稿经查对无误后，擦去多余的线条和污垢。一般用 2B 铅笔加深粗线，用 B 铅笔加深中粗线，用 HB 铅笔加深细线、写字和画箭头。加深圆时，圆规的铅芯应比画直线的铅芯软一级。用铅笔加深图线用力要均匀，边画边转动铅笔，使粗线均匀地分布在底稿线的两侧，如图 4-34 所示。加深时还应做到线型正确，粗细分明，图线与图线的连接要光滑、准确，图面要整洁。

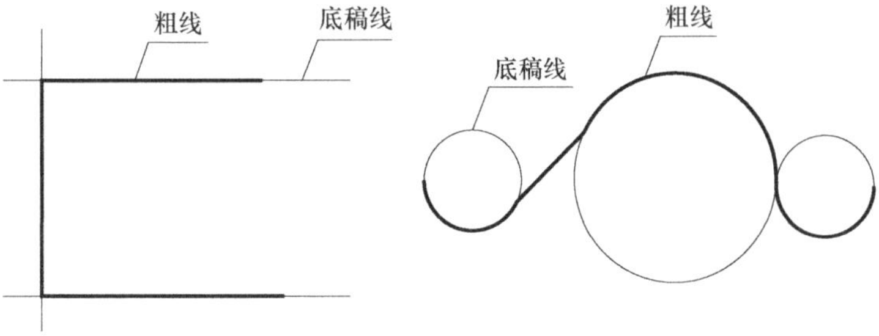

图 4-34　加深的粗线与底稿线的关系（廖远明，1996）

加深图线的一般步骤如下；

（1）加深所有的点划线；

（2）加深所有粗实线的曲线、圆及圆弧；
（3）用丁字尺从图的上方开始，依次向下加深所有水平方向的粗实直线；
（4）用三角板配合丁字尺从图的左方开始，依次向右加深所有的铅垂方向的粗实直线；
（5）从图的左上方开始，依次加深所有倾斜的粗实线；
（6）按照加深粗实线同样的步骤加深所有的虚线曲线、铅垂的和倾斜的虚线；
（7）按照加深粗线的同样步骤加深所有的中实线；
（8）加深所有的细实线、折断线、波浪线等；
（9）画尺寸起止符号或箭头；
（10）加深图框、图标；
（11）注写尺寸数字、文字说明，并填写标题栏。

4.3.4 上墨线的方法和步骤

画墨线时，首先应根据线型的宽度调节直线笔的螺母（或选择好针管笔的号数），并在与图纸相同的纸片上试画，待满意后再在图纸上描线。如果改变线型宽度重新调整螺母，都必须经过试画，才能在图纸上描线。

上墨时相同型式的图线宜一次画完。这样，可以避免由于经常调整螺母而使相同型式的图线粗细不一致。如果需要修改墨线时，可待墨线干透后，在图纸下垫一三角板，用锋利的薄型刀片轻轻修刮，再用橡皮擦净余下的污垢，待错误线或墨污全部去净后，以指甲或者钢笔头磨实，然后再画正确的图线。但需注意，在用橡皮时要配合擦线板，并且宜向一个方向擦，以免撕破图纸。

上墨线的步骤与铅笔加深基本相同，但还须注意以下几点：

（1）一条墨线画完后，应将笔立即提起，同时用左手将尺子移开；
（2）画不同方向的线条必须等到干了再画；
（3）加墨水要在图板外进行。

最后需要指出，每次制图时间，最好连续进行三、四小时，这样效率最高。

4.4 温室建筑施工图的识别

建筑图包括建筑物的方案图、初步设计图（简称初设图）和扩大初步设计图以及施工图。

施工图根据其内容和各工种不同分为以下几种。

1）建筑施工图（简称建施图）

主要用来表示建筑物的规划位置、外部造型、内部各房间的布置、内外装修、构造及施工要求等。它的内容主要包括总平面图、各层平面图、立面图、剖面图及详图。

2）结构施工图（简称结施图）

主要表示建筑物承重结构的结构类型、结构布置、构件种类、数量、大小及做法。他的内容包括结构设计说明、结构平面布置图及构件详图。

3）设备施工图（简称设施图）

主要表达建筑物的给水排水、暖气通风、供电照明、燃气等设备的布置和施工要求等。他主要包括各种设备的布置图、系统图和详图等内容。

下面主要讲述温室建筑施工图的内容。

4.4.1　温室施工图的分类

温室是按照施工图建造的，施工图按工种分类，由建筑、结构、给排水、采暖通风、电气等工种的图样组成。一套温室建筑施工图与房屋建筑施工图一样，通常分三大类。

1. 建筑施工图（简称“建施”）

反映温室建筑的内外形状、大小、布局、建筑节点的构造和所用材料等情况。包括总平面图、建筑平面图、建筑立面图、建筑剖面图及构造详图等。

2. 结构施工图（简称“结施”）

反映温室的承重构件（如墙体、梁、柱、屋架等）的布置、形状、大小、材料及其构造等情况。包括基础平面图、基础剖面图、结构布置平面图及构件的结构详图等。

3. 设备施工图（简称“设施”）

反映各种设备、管道和线路的布置、走向、安装要求等情况。包括给水、排水、采暖、通风、电器照明等设备的平面布置图、系统图及各种详图等。

下面仅简要介绍温室的建筑施工图。

4.4.2　建筑施工图

1. 总平面图

总平面图是用来表示整个建筑基地的总体布局、具体表达新建房屋的位置、朝向以及周围环境（如原有建筑物、交通道路、绿化、地形等）的情况。总平面图是新建房屋定位、放线以及布置施工现场的依据。

由于总平面图包括地区较大，《国家制图标准》（以下简称“国标”）规定：总平面图的比例应用 1∶500、1∶1000、1∶2000 来绘制。实际工程中，由于国土局以及有关单位提供的地形图常为 1∶500 的比例，故总平面图常用 1∶500 的比例绘制。

由于比例较小，故总平面图上的房屋、道路、桥梁、绿化等都用图例表示。表 4-9 列出的为“国标”规定的总图图例（以图形规定出的画法称为图例）。在较复杂的总平面图中，如用了一些“国标”上没有的图例，应在图纸的适当位置加以说明。

在画有等高线或加上坐标方格网的地形图上，画上原有建筑物和拟建建筑物的外轮廓的水平投影图，即为总平面图。总平面图反映原有和拟建建筑物的平面形状、朝向、相互位置与周围地形、地物的关系。如果再画上围墙、道路及绿化等的水平投影即可成为总规划平面图。

表 4-9　总平面图图例（引自 GBJ 103—87）

名　称	图　例	说　明
新建的建筑物	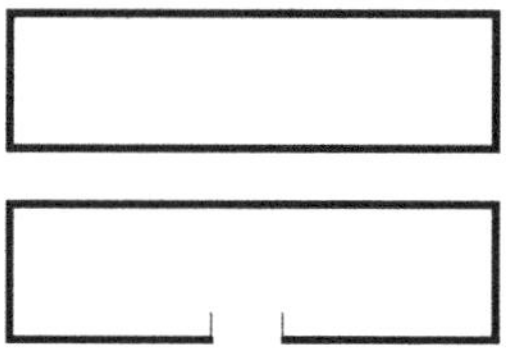	1. 上图为不画出入口图例，下图为画出入口图例 2. 需要时，可在图形内右上角以点数或数字（高层宜用数字）表示层数 3. 用粗实线表示
原有的建筑物	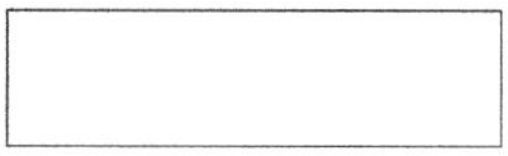	1. 应注明拟利用者 2. 用细实线表示
计划扩建的预留地或建筑物		用中虚线表示
拆除的建筑物		用细实线表示
新建的地下建筑物或构筑物	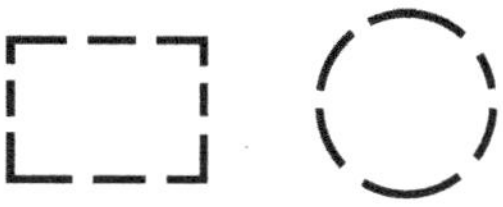	用粗虚线表示
建筑物下面的通道	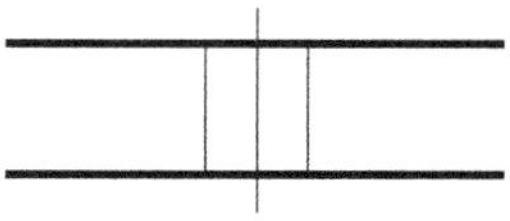	
散状材料露天堆场	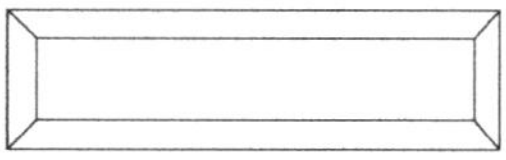	需要时可注明材料名称
其他材料露天堆场或露天作业场	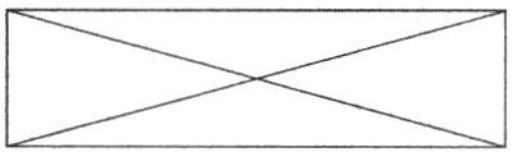	需要时可注明材料名称
铺砌场地	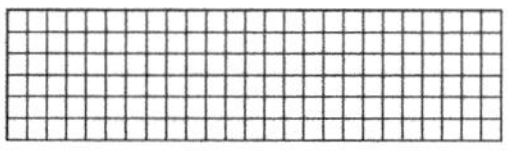	
烟囱		实线为烟囱下部直径，虚线为基础，必要时可注写烟囱高度和上、下口直径
围墙及大门	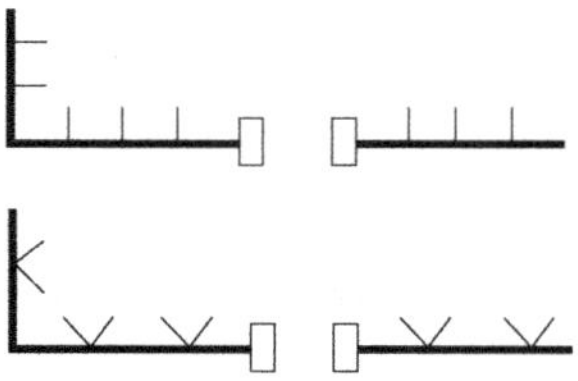	上图为砖石、混凝土或金属材料的围墙 下图为镀锌铁丝网、篱笆等围墙，如仅表示围墙时不画大门

续表

名　称	图　例	说　明
挡土墙		被挡土在“突出”的一侧
台阶	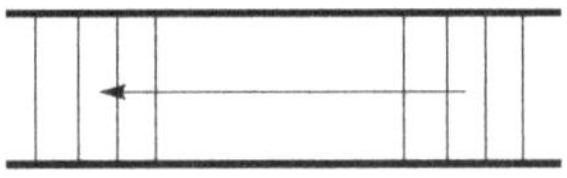	箭头指向表示向上
坐标	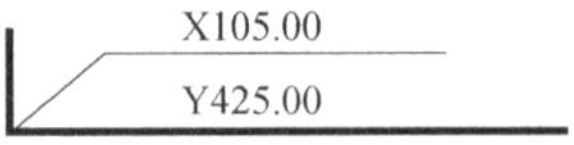 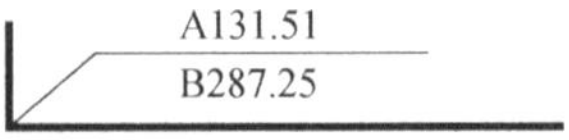	上图表示测量坐标 下图表示施工坐标
填挖边坡	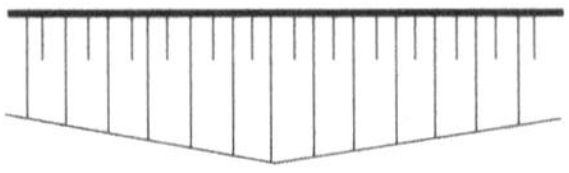	边坡较长时可在一端或两端局部表示
护坡	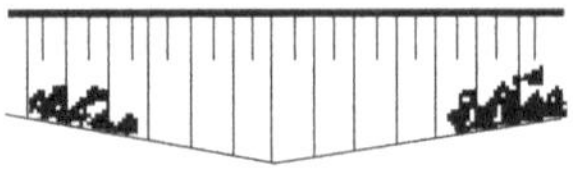	边坡较长时可在一端或两端局部表示
室内标高	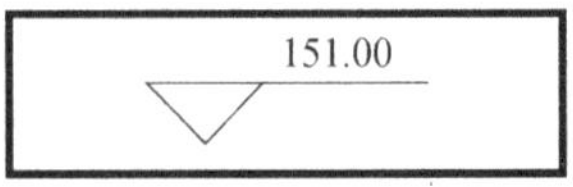	
室外标高		

新建房屋的朝向与风向，可在图纸的适当位置绘制指北针或风向频率玫瑰图（简称“风玫瑰”）来表示。指北针应按“国标”规定绘制，如图 4-35 所示，指针方向为北向，如用细实线，直径为 24mm，指针尾部宽度为 3mm。如需用较大直径绘制指北针时，指针尾部宽度宜为直径的 1/8。

风向频率玫瑰图在 8 个或 16 个方位线上用端点与中心的距离代表当地这一风向在一年中发生次数的多少，粗实线表示全年风向，细虚线范围表示夏季风向。风向由各方位吹向中心，风向线最长者为主导风向，如图 4-36 所示。

图 4-35　指北针（廖远明，1996）

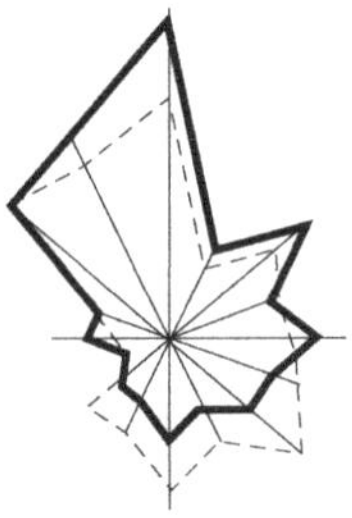

图 4-36　风向频率玫瑰图（廖远明，1996）

总平面图上的尺寸应标注新建温室的总长、总宽及与周围道路的间距。尺寸以米为单位。图 4-37 为某科技园区总平面图。

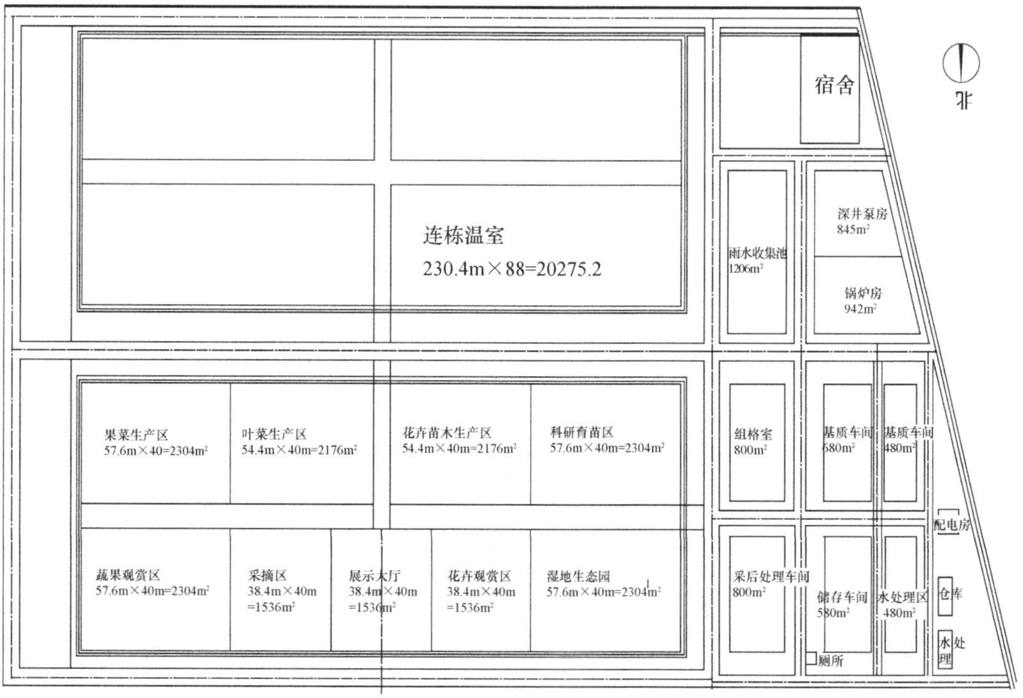

图 4-37　科技园总平面图（1∶100）

2. 建筑平面图

1）建筑平面图的用途

建筑平面图是用以表达房屋建筑的平面形状，房间布置，内外交通联系，以及墙、柱、门窗等构配件的位置、尺寸、材料和做法等内容的图样，建筑平面图简称“平面图”。平面图是建筑施工图的主要图纸之一，是施工过程中，房屋的定位放线、砌墙、设备安装、装修以及编制概预算、备料等的重要依据。

2）平面图的图示内容

建筑平面图标注的尺寸有外部尺寸和内部尺寸。

（1）外部尺寸。在水平方向和竖直方向各标注三道。最外一道尺寸标注房屋水平方向的总长、总宽，称为总尺寸；中间一道尺寸标注房屋的开间、进深，称为轴线尺寸（注：一般情况下两横墙之间的距离称为“开间”，两纵墙之间的距离称为“进深”）；最里边一道尺寸标注房屋外墙的墙段及门窗洞口尺寸，称为细部尺寸。

如果建筑平面图图形对称，宜在图形的左边、下边标注尺寸，如果图形不对称，则需在图形的各个方向标注尺寸，或在局部不对称的部分标注尺寸。

（2）内部尺寸。应标出各房间长、宽方向的净空尺寸、墙厚及与轴线的关系、柱子截面、房屋内部门窗洞口、门垛等细部尺寸。

（3）标高、门窗编号。平面图中应标注不同楼地面标高、房间及室外地坪等标高。

平面图中，Ⓐ、Ⓑ 表示沿宽度方向的轴线编号；①、②、③、…表示沿长度方向的轴线编号。字母 C 为窗的代号，字母 M 为门的代号。由图 4-40 中所注尺寸可以看出，该温室的跨度为 7.2m，屋面梁间距为 0.91m。

3. 建筑立面图

1）建筑立面图的用途

建筑立面图主要用来表达建筑物的外部造型、门窗位置及形式、外墙装修、阳台、雨篷等部分的材料和作法等。

2）建筑立面图的形成

立面图是用直接正投影法将建筑各个路面进行投影所得到的正投影图。

3）建筑立面图的比例及图名

建筑立面图的比例与平面图一致，常用 1∶50、1∶100、1∶200 的比例绘制。

建筑立面图的图名，常用以下三种方式命名。

（1）以建筑墙面的特征命名。常把建筑主要出入口所在墙面的立面图称为正立面图，其余几个立面相应的称为背立面图、侧立面图。

（2）以建筑各墙面的朝向来命名。如东立面图、西立面图、南立面图、北立面图。

（3）以建筑两端定位轴线编号命名。如①～⑩立面图，国标规定有定位轴线的建筑物，宜根据两端轴线号编注立面图的名称。

4）尺寸标注

（1）竖直方向。应标注温室的室内外地坪、门窗洞口上下口、台阶顶面、雨篷、房檐下口、屋面等处的标高，并应在竖直方向标注三道尺寸。里边一道尺寸标注房屋的室内外高差、门窗洞口高度、垂直方向窗间墙、窗下墙高、檐口高度等尺寸；中间一道尺寸标注层高尺寸；外边一道尺寸为总高尺寸。

（2）水平方向。立面图水平方向一般不注尺寸，但需要标出立面图最外两端墙的定位轴线及编号，并在图的下方注写图名、比例。

（3）其他标注。立面图上可在适当位置用文字标注其装修，也可以不注写在立面图中，以保证立面图的完整美观，而在建筑设计总说明中列出外墙面的装修。

图 4-39 所示为玻璃温室图 4-38 的南、北、西立面图。由立面图可以看出，温室屋面形式为南北不等边的斜坡屋面，山墙为玻璃山墙，北墙为砖墙，门 M-1 和窗 C-1（见图 4-40）安装在北墙上。图中还用标高表示了温室的总高度为 3.700m，室外地坪为－0.300m。还用文字说明了勒脚的装修方法。

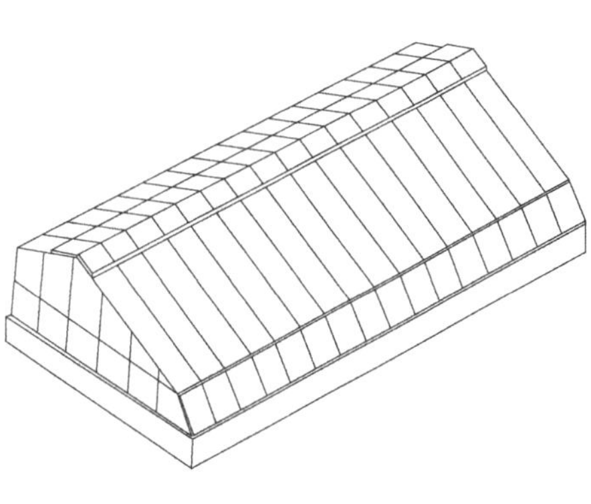

图 4-38　玻璃温室立体图（邹志荣，2002）

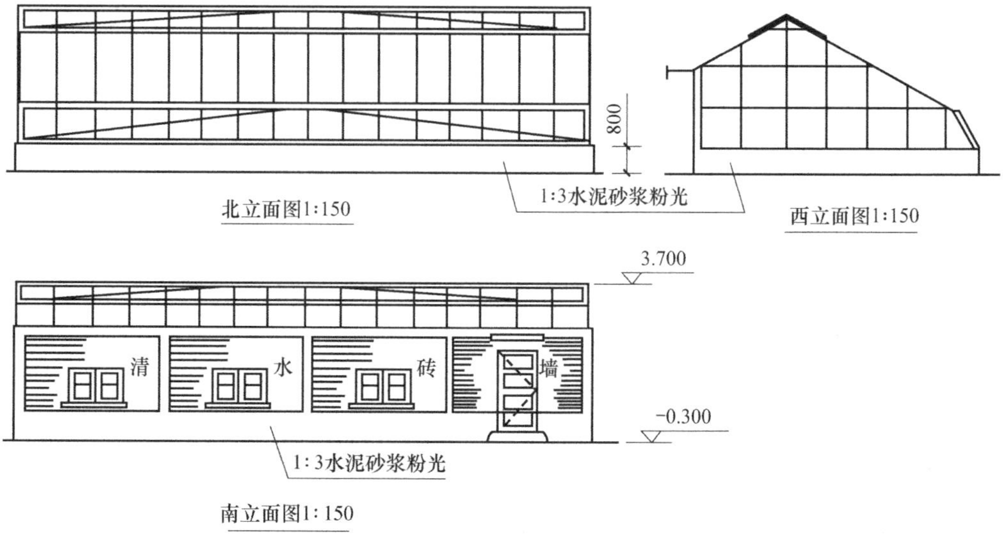

图 4-39　玻璃温室立面图（邹志荣，2002）

4. 建筑剖面图

1）建筑剖面图的用途

温室剖面图主要用来表达温室内部的结构形式、门窗高、温室总高等。

2）剖切位置及剖视方向

剖面图的剖切位置是标注在温室平面图上。剖面图的剖切位置应根据图纸的用途或设计深度，在平面图上选择能反映温室建筑的全貌、构造特征以及有代表性的部位剖切。如图4-40平面图中的剖切位置表示。

剖面图的剖视方向：平面图上剖切符号的剖视方向宜向左、向上。看剖面图应与平面图结合并对照立面图一起看。

3）比例

剖面图的比例常与同一建筑物的平面图、立面图的比例一致，即采用1∶50、1∶100和1∶200绘制。

4）线型

剖面图的线型按“国标”规定，凡是剖到的墙、板、梁等构件的剖切线用粗实线表示，而没剖到的其他构件的投影线，则常用细实线表示。

5）标注

（1）在竖直方向。图形外部标注室内外地坪、门窗等部位的标高。

（2）水平方向。常标注剖到的墙、柱及剖面图两端的轴线编号及轴线间距，并在图的下方注写图名和比例。

（3）其他标注。由于剖面图比例较小，某些部位不能详细表达，可在剖面图上的该部位处，画上详图索引标志，另用详图来表示其细部构造尺寸。

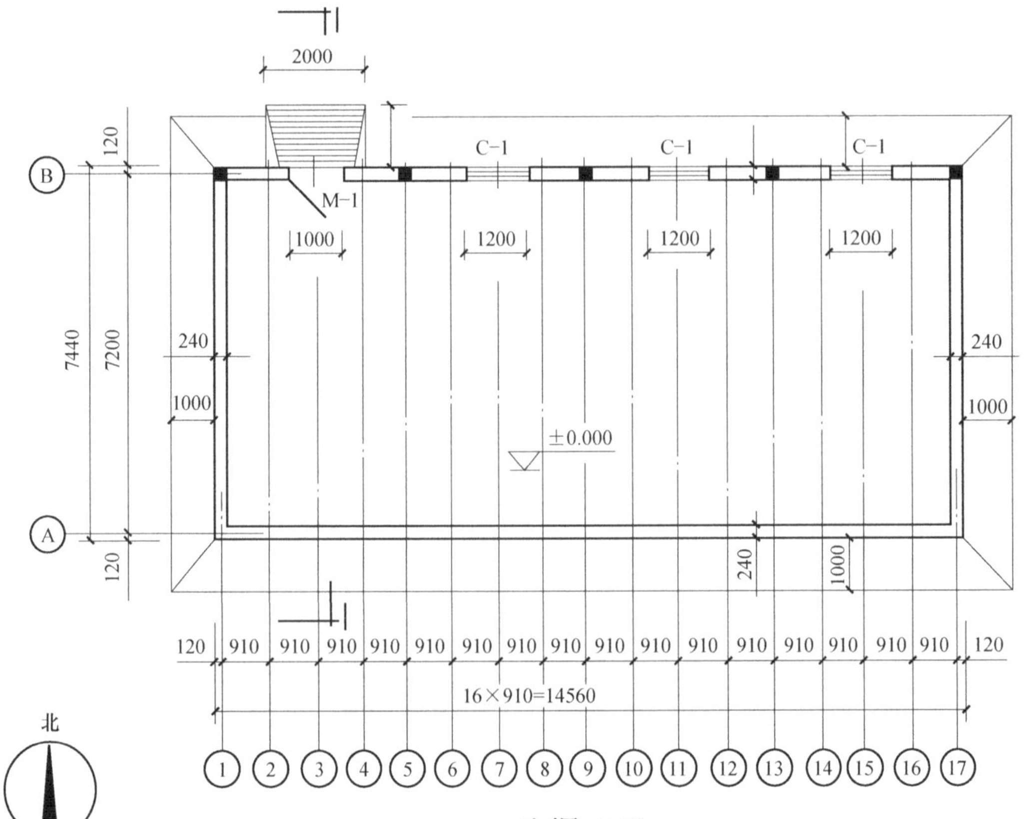

平面图　1∶150

图 4-40　温室的平面图（邹志荣，2002）

如图 4-41 所示为温室的 1-1 剖面图。图中清楚地反映了从地面到屋面的内部构造和结构形式，如屋面结构形式、各部分之间的位置和高度等。

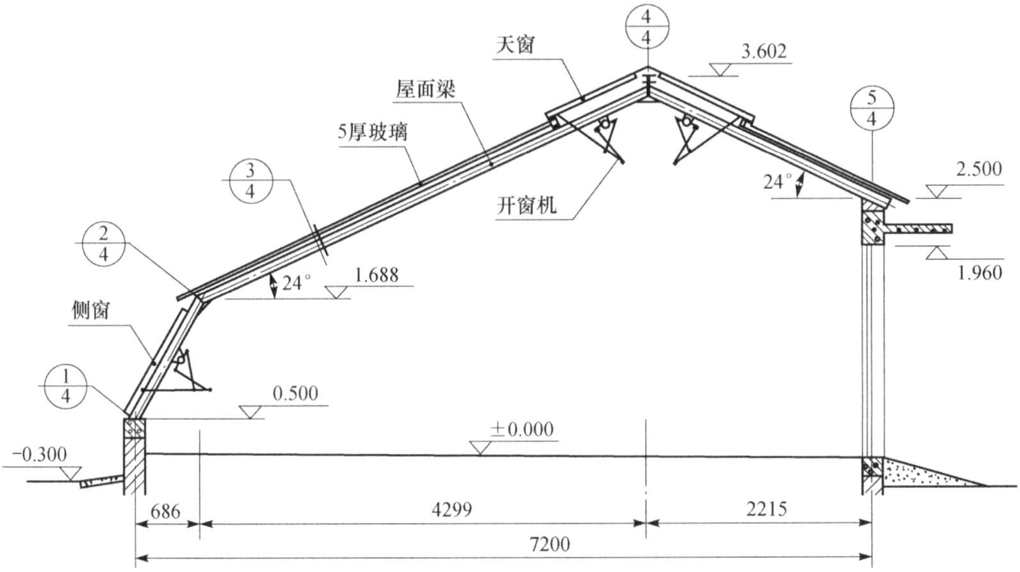

1-1 剖面图1∶50

图 4-41　温室的 1-1 剖面图（邹志荣，2002）

以上讲述了温室的总平面图及平面图、立面图和剖面图，这些都是建筑物全局性的图纸。这些图中，图示的准确性是很重要的，应力求贯彻国家制图标准，严格按制图标准规定绘制图样。尺寸标注也是非常重要的，应力求准确、完整、清楚，并弄清各种尺寸的含义。

5. 建筑详图

温室建筑物的平、立、剖面图都是用较小的比例绘制的，主要表达建筑全局性的内容，但对于房屋细部或构、配件的形状、构造关系等无法表达清楚。因此，在实际工作中，为详细表达建筑节点及建筑构、配件的形状、材料、尺寸及作法，而用较大的比例画出的图形，称为建筑详图或大样图（图 4-42)。

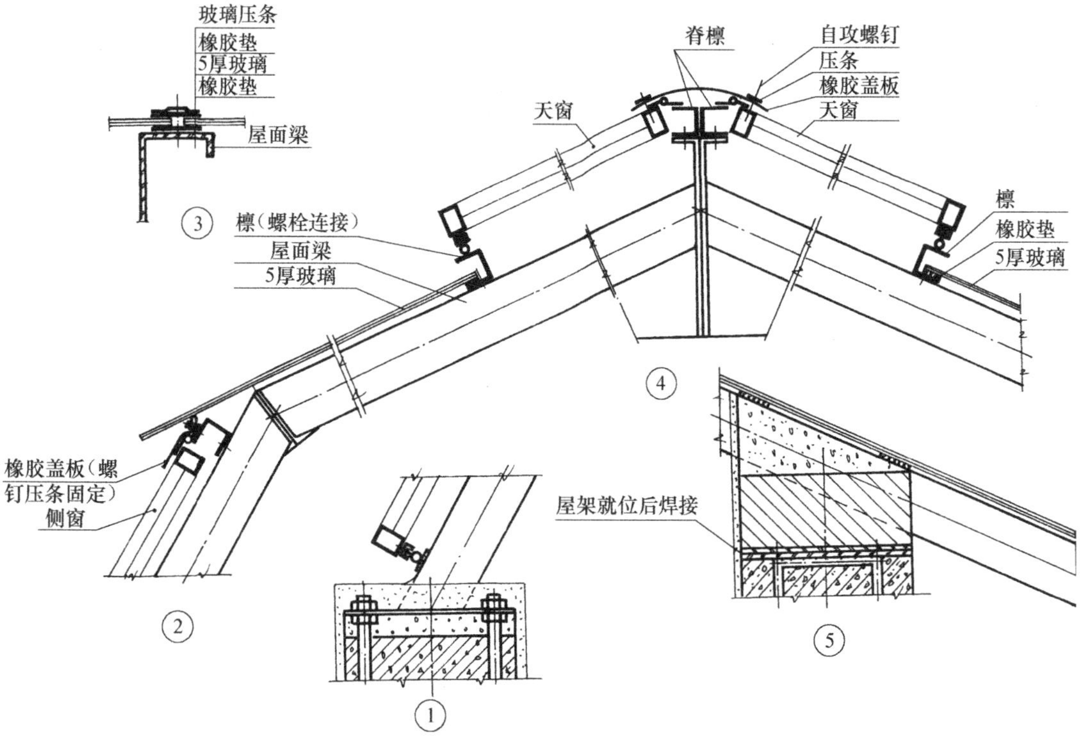

图 4-42　建筑详图（邹志荣，2002)

1）详图的比例

“国标”规定：详图的比例宜用 1，1∶1、1∶2、1∶5、1∶10、1∶20、1∶50 绘制，必要时，也可选用 1∶3、1∶4、1∶25、1∶30、1∶40 等。

2）详图的数量

一套温室施工图中，详图的数量视工程的大小及难易程度来决定。

3）详图标志及详图索引标志

为了便于看图，常采用详图标志和详图索引标志。详图标志（又称详图符号）画在详图的下方，详图索引标志（又称索引符号）则表示建筑平、立、剖面图中某个部位需另画详图表示，故详图索引标志是标注在需要画出详图的位置附近，并用引出线引出。

图 4-43 为详图索引标志，其水平直径线及符号圆圈均以细实线绘制，圆的直径为 10mm，水平直径线将圆分为上下两半［图 4-43（a)］，上方注写详图编号，下方注写详图所在图纸编号［图 4-43（c)］，如详图绘在本张图纸上，则仅用细实线在索引标志的下半圆内画一段水平细实线即可［图 4-43（b)］，如索引的详图是采用标准图，应在索引标志水平直径的延长线上加注标准图集的编号［图 4-43（d)］。索引标志的引出线宜采用水平方向的直线与水平方向成 30°、45°、60°、90°角的直线，或经上述角度再折为水平的折线。文字说明宜注写在引出线横线的上方，引出线应对准索引符号的圆心。

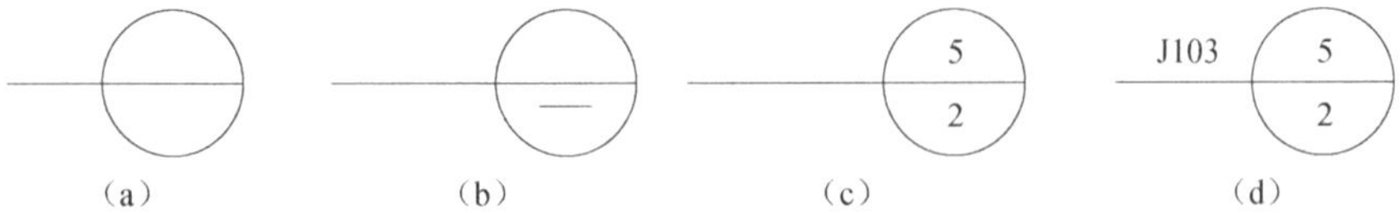

图 4-43　详图索引标志（廖远明，1996）

图 4-44 为用于索引剖面详图的索引标志。应在被剖切的部位绘制剖切位置线，并以引出线引出索引标志，引出线所在的一侧应视为剖视方向，如图 4-44（a)～(d) 所示。图中的粗实线为剖切位置线，表示该图为剖面图，如详图为断面图，则应在图形两侧加画剖切位置线。

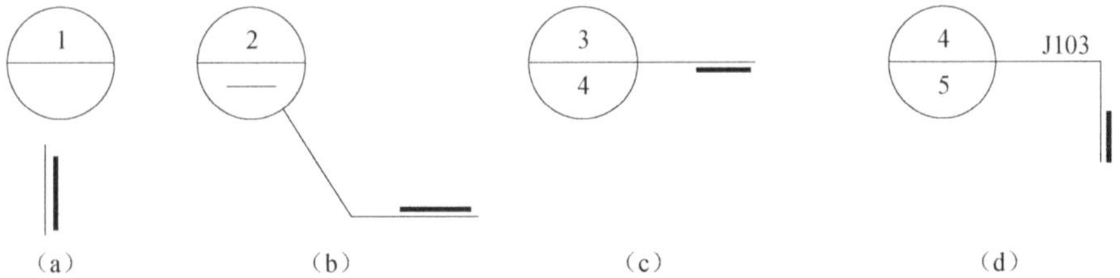

图 4-44　用于索引剖面详图的索引标志（廖远明，1996）

详图的位置和编号，应以详图符号（详图标志）表示。详图标志应以粗实线绘制，直径为 14mm。详图与被索引的图样同在一张图纸内时，应在详图标志内用阿拉伯数字注明详图的编号［图 4-45（a)］。详图与被索引的图样，如不在同一张图纸内时，也可以用细实线在详图标志内画一水平直径，上半圆中注明详图编号，下半圆内注明被索引图纸的图纸编号［图 4-45（b)］。

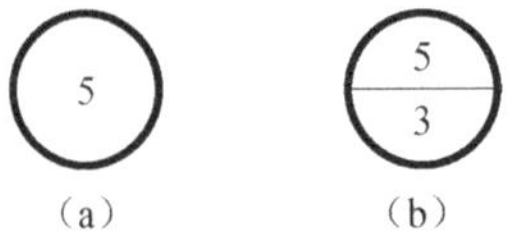

图 4-45　详图标志（廖远明，1996）

建筑详图（简称详图）主要用以表达建筑物的细部构造、节点连接形式以及构件、配件的形状大小、材料、做法等。详图要用较大比例绘制，尺寸标注要准确齐全，文字说明要详细。

为方便于施工时查阅详图，在平、立、剖面图中，常常用索引标志符号注明已画出详图的位置、详图的编号以及详图所在的图纸编号，这种表示方法称为详图索引标志。

思　考　题

1. 什么叫中心投影、平行投影、正投影？

2. 物体的三面投影图是如何形成的？其投影规律是什么？
3. 房屋建筑图中最基本的图样有哪些？他们是如何形成的？
4. 温室（或房屋）施工图分为哪三大类？
5. 建筑施工图包括哪些图样？它们的表达内容各是什么？
6. 什么是图幅、图标？在建筑工程中它们是如何规定的？
7. 图线是怎么画成的？
8. 温室建筑制图的一般步骤有哪些？

第5章 园艺设施的建造与施工

5.1 日光温室的建造及建材

在日光温室的建造过程中，其设计是否合理具有举足轻重的作用，因为日光温室的设计是其建造的重要技术依据，只有设计合理，才能建造出理想、经济实用的日光温室，而日光温室的建造施工是体现日光温室设计是否合理的重要手段。只有按照日光温室的设计要求进行施工，才能建造出比较理想的日光温室。因此，我们必须把握住日光温室的设计和施工这两个重要环节。

5.1.1 日光温室的结构

日光温室的结构主要由墙体、后屋面和前屋面三大部分构成，其墙体包括后墙和两侧山墙，其功能是保温、蓄热和支撑前屋面和后屋面的作用，其土建工程主要是后墙、两侧山墙及其基础的建造。

后屋面主要是指后墙与屋脊之间的斜坡，又称后坡，具有承重、隔热、蓄热及防雨雪的功能，他是利用保温性能比较好的材料和防雨雪材料建造而成。

前屋面即采光屋面，主要是指由屋脊至温室前沿的采光屋面。他主要是由骨架、透明覆盖物和不透明覆盖物三部分构成。骨架主要起支撑作用，透明覆盖物主要用于采光，不透明覆盖物主要用于夜间保持棚内合理的温度与湿度。

5.1.2 基础的深度与厚度

日光温室的基础是直接分布在建筑物下面承受压力的结构。基地的选择和基础的合理处置，对日光温室使用寿命的长短和安全有着重要的意义。特别是冬季比较寒冷的北方地区所建造的半地下式日光温室，由于日光温室内外地表面高度不一致，室内外的横向压力不同，基础的设计显得尤为重要。

日光温室基础的深度应根据不同地区、不同的气候条件，参照土木建筑工程学进行合理确定。在一般情况下，日光温室基础的深度取决于当地冬季冻土层的深度。日光温室基础的深度应为当地冻土层深度加50～60cm，用以防止因冬季基础土冻结向上膨胀凸起和春季解冻下沉而影响日光温室的使用寿命，日光温室基础的厚度一般为日光温室墙体厚度的一倍。例如，在北纬45°以北的地区，冬季冻土层深度在1.2～1.7m，该地区日光温室基础的深度应该在1.8～2.3m，日光温室基础厚度在0.74～1.00m（图5-1）。

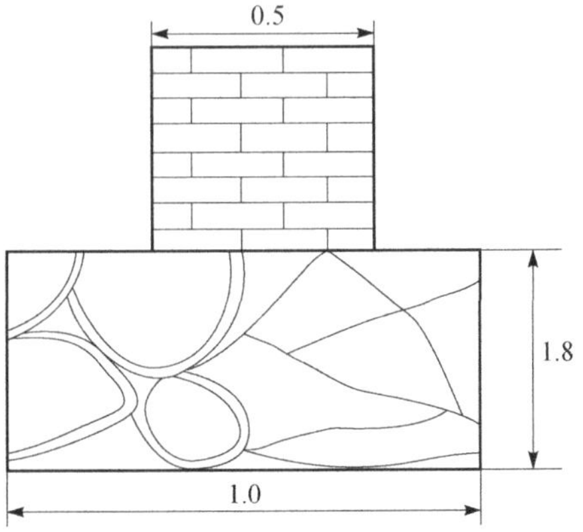

图5-1 日光温室墙体断面（单位：m）
（张晓东等，2002）

日光温室的基础一般可以采用水沉沙子的方法，这种方法简单、经济、适用。具体方法是在挖好的基础沟内分批适量填入沙子，再依次向基础沟内的沙子中注入适量的水，在水的作用下使沙子沉实。经过几次沉实之后，就可以在沉实好的沙子上砌日光温室的主墙体了。在经济不发达地区，建造简易日光温室时，一般采用叉土墙、拉合辫墙、土坯墙、草垡（搭头）墙等方法来建造日光温室墙体。这种简易日光温室一般不用建造基础，但是在建造墙体之前，必须用夯将建造墙体下面的地表面夯实、铲平后方可建造日光温室的墙体。

5.1.3 日光温室墙体建造

由于日光温室的墙体是承重结构，墙体必须具有足够的强度，用以抵抗作用在其上面的荷载，以保证日光温室不受破坏；同时又必须有坚固的稳定性能，以保证在受到外界各种压力的作用下，日光温室不倾斜，不倒塌。又由于日光温室是采用主后墙和两侧半山墙结构，在承受压力时，压力偏向主后墙，所以，在建造日光温室主后墙墙体和两侧山墙墙体时，所使用的砂浆标号必须适当地提高，以保证日光温室墙体有足够的强度。此外，墙体具有保温蓄热功能，因此在选材上还应考虑其保温蓄热能力。

1. 普通砖墙

日光温室的主后墙和两侧山墙使用普通砖砌筑，墙体的厚度可根据当地气候来决定，一般厚度应在 0.24～1.00m。在气候温暖的南方地区，日光温室的墙体厚度可以采用 24cm 的砖墙；在气侯较寒冷的北方地区，日光温室的墙体厚度应该适当增加，以提高日光温室的保温性能，一般采用 0.50m 厚的砖墙来砌筑日光温室的墙体；在北方特别寒冷的地区，日光温室的墙体厚度可以增加到 1.00m。普通砖砌筑的砖墙，在砌筑后，应该在墙体内外表面使用水泥砂浆勾缝或用水泥砂浆抹平，还可以根据不同作物对光的不同要求建成不同颜色的内部墙体，以适应作物的生长。例如，种植喜欢强光的作物时，内部墙体可以建成白颜色的墙面；对于不喜欢强光的作物，可以将内部墙体建成浅黄色、浅蓝色等，以减少墙面的反射光。此外，为了提高吸热面积和蓄热面积，墙体内侧可以建成蜂窝状。

2. 空心墙

在北纬 45°以北地区，为了提高日光温室墙体的保温性能，日光温室的墙体可以砌成空心墙。空心墙的砌筑方法是：首先砌筑日光温室墙体的外墙，其厚度是 0.24m 或 0.37m，中间部分留 0.12m 的空隙，然后在内部再砌筑 0.12m 的内墙。砌筑这种墙体时，要将日光温室墙体的总长度分成几段来砌筑，每段分界处砌筑一实体墙，也称为砖柱，用来增加日光温室墙体的整体强度。为了使日光温室内墙和外墙连接牢固，在砌筑墙体时，水平方向每隔 1m 左右在内、外两墙体之间加砌几块连接砖，垂直方向每隔 4 或 5 层再砌一块连接砖。这种墙的砌筑方法与普通的火墙（取暖用）砌筑方法相似，只是在整体强度上高于火墙。为了进一步增加空心墙的保温性能，在内外墙体中间的空心部位，可以充填各种保温、绝热材料。例如，珍珠岩、木屑、炉渣、稻壳等材料。空心墙的砌筑断面如图 5-2 所示。值得注意的是，一定要保证充填材料的干燥。例如，充填木屑时，可以混拌加入部分石灰，以防治虫害。

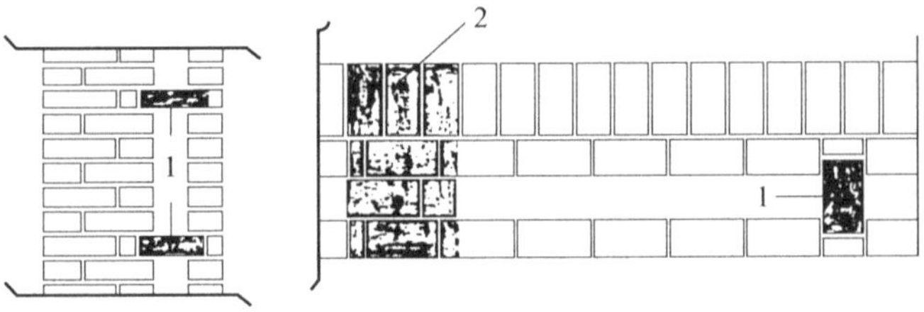

图 5-2　空心墙砌筑（张晓东等，2002）
1-连接砖；2-砖柱

3. 空心砖墙

空心砖墙是使用空心砖来砌筑日光温室墙体，其建造材料成本较高，适合经济发达地区。空心砖墙的砌筑方法与砌筑普通砖墙基本相同。空心砖砌筑的日光温室墙体内有空隙，空隙内充满了空气，而空气是不良导体，因此，采用空心砖砌筑的同样厚度的日光温室墙体的保温性能比实心墙好。由于空心砖墙保温性能好，所以，一般砌筑空心砖墙体的厚度为 0.37m 或 0.50m，墙体后部培土 1.0～1.2m 厚，以增强墙体的保温性能。在建造时应有基础，一般基础宽为 1.00m，深度因地区不同而异，然后填沙或掺有石灰的二合土并夯实，之后在其上用红砖砌筑，当墙基砌到地面时，为了防止土壤水分沿墙体上返，需在墙基上面铺上厚约 0.1mm 的塑料薄膜做防潮处理。

4. 土墙

利用自然土壤建造日光温室的墙体有许多优点，主要是经济适用、成本低、原料丰富。土墙的保温性能一般较普通砖墙、空心墙、空心砖墙都好。缺点是使用寿命较短，需要经常维护。土墙的建造方法很多，下面介绍常用的几种。

1）拉合辫墙

这种墙体在我国北方农村的房屋建造中曾经得到广泛应用。这种墙体的建造材料是黄黏土和稻草或谷草。首先用夯将墙体基础夯实铲平，为了增加日光温室的使用年限，可以用砖或石头砌筑 30～50cm 高度的基础，在基础上做防潮处理，以防止墙体受潮变粉。再在建造日光温室的附近挖一个 1m×2m×0.3m 深的坑，或者使用木板围成一个泥浆池。在泥浆池内加入适量的黄黏土和水，搅拌成糊状泥浆，把谷草或稻草编成辫状，草辫的粗细一般为 5～8cm，把草辫均匀粘上泥浆，在砌筑墙体的位置上把粘有泥浆的草辫一个压一个、一辫一辫，逐次编排整齐，中间的空隙再用黄土填满并压实。待拉合辫墙体风干后，在墙体内外表面使用黄黏土加短麦秸合成的泥将墙体抹平。

2）土坯墙

土坯是我国北方农村在早期房屋建造中，使用较为普遍的一种建筑材料。他是由黄黏土加短麦秸用水搅拌成较干的泥状后，使用模具将其加工成比普通砖大 3～4 倍的长方体，风干后比较坚硬。使用土坯建造日光温室的墙体时，日光温室的墙体必须具有用砖或石头砌筑的基础，而且基础要高出温室地表面 30～50cm，在基础上必须做防潮处理，以防止土坯受潮变粉，而影响日光温室的使用寿命。在砌筑土坯墙体时，用黄泥做满口胶泥砌干土坯，待土坯墙体风干后，使用黄黏土加短麦秸用水搅拌的泥抹平土坯墙体。

3）夹板墙

这种墙体也叫干打垒。这种土墙在我国大庆石油大会战期间，石油工人们广泛利用这种墙体建造简易住房。同样，也可以使用这种方法来建造简易日光温室。

具体建造方法是在所要建造墙体的位置两侧固定木板，在两木板之间填入事先准备好的土和杂草混合且有一定湿度的泥土，将混合泥土夯实后拆下木板，就形成了夹板墙。

4）叉土墙

这种墙体类似于干打垒，只不过在建筑时两侧不使用木板做夹层，而是用土和长短不一的麦秸或杂草加少许水，混合成有一定湿度的泥土，再用四股叉一层一层地向上垛混合泥土，一边垛一边拍实。

5）机打土墙

指按照设计要求的厚度和高度，使用挖掘机和推土机筑成的土墙。首先使用机械挖土筑墙，然后用切削出后墙，两侧山墙与主墙体同时建起。建成之后，应及时平整温室内地面，然后浇大水，利用大水沉实温室的地面。另外，也可以把土装在丝袋子中建成袋子土墙，在墙内外用泥抹一层，比一般土墙增加强度和耐久性。

5. 石墙

石墙在我国山区用于建造居民住房较为普遍。使用石头建造日光温室的墙体，墙体的厚度一般大于40cm，砌筑时应该使用较高标号的水泥砂浆，并且在砌筑后，在日光温室的内部和外部分别用水泥砂浆抹缝。石墙日光温室的缺点是承压能力较砖墙差，散热系数较大。

6. 日光温室墙体材料的保温性能

日光温室墙体建造方法多种多样，各地区可根据实际情况，尽可能地选用保温、蓄热性能好、承重强度大、经济实用的建造材料来建造日光温室墙体，实现以最少的经济投入，取得最大的经济效益。日光温室的墙体一方面起支撑作用，另一方面起保温蓄热作用。因此，在设计、建造日光温室墙体时，不但要考虑日光温室墙体的支撑作用，选用有较大支撑力的材料，同时还应该尽可能地选用保温和蓄热能力较强的材料。但是在实际应用中，我们发现，保温性能好的建造材料，其蓄热能力差；蓄热性能好的建造材料，其保温能力差。因此，要实现日光温室的墙体既保温，又蓄热，在设计、建造日光温室墙体时，应选用蓄热性能好的材料做日光温室的内部墙体材料，选用保温隔热性能好的建筑材料做墙体的外部材料，设计、建造成一种复合墙体，使日光温室的墙体达到既保温又蓄热的目的。为了建造和设计方便，部分日光温室建造用材料的容重、导热系数、比热、蓄热系数列于表5-1。

表 5-1　日光温室用建筑材料的热工参考指标

材料名称	容量 /(kg/m³)	热导率 /[W/(m · ℃)]	比热容 /[kJ/(kg · ℃)]	蓄热系数（z=24）/[W/(m² · ℃)]
钢筋混凝土	2400	1.51	1.67	16.28
泡沫混凝土	600	0.4	0.84	2.76
夯实草泥或黏土墙	2000	0.93	0.84	10.58
草泥	1000	0.35	1.05	5.12
土坯墙	1600	0.70	1.05	9.19
自然干燥土壤	1800	1.16	0.84	11.28
花岗岩、玄武岩	2800	3.46	0.92	25.47
砂岩、石英岩	2400	2.04	0.92	18.03
形状整齐的石砌体	2680	3.20	0.92	23.96
矿渣砖	1400	0.58	0.75	6.69
矿渣砖	1140	0.42	0.75	5.01
空心砖	1500	0.64	0.92	8.02
空心砖	1200	0.52	0.92	6.47
空心砖	1000	0.47	0.92	5.56
重砂浆黏土砖砌体	1800	0.81	0.88	9.65
轻砂浆多孔砖砌体	1350	0.58	0.88	7.04
重砂浆空心砖砌体	1300	0.52	0.88	6.47
锯末	250	0.09	2.51	2.01
干木屑	150	0.47	2.51	3.56
稻壳（砻糠）	155	0.08	1.88	1.33
稻草	320	0.09	1.51	1.80
芦苇	400	0.14	1.47	2.43
切碎稻草填充物	120	0.05	1.51	0.77
稻草板	300	0.19	1.47	1.86
空气（20℃）	1.2	0.02	1.00	0.05

5.1.4　日光温室后坡的建造与建材

日光温室的后坡不仅起支撑作用，而且起着保温蓄热作用。因此，日光温室后坡的建造，是日光温室建造中的一个比较重要的部分。为了建造出一个既具有一定强度，又能减轻墙体压力，既保温又蓄热的日光温室后坡，最好选用重量轻、支撑强度大、保温、蓄热性能好的建筑材料来建造日光温室的后坡。常用日光温室后坡的建造方法和建造材料如下所述。

1. 木板加草垫

这种方法是在日光温室骨架的后坡上，内侧采用 2～3cm 厚的木板做支撑，在木板上面加盖油毡纸或厚塑料膜后，盖一层 5～6cm 厚的稻草垫，再在稻草垫上加 20～30cm 的炉渣，最后用 5cm 左右厚的水泥或草泥封顶抹平。

2. 玉米或高粱秸秆

这种方法是在日光温室骨架的后坡上，使用玉米或高粱秸秆做支撑。首先在日光温室内侧铺10cm左右的玉米或高粱秸秆，再加10cm左右的碎草或稻壳，然后再铺10cm左右的玉米或高粱秸秆，最后用5cm厚的草泥抹平。这种形式的后坡经济实用，但耐用性差。

3. 钢筋混凝土预制板

使用钢筋混凝土预制板做日光温室后坡支撑板，钢筋混凝土预制板的厚度一般在5～10cm。预制板外部加盖油毡纸或厚塑料膜，再加炉渣或珍珠岩，其厚度在10cm左右，之后使用水泥或草泥在其上部抹平，或在油毡纸和厚塑料膜上加20～40cm厚的田土，再用草泥抹平，加盖20cm左右的稻草。这种建造方法需要有后立柱做钢筋混凝土预制板的支撑，后立柱一般采用水泥预制板制成。

4. 木板加苯板

这种方法是在日光温室骨架的后坡上，采用2～3cm厚的木板做支撑，在木板上面加盖油毡纸或厚塑料膜后，加一层5～6cm厚的苯板，再在苯板上加10～20cm的珍珠岩和炉渣，然后盖铁丝网，用水泥抹平，加盖油毡，最后用防水卷材做防水处理（PPC）。

5.1.5 日光温室的骨架及材料

日光温室骨架的设计和建造，在日光温室设计和建造中是非常重要的。日光温室骨架的主要作用是支撑日光温室覆盖物的压力，同时也承受自然界所造成的外界压力，即雪载和风载。另外，日光温室骨架截面积的大小，对日光温室内部的光照有一定的影响。因此，日光温室骨架的设计和建造是否合理，首先，直接影响日光温室的使用寿命；其次，直接影响日光温室内部的光照性能。如果日光温室骨架截面积过大，骨架数量过多，在日光温室内部产生过多的遮阳面，被遮光的作物生长缓慢，在日光温室内部的作物就会形成条带状生长发育良好和条带状生长发育不良的现象。所以，在日光温室骨架设计时，应该遵守以下原则：

首先，日光温室骨架必须有足够的强度，用以支撑覆盖物的压力以及承受自然界的风载和雪载。

其次，日光温室的骨架结构应该简单、耐用，在不影响强度的前提下，尽可能地减小骨架截面以减少由于遮光而造成的作物生长发育不均匀现象。

下面介绍日光温室比较常用的几种骨架结构。

日光温室的骨架结构可分为：水泥预件与竹木混合结构、钢架竹木混合结构、钢架结构、竹木结构和套管、卡具组装形式。

1. 水泥预件与竹木混合结构

立柱、后横梁由钢筋混凝土柱组成，拱杆为竹竿，后坡檩条为圆木棒或水泥预制件。其中立柱分为后立柱、中立柱、前立柱。后立柱可选择13cm×6cm钢筋混凝土柱，中立柱可选择10cm×5cm钢筋混凝土柱，中立柱因温室跨度不同，可由1排、2排或3排组成，前立柱可由9cm×5cm钢筋混凝土柱组成。后横梁可选择10cm×10cm钢筋混凝土柱。后坡檩条可选择直径为10～12cm圆木，主拱杆可选择直径为9～12cm圆竹进行建造。

2. 钢架竹木混合结构

主拱梁、后立柱、后坡檩条由镀锌管或角铁组成，副拱梁由竹竿组成。其中主拱梁由直径 27mm 国标镀锌管（6 分管）2～3 根制成，副拱梁由直径为 5mm 左右圆竹制成。立柱由直径为 50mm 国标镀锌管制成。后横梁由 50mm×50mm×5mm 角铁或直径 60mm 国标镀锌管（2 寸管）制成。后坡檩条由 40mm×40mm×4mm 角铁或直径 27mm 国标镀锌管（6 分管）制成。

3. 钢架结构

这种日光温室的骨架是采用钢管和钢筋焊合成双弦桁架形式。骨架的上弦采用直径为 14～16mm 圆钢或 20mm 的厚壁钢管，骨架的下弦采用直径为 10～12mm 的圆钢，桁架的拉筋采用直径为 8～10mm 的圆钢。辽宁省鞍山市园艺研究所设计的鞍Ⅱ型、鞍Ⅲ型无柱拱圆结构日光温室，就是采用这种结构做日光温室的骨架。这种结构的日光温室采光、保温性能良好。由于日光温室内部没有立柱，不存在立柱对作物的遮光而影响作物生长发育的情况，而且还有利于人工作业。这种结构的日光温室使用寿命长，只是建造成本偏高。

4. 竹木结构

由于这种结构所用材料的成本低于钢结构材料成本，所以，在我国大多数欠发达地区的中小型温室均采用竹木结构。用竹木材料做日光温室的骨架所需材料有圆木立柱、柁木、檩木、拱杆和横梁。这种结构的缺点是：由于立柱多，作业不方便，而且遮光严重。如果建造一座跨度为 6m，长为 33m 的竹木结构日光温室，在一般情况下日光温室内纵向每间隔 3m 立一根立柱，横向设立 3 排立柱，分别为前柱、中柱和腰柱。立柱顶部分别放柁和横梁。这些立柱和后墙构成日光温室屋面的主要支撑。使用 3～5cm 宽的竹片做日光温室的拱杆，在日光温室的前屋面檩木上每间隔 60～80cm 安装 1 根竹片，做日光温室的拱杆。

为了方便日光温室的建造和设计计算，下面介绍几种典型的日光温室建造所需材料明细，供设计和建造者参考。

如果建造一栋跨度为 6.6m，长度为 100m，脊高为 3.3m，后屋面水平投影长度为 1.5m 的钢骨架无柱日光温室，所需钢材如表 5-2 所示。如果建造一栋面积为 667m^2 的竹木结构日光温室（辽宁较多），所用建材如表 5-3 所示。

表 5-2　钢骨架无柱日光温室所需材料

材　料	用　途	规格（直径/mm×长度/m）	单位	数量	米重量/kg	总重量/kg	小计/kg
镀锌管	拱架上弦	15.24×8.5	根	126	1.782	15.15	1908.52
圆钢	拱架下弦	12×8.0	根	126	0.89	7.12	897.12
圆钢	腹杆（拉花）	10×12.0	根	126	0.617	7.4	932.4
圆钢	顶梁筋	10×100	根	4	0.617	61.7	246.8
圆钢	顶梁箍筋	5.5×1.35	根	300	0.187	0.25	75.0
圆钢	横拉筋	14×100	根	3	1.209	120.9	362.7
圆钢	固定拱架	12×100	根	2	0.89	89	178
圆钢	斜撑	10×30	根	252	0.617	0.1851	46.65

资料来源：张晓东等，2002

表 5-3 667m² 竹木结构日光温室所需材料

材料	规格	单位	数量
柁	长 4m、粗 0.12m	根	34
中柱	长 3.3m、粗 0.1m	根	34
腰柱	长 2.3m、粗 0.1m	根	34
檩子	长 3.3m、粗 0.12m	根	132
横梁	长 3.3m、粗 0.1m	根	68
柁支柱	长 1.1m、粗 0.1m	根	34
前支柱	长 1～1.5m、粗 0.08m	根	68
竹片子	长 5m、宽 0.06m	片	120
塑料薄膜	厚 0.1～0.12mm	kg	80～90
压膜线		kg	10
秫秸		捆	1980
纸被	6m×1.8m	床	66
草苫	6m×1.5m	块	80

5. 套管、卡具组装形式

这是一种使用镀锌无缝钢管做日光温室骨架，采用套管和卡槽将其组装成一体的结构。首先，将直径为 14mm 的薄镀锌无缝钢管按设计要求弯成拱圆形做骨架的拱杆，用直径为 14mm 的薄镀锌直管做骨架的纵向拉杆。弯形拱杆中间最好无接头，以提高其强度。纵向拉杆的连接采用套管和开口销连接，然后将弯形拱杆与纵向拉杆采用专用卡具将其固定夹紧。北京市农业机械化研究所设计制造的“2SYO-1900 型”蔬菜工厂化育苗日光温室，就是采用这种骨架形式。这种结构的日光温室内部无柱，有利于人工作业。

5.2 塑料大棚的建造与建材

塑料大棚与日光温室和现代化温室相比，具有结构简单、建造容易、造价较低、作业方便、土地利用率高等特点，是农民比较容易接受的园艺设施。同露地栽培相比，塑料大棚能大大改善作物的温度、湿度等环境条件，更有效地提早或延迟园艺作物的栽培时间，增产增收效果显著，在我国保护地设施总面积中占重大比例。

目前生产中应用的塑料大棚，按棚顶形状可以分为拱圆形和屋脊形，我国绝大多数为拱圆形。按骨架材料则可分为竹木结构、钢架混凝土柱结构、钢架结构、钢竹混合结构等。按连接方式又可分为单栋大棚、双连栋大棚及多连栋大棚。我国连栋大棚棚顶多为半拱圆形，少量为屋脊形。

5.2.1 塑料大棚的结构

塑料大棚骨架一般由立柱、拱架、拉杆、压杆（或压膜线）、木（竹）吊柱、棚膜和地锚所构成。其中拱架、拉杆、压杆（或压膜线）和立柱俗称“三杆一柱”。

（1）立柱。立柱的主要作用是稳固拱架，防止拱架上下浮动以及变形。在竹拱结构的大棚中，立柱还兼有拱架造型的作用。立柱主要用水泥预制柱，部分大棚用竹竿、钢架等做立柱。竹拱结构塑料大拱棚中的立柱数量比较多，一般立柱间距 2～3m，密度比较大，地面光照分布不均匀，也妨碍棚内作业。钢架结构塑料大拱棚内的立柱数量比较少，一般只有边柱，甚至无立柱。

（2）拱架。拱架的主要作用，一是大棚的棚面造型，二是支撑棚膜。拱架的主要材料有竹竿、钢梁、钢管、硬质塑料管等。

（3）拉杆。拉杆的主要作用是纵向将每一排立柱连成一体，与拱架一起将整个大棚的立柱纵横连在一起，使整个大棚形成一个稳固的整体。竹竿结构大棚的拉杆通常固定在立柱的上部，距离顶端 20～30cm 处，钢架结构大棚的拉杆一般直接固定在拱架上。拉杆的主要材料有竹竿、钢梁、钢管等。

（4）塑料薄膜。塑料薄膜的主要作用，一是低温期使大棚内增温和保持大棚内的温度；二是雨季防雨水进入大棚内，进行防雨栽培。塑料大棚使用的薄膜种类主要有幅宽 1.5～2m 的聚乙烯无滴膜、聚乙烯长寿膜以及蓝色聚乙烯多功能复合膜等，成本较高的蓝色聚氯乙烯无滴防尘长寿膜主要用在连栋塑料大棚上。

（5）压杆。压杆的主要作用是固定棚膜，使棚膜绷紧。压杆的主要材料有竹竿、大棚专用压膜线、粗铁丝以及尼龙绳等。

5.2.2　塑料大棚的建造

首先，应该根据当地的实际情况，本着就地取材、经济实用、管理方便的原则，以尽可能地获取最大利润的原则来建造。其次，还应该考虑塑料大棚的建造高度、宽度和长度，以及塑料大棚的坚固性和保温性。如果大棚过高，容易被大风刮倒，保温性能也差。因此，塑料大棚的合理设计和建造，是保证塑料大棚获得高产、稳产的一个重要因素。通常在设计、建造塑料大棚时，其设计高度不超过 3.5m（个别的有 4.5m），一般为 3.2m；塑料大棚的设计宽度不超过 14m（个别的有 16m），一般为 10～12m。塑料大棚的长度可根据田地、庭院的大小而定，但一般情况下塑料大棚的长度不超过 60m。如果塑料大棚的长度太长，棚内两棚头温差大，运输管理也不方便。当然，也有因地制宜建造面积较大的塑料棚，例如河南扶沟县就有面积为 23 亩的巨型棚，效益也较好。

在塑料大棚设计建造中，比较重要的问题是确定好两排拱架之间的距离。如果两排拱架之间的距离过大，明显降低塑料大棚的抗风载、抗雪载能力，有些菜农为了减少造价而加大拱架间距，结果在大雪等恶劣天气大棚倒塌，造成巨大损失。如果两排拱架之间的距离过小，虽然棚膜容易拉紧，可以提高塑料大棚的抗风载、抗雪载能力。但对于竹木结构的塑料大棚，内部的立柱过多，增加了大棚内部的遮光面积，也不便于人工作业；对于钢结构的塑料大棚，钢材用量增加，增加了大棚的建造成本。况且塑料薄膜虽有一定的拉伸性能，但将塑料薄膜拉得过紧或者过松，都会降低塑料薄膜的使用寿命。因此，塑料大棚的拱架之间要有适当的距离，以保证塑料大棚的建造用材料最少，大棚内遮光面积最小，塑料薄膜使用寿命最长，大棚内部作物生长和人工作业空间最大，经济效益最好。根据多年的实践证明，竹木结构塑料大棚拱架之间的距离以 0.8～1.0m 宽为宜；钢筋桁架结构塑料大棚拱架之间的距离以 1.0～1.2m 宽为宜。单管架塑料大棚由于没有下弦，其强度较小，所以其拱架之间的距离以 0.6m 宽为宜。

5.2.3　塑料大棚建材

为了方便塑料大棚的设计和建造，下面介绍两种塑料大棚建造所需材料，供设计和建造者参考。建造一座 667m² 的竹木结构塑料大棚所需建材如表 5-4 所示。建造一栋面积为 667m² 的钢筋桁架结构无柱塑料大棚所需建材如表 5-5 所示。

表 5-4 竹木结构大棚建造所需材料

材 料	用 途	规 格	单 位	数 量
杂木杆	中间立柱	长 2.4～2.7m，小头粗 5cm	根	120
杂木杆	第二排立柱	长 2.2～2.5m，小头粗 4cm	根	120
杂木杆	边排立柱	长 1.5～1.7m，小头粗 4cm	根	120
竹竿	压杆	长 5～6m，粗 3cm	根	100～120
竹片	拱杆	长 5～6m，宽 4～5cm	条	120～150
竹或木杆	拉杆	长 5～6m，宽 4～5cm	根	60
镀锌铁丝	压膜线	直径 4mm	kg	80
镀锌铁丝	绑线吊线	直径 2mm	kg	10
麻绳	包在薄膜边内	粗 1.0cm	kg	5
薄膜	棚面	厚 0.1mm	kg	120
木材	松木		m³	0.1

资料来源：张晓东等，2002

表 5-5 钢筋桁架无柱大棚建造所需材料

材 料	用 途	规 格	单 位	数 量
钢筋	拱架	直径 16mm	kg	500
钢筋	拱架、拱杆	直径 14mm	kg	1000
钢筋	吊柱上拱杆	直径 12mm	kg	400
钢筋	拱架腹杆	直径 6～8mm	kg	300
角钢	拉梁	50mm×50mm×5mm	kg	800
铅丝	压线	直径 4mm 镀锌	kg	50
铅丝		直径 2.0～2.5mm 镀锌	kg	4
焊条	焊接	直径 3.2～4.0mm	kg	100
水泥	柱脚	400 号	kg	400
木材	做门	松木方	m³	0.1
薄膜	棚面	聚乙烯或聚氯乙烯	kg	120（100）
漆等	防锈			

资料来源：张晓东等，2002

5.3 园艺设施的建造与施工

5.3.1 日光温室的建造与施工

我国幅员辽阔，各地区的地理、气候条件相差很大，由于栽培的目的，栽培的种类，栽培的方式各不相同，而且各地区的经济发展速度也有很大差别。因此，应该充分考虑当地的经济条件，因地而异，设计建造出适合当地气候条件和经济条件的日光温室，以最少的经济投入，获取最高的经济效益。

1. 半拱圆钢骨架砖混结构日光温室

钢骨架砖混结构日光温室，是使用镀锌圆钢和镀锌薄壁钢管制作成桁架作为温室骨架，或用镀锌钢窗材料来制作温室骨架，普通红砖或者空心砖和砂浆来砌制日光温室的墙体，钢筋混凝土预制板做日光温室后坡面板。这种结构的日光温室建造成本较高，但由于无支柱，采光性能好，坚固耐用，适宜在大中城市郊区以及经济条件好的小城镇郊区建造。

建造半拱圆形钢骨架砖混结构日光温室时，应根据日光温室的生产要求，首先进行图纸设计。需要确定下列参数：日光温室的方位角、跨度、脊高、下卧深度、前屋面角度、后屋面角度、墙体厚度、后屋面厚度以及防寒沟的宽度和深度。图 5-3 是一栋适用于哈尔滨市郊区的日光温室平面图，其建筑面积为 413.82m²，内部使用面积为 341.17m²，工作间使用面积为 10.54m²。

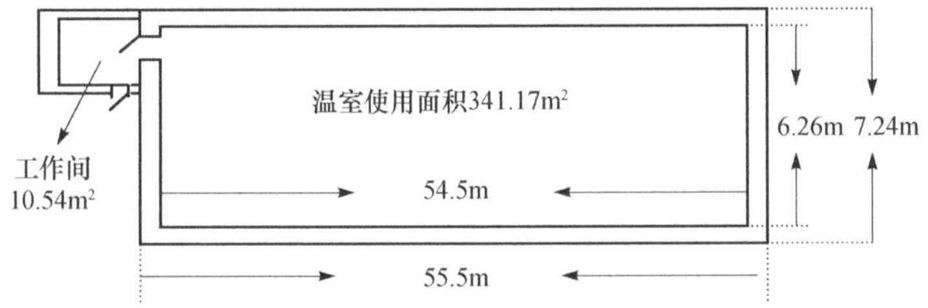

图 5-3 适用于哈尔滨市郊区的日光温室平面图

该日光温室的建造方位角是南偏西 6°，温室内部跨度 6.26m，温室内部长度 54.5m，脊高 3m，温室内下卧深度为 0.3m，后墙主墙采用厚度为 0.74m 的厚空心砖砌筑，高度为 2.36m，后墙辅助墙采用 0.37m 厚的砖砌筑，高度为 0.44m（距±0 点为 2.36m），两侧山墙采用 0.5m 厚的砖砌筑，前基础墙采用 0.37m 厚的砖砌筑，砌筑高度为 0.8m（距±0 点）。日光温室支撑骨架采用圆钢和圆钢管焊合成半拱圆形桁架，最佳时段角与地面的水平夹角为：底角 65°、下段为 40°、中段为 30°、上段为 15°；后坡面角为 35°，水平投影长度取 1.1m，经计算，后坡理论长度为 1.34m。该日光温室的剖面图如 5-4 所示。

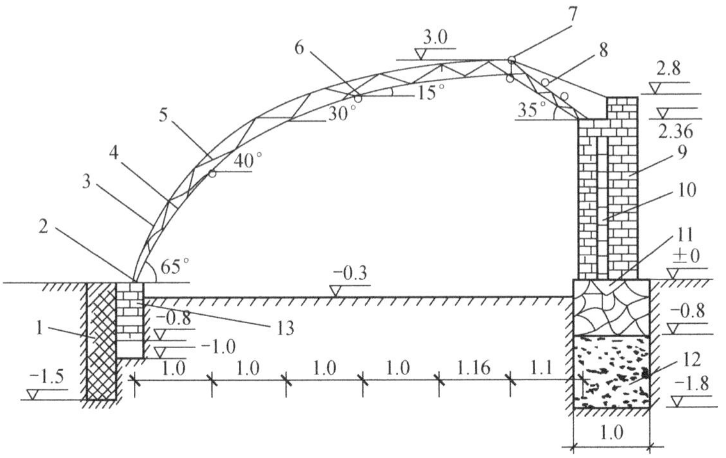

图 5-4 半拱圆钢骨架砖混日光温室剖面（单位：m）（张晓东等，2002）

1-防寒沟杂草；2-拱架连接预埋连接板；3-拱架上弦；4-拱架下弦；5-拱架拉花加强钢筋；6-拱架连接横拉钢筋；7-后坡顶梁拉筋；8-后坡防寒材料；9-后墙；10-珍珠岩；11-石头；12-粗砂；13-前基础墙

具体施工方法与步骤如下所述。

1）场地定位及平地放线

场地定位和平地放线是建筑施工的第一个步骤。场地定位就是依据设计图先将场内道路和边界方向位置确定下来。

道路和边线定位的方法是，首先用罗盘仪测出磁子午线，然后再根据当地磁偏角调正并测出真子午线，再测出垂直道路的东西方向线。没有仪器可用立杆法测出真子午线。即在要修建道路的地方立一垂直于地面的木杆，于10～14时每10min测一次木杆的影长和位置，其中木杆最短的阴影线便是当地的真子午线。再用“勾股弦”法做真子午线的垂直线，便是正东西方向线。所谓“勾股弦”法就是应用勾股弦定理作垂线。具体方法是用米尺或测绳，由0开始，0～3m为一段；3～7m为一段；7～12m为一段。将测绳3m段与子午线重合，并将3m处固定，然后一人拿着测绳捏住7m处向东走，另一人捏住12m处向西南走，使12m处与0处重合，便围成直角三角形，作4m边的延长线便是真子午线的垂直线（图5-5）。

如果温室偏东10°，道路也要偏东10°，可用三角函数计算测出道路偏东10°的方向线。即先在真子午线上由测点向南量出10m长的线段，然后在10m处按对边长＝测线长×正切10°值的公式算出对边长为1.76m，再用“勾股弦”法由10m处向东做子午线的垂线，并量出1.76m长的线段，最后将1.76m处与测点连线，这条线便是偏东10°道路的方向线，再用“勾股弦”法做偏东10°线的垂线，便是东西路的方向线（图5-6）。

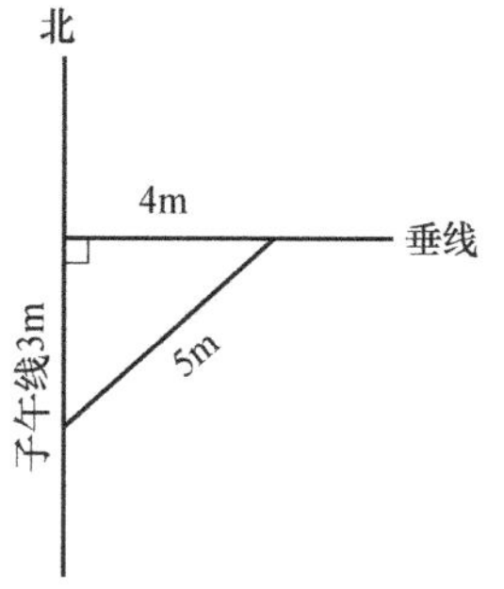

图5-5　用勾股弦法做子午垂线
（张福墁，2001）

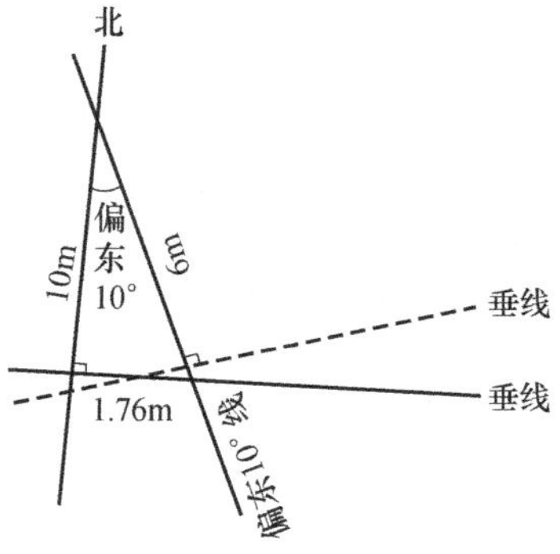

图5-6　用三角函数求出偏东10°线位置
（张福墁，2001）

2）挖掘地基基础沟

按照居民住宅建筑方法，根据日光温室场地选择原则，选出适合建造日光温室的场地，画线，挖掘地基基础沟，基础沟按图5-7方法挖。

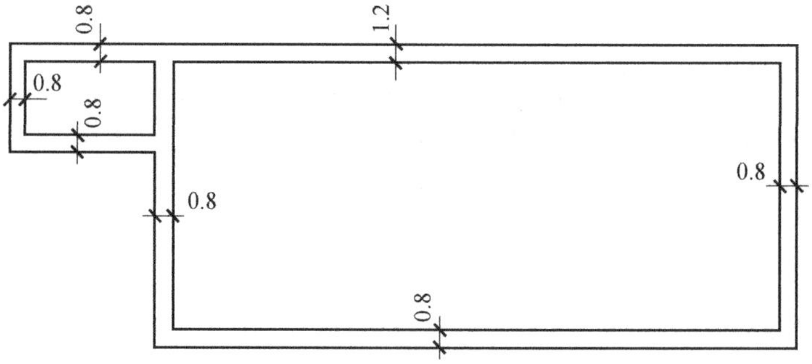

图5-7　基础沟平面（单位：m）（张晓东等，2002）

温室后墙、两侧山墙、工作室墙体基础深度为 1.8m，温室前墙基础深度为 0.8m，后墙基础宽度为 1.2m，两侧山墙基础宽度、工作室基础宽度和前基础宽度为 0.8m，如图 5-7 和图 5-8 所示。

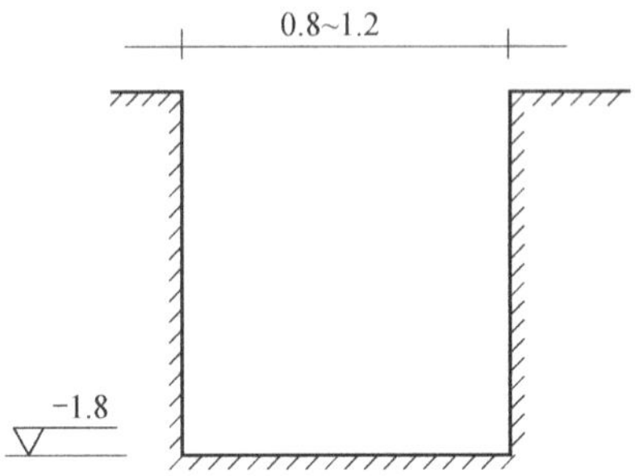

图 5-8　基础沟剖面（单位：m）
（张晓东等，2002）

3）砌筑基础墙体

挖掘好基础沟后，用砂灌、石头砌筑基础墙体。首先将 100m^3 粗砂子灌入 0.8m 宽、1.8m 深的基础沟内并整平。向基础沟内住入适量水，使水浸没粗沙，经过两天的沉实后，在粗沙基础上砌筑石头，石头用量为 65m^3，砂浆用量为 4m^3（水泥∶砂子＝1∶3，即 1t 水泥，3m^3 砂子，以下只标砂浆比例）。温室后墙基础石头砌筑高度为 1m，两侧山墙基础石头砌筑宽度为 0.8m，工作室基础石头砌筑高度为 0.5m，前基础墙采用普通红砖砌筑。

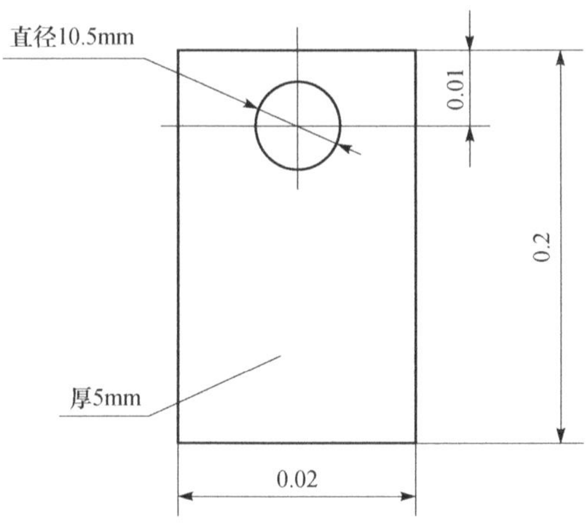

图 5-9　预埋件（136 件）（单位：m）
（张晓东等，2002）

在砌筑前基础墙的同时，将前基础墙与半拱圆形镀锌圆钢拱架连接的预埋件，每间隔 0.8m 砌筑 1 个预埋件，预埋件数量为 68 件。预埋件结构如图 5-9 所示，砌筑后墙时，还需要 68 件，共 136 件。

前基础墙所用红砖数量为 8125 块，砂浆用量为 0.2m^3（1∶3）。在砌筑后墙、两侧山墙、工作室墙体前，在石头地基基础上做防潮处理。具体方法是在石头基础上上两毡两油后，再砌筑日光温室的后墙、两侧山墙和工作室墙体。

4）后墙砌筑

后墙体的砌筑方法可参照图 5-2 所示，在日光温室的外墙砌筑 0.37m 厚的普通红砖墙，在日光温室里侧砌筑 0.24m 厚的普通红砖墙，日光温室里墙和外墙中间夹空距离为 0.12m，在 0.12m 的空隙中加入保温材料珍珠岩。其中，砌筑里、外墙体所用红砖数量为 37000 块，砂浆用量为 8.86m^3（1∶3），珍珠岩用量为 15m^3。当后墙体砌筑高度为 2.36m 时，将预埋件埋入墙体中，每间隔 0.8m 埋入 1 件，预埋件数量为 68 件。

5）两侧山墙砌筑

两侧山墙砌筑成 0.5m 厚的普通红砖墙，墙体上端砌筑成与半拱圆形钢架形状一致的半拱圆形。两侧山墙所用普通红砖数量为 5240 块，砂浆用量为 1.75m^3（1∶3）。在砌筑日光温室右侧山墙体的同时（没有工作室一侧），利用日光温室的山墙体，砌筑一条上日光温室棚顶的阶梯通道。日光温室棚顶的上、下通道如图 5-10 所示。

6）工作室砌筑

只需砌筑三面墙体，另一面墙体借助于日光温室右侧墙体。砌筑日光温室工作室（图 5-11）

所用普通红砖数量为5600块，砂浆用量为2m³（1∶3）。当工作室墙体砌筑到2.4m高时，工作间加盖棚顶。工作间棚顶要用钢筋混凝土预制板，钢筋混凝土预制板的规格为2.5m×0.6m×0.12m，使用的数量为6块。加盖预制板后，砌制高度为0.4m的女儿墙，将预制板间的缝隙用砂浆密封。密封后在预制板上加0.25m厚的珍珠岩保温，珍珠岩上加0.1m厚的炉渣，炉渣上面用0.02m厚的水泥砂浆抹成有一定厚度的面，再用三毡四油做防水处理。

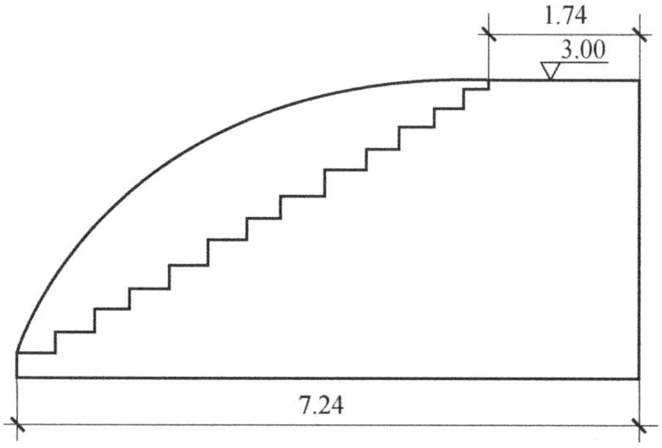

图5-10 半拱圆钢骨架砖混结构日光温室侧山墙阶梯（单位：m）（张晓东等，2002）

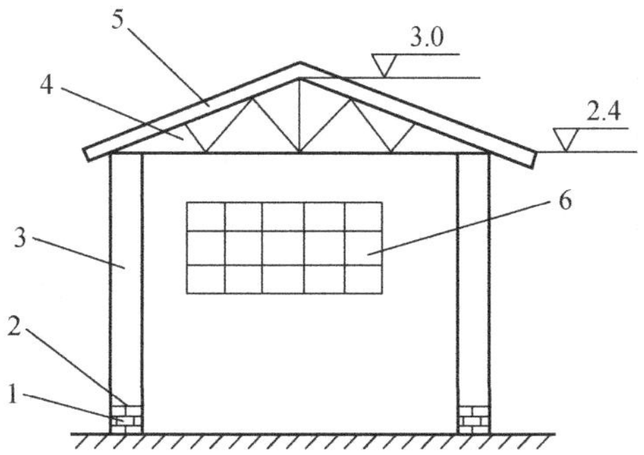

图5-11 日光温室工作间侧剖面（单位：m）（张晓东等，2002）

1-砖基础墙；2-油毡纸；3-土坯墙；4-人字梁；5-房顶覆盖材料；6-窗

在砌筑所有墙体后，将日光温室的里、外墙体用0.02m厚的水泥砂浆抹平，砂浆用量为8m³（1∶3）。

7）后屋面预制板

预制板可以定做，也可以自己制作，规格为0.8m×1.27m×0.05m。自己制的预制板所用混凝土为250号，所用水泥标号为400号，配合比例为：水泥∶砂子∶石子＝0.379∶0.630∶1.338，该温室用预制板数量为69块。

8）镀锌圆钢半拱圆桁架

拱架（图5-12）上弦采用直径为20mm镀锌管，长度为8.1m，数量为68根，质量大约132kg。拱架下弦采用直径为12mm的圆钢，长度为7.8m，数量为68根，质量大约为472kg。拱架连接横拉钢筋采用直径为10mm的圆钢，长度为55m，数量为5根，质量大约170kg。拱架拉花加强筋采用直径为10mm的圆钢，长度为12m，数量68根，焊接时弯成斜拉花支撑，质量大约503kg。后坡顶梁拉筋采用直径为14mm的圆钢，长度为55m，数量为3根，质量大约213kg。

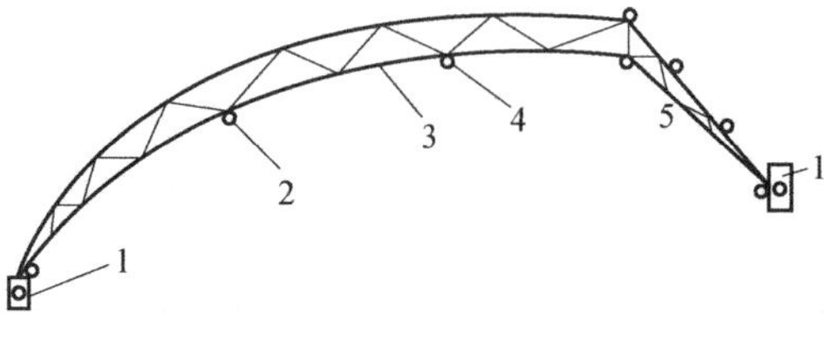

图5-12 半拱圆桁架（张晓东等，2002）

1-连接板；2-横梁；3-桁架；4-横梁；5. 连拦板

9）后屋面安装建造

半拱圆桁架与前基础墙和后墙体的连接是采用螺栓连接的。连接螺栓规格 M10×25，数量为 134 个，螺母规格 M10，数量为 134 个。半圆拱架安装后安装预制板，在预制板上面加 20cm 厚的珍珠岩，珍珠岩用量为 $14m^3$。珍珠岩上面加 5cm 厚的炉碴，炉碴用量为 $3.5m^3$。炉碴上面抹 2cm 厚的水泥砂浆，水泥砂浆用量为 $1.4m^3$（1∶3）。水泥砂浆上加盖一层塑料薄膜，塑料薄膜上加 30cm 厚的稻草保温。

10）日光温室的通风

日光温室的通风口有两种形式，一种是在后墙开通风口，规格为 600mm×800mm，间距 5～6m，双层窗。也可设在后坡上，但要做好防水、防雨处理。可根据用户要求来设计、建造通风口以及是否安装取暖设备。

11）日光温室的棚膜安装

塑料薄膜的规格不一，可以采用烙合方法连接，使其规格大小符合半拱棚面需求。该栋温室所需塑料薄膜规格为 56.5m×8.5m。覆盖棚膜后，用压膜线将棚膜压紧。压膜线可以使用直径为 2mm 的镀锌低碳钢丝，钢丝两端分别固定在前基础墙和后坡面上，使用钢丝总长度为 350m。

12）挖防寒沟

防寒沟设在温室南侧，挖一条宽 30～40cm、深度不小于当地冻土层厚度、略长于温室长度的沟，在沟中填充马粪、稻壳、麦糠或碎秸秆等，踩实再盖土封严，盖土厚 15cm 以上，如果盖土不严或土层过薄均会影响防寒效果。

2. 砖混木结构日光温室

砖混木结构日光温室是使用普通红砖、混凝土、石头砌筑日光温室基础和墙体，使用木材作为日光温室骨架的立窗式日光温室。

这种结构的日光温室使用寿命较钢骨架砖混结构日光温室短，但其建造成本也相对降低。因此，这种结构的日光温室适宜在城镇郊区、经济水平一般的地区建造。

根据程序，首先进行砖混木结构日光温室的设计并按照设计图纸进行施工。根据不同的地区，确定日光温室的下列设计参数：日光温室的方位角、跨度、脊高、下卧深度、前屋面角度、前立窗角度、后屋面角度、墙体厚度、后屋面厚度以及防寒沟的宽度和深度。图 5-13 是一座适用于哈尔滨远郊地区及其城镇郊区的日光温室的剖面图，其建筑面积为 $413.82m^2$，日光温室内部使用面积为 $341.17m^2$，工作间使用面积为 $10.54m^2$。

该日光温室的建造方位角是朝南偏西 5°～7°（根据不同的地理位置，设计者自己确定，如果在哈尔滨市郊区，该角度为 6°），日光温室内部跨度为 6.26m，温室内部长度为 54.5m，日光温室脊高 3m，后墙体采用厚度为 0.74m 的厚空心砖砌筑，其高度为 2.36m，两侧山墙采用 0.5m 厚的砖砌筑，前基础墙采用 0.37m 厚的砖砌筑，砌筑深度为 0.5m，工作室采用 0.37m 厚的砖砌筑，其建筑高度为 2.4m。日光温室的支撑骨架为各种规格木材，前立窗角度为 65°，前坡面角为 35°（适用于哈尔滨市郊区），后坡面角度 35°。

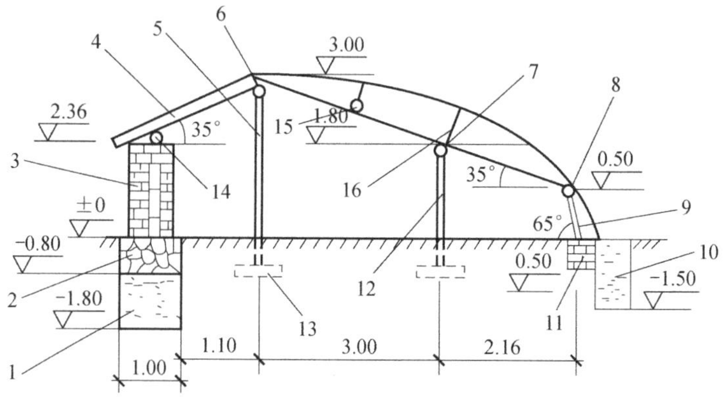

图 5-13 砖混木结构日光温室剖面（单位：m）（张晓东等，2002）
1-粗砂；2-石头；3-后墙；4-后坡板；5-中立柱；6-中梁；7-腰梁；8-前梁；9-前立柱；
10-防寒杂草；11-前基础；12-腰柱；13-柱基础；14-后梁；15-支撑梁；16-小吊柱

砖混木结构日光温室的很多建造项目与半拱圆钢骨架砖混结构日光温室相同。其中，日光温室基础沟的挖掘、基础的砌筑、后墙体的砌筑、两侧山墙的砌筑、前基础墙的砌筑、工作室的建造以及防寒沟的建造基本相同，这里不再重述，下面主要阐述一下砖混木结构日光温室的骨架建造方法与步骤。

1）砖混木结构日光温室骨架建造

砖混木结构日光温室中立柱采用直径为 0.1m 的圆木，中立柱的长度为 3.5m，数量为 17 根；腰柱的直径为 0.06m，长度为 2.3m，数量为 17 根；前立柱直径为 0.06m，长度为 0.7m，数量为 17 根。后坡面采用木板，木板长度为 1.5m，宽度为 0.20m，数量为 280 块（宽度不一致时，可以采用拼合方法，拼合总长度为 55m），木板厚度为 0.02m。后梁和中梁采用圆木，圆木的直径为 0.1m，后梁和中梁的连接总长度是 55m，梁的连接方法是采用错位搭接外侧加两块加强固定板。腰梁和支撑梁采用圆木，圆木的直径为 0.08m，总长度分别为 55m，连接方法与后梁、中梁连接方法相同。前梁采用直径为 0.06m 的圆木，总长度为 55m，连接方法与后梁、中梁的连接方法相同。日光温室前坡面檩木采用圆木杆，圆木杆的直径为 0.08m，长度为 6.5m，数量为 17 根。前坡面拱杆采用竹片，竹片宽度 0.03m，长度为 8.1m，数量为 67 根。

2）埋设立柱

将中立柱埋立在柱基础上，埋深为 0.5m，每间隔 3m 埋设一根；腰柱的埋深为 0.5m，每间隔 3m 埋设一根；前立柱埋在前基础内，埋深 0.02m，每间隔 3m 埋设一根。埋立柱前，将所有立柱埋设部分沾沥青，防止立柱腐烂。埋设时将中立柱、腰柱和前立柱对齐排列。

3）固定立柱

埋设立柱后，分别将连接好的后梁、中梁、腰梁和前梁固定在各个立柱上和后墙上。

4）覆盖后屋面板

将后屋面板紧密地盖在中梁和后梁上，用圆钉将后屋面板分别固定在后梁和中梁上。

5）固定檩木

将准备好的檩木使用圆钉固定在正中梁、腰梁和前梁上，每间隔 3m 固定 1 根。

6）固定支撑梁

固定檩木后，将支撑梁固定在檩木上。小吊柱采用直径 0.06m 的圆木杆，长度分别为 0.3m 和 0.2m，数量各 67 个。将长 0.2m 的小吊柱每间隔 0.8m 固定在支撑梁上一个；将 0.3m 的小吊柱每间隔 0.8m，与 0.2m 长的小吊柱对齐，固定在腰梁上。

7）固定竹片

所有的梁柱都固定好后，将竹片的上端固定在中梁上，然后在 0.2m、0.3m 长的小吊柱上端分别固定，再在前梁上固定，最后将竹片的另一端插入土中。

8）覆盖薄膜

采用烙合方法将棚膜连接成长 56.5m，宽 8.5m 的规格后，覆盖在竹片上，用压膜线将棚膜压紧。压膜线可以采用直径为 2mm 的一般用途镀锌低碳钢丝，其总长度为 350m。

3. 土后墙木结构日光温室

土后墙木结构日光温室的结构与砖混木结构的日光温室的结构基本相同，主要区别在后墙和两侧山墙。这种结构的日光温室后墙和两侧山墙是使用半砖墙（即 0.24m 厚的砖墙）或完全土墙。完全土墙可以是夹板墙、草垡墙、土坯墙，也可以使用拉合辫、叉土墙。这样建造的日光温室的成本较砖混钢骨架和砖混木结构的成本低很多，适合在经济发展速度慢的偏僻山区、边远地区来建造，以较少的经济投入，取得较大的经济效益。

根据日光温室的设计程序，首先进行土后墙木结构日光温室的图纸设计，根据不同的地区，确定日光温室的方位角、跨度、高度、凹入地下深度、前坡面角度、后坡面角度、墙体厚度、后坡厚度以及防寒沟的宽度和深度。图 5-14 是一座适用于边远地区、经济条件差的地区建造的一种土后墙木结构日光温室平面图。这座日光温室的建筑面积为 411.82m^2，使用面积为 341.17m^2，工作室使用面积为 10.54m^2。在设计日光温室时，应建造方位角是朝南偏西 5°～7°，根据不同的地区，不同的地理位置，确定具体角度。

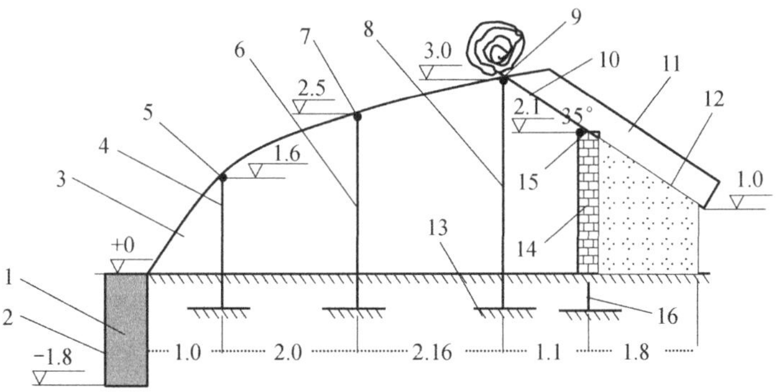

图 5-14　土后墙木结构日光温室剖面（单位：m）

1-防寒杂草；2-塑料薄膜；3-竹片；4-前立柱；5-前梁；6-腰柱；7-腰梁；8-中柱；9-中梁；10-后坡檩木；11-后坡覆盖材料；12-防寒土；13-柱基础；14-砖墙；15-后梁；16-后立柱

具体的施工方法与步骤如下。

1）画线

确定后墙和两侧山墙基础位置，用夯将基础地表面夯实并铲平。在夯实的基础上砌筑一道 0.24m 厚的普通砖墙，砖墙的高度为 2.1m。在砌筑后墙体时，每间隔 3m 埋设一根后立柱，后立柱的规格为：直径 0.08m 的圆木，长度为 2.6m，数量为 17 根，埋深为 0.5m。两侧山墙按照日光温室棚面角度砌筑，墙体厚度为 0.24m。砌筑墙体后，用土堆积在墙体的外侧，堆积厚度为 1.5m。

2）立柱基础

使用普通红砖或较大块的规整石头做各个立柱的基础。基础深度为 0.8m，长 0.5m，宽 0.5m，砌筑砖或石头规格为 0.5m×0.5m×0.3m，将所有立柱下端蘸沥青防腐处理后埋在基础上，埋深 0.5m。所埋设的立柱规格为：前立柱使用直径为 0.08m 的圆木杆，长度为 2.1m，数量为 17 根，每间隔 3m 埋设一根，并与后墙埋设立柱对齐。腰柱采用直径为 0.1m 的圆木杆，长度为 3m，数量为 17 根，每间隔 3m 埋设一根，与前立柱、后立柱对齐。中柱采用直径为 0.1m 的圆木杆，长度为 3.5m，数量为 17 根，每间隔 3m 埋设一根，并与前立柱、腰柱、后立柱对齐。

3）前梁

采用直径为 0.08m 的圆木杆，连接后总长度为 55m，采用尽可能长的圆木搭接，并在搭接处两侧，使用两块木板紧固搭接处，增加梁的强度。腰梁和中梁采用直径为 0.1m 的圆木杆，连接总长度为 55m，连接方法与前梁的连接方法相同。后梁采用直径为 0.08m 的圆木，连接总长度为 55m，连接方法与前梁的连接方法相同。将前梁、腰梁、中梁和后梁分别固定在前立柱、腰柱、中柱和后立柱上端，梁的两端分别在两侧山墙体上砌筑固定。

4）日光温室后坡建造方法

日光温室的后坡面使用檩木固定支撑，檩木采用直径为 0.08m 的圆木杆，长度为 1.5m，数量为 45 根。在日光温室的中梁和后梁上，每间隔 1.2m 固定一根檩木。在后坡檩木上，使用麻绳将玉米秸秆或高粱秸秆紧紧地固定在后坡檩木上，玉米秸秆或高粱秸秆捆绑厚度为 0.06m。秸秆固定后，在秸秆上面使用草泥抹平，草泥厚度为 5cm。草泥风干后，在草泥上覆盖一塑料薄膜，塑料薄膜上堆放稻草，稻草厚度为 0.8m，以增强日光温室后坡面的保温效果。

5）日光温室的棚架

采用竹片支撑，竹片的规格为宽 0.03m，长为 8.1m，竹片的数量为 67 根。竹片的固定方法是将竹片的一端固定在中梁上面，竹片的中间部分分别固定在腰梁和前梁上，竹片的前端插入地下。棚架竹片固定好之后，就可以覆盖塑料薄膜，塑料薄膜的连接采用烙合方法，将塑料薄膜连接成长 56.5m，宽 8.5m 的规格，覆盖在竹片上，然后使用压膜线将棚膜压紧。压膜线可以使用直径为 2mm 的一般镀锌低碳钢丝，压膜线总长度为 450m。

6）工作室的建造

这种结构的日光温室的工作室（图 5-11）与农村普通民房建造方法基本相同。所使用的材料有土坯、人字梁、三道横梁、檩木、玉米秸秆或高粱秸秆及部分立柱，具体建造方法是：首先，按画线将墙基础地面用夯夯实，在夯实的基础上用普通红砖砌筑 6 层红砖，在砖基础墙上加盖油毡纸，再使用土坯砌筑工作室的墙体。砌筑墙体时，将 4 根直径 0.1m 的立柱砌筑在工作间四个墙角。墙体砌筑高度为 2.4m，砌筑墙体后，将人字梁安装在工作间的两侧墙体之上，固定在 4 根立柱上边。在前坡、后坡分别将上横梁、前横梁、后横梁固定在人字梁上，再每间隔 1.2m 将一根檩木固定在横梁上。然后使用玉米秸秆或高粱秸秆捆绑在檩木上，秸秆用草泥抹平，用苫房草苫房盖。图 5-11 所示为工作间侧剖面图。

7）取暖设备

这种结构的日光温室可根据需求来确定是否安装取暖设备。在南方，这种温室完全可以不采暖。在北方最冷的季节里，可以使用烟道加温方法采暖。如果外界气温为－30℃时，生产耐寒叶菜时，也可以不采暖。如果气温再低时，必须采暖，以免使作物造成冻害或冷害，造成经济损失。

4. 寒地节能日光温室的建造

1）场地选择

发展节能日光温室生产，要以市场为导向，并根据以下条件确定建造的地址：

（1）选地势开阔、平坦，或朝阳缓坡的地方建造棚室，这样的地方采光好，地温高，灌水方便均匀。

（2）不应在风口上建造棚室，以减少热量损失和风对棚室的破坏。如果在庭院建造棚室，而庭院正处于风口，可建造依托式温室或温床，南侧架设风障，以减少风的破坏作用。

（3）不能窝风，窝风的地方应先打通风道后再建棚室，否则由于通风不良，会导致作物病害严重，同时冬季积雪过多对棚室也有破坏作用。

（4）建造棚室以沙质壤土最好，底土是黏质壤土，这样的土质地温高，有利于作物根系的生长。如果土质过黏，应加入适量的河沙，并多施有机肥料加以改良。土壤碱性过大，建造棚室前必须施酸性肥料加以改良，改良后才能建造。

（5）低洼内涝的地块不能建造棚室，必须先挖排水域后再建棚室；地下水位太高、容易反浆的地块，必须多垫土，加高地势后才能建造棚室。否则地温低，土壤水分过多，不利于作物根系生长。

（6）水源充足，交通方便，有供电设备，以便管理和产品运输。乡镇企业周围的地块尽量利用工矿企业余热发展棚室生产，有利于节省能源，降低生产成本；对排出有毒气体和有害污水的乡镇企业，在他周围建造棚室，应先加以治理，达到安全标准后再建造棚室，以便发展无公害蔬菜生产。

2）温室方位

北纬 43°以北高寒地区温室为东西走向，南偏西 3°～5°，如果并排建造 2 栋以上温室，两栋之间距离要以前栋温室不挡后栋温室光线为主。

3）温室深度

为了保温、提高地温和增加室内的温度，在北纬43°～50°地区，宜将室内地坪降低0.3～0.5m，即采用半地下式温室。

4）温室面积

温室净跨度在6.0～8.0m，净长度在50～100m，一栋温室面积最好在300～667m² 之间。这样基本上满足了生产及管理上的需要。但有时受用地限制，面积也可适当减小，可根据具体情况来确定，如庭院建造温室面积可小些，但不宜小于50m²。

5）温室结构

（1）温室基础。砖石结构温室，黑龙江省地处高寒地区，为防止冰冻线的影响，在北纬43°～46°地区，基础一般埋深1.0～1.4m，北纬47°～48°地区，基础一般埋深2.0～2.3m，北纬49°～50°地区，基础一般埋深2.4～2.6m，基础下部全部采用干沙垫层30cm，可防止由于冻融引起墙体开裂。

建造温室应在秋天封冻前进行，根据建造面积，测好方位，平整地面，钉桩放线，确定出温室的后墙和两侧山墙的位置。在砌墙的位置用夯把三面墙夯实，但土坯墙需用砖、石砌地基。

（2）墙体建造。温室前、后墙及两侧山墙保温的好坏，亦即热阻的大小，直接影响温室的总耗热量和能源消耗。传统温室墙体采用实心砖墙，要想增加保温性能，单纯采用增加墙厚的方法是很不经济的。

① 砖墙。现将东农98-I型节能日光温室的墙体建造方法简介如下：温室前墙24cm，高出地平面6cm，上设预埋件；后墙的厚度可根据不同纬度来决定，一般内墙为24～37cm，外墙为12～24cm，中间为空心，内加PS板，两侧用塑料薄膜包紧；温室内墙里侧采取红砖勾缝，内墙也可采用蜂窝状墙体，便于储热；温室外墙外侧采取水泥沙浆涂面，上留防水沿，防止雨水直接淋溶温室后墙；内外墙间采用拉筋连接。

② 土墙（前述）。

（3）前屋面的建造。

① 钢筋拱架温室前屋面上弦多采用直径14～16mm，下弦直径12～14mm，拉花直径8～10mm，拱架间距0.9～1m，拱架间采用三道纵向水平梁支撑，支撑采用直径10mm钢筋。上下弦最大间距250mm，拱高为500～600mm，采光屋面为拱形，拱架底角为65°，温室后坡与水平线夹角为30°～34°，温室脊高3.2～3.5m。

② 土木结构日光温室前屋面。有两种建造方法，一种是立窗式（图5-15）；另一种是半拱圆式（图5-16）。

立窗式前屋面的建造如图5-15所示，先钉横杆，用直径8cm的木杆或8cm×6cm的木方，分别钉在柁、腰柱和前柱上，两端插在东西山墙里，然后钉前屋面窗框，用直径6～8cm光滑的木杆，每隔1～1.2m分别钉在柁、腰柱和前立柱上面的横杆上，前立柱可成80°角向里倾斜，以便增加前屋面的强度。前屋面与地平面成25°以上夹角，小于25°时可适当降低前立柱的高度。

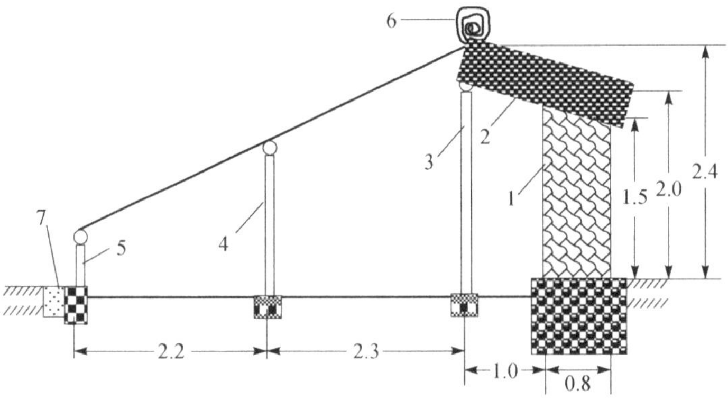

图 5-15 立窗式节能日光温室结构示意图（单位：m）

1-土坯墙；2-后屋面；3-中柱；4-腰柱；5-前柱；6-草苫；7-防寒沟

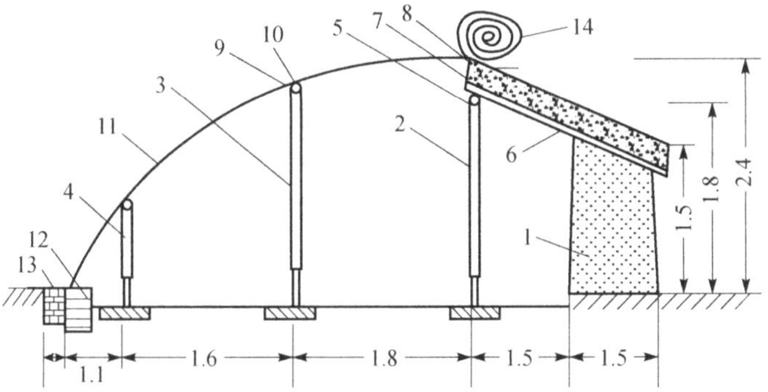

图 5-16 半拱圆型节能日光温室示意图（单位：m）（陈友，1998）

1-后墙（土墙）；2-中柱；3-腰柱；4-前柱；5-柁；6-房板；7-泥；8-草盖；9-腰檩；10-立人；11-拱杆；12-前基础；13-防寒沟；14-草苫

半拱圆型前屋面的建造参考图 5-16 所要求的角度，在腰柱横杆上和前柱横杆上分别钉一个相应高的短木杆（立人），然后将直径 8cm 的光滑木杆或竹杆（拱杆），上端与柁钉牢，在腰柱和前立柱横杆上的立人（短木杆）上围成拱型，下端插入土中，与地面成 50°夹角。前端也可用竹片围成，拱杆之间距离 1～1.2m。

（4）后坡的建造。温室后坡不仅起支撑作用，还起着保温蓄热作用，因此，为了建造出一个既具有较强支撑作用，又能减轻墙体压力，既保温又蓄热的日光温室后坡，最好选用重量轻、支撑强度大、保温、蓄热性能好的材料来建造节能日光温室的后坡。

① 钢架结构节能日光温室的后坡的建造。通常采用 PS 板做保温层，PS 板的厚度可由各纬度地区自行确定。第一层为木板，然后是 PS 板，油毡防水层（二毡三油），40mm 厚水泥砂浆抹至后墙挑檐（1∶2.5），后坡水平投影 1.3～1.5m。

另外一种为：在日光温室内侧采用 2～3cm 厚的木板做支撑，在木板上面加盖油毡纸或厚塑料膜后，加一层 5～6cm 厚的苯板，再在苯板上加 10～20cm 的珍珠岩和炉渣，然后加盖铁丝网，用水泥抹平，加盖油毡，最后用防水卷材做防水处理（PPC）。

② 土木结构日光温室的后坡的建造（前述）。

（5）通风口。通风口位置设在距内墙至高点 18cm 以下，规格为 500mm×500mm，间距 5m，双层窗，也可设在后坡上，但要做好防水、防雨处理。土木结构的墙体厚如果超过

要横平竖直，墙面与墙角线均要保持垂直方向，砌筑砂浆要饱满，严禁冲缝。温室墙体内外均用 1∶1 水泥砂浆勾缝。墙体夹苯板时，先砌内层墙，按规定放拉结筋。苯板应两层错缝放置。苯板穿过拉结筋紧贴内层墙，然后再砌外层墙。砌至要求的标高后，按规定现浇钢筋混凝土压顶。在山墙处应预埋钢板条（宽 400mm、厚 3mm），其上固定卡膜槽，用弹簧卡丝 2 道固定薄膜。

4）骨架建造

辽沈Ⅰ型日光温室骨架采用钢平面桁架，上弦用直径 21.25mm、壁厚 2.75mm 的焊管，下弦用直径 10mm（6.0m 跨）和直径 12mm 钢筋，腹杆用直径 8mm 钢筋。制作骨架的胎具要严格保持水平，准确放骨架形状线，然后施焊，必要时用弯管机弯管（尤其鹅顶状突起处）。各节点焊缝长度不小于 25mm，且双面满焊（图 5-20）。

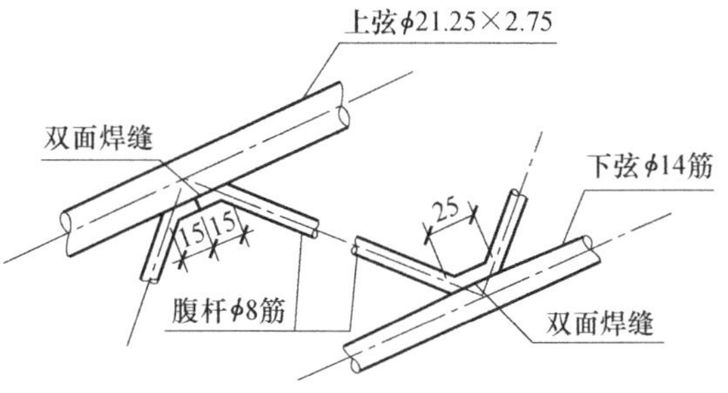

图 5-20　钢平面桁架的焊接（单位：mm）

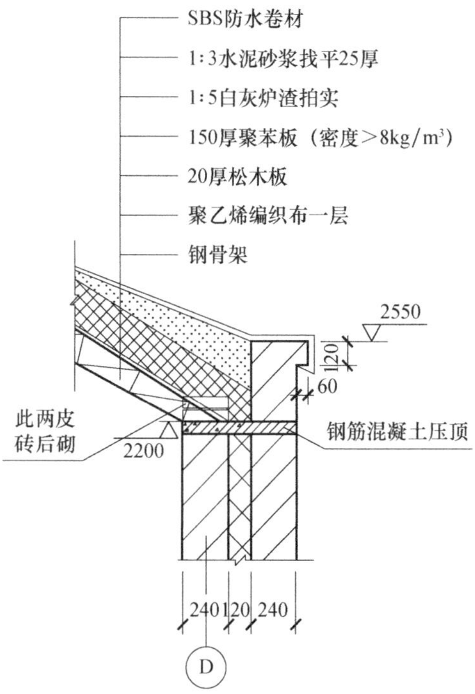

图 5-21　辽沈Ⅰ型日光温室后坡节点（单位：mm）

若为镀锌钢材，则焊完后，应除去焊垢，再刷防锈漆和银粉各 2 道。每隔 0.85m 安装一榀骨架，骨架安装就位必须准确，每榀骨架必须在同一平面上，并与墙体垂直。温室两山墙处要放一榀骨架，以便按其形状砌筑山墙，且增强骨架的整体稳定性。为保证骨架的纵向刚度，可在后坡处设置剪刀撑。

温室纵向用 6 道系杆，系杆直径 21.25mm，壁厚 2.75mm，即 4 分钢管。系杆置于下弦上，与骨架的焊接用 10mm 钢筋焊成三角形，双面满焊。系杆深入山墙至少 120mm 且连接要牢固。

若安卷帘机时，则需先把其机架和支架焊于骨架后坡上，然后再上后坡。后坡采用聚乙烯编织布＋20mm 厚木板＋150mm 厚苯板＋1∶5 白灰炉渣找坡（平均 80mm 厚）＋1∶3 水泥砂浆（平均 25mm 厚内配直径 3mm 双向钢丝网）＋SBS 防水卷材（图 5-21）。永久性日光温室的后坡防水十分重要，处理不好会造成漏水，影响保温效果和使用寿命，施工时要特别注意。

5）防寒沟

在温室前地垄墙外设置防寒沟，一般在温室主体完成以后进行，采用 50～80mm 厚苯板，深 800～1000mm。也可在地垄墙内侧贴苯板，保温效果更好。

6. 辽宁地区土墙钢骨架日光温室

为了降低日光温室的建造成本，辽宁地区在保持辽沈Ⅰ型日光温室结构参数和钢平面桁架的基础上，采用机堆土墙代替砖墙，取得了良好的效果。

此类型温室在场地选择上主要考虑土壤的性质，尽量选择易堆积粘性较大的土壤。施工过程中一般采用挖掘机堆积后墙和山墙，一般墙体的尺寸为底部宽 3.5～4.0m，顶部宽 1.5～2.0m，高度在 2.2m 左右。

建设时用 1 台挖掘机和 1 台链轨推土机配合施工。墙体施工前按规划定点放线，墙基按 5.5m 宽放线，挖土的地方按 4.0～4.5m 宽放线。首先清理地基，露出湿土层，碾压结实，然后用挖掘机在墙基北侧取土线外取土，堆至线内，每层上土 0.4～0.5m，用推土机平整压实，要求分 5～6 层上土，墙高达到 2.2m（相对原地面）时用挖掘机切削出后墙。后墙面切削时应注意墙面不可垂直，应有一定斜度，一般壤土 85°较为适宜，沙壤土可掌握 80°～85°，墙底脚比墙顶沿向南宽出约 30～50cm 左右，以防止墙体滑坡、垮塌。也可以在墙基南侧取土线外取土。先把温室内表层土取出堆在一边，然后将下面的土取出堆积成后墙，最后在把表层土回填到温室表层。这种形式的温室半地下，在增加了保温性能的同时要注意解决好排水防涝的问题。

侧墙为人工土板打墙或泥垛墙，要求墙底宽 1.5～2.0m，上宽 1.0～1.2m，墙高和形状与拱架相一致。土板打墙时先把土润湿，一层土一层草，逐层夯实。草泥垛墙时先把土和草泼上水，湿润后拌均，逐层垛草泥，每垛一层需晾干一次，再垛下层。

筑好的土墙不能直接承载钢架，需使用 U 型的水泥柱做支撑。后墙每隔 2.4m 挖一方型槽，将制作好的顶部 U 型的水泥柱放到里面，注意 U 型顶部垂直后墙，水泥柱要略向后倾斜。U 形槽下侧留一小孔用于穿铁丝固定 U 型槽上面的横管。水泥柱下面垫两块红砖找平压实，使水泥柱成一直线，顶部与后墙在同一高度。在 U 型槽上放一根粗 38.1～50.8mm 钢管，用铁丝将其固定在 U 型槽上（图 5-22）。

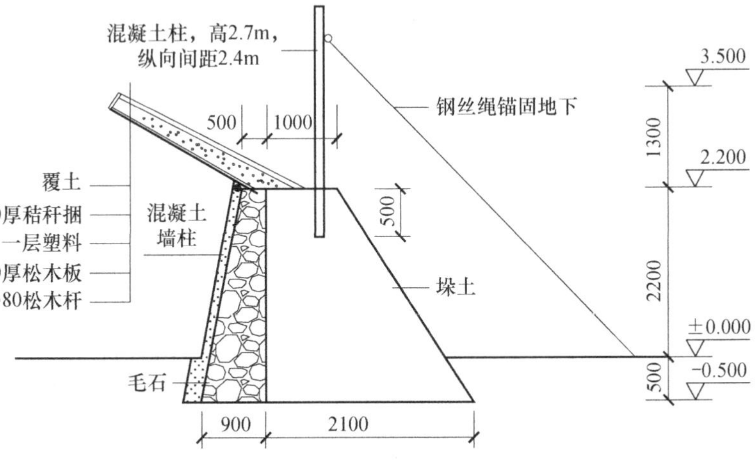

图 5-22　日光温室土后墙、后坡节点（单位：mm）

如需要安装卷帘机和顶部放风器则需要在上后坡之前焊接预埋件。一般采用稻草帘和玉米秸，厚度在 0.5m 左右，在上面抹上一层羊角泥后加铺一层旧塑料。

7. 下挖式高效节能日光温室

1）建造时间

封冻前 20d 建造完毕，考虑到秋延茬生产效益，最好 8 月底前完工。

2）选址

下挖式节能日光温室（图 5-23）要选择土壤比较肥沃、土层比较深厚、有机质含量高、适合种植各类蔬菜的地块进行建造。要求排水供水比较方便、交通比较便利，周围最好无遮阴物，有较好的通风条件但不要建在风口处。

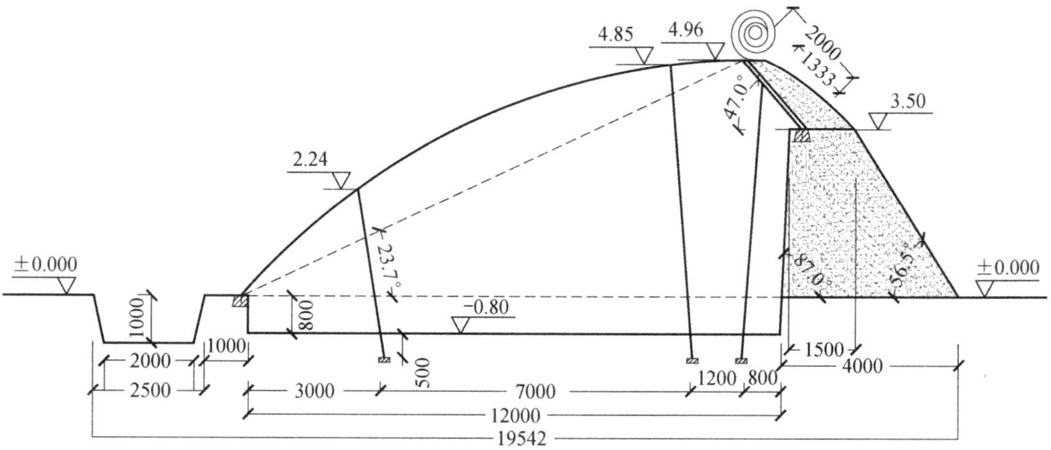

图 5-23　下挖式节能高效日光温室剖面图

3）基础

承重墙体的基础应为连续基础。基础底面夯实，回填厚度为 200mm 的干砂和三七灰土。屋脊线与基准地面平行度≤30mm。拱架间距偏差±10mm。拱架拱圆平面与温室纵轴线垂直度≤10mm。

4）墙体建造

（1）主墙体建造。使用挖掘机和推土机筑墙，建成厚墙体底宽 3.0～6.0m，上宽 1.5～2.0m。开始筑墙之前，先用推土机将温室内 30cm 表土推向棚址的南侧，以便表土回填。然后推平墙基，墙基宽 6m，碾压 5～6 次后，用挖掘机挖土筑墙。每次筑高 40～50cm，要用推土机错开车辙碾压 6～8 次，大约筑 4 或 5 层，墙高达到 4.3m（相对原地面），然后用挖掘机切削出后墙，后墙面切削时应注意有一定斜度，以防止墙体滑坡、垮塌。

（2）侧墙建造。两侧山墙要与主墙体同时建起。

（3）温室内地面平整、浇水、沉实。

在日光温室墙体建成之后，首先应及时平整温室内地面，然后浇大水，利用大水沉实温室的地面。

5）前屋面拱架结构

前屋面拱架为钢竹木混合结构，主拱架、后立柱、后坡檩条由镀锌管或角铁组成，副拱梁由竹竿组成。其中主拱架由直径 40mm，壁厚 3mm 镀锌钢管制成，副拱架由直径为 5mm 左右圆竹制成。立柱由直径为 50mm 镀锌钢管或钢筋混凝土柱制成。后横梁由 50mm×50mm×5mm 角铁或直径 60mm 镀锌钢管（2 寸管）制成。后坡檩条由 40mm×40mm×4mm 角铁或直径 27mm 镀锌钢管（6 分管）制成。钢筋拱架焊合后允许用表面涂防锈漆的处理方法代替镀锌，涂漆前必须除锈。每次涂漆不得少于两遍，并应有完整的涂漆层，不得漏涂。

温室前坡每隔 3m 设钢拱架，拱架下由南往北依次设立 3 或 4 排立柱，要求立柱在一条线上，立柱下端最好埋砖或预埋件作底基，防止立柱受压力后下沉。纵向每隔 40cm 拉一道 8 号铅丝，两端固定于山墙外基础上。

6）温室后屋面建造

日光温室大棚的后屋面主要由后立柱、后横梁、檩条及上面铺制的保温材料四部分构成。后立柱，主要起支撑后屋顶的作用，为保证后屋面坚固，后立柱一般可采用水泥预制件做成。在实际建造中，有后排立柱的日光温室可先建造后屋面，然后再建前屋面骨架。后立柱竖起前，可先挖一个长为 40cm、宽为 40cm、深为 40 或 50cm 的小土坑，为了保证后立柱的坚固性，可在小坑底部放一块砖头或预埋件，然后将后立柱竖立在底基上部，最后将小坑空隙部分用土填埋，并压实。

日光温室的后横梁置于后立柱顶端，呈东西延伸。檩条的作用主要是将后立柱、横梁紧紧固定在一起，他可采用水泥预制件做成，其一端压在后横梁上，另一端压在后墙上。檩条固定好后，可在檩条上东西方向拉 10～12 号的冷拔丝，其两端固定在温室山墙外侧的基础上。温室后坡长 1.6～2.0m，紧靠后梁依次铺设木椽子、席子、30cm 厚玉米秸或高粱秸、15cm 厚干土或炉渣、5～10cm 厚草泥，然后将建造墙体剩余土方培在后屋面以加强保温。

7）外覆盖物

（1）透明覆盖物。在山东地区，日光温室主要采用厚度为 0.08mm 的 EVA 膜透明覆盖物进行覆盖。这种薄膜优点非常多：流滴防雾持效期大于 6 个月，寿命大于 12 个月，使用 3 个月后，透光率都不会低于 85%。利用 EVA 膜覆盖日光温室大棚，主要采用三块薄膜覆盖法，即采用一大膜、两小膜的覆盖办法，具体就是顶部和基部采用两小膜，中间采用一大膜的覆盖方法，采用这种方法，通风降温能力明显优于两块薄膜覆盖法。

裁膜时，从上膜脊部纵向压膜，折叠 100～150mm，在中膜上部，将纵向压膜线烫入，折叠 50～100mm，在下膜上部，将纵向压膜线烫入，折叠 50～100mm，下部密封（用土压住）预留 150～200mm；沿东、西方向的膜长度尺寸，应在裁切时预留 1m 左右的余量备用；三道膜搭接的两处，应预留不少于 300mm 的搭接重合量。覆膜前，应先区分出膜的向阳面与内面；使用时，向阳面应处室外，内面面向室内。

（2）不透明覆盖物。在山东地区，日光温室不透明保温覆盖材料主要指的是草苫，草苫主要是用稻草或蒲草制作而成，山东各地以稻草制作的草苫为主，其宽度为120～150cm或300cm，长度主要根据日光温室跨度而定，通常质量为4～5kg/m^2。安装时按“品”字型搭接。草苫保温效果好，紧密不透光，遮光能力强，也比较经济实惠，目前已为广大农户所青睐。

8. 节能日光温室建造时应注意的问题

（1）建造温室前，一定要根据当地条件、资金和材料等情况，确定要建造的温室类型和结构，然后画出温室断面图和平面草图，以便准备材料和做到心中有数。

（2）建造温室的地方，地势要高。如果建庭院温室，地势低洼要先垫土，地势加高后再建，防止温室内潮湿，造成土温过低而影响作物生长。

（3）地基要坚实牢固，防止墙壁变形倒塌。温室的墙不同于一般房屋的墙，他的重心总是偏向高度低的一侧，因此比一般房屋的墙要求严格，土墙应厚些，砖墙砌筑的砂浆水泥强度等级要高些。

（4）土木结构温室，凡埋入土里或砌入墙内的木料，在土里的部分必须涂沥青防腐；钢筋、铁管埋到土里或插入墙内的部分，要涂樟丹防锈。

（5）土木结构温室各个连接部位，或木杆有疖子的地方，要用铁角板、螺栓或铁钉连接加固。

（6）土木结构温室，为了保持温室的稳固，前立柱最好向里倾斜成80°角。

（7）为了提高温室保温性，门的外面最好装门斗，如果温室面积超过200m^2，应设作业室。作业室代替门斗与外面相通，保温性会更好。

5.3.2　塑料大棚的建造与施工

1. 钢骨架塑料大棚

按照选择塑料大棚建造场地的原则，选择出适合建造塑料大棚的场地。选定场地后，砌筑塑料大棚的拱架基础。基础凝固后就可以进行棚架和塑料薄膜的安装。塑料大棚的朝向一般是东西朝向，这样可以较多地接受太阳光照。下面介绍钢筋桁架无柱大棚（图5-24）的建造方法。

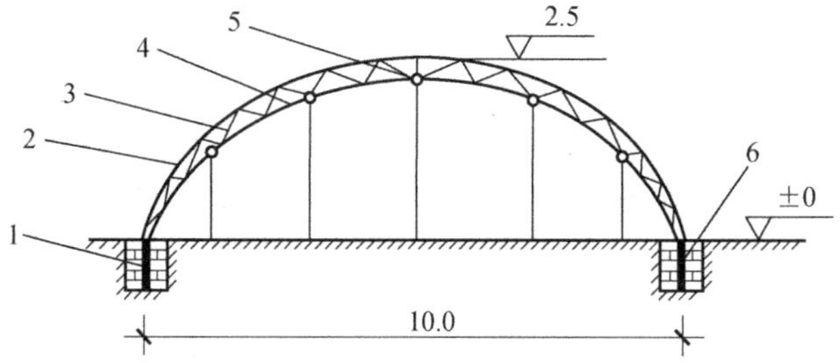

图5-24　钢筋桁架无柱塑料大棚剖面（单位：m）（张晓东等，2002）

1-基础墩；2-拱架上弦；3-拉筋；4-拱架下弦；5-纵向拉杆；6-预埋钢筋

根据塑料大棚的设计图纸，砌筑塑料大棚棚架的固定基础。建造一座使用面积为 780m^2 的塑料大棚，高度为 2.5m，宽度为 10m，长度为 78m，应该砌筑 132 个基础墩，基础墩低于地表面 0.1m。基础墩分左右两排，每一排砌筑 66 个墩基础，墩基础左右对称，相距 10m，每排墩基础间隔距离为 1.2m。棚架的固定基础，使用普通红砖砌筑成 0.24m×0.37m×0.3m 规格的长方形墩，每个墩使用普通红砖数量为 18 块，132 个墩使用普通红砖数量为 2376 块。在砌筑墩基础时，将一段直径为 16mm，长度为 0.3m 的圆钢预埋在方墩内，钢筋埋深 0.25m，钢筋数量为 132 个。具体步骤如下。

1）钢筋桁架的焊合

钢筋桁架的焊合所使用的钢筋为镀锌圆钢。桁架的上弦采用直径为 16mm 的镀锌圆钢，桁架的下弦采用直径为 14mm 的镀锌圆钢，桁架的拉筋采用直径为 12mm 的镀锌圆钢，大棚纵向拉杆采用直径为 14mm 的镀锌圆钢。直径为 16mm 的镀锌圆钢，长度为 11.78m，一座大棚使用 66 根，总质量为 122kg。直径为 14mm 的镀锌圆钢长度为 10.78m，一座大棚使用 66 根做桁架下弦，使用 5 根长 83m 的纵向拉杆，合计总质量为 1735kg。直径为 12mm 的镀锌圆钢长度为 15m，使用数量为 66 根，总质量为 1119kg。以上 3 种规格圆钢合计重量为 4083kg。

2）安装钢架

将焊合好的钢筋桁架，垂直焊合在基础墩上的钢筋上面，保证 66 个钢筋桁架相互平行且与地面垂直。再将纵向拉筋均匀分布地焊合在桁架的下弦上，纵向拉筋两侧剩余部分，经弯曲处理后，埋入地下。

3）覆盖塑料薄膜

将塑料薄膜用烙合方法连接成 85(78＋2.5×2＋2)m 长，宽 12.5m 的规格，覆盖在桁架上弦上，大棚的两侧用烙合方法将塑料薄膜连接成与大棚两侧形状相同的形状。再用压膜线将棚膜压紧。压膜线可以采用直径为 2mm 的镀锌钢丝，镀锌钢丝的用量为 845m 长。

4）在大棚的一侧端面安装两扇门

门框采用焊合方法，门采用两扇对开形式，单扇门的宽度为 0.6m，总宽度为 1.2m，门高 2.2m。

5）压紧薄膜

将塑料大棚的棚膜覆盖拉紧以后，将长出的塑料薄膜用土压实在大棚四周，以免风刮。

2. 竹木结构大棚

1）放线

在大棚建设的规划地段，根据大棚的跨度，用指南针，先引出一条南北方向的中心线，并以此线作为基准线，在中心线的东西两侧确定支柱的位置，跨度 10m 的大棚（图 5-25）设 6 行支柱，行间距离为 1.5m；跨度 15m 的大棚设 8 行支柱，行间距离 1.8m；两棚边柱距边缘均为 1.2m。确立好每行支柱的位置后，再从一端开始按 1～1.2m 的距离确立每根支柱的位置，可采用白灰划十字方法进行标记。放线工作一定要做到平直而准确。

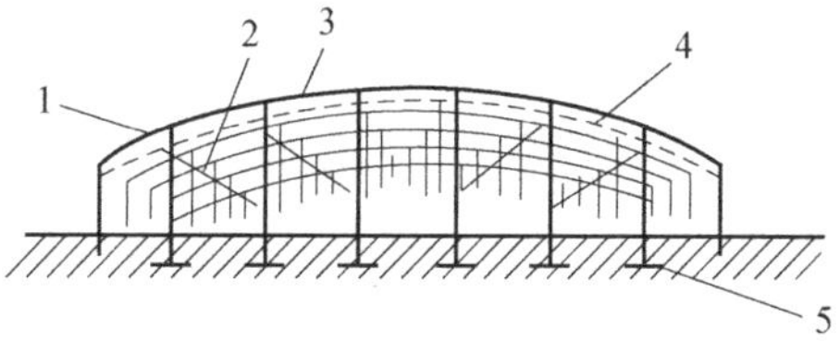

图 5-25　竹木结构大棚示意图（山东农业大学，2000）
1-立柱；2-拉杆；3-拱杆；4-压杆；5-立柱基础横木

2）原材料的加工整理

作为支柱的竹、木材料先按设计中、边、侧三种支柱的长度进行挑选，将其中过长的截掉，使所用的中、侧、边三种支柱整齐一致，支柱顶部的锯口要平。然后对每根支柱上的枝叉进行刨光处理。

在距顶部 5cm 以下的正中用木钻钻孔，以便穿铁丝固定拱杆。支柱的下部为入土部分，为了防止腐烂，可涂刷沥青进行防腐处理，对于带皮的木杆，涂刷沥青之前，要先将皮剥掉。此外，将各排 1/3 数额的支柱在距基部（埋入端）10cm 左右处固定一个长约 20cm 的横木，以求支柱埋的更加牢固。

用作拱杆和压杆的竹材要把每个节部的残留枝叉刨光，以免扎破薄膜。

3）挖柱基和埋支柱

根据确定的柱坑点，深挖 30～40cm，坑底要平，尽量少留松动土，挖出的柱基土应暂时堆放在柱的东西两侧，以免影响柱埋设时拉线。如柱基坑底较湿，须经晾晒后再行施工。埋柱前在南北两端临时竖起高于支柱的木杆，按照支柱的高度在上面固定一条标准线，靠近地面位置也固定一条标准线，在下部标准线上可以按规定的距离做好标志，然后安排摆放支柱。摆放支柱时，靠棚端的第一、二根支柱要求粗而直，并每隔两根支柱放一根下部固定横木的支柱，支柱立好后开始埋土，填土要分次回填，每次填土后要踩压或夯实，保证每排支柱根根垂直、柱位准确、高度一致。两侧的边柱可以直立也可向外倾斜，倾斜可以增强支撑力，但各柱的倾斜角度必须一致。

4）绑拉杆

拉杆的作用是沿纵向把支柱连接起来，使之牢固。除两行边柱外，都要绑扎拉杆。拉杆一般与柱采用相同材料，便于材料调配，并尽可能选用长料，用料过短不仅费工、费料，而且还会影响固定的效果。绑扎拉杆前应把拉杆按排进行摆放。绑扎的方法是在距顶部 30～40cm 处，从一端开始用铁丝把拉杆和立柱拧紧，当接续第二根拉杆时，能重叠 1m 以上就更加牢固了。如果拉杆距顶部过近，那么将来拴压杆的拉线就会受到限制，棚膜就难以绷紧。

5）绑拱杆

拱杆的作用在于支撑覆盖的塑料薄膜，拱杆和压杆互相配合才能把覆盖的薄膜绷紧。在绑拱杆之前应在棚的两侧立好标志线，然后将拱杆在标志线上对准支柱入地 30cm 以上，并弯成弧形，在立柱的顶部用 16～18 号铁丝，通过立柱上的孔眼把拱杆绑牢。两侧拱杆的接头处，或长度不够需要接换时，都要用铁丝或其他材料捆扎结实。拱杆绑扎时所有的铁丝或其他材料接头都要向下，以免扎破薄膜（图 5-26）。此外，为了保持大棚的弧度，也可在边柱到两侧标志线这一段采用竹片，边柱以上仍用竹竿。用铁丝把拱杆绑好以后还要把稻草或废薄膜等缠在铁丝外面，以免扎破薄膜。

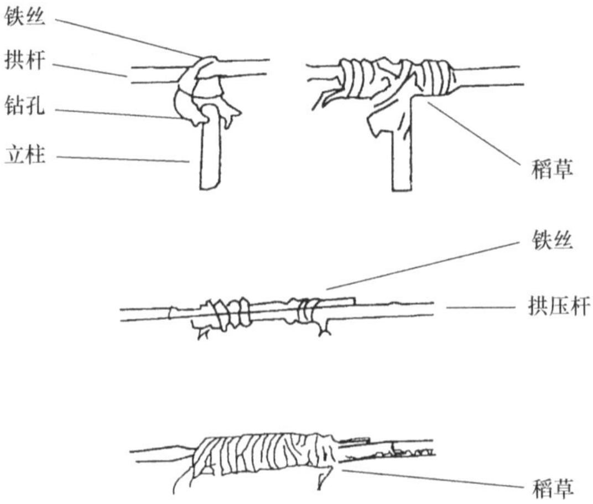

图 5-26　立柱与拱杆和拱、压杆延续连接时的扎捆方法（陈友，1998）

6）埋设固定压杆的铁丝

在大棚两侧距边缘 30cm 左右的地方，要固定一条与大棚长度相等的 8 号铁丝，以便固定压杆，为了将铁丝固定牢固，可先将木橛上部用木钻打孔，铁丝穿在其中，木橛下部钉一段横木，按 8～10m 距离挖坑埋好。

7）绑棚头

棚头的形状大体有三种（图 2-8），即弧头棚、齐头棚、缩头棚。

做弧形的棚头，在选材上要仔细，一定要选顶稍容易弯曲的竹材，并使之在与最外面那行支柱相距 1m 处固定好，再把他弯成拱形，绑在拱杆下面就成为弧头棚；齐头棚有两种方式，即垂直和倾斜。倾斜的齐头棚在棚膜固定后的受力情况较好，安装的门不和地面垂直，大风不易将门吹开；缩头棚靠近两端 4 或 5 行的立柱要依次降低 15～20cm。这种方式对大棚内部空间有一定影响，而且棚膜在两端容易出现皱褶，非多风地区一般不宜采用。另外，在门框两侧还要横向绑 3 或 4 道横杆加以固定。扣棚以后在薄膜外面再用竹竿紧贴棚头的横杆将膜压紧，并用细铁丝穿透薄膜将竹竿和横杆捆紧，这样才能抵御风害。

8）掘压膜沟

在大棚四周的边缘掘好 15～20cm 深的压膜沟，掘出的土要放在外侧，待扣膜时再回填沟内。

9）薄膜的黏合

聚乙烯和聚氯乙烯都有遇热易熔的特性。用高频热合，费用较高。一般多用电熨斗进行热合。聚乙烯约需 100～110℃，聚氯乙烯不超过 130℃，故此最好用调温电熨斗。粘接时下面要垫上预先制作的一条宽约 3cm，长约 12cm，厚约 1cm 的木条，木条上要钉好铁丝窗纱或类似的金属网，把木条固定（或置放）在桌案上，然后按棚的长度和最高高度，裁一块塑料薄膜作为标准，使一端和另一幅从整卷上揭开的薄膜在垫网上重叠 2～3cm，上层膜上加盖玻璃纸条（或其他纸条），然后用电熨斗推压进行粘接。在粘接过程中应注意：①推压电熨斗时用力要均匀；②粘完一道再向前移动时要在前一次的 3～5cm 处进行重复；③两幅的重叠部分要平而齐，若薄膜粘斜，则影响固定效果。

这样直到和第一块膜的长度相等时，把他裁开再加粘一幅直到预计的宽度。最后松松的卷起放在空闲的屋内备用，并注意防鼠。

如果大棚跨度超过 10m，为了加强通风，就需要按大棚二分之一的跨度再加 50cm，粘接两块薄膜，这样可以从顶部扒开进行通风。所以最后一幅薄膜的边缘要折成筒形，里面放置一条麻绳，以便将来停止通风时进行固定。

聚氯乙烯薄膜可以用粘合剂粘合，但若全棚都用粘合剂来粘接，则成本较高而且容易起皱，所以粘合剂多在修补时使用。粘合剂有现成的商品，应选购软质薄膜粘合剂；也可自行配制，最简单的方法把适当干净的新膜剪碎后放到环己酮中溶成胶状。

10）扣膜（上膜）

比预计定植期提前 15～20d 扣棚，如能提早，则对提高棚内土壤湿度更为有利。选无风天气早上进行扣棚。具体方法是：将粘接好的薄膜先在上风头的一侧摆放好，然后向另一侧展开。蒙住全棚后，一般先用土将北端薄膜埋好，然后在南端由 2～3 人用光滑的竹竿或木棍卷住薄膜用力拽平，使薄膜绷紧，尔后再埋土踩实固定。

如果是两块薄膜，就要先上半面，固定好以后再上另外那半面。

11）上压杆

这是绷紧棚膜的一项关键性作业。压杆是由多根竹竿通过梢部连接而成，其长度比拱杆稍短。每两道拱杆之间上一道压杆。这样把棚膜压成钝锯齿状。压杆的两端用铁丝固定在大棚两侧的压杆拉线上，另外根据立柱的位置，用铁丝穿透薄膜使拉线拴在拉杆上。上压杆可以隔几行先上一道压杆，然后再按拱杆的间距把压杆上齐。也可以从两端开始，向中央顺次安装压杆。如果聚氯乙烯薄膜上有孔洞，就要用粘合剂粘补好。

压杆也可以用 8 号铁丝或扁形压膜线代替，但固定效果不如压杆。

12）安装门

在大棚两侧将预制的门框固定好，将薄膜剪开固定在门框上，然后再安装门扇。为了节约木材，门扇也可是一个四框，在上边固定薄膜，生长后期也可再将薄膜取掉换成窗纱，以便加强通风。

思 考 题

1. 日光温室墙体的建造方法有几种？

2. 日光温室后坡的建造方法有几种?
3. 建造一栋 $667m^2$ 的竹木结构大棚需要哪些材料?
4. 建造一栋 $667m^2$ 的钢筋桁架无柱塑料大棚需要哪些材料?
5. 建造日光温室时对温室基础的深度和厚度有何要求?
6. 建造日光温室时常采用哪些骨架结构?
7. 简述平地放线技术。
8. 建造一栋跨度 6.6m、长 100m 的钢骨架无柱日光温室需要哪些材料?
9. 建造一栋 $667m^2$ 的竹木结构日光温室需要哪些材料?
10. 论述砖混木结构日光温室的建造技术。
11. 简述辽沈Ⅰ型日光温室的建造技术。
12. 论述高寒地区节能日光温室的建造技术。
13. 简述钢骨架塑料大棚的建造技术。
14. 简述竹木结构大棚的建造技术。
15. 建造节能日光温室时应注意哪些问题?

第 6 章　温室环境调控设备的设计与安装

地球上的一切生物都有其生长所需的适宜环境，生物与自然环境之间是相互联系、相互作用的。温室作物与露地作物生存的环境不同，温室作物可以避免受到极端天气的危害，温室内的环境具有可调控性，可以创造作物生长的小气候，保护作物的正常生长。温室内影响作物生长、可以进行调控的环境因子主要有光照、温度、湿度、气体环境和土壤环境。

6.1　温室采暖工程设计与设备

6.1.1　采暖设备设计的条件与程序

采暖设计理论是根据屋内设定温度和屋外设定气温，计算出需供给的最大热量，即最大采暖负荷，以决定所需采暖设备容量和设备采暖期间的燃料消耗量，进而进行整个经济性的计算。设计采暖发热、散热等设备时，首先要先具备下列五个基本条件。

（1）采暖的发热和散热设备的容量，要考虑在屋外可能发生的最坏的气象条件下，仍具备能确保屋内维持设定的气温和地温。

（2）采暖的设备费和燃料运行管理费方面应合理经济。这两条是对一般建筑物都可适应的一般条件。作为栽培作物的温室和大棚，设计采暖时还要考虑其他的特殊条件。

（3）采暖设备维持的屋内气温，在水平和垂直方向上都应分布均匀。

（4）采暖设备的调节灵敏度要高。

（5）采暖设备尽量不遮挡入射光线，不影响栽培管理作业，并尽可能少地占用栽培面积。

采暖设计原则上按图 6-1 所示的程序进行。首先要满足基本条件的第一条，计算温室和

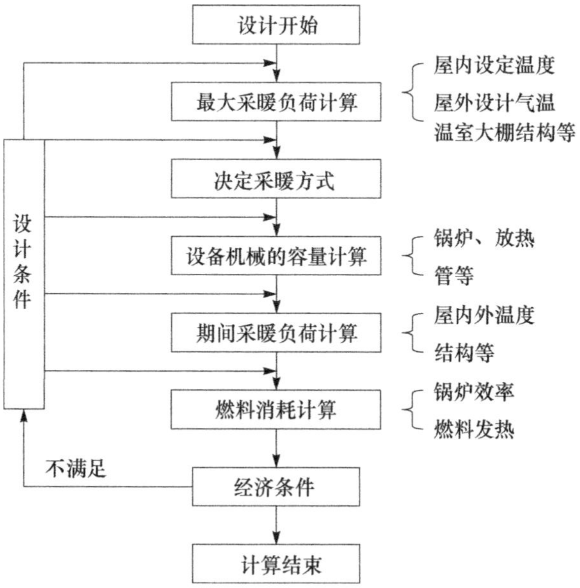

图 6-1　采暖设计程序（邹志荣，2002）

大棚所需的热量（采暖负荷）。根据此数值选择适当的采暖方式，并决定采暖设备的容量、配置及分布图等。采暖方式和配置方法等根据基本条件的第二条及温室和大棚采暖的特殊条件而确定。

此外，还要计算采暖期间的燃料费，确定最终的运行成本和初期的投资成本，综合衡量是否符合栽培的经济性原则。如果不能满足经济条件，就从不适合的地方重新开始设计，或补充完善某些设计条件。例如，计算最大采暖负荷时没有考虑保温条件，设计后经费就会增加，如果考虑保温帘等设备的保温性，最大采暖负荷将会降低，从而运行和投资成本也会相应降低。

6.1.2　采暖负荷的计算

温室和大棚的放热量随外界气温降低、风力增大而增多。为保持室内作物的生长发育，采用采暖设备补充的维持室内设定温度所需的热量，称为采暖负荷。由于 Q_r（直射光和散射光）、Q_l（潜热交换）、Q_c（固体材料的热交换）、Q_a（空气的热交换）、Q_p（作物光合和呼吸作用的能量交换）的不稳定性，在进行采暖负荷计算时，一般只考虑人工补充热量和放热量损失的平衡，即 $Q_g=Q_t+Q_v+Q_s$（Q_t 为贯流传热量；Q_v 为换气传热量；Q_v 为地中传热量）。采暖负荷的大小是随屋外气温的变化而不断变化的。在栽培期间最冷季节保持作物正常生长发育所需补充的热量，称为最大采暖负荷。所以，最大采暖负荷就成为决定采暖设备容量的指标。在栽培期间将每天的采暖负荷积算起来的称为期间采暖负荷，也就是栽培期间消耗的热量，据此可估算燃料消耗量等。

1. 最大采暖负荷

温室和大棚中损失的热量，有贯流传热量、换气传热量和地中传热量三种形态。其中贯流传热量所占的比例最大，占总放热量的 60%以上，有时能达 100%。求最大采暖负荷时，一种是把三种传热量合在一起计算，另一种是先将各因素逐一计算后再相加的方法。前者的计算较简便，用采暖负荷系数进行概算，能知其概略数值。后者是考虑影响各传热因素的原因，能求得较详细的数值，计算的准确与否和如何确定各种相关系数至关重要，如果确定得合理准确，两者的计算结果差异就较小。下面主要讲最大采暖负荷的概算。

1）最大采暖负荷的概算

温室和大棚所需的热量，大致与温室和大棚的表面积以及最大室内外温差成正比。所以采暖负荷 Q_g（kJ/h），可用下式表示：

$$Q_g = A_g K(\theta_i - \theta_0)(1 - f_r) \tag{6-1}$$

式中，A_g 为温室和大棚的表面积（m^2）；K 为采暖负荷系数［$kJ/(m^2 \cdot h \cdot ℃)$］；θ_i 为屋内设定温度（℃）；θ_0 为屋外设计气温（℃）；（$1-f_r$）为保温覆盖的校正值；f_r 为保温覆盖的节热率。

在此公式中的热量是 1h 内的采暖负荷。以前，校正值考虑较多的是屋外风力，现在由于在内外气温项中所说的理由，概算时可不考虑。而现今为节省能源，几乎温室和大棚都要考虑保温措施，所以主要考虑节热率而修正校正值。

(1) 采暖负荷系数和节热率。采暖负荷系数如表 6-1 所示。塑料大棚要比玻璃温室大些，这是由于塑料薄膜能透过一部分长波辐射。

保温覆盖能减少采暖负荷，这种减少的比例称为保温覆盖的节热率（表 6-2）。

表 6-1　采暖负荷系数值（0℃）

外面材料	负荷系数 K	外面材料	负荷系数 K
玻璃（一层）	22.19	土墙（150cm）	10.89
塑料薄膜（一层）	23.87	砖墙（200cm）	10.05

表 6-2　保温覆盖的节热率

保温方法	保温覆盖材料	节热率 f_r	
		玻璃温室	塑料大棚
双层覆盖	玻璃 PVC 薄膜	0.40	0.45
	玻璃 PE 薄膜	0.35	0.45
一层保温帘	PE 薄膜	0.34	0.35
	PVC 薄膜	0.35	0.40
	不织布	0.25	0.30
	铝箔反射膜	0.50	0.55
二层保温帘	PE 薄膜二层	0.45	0.45
	PE＋反射膜	0.65	0.65
外面覆盖	草帘	0.60	0.65

采暖负荷系数受室外气温和风速的影响，与保温覆盖关系也很大。一般采暖负荷系数是在微风下测得的数值。但由于室外气温不同，至今发表的数值都不大一致。在一般建筑方面，从热工学考虑铁框单层玻璃窗的传热系数是 5.5，有些偏大。表 6-1、表 6-2 是在较温暖地区（最低温度 0℃左右）温室和大棚实测的结果。所以，在我国北方冬季寒冷、土壤冻结、季节风大的地方，使用这个数值时要校正。由于采暖负荷系数是概算的，校正方法是根据不同地区的气候条件，最低温度每降低 10℃，采暖负荷系数要增加 5%；相反的保温覆盖的节热率要减少 5%。多层匀质材料组成结构的采暖负荷系数可由下式计算：

$$K=\frac{1}{\dfrac{1}{\alpha_n}+\dfrac{\delta_1}{\lambda_1}+\dfrac{\delta_2}{\lambda_2}+\cdots+\dfrac{1}{\alpha_w}} \tag{6-2}$$

式中，α_n 为内表面换热系数 [kJ/(m² · h · ℃)]；α_w 为外表面换热系数 [kJ/(m² · h · ℃)]；δ_1、δ_2 为第一、第二层建筑材料的厚度（m）；λ_1、λ_2 为第一、第二层建筑材料的导热系数 [kJ/(m² · h · ℃)]。

（2）内外气温的设定。室内外气温设计数值的大小影响采暖负荷，进而影响产量和管理费用。

在采暖期间室（棚）内要求保持的温度，称为室内设定温度。设定温度一般取栽培适温的最低限值，如果采用这个值设备费过高，对经营不利时也可采用最低界限温度（生育缓慢但还能继续生育的温度）。栽培两种以上作物时取其高值。用最低界限温度的理由，是由于外气温是取几年至几十年的最低温度，所以屋内虽设定在低温界限，但这种低温出现的机会很少，而大部分日子可维持在适温的范围。

室外气温应取在最坏的气象条件下出现的最低温度，而这与设备费用有关。根据温室和大棚及其采暖设备的使用年限，取十几年出现一次的低温作为设计用的外气温时，这种设备容量能 100%地保证安全。但完全发挥其能力的机会少，经济上不合算。如果取 2～3 年内的最低温度，又感到不安全。所以，除栽培经济价值高的作物或极不耐寒的作物外，一般设计用屋外气温取最近几年到十年的最低气温。

日最低气温的极值主要出现在弱风的天气，风大时不出现最低气温，设计时不采用强风时的气象资料。这与风力增加温室和大棚的放热比相抵消，所以概算时可不考虑风速。另外，风速与地形关系密切，除气象台离建筑地很近外，不能使用气象台的观测值，最好在此建筑地自测，或是根据过去的经验来判断外气温。

例 6-1　有长 40m、宽 8m、脊高 3.2m、檐高 1.8m 的玻璃温室，在外气温－20℃下栽培黄瓜，室内有一层聚乙烯薄膜保温帘，求其最大采暖负荷。

解　温室表面积 A_g

$$A_g=(1.8+\sqrt{4^2+1.4^2})\times 2\times 40+(1.8+0.5\times 1.4)\times 2\times 8=523(\text{m}^2)$$

采暖负荷系数：由表 6-1 可知为 22.19，在－20℃的低温下增加 10%

$$22.19\times(100+10)\%=24.4$$

屋内设定温度为 10℃。

节热率由表 6-2 减去 10%

$$0.34\times(100-10)\%=0.31$$

代入式（6-1）得

$$Q_g=523\times 24.4\times[10-(-20)]\times(1-0.31)=264156.8(\text{kJ/h})$$

2）最大采暖负荷的细算

细算最大采暖负荷首先分别求出贯流传热量、换气传热量和地中传热量的采暖负荷，再乘以各个的作用面积，最后积算求和，可用下列公式表示：

$$Q_g=[A_g(q_t+q_v)+A_sq_s]f_w \tag{6-3}$$

式中，Q_g 为最大采暖负荷（kJ/h）；A_g 为温室和大棚的表面积（m^2）；A_s 为屋内地面积（m^2）；q_t 为单位面积的贯流传热量［kI/(m^2·h)］；q_v 为单位面积换气传热量系数［kJ/(m^2·h)］；q_s 为单位面积地中传热量系数［kJ/(m^2·h)］；f_w 为风速的校正值。

（1）贯流传热量。经屋内空气对流和辐射传到覆盖材料内表面的热量，由覆盖材料自身传导到外表面，这样损失的热量称为贯流传热量。可见，单位面积贯流传热量受屋内外各种条件的影响。由于采暖负荷与内外温差成正比例，可用下式求得：

$$q_t=h_t(\theta_i-\theta_0)(1-f_r) \tag{6-4}$$

式中，q_t 为单位面积的贯流传热量［hJ/(m^2·h)］；h_t 为热贯流率［kJ/(m^2·h·℃)］，与覆盖材料的辐射特性有关。同时与温度有关，如前所述寒冷季节，最低温度每降 10℃，热贯流率要增加 5%，而节热率要减少 5%。

（2）换气传热量。温室和大棚的表面有各种各样的间隙，空气通过这些间隙进行内外交换。单位面积换气传热量的计算可用下列公式：

$$q_v=h_v(\theta_i-\theta_0) \tag{6-5}$$

式中，q_v 为单位面积换气传热量［kJ/(m^2·h)］；h_v 为换气传热系数［kJ/(m^2·h·℃)］。

如表 6-3 所示，换气传热系数与温室和大棚的结构及保温设备有关，与风速也有关，单层覆盖时有随风速增加的倾向。但如前所述，计算最大采暖负荷的最低温度时，采用微风的数值，故风速按微风计算。

表 6-3 换气传热系数 h_v 值

温室和大棚的种类	h_v [kJ/(m² · h · ℃)]	温室和大棚的种类	h_v [kJ/(m² · h · ℃)]
玻璃温室	1.26～2.09	有保温覆盖的温室和大棚	0.0～0.84
塑料大棚	0.84～1.67	完全密闭的温室和大棚	0.0

资料来源：邹志荣，2002

（3）地中传热量。在温室和大棚的地下土壤内，由于地表和地中存在温差，所以，也就存在相应的传热，这种传热称为地中传热。由于白天日照积累储存了热量，夜间一般是由地中向地表面传热。在采暖的温室和大棚内，因夜间温度也高，向上的传热量随着屋内气温的上升有减少的倾向。表 6-4 是不同内外温差的地中传热量。表中的正号表示增加采暖负荷，所以向下传热是正号。有保温覆盖的温室和大棚，由于地面的纯辐射减少，向上的地中传热量也要减少。表中上半部是在日本测定的，寒地指日本的东北、北海道地区；下半部未经测定仅供参考。

表 6-4 地中传热量 q_{so} 值 [kJ/(m² · h)]

内外温差/℃	保温覆盖			
	无		有	
	温暖	寒冷	温暖	寒冷
10①	−83.7	−62.8	−62.8	−41.9
15②	−41.9	−20.9	−20.9	0
20③	0	+20.9	+20.9	+41.9
30				+125.6
40			−62.8	−41.9

注：①，②，③是在日本测定的

（4）风速校正值。贯流传热系数和换气传热系数在风速为 15～20m/s 时，与微风时相比采暖负荷量将成倍增长，可见一般按微风计算最大采暖负荷，对强风地区可能不适用，为安全起见，可增加 10%予以校正。如果有保温覆盖，虽风速增加，但采暖负荷值变化不大时，一般不必考虑风速校正问题。

例 6-2 用例 6-1 计算的玻璃温室、处寒冷强风地区，在同一条件下栽培番茄，细算其最大采暖负荷。

解 先求采暖负荷的各因数。

单位面积贯流传热量

$$q_t = 20.9\times(1+0.1)\times[10-(-20)]\times[1-0.34(1-0.10)]$$

$$= 20.9\times1.1\times30\times0.694 = 478.7[\text{kJ/(m}^2\cdot\text{h)}]$$

单位面积换气传热量

$$q_v = 0.4\times[10-(-20)] = 12\ [\text{kJ/(m}^2\cdot\text{h)}]$$

单位面积地中传热量由表 5-7 用插入法计算出 $q_{so}=142.4$ [kJ/(m² · h)]。

以上数值代入式（6-3），得

$$A_g = 523\text{m}^2,\quad A_s = 320\text{m}^2$$

最大采暖负荷

$$Q_g = [523(478.7+12)+320\times142.4]\times1.1 = 332424.5\ (\text{kJ/h})$$

2. 期间采暖负荷

前面所述的采暖负荷是决定供热设备容量的最大采暖负荷。平时的采暖负荷比最大值小。所以，一般期间采暖总热量不能用最大负荷求，而要用期间采暖负荷求之。目前这个计算的精度不高，只能作为估计用。求一定期间所需的采暖热量用式（6-1）计算时，θ_0 为时变化的外气温。在 $\theta_i > \theta_0$ 的时间内，对式（6-1）按采暖的时间进行求和，如果 K 和 f_r 变化很小，采暖期间的总热量（Q_n，kJ）为

$$Q_n = A_g \overline{K} \sum (\theta_i - \theta_0)(1 - f_r) \tag{6-6}$$

式中，$\overline{K}$ 为平均采暖负荷系数 [kJ/(m^2 · h · ℃)]；$\sum (\theta_i - \theta_0)$ 为按采暖时间进行求和，称为采暖时，用 DH_h（℃ · h）表示。积算一天采暖时间就变为日采暖时（DH_d），积算一个月的采暖时间就变为月采暖时（DH_m），用采暖时式（6-6）可改为

$$Q_n = A_g \overline{K}(1 - f_r) DH_m \tag{6-7}$$

如果知道平均采暖负荷系数和采暖时，就可用式（6-7）求出期间采暖负荷（Q_n）。因为最大采暖负荷系数，是以晴天夜里地中传热量最小的黎明为对象的数值。所以，平均采暖负荷要比这个数值大至少 25%，表 6-1 的数值乘以 0.75 就可以求得平均采暖负荷系数。

采暖时是用采暖期间的内外气温的积算值。日采暖时（DH_d，℃ · h/d）和设定内气温、设计外气温之间有下列关系：

$$DH_d = 2.18(\theta_i - \theta_{min})^{1.66} \tag{6-8}$$

如果白天也加温时，日照的有无也要影响采暖时，考虑屋外气温和日照条件时用下列式子计算采暖时，$\theta_i > \theta_h$ 时

$$DH = 24(\theta_i - \theta_h) - S\left(\theta_i - \frac{\theta_h + \theta_m}{2}\right) \tag{6-9a}$$

$\theta_i < \theta_h$ 时

$$DH = 24(\theta_h - \theta_m)\left(\frac{\theta_i - \theta_l}{\theta_h - \theta_l}\right)^2 - \frac{S(\theta_i - \theta_m)^2}{2\theta_h - \theta_m} \tag{6-9b}$$

式中，θ_m 为屋外的月平均气温；θ_h 为屋外日最高气温的月平均值；θ_l 为屋外日最低气温的月平均值；S 为一天的日照时间的月平均值。其中，公式（6-9a）和（6-9b）中的前一项为内外温差的平均日采暖时，后一项为日照扣出量。由式（6-8）可求出本月的平均日采暖时，这样乘本月的日数就可求出该月采暖时。

3. 燃料消耗量的计算

期间采暖时以燃料的发热量除以采暖系统的热利用率，就可求出某使用期间的燃料消耗量（Y）。

$$Y = Q_n / Eq \tag{6-10}$$

式中，E 为采暖系统的热效率（表 6-5）；q 为单位质量燃料发热量（表 6-6）。

表 6-5 采暖系统的热效率

采暖方式	热效率	采暖方式	热效率
热水采暖	0.5～0.7	火热采暖	0.3～0.4
暖风采暖	0.7～0.8	蒸汽采暖	0.4～0.5

表 6-6　各种燃料的发热量

种　类	1kg 的发热量	利用率/%	1kg 的利用热量/kJ
优质煤	29309kJ	60	17585
中等煤	20935kJ	60	12511
重油	39776kJ	75	297811
液化气	50224kJ	95	47732
电热	1kW·h	100	3600

资料来源：邹志荣，2002

例 6-3　长春市有表面积 $12800m^2$ 的连栋玻璃温室，内部有聚乙烯薄膜保温帘，室内平均温度设定为 12℃时，求 1 月份 1 个月的燃料消耗量。采暖方式为热水采暖，热利用率为 0.6，燃料为中等煤。

解　长春市 1 月份的气象资料如表 6-7 所示。

表 6-7　长春市 1 月份气象资料

日平均气温的月平均值 θ_m	−16.9℃	日最低气温的月平均值 θ_l	−21.8℃
日最高气温的月平均值 θ_h	−10.7℃	日照时数	195.4h/m=6.3h/d

因为 $\theta_i > \theta_h$，用式（6-9a），得

$$DH = 24 \times (12 + 10.7) - 6.3 \times \left(12 + \frac{10.7 + 16.9}{2}\right) = 382.26(\mathrm{kJ})$$

上式乘 31d 求 1 月份的期间采暖负荷，用式（6-7）及地区校正值

$Q_n = 12800 \times 22.19 \times 1.1 \times 0.75 \times (1 - 0.34 \times 0.9) \times 382.26 \times 31 = 19.27 \times 10^8$

代入式（6-10），得

$$Y = \frac{19.27 \times 10^8}{20935 \times 0.6} = 153.41 \times 10^3(\mathrm{kg}) = 153.41(\mathrm{t})$$

6.1.3　地上采暖的设计

1. 锅炉采暖

大面积的温室群或大型温室的加温设备可用集中式热水加温设备。用锅炉加热后的热水沿着进水管道进入温室放热管内，以提高室温，然后热水逐渐变冷，冷水沿回水管重新回到锅炉内，继续变成热水，这样，周而复始，循环不已，故称为“集中式加温系统”。他可以灵活准确地调节室温，可以使局部温差不超过 3℃。

1）锅炉容量的计算

锅炉容量首先由式（6-3）计算出最大采暖负荷（Q_g），乘配管方式的校正系数值（f_n），锅炉房离温室和大棚太远时，或加温 2 个以上的温室和大棚时，还要加外网（屋外配管）的热量损失（Q_l），最后还要考虑安全系数（r）。求加温 n 个温室和大棚的锅炉容量（Q_h，kJ/h）可用下式表示：

$$Q_h = (1 + r)\left[\sum_1^n (Q_g f_n) + Q_l\right] \tag{6-11}$$

2）配管方式的校正系数

根据放热管的配置方式，屋内气温的传布和分布有差异，使得采暖负荷产生差异，为校正其差异使用配管方式的校正系数（表 6-8）。头上配管与周围配管相结合时，头上配管的校正系数值有一个幅度，周围配管占多数时校正系数就小些，否则就大些。

表 6-8　配管方式的校正系数值

配管方式	f_n	配管方式	f_n
头上配管	1.05～1.10	畦间配管	1.0
周围配管	1.05		

资料来源：邹志荣，2002

3）外网的热损失

外网一般用保温好的配管，放在地上或埋在地中。其热损失量比采暖负荷小，所以锅炉房和温室连在一起时可以忽略，但外网长时要用下列公式计算后，加于锅炉容量。

$$Q_1 = KL_p(\theta_w - \theta_0) \tag{6-12}$$

式中，K 为配管单位长度的热损失率［kJ/(m·h·℃)］；L_p 为外网长度（m）；θ_w 为管内平均水温（℃）；θ_0 为管外气温（℃），埋在地中或地沟内时其温度大致比气温高 10℃。

配管用玻璃或石棉等保温材料包裹时，热损失率如图 6-2 所示。图的横轴是配管加保温材料的外径除管的外径所得的数值。

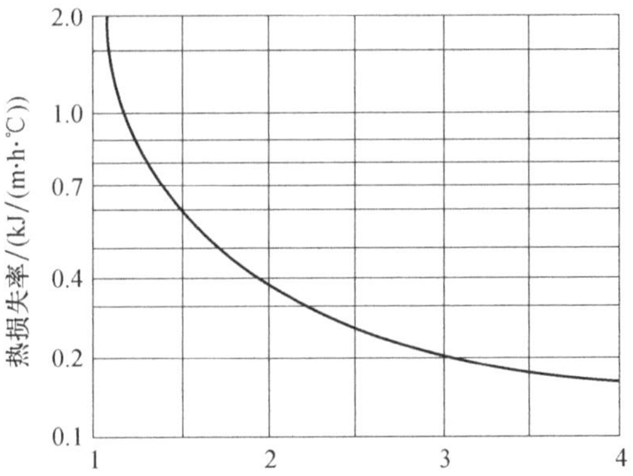

图 6-2　外网的热损失率（邹志荣，2002）

4）安全系数

热水加温的安全系数是考虑锅炉的启动负荷，和锅炉性能随时间而下降。启动负荷是指点火时，加温锅炉内或管内冷水而暂时增大的采暖负荷。一般用光滑的铁管时，安全系数因管数多而采用 0.3，用有翅翼的散热器时，因管少而用 0.2 的值较为适宜。

5）放热管长度的计算

(1) 放热管的种类与放热量。计算放热管长度首先要决定使用什么样的放热器，有的全部使用碳钢管，自然循环时使用内径 65～100mm 的管，强制循环时使用内径为 40～80mm 的管。为了减少管数，有的用加热器。散热器一般有用建筑采暖的方翼（暖气片）、圆翼管，新式的有用管上带有螺旋状铁片的翅片管，散热器的单位长度散热量如表 6-9 所示。散热管和配管涂铝粉，在温室和大棚中有时涂黑漆，能比银色的散热量增加 40%，散热量的增加是起因于辐射传热的增加。所以，用于周围或头上配管时，会增加向屋外的辐射传热而损失热量，用于畦间或有保温帘的温室和大棚效果好。

表 6-9 各种散热器的单位长度散热量 q_p[kJ/(h · m)]

屋内温度/℃	方翼（大 60）	方翼（小 60）	圆翼管（D79）
	表面积/m²		
	1.17	0.8	1.8
8	2512.2	1632.9	2930.9
9	2386.6	1528.3	2805.3
10	2281.9	1665.5	2721.6
12	2177.2	1402.6	2658.7
14	2093.5	1360.8	2570.7
15	2051.6	1318.9	2575.0
16	2009.8	1297.9	2554.0
18	1926.0	1256.1	2412.2
20	1842.3	1172.4	2428.5

资料来源：邹志荣，2002

（2）散热管长度计算。以配管方式校正过的最大采暖负荷（$Q_g'=Q_g f_n$）除以散热管单位长度散热量，即可求出放热管的长度（L_p）

$$L_p = Q_g'/q_p \tag{6-13}$$

使用放热器时根据放热器和铁管的放热量比例，计算出放热器的数量。将放热管在温室和大棚的周围摞起来使用时，由于下边管放出的热量上升，能使上边管的放热量减少，所以，对摞起来使用部分要进行校正（表 6-10）。

表 6-10 对摞管部分的校正值

层 数	校正值	层 数	校正值
2	1.0	4	1.2
3	1.1	5	1.3

资料来源：邹志荣，2002

6）配管方法

配管方法有单管式和复管式两种。单管式在屋内虽有弯曲，但只用一根管连接的方法。管的粗细都一样，连接处少，配管费用低。但管的始末温差大，屋内气温分布不均匀。复管式是用等量的送水管和回水管组成配管的方式。一般送水管要粗些，这种方法在各分支的回路处可设阀门调节流量，能使气温分布均匀。现在多用复式管。无论哪种方式，进出口均放在一处，并列的都是偶数。

配管设计的一般注意事项如下（图 6-3 是其中几项的示意图）：

（1）配管的位置应尽量不横断通道。

（2）配管中弯曲变高处，弯曲易集中水中的空气，形成气泡阻碍热水的流通。所以，配管时要尽量避免向上和同位管的交叉，如果一定要交叉时，如图（a）那样弯下去交叉。

（3）温室和大棚内冷空气下降的地方要增加配管数。如侧壁部分、连栋的天沟下及季节风的风下面的墙内。

（4）为使屋内气温分布均匀，各行的配管间隔要在 10m 以内。

(5) 侧壁或天沟地方的高处，因热量损失多尽量不设配管。

(6) 散热管离地面的距离为管外径的 1.5 倍以上，摞起来时管的间隔要保持与管外径相等（使用翅片管时外径包括翅片高）。

(7) 使用保温帘时，侧壁的散热管要架离地面，离墙有一定距离，使保温帘不接触散热器。

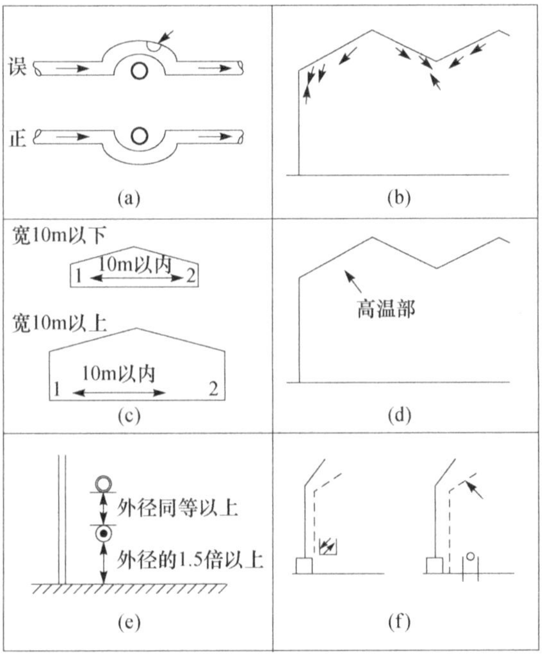

图 6-3　配管的注意事项（邹志荣，2002）

(a) 管的交叉与气泡；(b) 冷空气下降处管要密；(c) 配管间隔在 10m 以下；(d) 侧壁和天沟的高位置配管要增加热损失；(e) 放热管的安装高度和堆积间隔；(f) 放热管支架有独立基础

7) 流量的计算

热水采暖系统内如果热水的循环不顺利，回水的温度要下降，达不到采暖负荷的温度，即达不到屋内设定温度。因此，热水采暖系统内要保持一定的流量。

用自然循环的温室或大棚面积超过 100m^2，即管长达 30m 以上时对热循环不利，所以，中、大型温室和大棚需要用循环泵进行强制循环。且热循环泵要保持包括弯水头损失在内的全扬程的流量，可用下式计算：

$$V_w = \frac{Q'_g}{252\Delta\theta_w} \tag{6-14}$$

式中，V_w 为每分钟的流量（L/min）；Q'_g为配管方式校正后的最大采暖负荷（kJ/h）；$\Delta\theta_w$为屋内配管的出入口热水温差（℃）。

配管系统的水头损失在这里省略。

例 6-4　南北长二连栋温室（7.2m×40m×2），计划用热水采暖，室内设定温度为 15℃，最大采暖负荷计算的结果是 Q_g=386000kJ/h，考虑作业性能用翅片管进行周围配管。另外，锅炉房紧邻接在温室的西角端。设计其配管方法。已知 q_p=1680kJ/(h·m)。

解　放热管长度：采用 50A25H9.5P 型的翅片管，放热管长度计算公式为

$$L_p = Q'_g / q_p$$

式中，$Q'_g = Q_g f_n$，$Q_g = 386000\text{kJ/h}$，由表 6-8 可知，采用周围配管时 $f_n = 1.05$，因此 $Q'_g = 386000 \times 1.05 = 405300$（kJ/h），$q_p = 1680\text{kJ/(h·m)}$，因此

$$L_p = \frac{405300}{1680} = 241(\text{m})$$

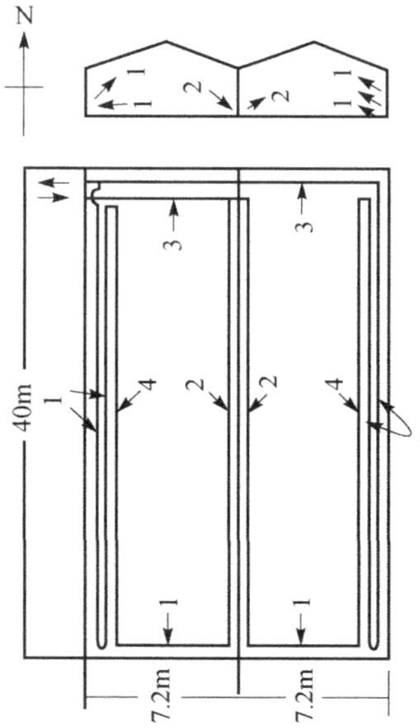

图 6-4　配管设计图

1-翅片管，50A25H9.5P；
2-翅片管，50A32H9.5P；
3-钢管，65A；4-钢管，50A

循环流量：循环流量计算公式为 $V_w = \frac{Q'_g}{252\Delta\theta_w}$，$Q'_g = 405300\text{kJ/h}$，设定配管出入口热水温差 $\Delta\theta_w$ 为 10℃，因此

$$V_w = \frac{405300}{252 \times 10} = 161(\text{L/min})$$

放热管的配置：上述流量流入径 50A 型的管内，若用 1～2 根管能得 0.5～1.0m/s 的流速。由于是二连栋温室采取左右对称的二管式配管，进水管（门管）用 65A 型的管时，161L/min 流量的部分流速约 0.6m/s，70L/min 的部分流速约 0.3m/s。

用翅片管在侧壁处配置 2 根，天沟下 2 根，共 6 根，由于有西北的季风在南侧配置 1 根，这时放热管的总长度 255m，达到需要量。也可以在天沟部改用的 50A32H9.5P 型的放热管，侧壁处再 1 根碳钢管，变为总共 3 层，这样从配管上看也合适。包括送水管在内换算为 50A25H9.5P 型的放热管时等于 335m。用图 6-4 表示。

2. 蒸汽采暖

蒸汽加温设备与热水加温设备大致相同，只是传热介质为热蒸汽，不是热水。锅炉内沸水所变的蒸汽，依靠低压或高压进入放热器内。蒸汽凝结成水时，放出潜热（大约每千克蒸汽放出 2090kJ 的潜热）来提高室温，然后凝结的冷水再沿着回水管回到锅炉内，继续汽化。

蒸汽加温比热水加温优越之处在于：因为蒸汽散热量大，能使室温迅速提高，适于栽培热带植物温室用。就是在普通温室内，蒸汽加温比热水加温的加温设备，蒸汽加温的锅炉小，能够节省 25%的加温设备费。同时在玻璃屋下的直铁管也细小，减少遮阴。但蒸汽的比热水的散热器冷却快，故前者的火力要强，加温技术复杂且热效率比热水采暖提高 30%左右，加温费较高。一般采用 70kPa 以下的低温蒸汽采暖。采用蒸汽加温设备时，锅炉容量和散热管长度的计算与热水加温设备相同。

3. 工业废弃热加温设备

在黑色冶金厂、发电厂、造纸厂、酒精厂、制糖厂、石油加工厂等生产过程中，常排放大量的废热。生产实践证明，每天用 100t 甜菜制糖所产生的废热，可供 4hm^2 保护地之用；一个石油加工厂的废热，可供 10～20hm^2 保护地之用，不但节省数目可观的锅炉建筑费，每年还可省去 28000t 的煤炭费，在冬春生产 4000～5000t 蔬菜。同时，废热通过保护地后

变成冷却水，重新回到工厂使用，代替了冷却塔，一举两得（图 6-5）。我国从 1954 年以来，在东北地区锦西、沈阳、哈尔滨、齐齐哈尔、长春等工业城市建立了废热温室温床，进行生产实验研究工作，特别是齐齐哈尔的废热温室已经大规模生产蔬菜。

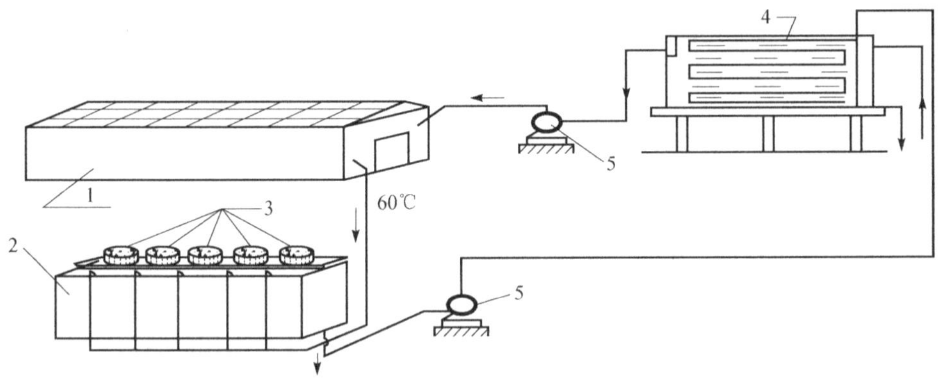

图 6-5　温室利用石油加工厂的废热采暖程序（邹志荣，2002）

1-温室；2-冷却塔；3-通风机；4-石油冷凝器；5-水泵

建立废热温室温床时，先要调查工厂废热的温度、压力、流量和数量等情况。废热温度在 70 以上的，可作冬季温室加温用；40 以上的，可作春季温室和温床加温用。一般工厂废热的压力是 490kPa，可以通过 2000～3000m 长的输热管输送到较远的温室内。到达温室调节室后，当时废蒸汽为 294kPa、120～130℃；进入变压管［8in（1in＝0.0254m）的总管］，变为 98～147kPa；在通过 6in 的干管，进入温室内 3in 的放热管，蒸汽散热凝结成 70℃以下时，引入温床内应用；在降到 30℃时，即可重新回到工厂作为冷却水用。如此，由高压逐渐变为低压，可使废热由工厂内迅速排出，防止产生“反压力”，以免减低工厂发动机功率和泵的功率，不至于影响工厂生产。还要考虑工厂检修或停电，无废热供应时，必须由一般蒸汽供应，以免中断加温而使蔬菜遭受冻害。

若在工厂附近建立保护地时，因为工厂烟筒排出大量的煤灰、杂质，玻璃面弄得很脏，必须经常擦洗玻璃，以免影响光照。

应当争取工厂大力支援，充分利用工厂的废管材和其他废料，以及水暖技术指导，以降低造价，有利生产。

近几年来，齐齐哈尔废热温室的生产实践证明：工业废弃热加温设备不但能节约燃料和锅炉设备、降低生产成本，还有以下几个优点。

（1）操作方便，减轻劳动强度。根据温室大小的需要，可以自由地调节放热管的开关阀栓，达到适温，操作简便，代替了传统加温的繁重劳动。此外，在热源充足、冬季外界气温不太严寒的地区，温室屋面上可以不盖席，既省投资，也减免了拉盖席的劳力。

（2）室内温度稳定，局部温差小。由于热源充足，使外界温度变化对室内温度变化影响很小。即便外界最低气温长期在－30～－20℃条件下，室内仍然能保持白天 20～30℃，夜间 16～18℃。同时，放热管设置在栽培床的四周，可使整个室内局部温差很小，它的水平、垂直温差大约仅是传统加温温室的 50％。

（3）扩大温室面积，便于机械耕作操作。由于热源充足，局部温差小，才有可能扩大栽培面积，建立大型温室。

6.1.4 地下热采暖的工程设计与设备

地下热采暖又称为温床。温床是在阳畦的基础上改进的保护地设施，他除了具有阳畦的防寒保温作用以外，还可以通过酿热加温、水暖加温及电热线加温等来补充日光增温的不足，因此，是一个既简单又实用的园艺作物育苗设施。地下热采暖的方式可以是酿热物采暖、电热采暖、热水采暖或者辐射采暖等方式。

1. 酿热温床

1）结构

酿热温床主要由床框、床孔（穴）、玻璃窗或塑料棚、保温覆盖物、酿热物五部分组成。酿热温床依照透明覆盖物的种类可分为玻璃温床和薄膜温床（多为拱形）；依照温床在地平面上的位置，可分为地上式、地下式和半地下式温床；依照床框所用的材料又可分为土框、砖框、草框和木框温床。目前用的最多的是半地下式土框温床，如图 6-6 所示。

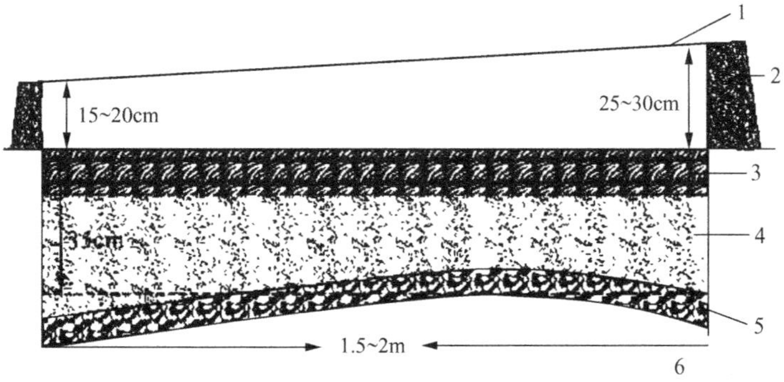

图 6-6 半地下式酿热温床示意图（单位：m）（易中懿等，2006）
1-盖窗；2-土框；3-床土；4-酿热物；5-碎草；6-床宽 1.5～2m

2）热原理及温度调节

酿热温床是利用微生物分解有机物质时所产生的热量来进行加温的。这种被分解的有机物质称为酿热物。通常，酿热物中含有多种细菌、真菌、放线菌等微生物，其中能使有机物较快分解发热的是好气性细菌。酿热物发热的快慢、温度高低和持续时间的长短，主要取决于好气性细菌繁殖活动情况，好气性细菌繁殖得越快，酿热物发热越快、温度越高和持续时间越短；反之，则相反。而好气性细菌繁殖活动的快慢又和酿热物中的碳、氮、氧气及水分含量有密切关系。因此，碳、氮、氧气及水分就成了影响酿热温床发热的重要因素。碳是微生物分解有机物质活动的能量来源；氮则是构成微生物体内蛋白质的营养物质；氧气是好气性微生物活动的必备条件；水分多少主要是对通气起调节作用。一般当酿热物中的碳氮比为（20～30）∶1，含水量为 70％左右，并且通气适度和温度在 10℃以上时微生物繁殖活动较旺盛，发热温度低，但持续时间长。若碳氮比大于 30∶1，含水量过多或过少，通气不足或基础温度偏低，但持续时间长。若碳氮比小于 20∶1，通气量多，则酿热物发热温度高，持续时间短。可见，我们可以根据酿热原理，以碳氮比、含水量及通气量（松紧）来调节发热的高低和持续时间。各种有机物质碳氮含量如表 6-11 所示。

表 6-11　各种酿热物的碳氮比（C∶N）

酿热物种类	C/%	N/%	C∶N	酿热物种类	C/%	N/%	C∶N
稻草	42.0	0.60	70	米糠	37.0	1.70	22
大麦秆	47.0	0.60	78	纺织屑	59.2	2.32	23
小麦秆	46.5	0.65	72	大豆饼	50.0	9.00	5.5
玉米秆	43.3	1.67	26	棉籽饼	16.0	5.00	3.2
新鲜厩肥（干）	75.6	2.80	27	牛粪	18.0	0.84	21.5
速成堆肥（干）	56.0	2.60	22	马粪	22.3	1.15	19.4
松落叶	42.0	1.42	30	猪粪	34.3	2.12	16.2
栎落叶	49.0	2.00	24.5	羊粪	28.9	2.34	12.3

资料来源：易中懿等，2006

2. 电热采暖

1）电加采暖的结构设置

电热采暖是利用电流通过电阻大的导体将电能转变为热能进行空气或土壤加温的加温方式。电热温床是在阳畦、小拱棚以及大棚和温室中小拱棚内的栽培床上，做成育苗用的平畦，然后在育苗床内铺设电加热线而成，电加热线埋入土层深度一般以 10cm 左右为宜，但如果用育苗钵或营养土块育苗，则以埋入土中 1～2cm 为宜。铺设拐弯处，用短竹棍隔。

2）电加热线参数的确定

温室中电热采暖的关键设备是电加热线，电加热线根据加热介质的不同，分为空气加热线和地热加热线两种。加热线的长度是采暖设计的主要参数，他的数值的大小取决于采暖大小，由加温面积、加热线规格和所用电源和电压等条件确定。加热线规格主要包括材料、截面面积和电阻率的大小。单位苗床和栽培床面积上需要铺设电热线的功率称为功率密度。电功率密度的确定应根据作物对温度的要求所设定的地温和应用季节的基础地温以及设施的保温能力而确定。通常，早春电热温床进行果菜类蔬菜育苗时，其功率密度可在 70～140W/m^2；华北地区冬季阳畦育苗时加温功率密度以 90～120W/m^2 为宜，温室内育苗时加温功率密度以 70～90W/m^2 为宜；东北地区冬季温室内育苗时加温功率密度以 100～130W/m^2 为宜。上海农机所生产的电热线系列的主要技术参数如表 6-12 所示。

表 6-12　上海农机所生产的土壤加温用电热线主要技术参数

型　号	工作电压/V	电流/A	额定功率/W	长度/m	塑料外皮颜色
DV20406	220	2	400	60	棕
DV20608	220	3	600	80	蓝
DV20810	220	4	800	100	黄
DV21012	220	5	1000	120	绿

资料来源：易中懿等，2006

3）布线方法

在苗床床底铺好隔热层，压少量细土，用木板刮平，即可以铺设电加温线。布线时，先按所需总功率的电热线总长，计算出或参照表 6-13 找出布线的平均间距，按照布线间距在床的两端距床边 10cm 远处插上短的竹棍（靠床南侧及北侧的几根竹棍可比平均间距密些，中间的可稍稀些），然后把电加热线的引线放在一侧，便于连接。另外，若所用电加热线超过两根以上时，各条电加热线都必须并联使用而不能串联。

表 6-13　不同电热线规格和设定功率的平均布线间距（cm）

设定功率/(W/m²)	电热线规格			
	每条长 60m、400W	每条长 80m、600W	每条长 100m、800W	每条长 120m、1000W
70	9.5	10.7	11.4	11.9
80	8.3	9.4	10.0	10.4
90	7.4	8.3	8.9	9.3
100	6.7	7.5	8.0	8.3
110	6.1	6.8	7.3	7.6
120	5.6	6.3	6.7	6.9
130	5.1	5.8	6.2	6.4
140	4.8	5.4	5.7	6.0

资料来源：易中懿等，2006

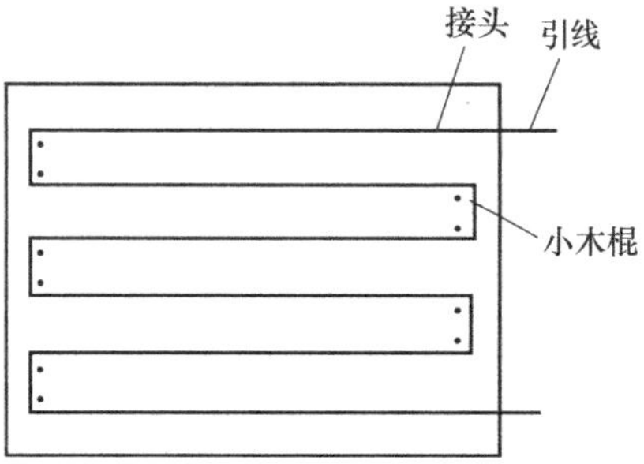

图 6-7　电热温床布线示意图
（易中懿等，2006）

4）电热加温设备

电热加温（图 6-7）的设备主要有电热加温线、控温仪、继电器（交流接触器）、电闸盒、配电盘（箱）等。其中，电热加温线和控温仪是主要设备。但如果电热温床面积大，电热线安装的功率超过控温仪的直接负载能力时（≥2000W），则需要在控温仪和电热线中间安装继电器。当电热线的总功率大于控温仪最大允许负载时，可采用单相加控温仪和继电器连接法，如果不加继电器，则会把控温仪烧坏。

一般电热线和控温仪均有专门生产的厂家，上海农机研究所生产的电热线和 WKQ-1 型控温仪，目前应用较多。电热温床主要用于冬春园艺作物育苗，以果菜类蔬菜育苗应用较多。

采用电热采暖不受季节、地区限制，可根据种植作物的要求和天气条件控制加温的强度和加温时间，具有升温快，温度分布均匀、稳定，操作方便等优点。缺点是耗电量大，运行费用高。多用于育苗温室的基质加温和实验温室的空气加温等。

3. 辐射采暖

辐射采暖是利用辐射加热器释放的红外线直接对温室内空气、土壤和植物加热的方法。它是 20 世纪 70 年代初首先在美国开始应用的一种加热技术。其加温原理就像白天太阳照射进温室一样，辐射红外线在照射到所遇到的物体后光能转换为热能使其表面温度升高，进而通过对流和传导将物体及周围空气温度提高。辐射加温管可以是电加热，也可以是燃烧天然气加热。辐射源的温度可高达 420～870℃。其优点是升温快、效率高，设备运行费用低，温室内种植作物叶面不易于结露，有利于病虫害防治，对直接调节植物体温、光合作用及呼吸、蒸腾作用有明显效果，但设备要求较高，设计中必须详细计算辐射的均匀性，对反射罩及其材料特性要慎重选择。对单栋温室由于侧墙辐射损失较大，使用不经济。目前国内还没有专门的厂家生产温室专用的辐射采暖器。

6.1.5　其他采暖工程与设备

除了热水采暖、电热采暖和辐射采暖外，还有热风采暖。

热风采暖是通过热交换器将加热的空气直接送入温室提高室温的加热方式。这种方法由于是强制加热空气，一般加温的热效率较高。热风采暖加热空气的方法可以是热水或蒸汽通过换热器换热后由风机将热风吹入室内，也可以是加热炉直接燃烧加热空气，前者称为热风机，后者称为热风炉。热风机有电热风机、热水热风机、蒸汽热风机，根据燃烧的燃料不同而分类。输送热空气的方法有采用管道输送和不采用管道输送两种方式。前者是输送管道上开设均匀的送风孔，室内气温比较均匀，输送管道的材料可以是塑料薄膜筒或帆布缝制的筒；输送管道的布置可以在空中，也可以在栽培床下，视种植需要确定。

热风采暖由于热风干燥，温室内相对湿度较低，此外由于空气的热惰性较小，加温时室内温度上升速度快，但在停止加温后，室内温度下降也比较快，易形成作物叶面积水，加温效果不及热水或蒸汽采暖系统稳定。由于加温筒内的空气温度较高，在风筒出风口附近容易出现高温，影响作物生长，设计中应控制风筒出风口温度，减小对作物的伤害。

相比热水加温系统，热风加温运行费用较高，但其一次性投资小，安装简单。主要使用在室外采暖设计温度较高（−10 以上）、冬季采暖时间短的地区，尤其适合于小面积单栋温室，在我国长江流域以南地区使用。

热风采暖系统设备的选型主要根据采暖热负荷和热风机或热风炉的产热量大小确定。一般要求热风采暖供暖热负荷应大于温室计算采暖热负荷 5%～10%。目前国内外有关热风采暖设备和规格都较多。

6.2　温室通风的工程设计与设备

温度、湿度和气体是影响作物生长的重要因素。温室是一个半封闭系统，依靠覆盖材料形成与外界相对隔离的室内空间，一方面要以通风换气创造适于植物生长并优于室外自然环境的条件。另一方面，对室内产生的高温、高湿和低 CO_2 浓度等不利于植物生长的环境状况也需以通风换气进行有效的调控。温室通风换气的主要作用主要体现在以下几个方面：①排除多余热量，抑制高温；②补充 CO_2，维持温室内必要的 CO_2 浓度；③排除室内水汽，降低室内空气湿度；④促使室内空气流动，促进植物群落中的气体交换。

根据温室通风换气的目的，要满足其功能要求，在其设计上要求温室的通风系统能够提供足够的通风量，可以有效地调节室内气温、湿度和 CO_2 浓度，以满足室内栽培植物正常生长发育所要求的条件。温室通风系统设计时也应考虑到栽培植物的种类、生育阶段、栽培地区和栽培季节的不同和一天内不同的时间、不同室外气候条件时通风要求的不同，因此温室的通风能力应该根据需要在一定的范围内可以按需调节。此外，为了保证植物具有适宜的叶温和蒸腾作用强度以及有利于 CO_2 扩散和吸收，要求室内应有适宜的气流速度，一般应为 0.3～0.5m/s，当湿度和光照强度比较高时可以适当提高气流速度。也要求通风换气系统的布置应使室内气流尽量分布均匀，在冬季也要注意避免冷风直接吹向植物。

通风系统不仅要满足功能要求，还要从经济方面综合考虑，通风换气系统尽量选用成本低、耐用、运行效率高及运行管理费用低的设备。在使用和管理方面，要求通风换气设备运行可靠，操作控制简便，遮阳面积小，并且不妨碍室内的生产作业。

6.2.1 换气次数

换气次数是衡量温室通风能力的主要标志，它表示单位时间内室内外空气交换的体积与温室内体积的比值，其单位是次/h，在温室环境调控工程中还常采用换气次数来表示通风能力的大小。温室通风能力的表示方法还可以用温室的设计通风量（Q）表示，设计通风量有时也称设计换气量，是依靠温室通风系统的能力，在单位时间内交换的室内外空气的体积，单位为 m^3/s。通风量和换气次数的关系为

$$换气次数=\frac{通风量}{温室的容积}$$

根据控制室内气温、湿度和 CO_2 浓度等方面需要确定的温室通风量称为必要通风量。设计通风量一般应大于必要通风量，二者概念是有区别的。但在一般不致产生混淆时，二者采用同一符号和单位表达。

确定温室设计通风量的依据是温室的必要换气量，后者需根据温室所在地区的气候条件、温室的使用季节和栽培植物的要求等条件进行计算确定。

温度条件常是温室环境调控中首要的调控目标，同时抑制高温的必要通风量最大，通风量满足抑制高温方面要求时，也能够相应地满足排湿与补充 CO_2 方面的要求。但在寒冷时期，温室内没有通风抑制高温的要求，这时应根据排湿与补充 CO_2 方面要求确定合适的通风量。

1. 温度调节所需必要通风量的计算

以温度控制为目的的通风量计算，是考虑在夏季炎热时期，正午日照最强，气温接近最高值的时刻，为了使温室内维持一定的温度，排除室内多余热量所需要的通风量，可根据该时刻温室的热量平衡关系得出。

正午时，当忽略通过温室地面传导的热量时，温室要满足抑制高温要求的通风量用通风率来表示为

$$q=\frac{\alpha S_0(1-e)-KW(t_{内}-t_{外})}{c_p\rho_a(t_{内}-t_{外})} \tag{6-15}$$

通风率表示单位温室面积、单位时间内的换气量，单位为 $m^3/(m^2\cdot s)$。

式中，q 为温室通风率 $[m^3/(m^2\cdot s)]$；α 为温室受热面积修正系数，一般取 1.0～1.3；S_0 为温室吸收的太阳辐射热（W/m^2），$S_0=\tau S(1-\rho)$，其中 τ 是温室覆盖透光率，在无室外遮阳网和室内遮阳幕时取 0.6～0.7，有室外遮阳网时取 0.2～0.3，有室内遮阳幕时取 0.3～0.4，S 是室外水平面太阳总辐射照度（W/m^2），ρ 是室内日照反射率，一般取为 0.1；e 为温室蒸腾、蒸发潜热与温室吸收的太阳辐射热之比，一般取 0.5～0.7，室内土壤潮湿、植物繁茂、室内外空气相对湿度低时取大值；K 为温室各个覆盖材料表面的传热系数 $[W/(m^2\cdot ℃)]$，温室常用覆盖材料的传热系数在近似计算时按表 6-14 取值；W 为散热比，是外覆盖材料的表面积和与地面面积的比值；$t_{内}$ 为温室内平均温度（℃）；$t_{外}$ 为温室外气温（℃）；c_p 为空气的定压质量比热容，一般取 1010J/(kg·℃)；ρ_a 为室内空气密度（kg/m^3），有 $\rho_a=353/(t_i+273)$。

所以，通风量

$$Q=A_sq \tag{6-16}$$

式中，A_s 是温室地面面积（m^2）。

从式（6-15）看出，温室通风率 q 与室内外温差（$t_{内}-t_{外}$）为双曲线函数关系。

表 6-14　各种覆盖保温材料的传热系数（以单层玻璃覆盖为参照）

覆盖方式		覆盖材料	传热系数 K/[W/(m²·℃)]
单层覆盖		玻璃	6.2
		聚乙烯薄膜	6.6
室内保温覆盖	固定双层覆盖	玻璃＋聚氯乙烯薄膜	3.7
		双层聚乙烯薄膜	4.0
		中空塑料板材	3.5
	（外层覆盖＋）	聚乙烯薄膜	4.3
	单层活动保温幕	聚氯乙烯薄膜	4.0
		无纺布	4.7
		混铝薄膜	3.7
		镀铝薄膜	3.1
	（外层覆盖＋）双层保温帘	二层聚乙烯薄膜保温帘	3.4
		聚乙烯薄膜＋镀铝薄膜保温帘	2.2
		双层充气膜＋缀铝膜保温帘	2.9
室外覆盖	活动覆盖	稻草帘与苇帘	2.2～2.4
		复合材料保温被	2.1～2.4

资料来源：马承伟等，2008

如图 6-8 中显示：随着通风率的增大，室内外温差降低的速率下降，通风效应降低；遮阴对抑制室内高温有显著作用，可大大减少通风率。所以，在温室建设时，应考虑采用遮阳设施。但是，仅靠通风和遮阴降温的效果有限，在炎热夏季，室外温度已经很高，通风和遮阴已经不起作用，必须采用对空气进行降温措施降低室内温度。

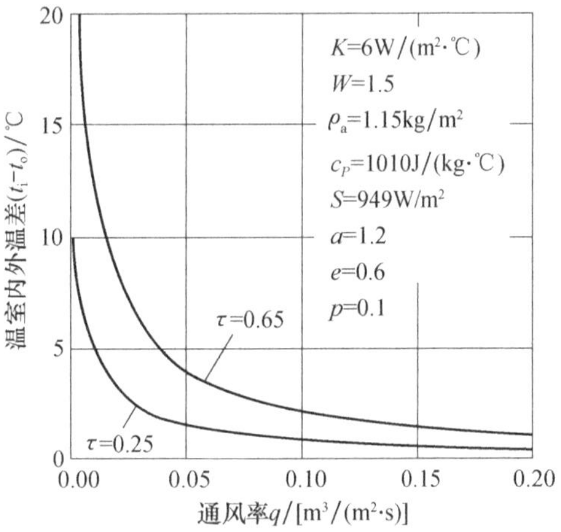

图 6-8　温室通风率与室内外温差（周长吉等，2003）

2. 补充 CO_2 浓度所需的通风量

在日出之后植物进行光合作用，温室内空气中的 CO_2 浓度逐渐降低，至上午 10 点，CO_2 浓度降至最低，即使还有温室内土壤微生物的呼吸和有机物质分解将放出 CO_2，也不会显著改变植物处于 CO_2 饥饿状态的情况。为维持植物继续进行光合作用，在日出后就应考虑通风换气将室外空气引入温室，以补充室内 CO_2 浓度的不足。为了维持室内 CO_2 浓度所需的必要通风率（q_c）可以由下式确定：

$$q_c=\frac{p_1-p_s}{\rho_{c内}-\rho_{c外}} \tag{6-17}$$

式中，q_c 为通风率 [$m^3/(m^2 \cdot s)$]；p_1 为单位面积上植物光合作用对 CO_2 的平均吸收强度，与植物的种类、密度、生长状况、温度、光照等因素有关，一般取 $0.7\times10^{-3}\sim2\times10^{-3}$ g/(m²·s)；p_s 为单位面积上温室土壤 CO_2 的呼出强度。据测定，可以按以下经验公式计算：

$p_{s0}=p_{s0}\times 3^{t/10}$，$p_{s0}$为土壤0℃时$CO_2$释放量，一般肥沃土壤取$0.01\times 10^{-3}$g/(m^2·s)，$t$为土壤温度（℃）；$\rho_{c内}$为设定的室内空气的$CO_2$质量浓度（g/m^3）；$\rho_{c外}$为室外空气的$CO_2$质量浓度（g/m^3）。

维持室内CO_2浓度的必要通风率与室内外CO_2浓度差也呈双曲线关系，因此，利用通风换气来保证室内的浓度是有一定限度的，室内CO_2浓度最多只能达到比室外略低的水平。但维持室内CO_2浓度的必要通风率远低于抑制高温的必要通风率，因此，在为抑制室内高温进行通风时，室内CO_2浓度容易达到接近室外CO_2浓度的极限水平。而在室外气温较低时期，靠增大通风率来提高CO_2浓度不仅效率低，而且通风热量损失增大，所以应综合考虑合理确定通风率，或为提高温室产品产量和质量水平，温室密闭管理，进行CO_2增施，可以达到室内CO_2浓度高于室外的水平，并且可避免因通风损失室内的热量。

所以，为维持室内CO_2浓度所需的必要通风量为

$$Q=A_s q_c \tag{6-18}$$

式中，A_s为温室地面面积（m^2）。

3. 降低室内空气湿度所需的必要通风量

温室通风换气可以排出室内相对较湿的空气，引入室外相对干燥的空气达到降低室内湿度的目的。其必要通风量需能够排除室内设定气温和相对湿度条件下植物蒸腾和土壤蒸发所产生的水汽量。因此控制温室内湿度的必要通风率按下式确定：

$$q_w=\frac{w}{\rho_a(W_{内}-W_{外})} \tag{6-19}$$

式中，w为室内每单位温室面积产生的水汽量[g/(m^2·s)]；ρ_a为室内空气密度，$\rho_a=353/(t_{内}+273)$；$W_{内}$、$W_{外}$为室内、室外空气的含湿量（g/kg)(干空气)。

在白天，$w=ea\tau S(1-\rho)/r$，其中，e是温室蒸腾、蒸发潜热与温室吸收的太阳辐射热之比，一般取0.5～0.7，室内土壤潮湿、植物繁茂、室内外空气相对湿度低时取大值；a是温室受热面积修正系数，取1.0～1.3；τ是温室覆盖材料透光率；S是室外水平面太阳总辐射照度（W/m^2）；ρ是温室内日照反射率；r是水的蒸发潜热（2442kJ/kg）。

在晚上，$w=K(p_{ws}-p_w)$，其中，K是质交换系数（s/m）；p_{ws}是室内气温下的饱和蒸汽压力（Pa）；p_w是室内气温下的水蒸汽分压力（Pa）。

所以，控制温室内湿度的必要通风量　$Q=A_s q_w$ (6-20)

式中，A_s是温室地面面积（m^2）。

6.2.2 自然通风的工程及设备

根据通风系统的工作动力不同，分为自然通风和机械强制通风。自然通风因投资省、运行不消耗动力，节能、经济，在日光温室、多数塑料大棚和养殖设施自然通风方式得到广泛采用。机械强制通风是利用风机作为动力，强制实现室内外通风换气。虽然要消耗一定的能源，但通风效果可靠，且便于按需要进行调节和控制，因此在较大型的以及对环境调控要求较高的温室中得到普遍采用。

1. 自然通风的通风量的确定

自然通风是利用热压和风压进行，这在日光温室和塑料大棚上使用较为普遍，采用的方

法也有许多种类型。例如，可以打开天窗或侧面进行通风换气，也可以把塑料薄膜上下拉开个缝或将塑料薄膜卷起来进行。

自然通风系统主要有通风窗及相应的开窗机构组成，窗户的开启方式有手动、电动和自动控制三种方式。自然通风系统的设计工作是根据其通风原理，依据温室通风的要求，合理确定通风窗的位置和大小。现代化大型温室或养殖设施也设置自然通风系统，在运行过程中，由计算机判别，自动优先启用自然通风系统。在自然通风不能满足要求时，控制系统自动先关闭自然通风系统，再开启强制通风系统。

风窗有天窗、侧窗之分，此外还有卷动式换气窗。换气窗的大小要适当，分布均匀。对于自然换气来讲，影响因素是多方面的。按照降温排湿的要求，排气窗应越大越好，但还应考虑到保温的要求，因为日光温室和塑料大棚在深秋与初冬时，其保温功能是首要的。经过多年实践证明，单坡面日光温室的通风面积为玻璃屋面面积的 25%～30%，双屋面连栋日光温室的通风面积，天窗占屋面玻璃面积的 25%，侧窗占立面玻璃面积的 70%，一般塑料大棚通风口的面积应占大棚表面积的 16%。

棚室四周的风窗，应尽量分布均匀，只有这样，温室和塑料大棚内的温度才能均匀。而侧窗的位置，除要考虑均匀分布外，还要考虑到整座建筑的结构、受力的平衡与整体强度问题，尽量设在与檐高相齐的高度。图 6-9 是几种换气窗的形式和位置。

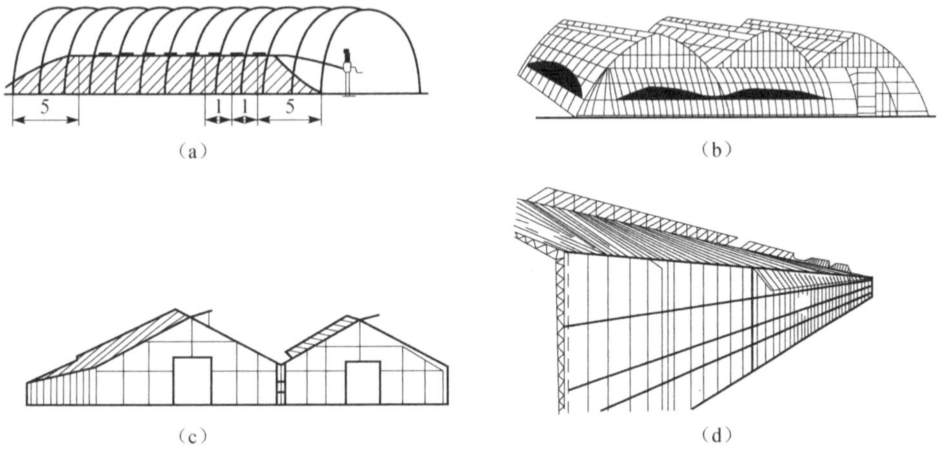

图 6-9　换气窗的形式和位置（张晓东等，2002）

(a) 卷动换气窗（1 代表相邻两个压膜线的间距是 1m，5 代表距离棚头 5m 处开侧窗）；
(b) 一侧天窗外推四周卷起形式；(c) 天窗两面外推式；(d) 一侧天窗、两面侧窗外推式

1）热压作用下的自然通风量

热压作用的通风本质是利用重力换气，在无风天气，室内温度高于室外温度，形成一定的温差，此时，开启侧窗和天窗，使空气产生对流达到降低室温的目的。此种方法称为重力换气，其换气量可按下式计算：

$$Q_1 = \alpha A \sqrt{2gh \frac{t_1 - t_2}{273 + t_1}} \tag{6-21}$$

式中，Q_1 为换气量（m^3/s）；α 为窗户开启程度系数；A 为开窗面积（m^2）；g 为重力加速度，$g=9.8m/s^2$；h 为上下窗之间的垂直距离（m）；t_1 为室内气温（℃）；t_2 为室外气温（℃）。

式中的开窗面积，如果是开窗式（不是全部敞开，只开一个角度），那么计算出的 Q 值应再乘以系数 α，α 随窗的开启角度变化而变化，开启角度越小，α 值越小，一般开启 45°时，$\alpha=2$。

由该公式可见：①热压作用下的自然通风量与设施内外的温度差呈正相关。温度差越大，自然通风量就越大。②自然通风量还与通风窗之间的垂直距离成正比，距离越大，通风量就越大。所以，在建筑上，都尽可能地增大距离。这就是为什么在设施，尤其是在温室上开设天窗和侧窗的道理，为达到良好的自然通风效果，通风时应同时开启天、侧窗。③高烟囱的设计原理也是为了增大通风量而如此设计的。

2）风压作用下的自然通风量

由于设施的阻挡，气流发生绕流，在设施四周出现不同的、变化的气压分布：设施的迎风面使气流受阻，流速降低，气压增高；在设施的侧面和背风面气流流速增加，产生涡流，气压降低，这种空气静压的升高和降低使温室内外出现空气压差，这个压差称为风压。由于风压的作用，设施迎风面的室内气压低于室外气压，室外空气就可以从设施的迎风面的通风口进入设施；由于设施侧面和背风面的室内气压高于室外气压，所以设施内部的空气便从通风口（或缝隙）流出设施。

所以，空气从迎风面进入设施，从背风面和侧面流出设施，这就是风压作用下的自然通风原理。对于风压作用下的自然通风量（Q_2，m^3/s），美国通常使用如下经验公式计算：

$$Q_2 = EA_1 v_0 \tag{6-22}$$

式中，E 为通风有效系数，风向垂直于墙面时，取 0.5～0.6，风向倾斜于墙面时，取 0.25～0.35；A_1 为进风口总面积（m^2）；v_0 为室外风速（m/s）。

3）热压和风压同时作用下的自然通风量

$$Q = \sqrt{Q_2^2 + Q_1^2} \tag{6-23}$$

$$温室一次通风时间 = \frac{温室的总容积}{Q}$$

由于自然风力和风向变化较大，且受到地形、附近建筑物、树木等障碍物的影响，利用风压的自然通风效果很不稳定。在设计自然通风时，为保证有足够的通风能力，通常只考虑热压自然通风，并据此作设计计算，确定通风系统。

2. 温室中自然通风系统的布设原则

1）通风系统保证有足够的通风能力

为保证有足够的通风能力，应满足以下要求：①应使进、排风口的距离尽可能大，所以温室在最高处（屋脊）设置天窗，在侧面底部设置侧窗。②但在连栋塑料温室中，为减少屋面覆盖的接缝和方便操作等方面的考虑，天窗较多的设置在屋面弧形的下弦。③尽可能的增大通风口的面积，也是确保足够通风量的措施，为此，可以在温室的整个长度风向上开设天、侧窗。④塑料薄膜温室宜采用卷膜式通风，能够获得较大的通风面积，且机构简单、操作方便。⑤增加开窗宽度能够提高通风面积，但是会对窗户的开启和关闭带来困难，密封难度加大，对开窗机构的要求也相应提高，所以一般不采用。

2）尽量充分利用风压，以增大自然通风量

符合以下设计要求，可使通风量更加合理：①通风窗口的设置应尽可能使风压通风和热压通风的气流方向保持一致；②应使天窗排风方向位于当地主导风向的下风方向，避免室外空气从天窗倒灌；③屋脊型温室的天窗应以屋脊为界对称开设，并分别控制，以适应不同的风向；④室内气流分布合理、均匀；⑤通风系统调节方便。

3. 温室自然通风的常用设备

常用的自然通风设备主要有开窗机构和卷膜机构两种。从本质上讲，实现自然通风的设备一般指的是温室的开窗设备，卷膜机构实质上也是一种塑料膜简易开窗机构。

1）开窗机构

温室开窗机构是指在温室中使用人力和电力，通过特殊的传动机构控制天窗或侧窗的启闭的设备系统。温室中常用的开窗系统有齿轮-齿条开窗、曲柄连杆开窗、四连杆开窗、推拉窗、保利窗等，除推拉窗外，一般都采用电力驱动，在一些电力不能保证的地区，可在电动的基础上增加手动功能，避免停电给温室生产带来困难。

(1) 齿轮-齿条开窗机构。齿轮-齿条开窗机构是目前最常用的一种开窗机构，其核心部件就是齿轮-齿条，附属配件随着机构整体的不同而有差异。该机构性能稳定、运行安全可靠，承载力强、传动效率高、运行精确、便于实现精确自动控制。因此是大型连栋温室开窗机构的首选形式。

齿轮-齿条开窗机构有两种型式：排齿开窗机构和推杆开窗机构。排齿开窗机构是由齿条直接推动窗户启闭，而推杆开窗则是由齿轮齿条将动力传递至推杆，再由推杆传递至开窗支杆，由开窗支杆推动窗户启闭。用在顶部时，排齿开窗可以单面或双面连续开窗，但推杆开窗只能以间隔方式进行，在相同的条件下，排齿开窗面积较推杆开窗大 1 倍多。排齿开窗机构多用于塑料温室、PC 板温室或通风要求高的大跨度单屋脊玻璃温室，而推杆开窗则主要用于小屋面型玻璃温室。当小屋面玻璃温室需要增大通风量时，也可以采用排齿开窗，但造价较高。另外对于温室侧墙的开窗，如选用齿轮-齿条机构，则只能采用排齿方式。图 6-10 所示为排齿开窗布置图。

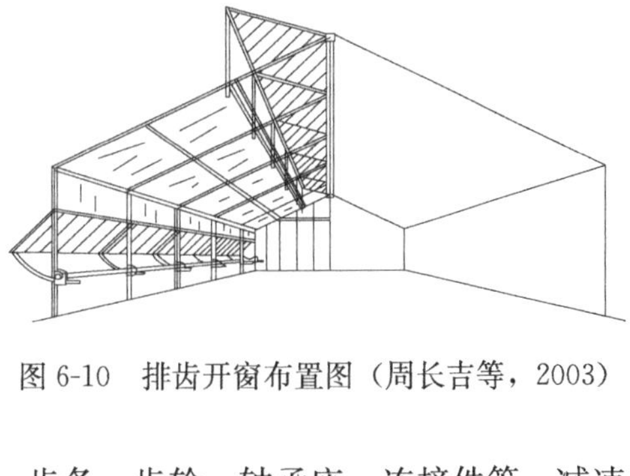

图 6-10　排齿开窗布置图（周长吉等，2003）

排齿开窗的主要设备配件有减速电机、传动轴、齿条、齿轮、轴承座、连接件等。减速电机固定在温室骨架上，输出端与传动轴上，齿条与齿轮啮合。齿条的一端与通风窗边由连接件相连。当减速电机转动时，带动传动轴转动，传动轴带动齿轮转动，齿轮带动齿条移动，从而实现窗户的启闭，如图 6-11 所示排齿开窗机构示意图。在齿轮-齿条开窗机构中，齿轮-齿条是决定整个机构可靠性和开窗效果最关键的设备。齿轮-齿条啮合是否正确，加工精度是否达到要求，材料是否可靠，都极大地影响着开窗机构工作情况。同时，对开窗机构形式的选择也要科学合理地进行，要从温室使用、经济指标、种植要求、当地情况等诸多方面进行科学合理地比较和分析。

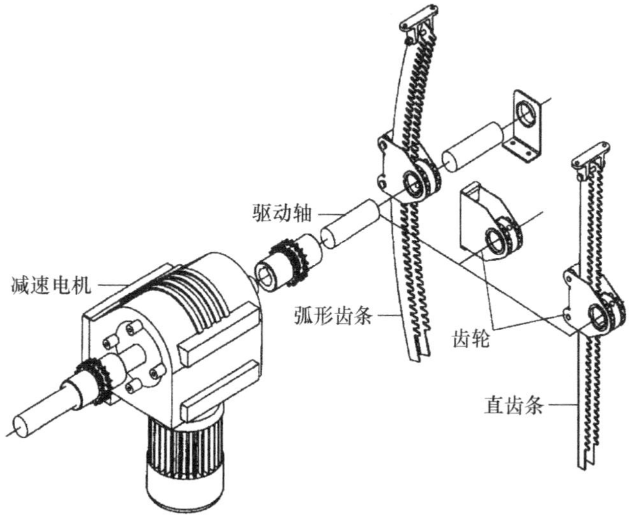

图 6-11 排齿开窗机构示意图（周长吉等，2003）

排齿开窗机构中的齿轮-齿条，在目前的温室使用中主要有两种类型，一种是双排齿形，一种是冲孔型（图 6-12）。双排齿型又分为直齿齿条和弧形齿条两种，其性能稳定、运行可靠精确。冲孔型加工简单，价格便宜，但承载力弱，同时在运行中容易产生积累误差，精度和可靠性都稍差。

推杆开窗的主要设备配件有：减速电机、传动轴、齿条、齿轮、推杆、支杆、连接件等。推杆与齿条顺序相连，支杆一端固定于窗边。一般一个窗户由 3 或 4 个支杆支撑。减速电机和传动轴的安装与排齿开窗相同。工作时，减速电机通过传动轴及齿轮带动齿条前后移动，齿条推动推杆移动，推杆将推力或拉力传递至支杆，将窗户打开或关闭。

推杆开窗机构的齿轮-齿条及其运动有两种类型：轨道式、摆臂式，机构原理如图 6-13 所示。

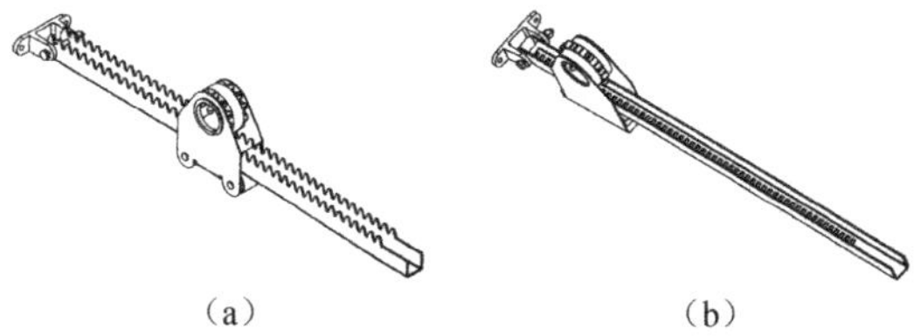

图 6-12 齿轮-齿条（周长吉等，2003，并略修改）

(a) 双排齿型齿轮-齿条；(b) 冲孔型齿轮-齿条

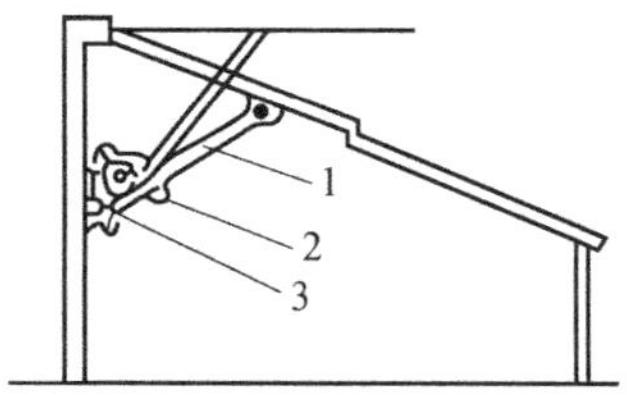

图 6-13 推杆开窗机构原理图

1-齿条；2-电动机；3-限位板

(2) 钢索开窗机构。开窗机构由电机带动传动轴转动，在开窗撑杆处装配一个动滑轮，钢丝绳索一端固定在其另一端，通过传动轴连接在套管上，套管套在铅垂定位的导向杆上，在套管上，对称铰接着两根开窗撑杆。开窗时启动电机，通过一对蜗轮蜗杆驱动传动轴转动时，传动轴卷起钢丝绳，拉动套管沿导向杆上升，两撑杆即推开窗扇。开窗角度可以由电动机开关控制，为限制开窗的最大位置，在导向杆上装有行程开关，当套管上升碰到行程开关时，便会自动关闭电机，停止开窗动作。关闭窗户时，使电机反转，松开卷起的钢丝绳，天窗靠自重复位。

(3) 曲柄连杆开窗机构。如将排齿开窗机构中的齿轮-齿条换成曲柄连杆，就是曲柄连杆开窗系统，如图 6-14 所示。此机构多用于早期国产塑料温室，在南方地区多见。其优点是加工简单、价格低。此机构易损坏、返修率高；磨损大，引起启闭误差大；开窗不到位、闭窗不密封等缺点，现在基本上趋于淘汰，已渐渐被排齿开窗机构所替代。

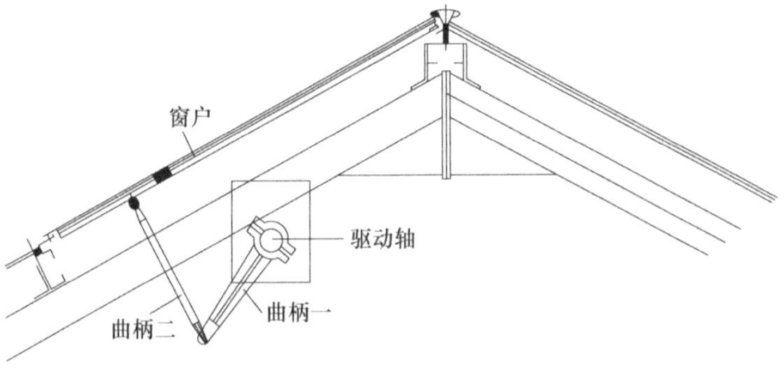

图 6-14　曲柄连杆开窗机构示意图（周长吉等，2003）

2）卷膜开窗机构

卷膜开窗机构的主要应用在塑料膜温室中，有时在双层充气温室中为了设置简易通风口，也采用卷膜机构。其功能是对塑料膜实施卷放操作，以达到开启或关闭通风口的目的。使用卷膜机构的通风系统又称为卷膜通风。

常用的卷膜机构有手动和电动两大类，其核心设备为手动或电动卷膜器。卷膜器工作时，带动卷膜轴转动，从而将塑料膜卷于卷膜轴上，形成通风口。手动卷膜器所配卷膜轴常用直径为 19mm 或者 22mm 镀锌钢管，电动卷膜器所配卷膜轴直径一般为 25mm 的镀锌管。组成卷膜机构的配件主要有手动或电动卷膜器、卷膜轴、竖杆、膜卡等，有时由于卷膜器不同，还可能会增加一些支架或连接件，国内常用的卷膜机构如图 6-15 所示。

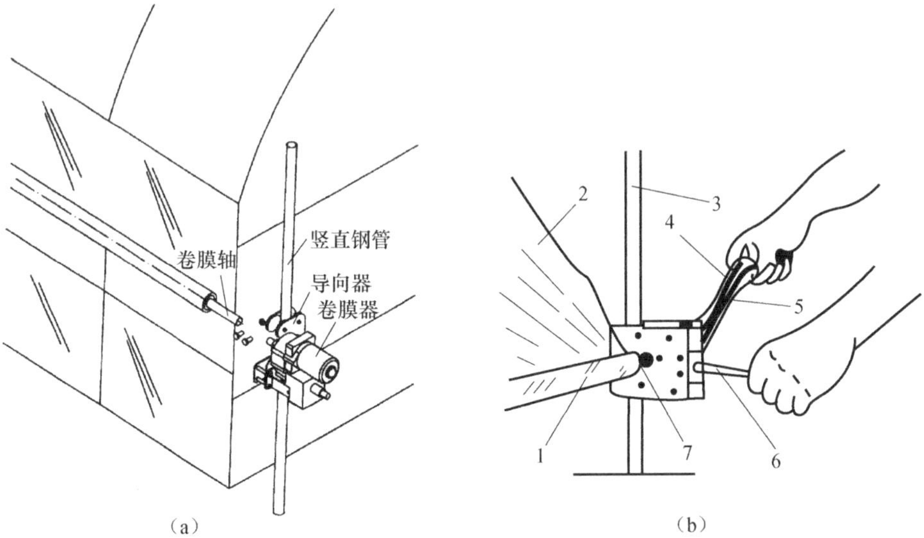

图 6-15　卷膜机构设备组成示意图（张晓东等，2002）
(a) 电动卷膜机构；(b) 手动卷膜机构
1-卷膜杆；2-薄膜；3-立拄；4. 手柄；5-棘爪手杆；6-固定把手；7-棘轮轴

手动卷膜器使用形式多种多样，总的来说，手动卷膜器分为顶部和侧墙两种形式，顶部即圆拱屋面的卷膜通风口，侧墙指温室侧墙或山墙。使用位置不同，卷膜器本身及其安装方式都大不相同，但一些附件如卷膜轴等是相同的。

手摇式卷膜机，可配于各类骨架塑料大棚，用来开地窗或侧窗，最大开启高度不超过1.6m，目前应用最广。其工作原理是，摇动手柄，带动卷膜杆转动，将薄膜卷在卷膜杆上，同时卷膜机沿两侧立柱攀升。当攀升到所需位置时，停止摇动手柄，棘轮被棘爪卡住，即停留在开窗位置。需要关闭窗口时，只要松开棘爪，卷膜杆以自动反转落下，这时应用手握住手柄，防止因反转速度过快，损坏零件和薄膜。

电动卷膜是大型温室中最常用的卷膜方式。与手动卷膜相比，它具有寿命长、运行稳定、节约劳动力成本、可实现自动控制等多种优势。目前最常用的电动卷膜设备有三种，分别为电动卷膜器、软轴卷膜系统和管式电机卷膜。

电动卷膜器主要用于温室圆拱通风口和竖直通风口通风两种位置。电机采用直流小功率电机，以保证电动卷膜器运行的平稳。电动卷膜器造价低，控制灵活，便于维护和维修，是电动卷膜诸设备中最常用的一种。

软轴卷膜系统是几年前在日本、韩国发展起来的一种卷膜通风机构。它的工作原理是，一台减速电机通过驱动轴带动一组扭矩分配器转动，再由扭矩分配器通过钢丝软轴将扭矩传递至一组卷膜输出器，卷膜输出器对一排圆拱屋面进行卷膜操作。

管式电机卷膜是使用管式电机套于卷膜轴中，电机即可带动卷膜轴进行卷膜。

4. 机械强制通风工程与设备

自然通风的效果受到设施结构、地理位置、自然风力、温度等诸多自然因素的影响，通风能力有限，不能达到最佳换气效果和维持室内有一定的风量，尤其是跨度大、棚架长的连栋日光温室和塑料大棚，自然换气往往达不到要求。因此，近几年越来越多的温室采用强制通风换气。机械强制通风利用风机作为动力，强制室内空气流动，实现通风换气。虽然需要消耗一定的能量，但通风效果好，便于按需实施调节，普遍运用于大型温室和对环境控制要求高的设施。

强制通风换气有明显的降温和增产效果。据试验测试表明，使用直径60cm，功率300W，排风量150m^3/min的排风扇，开动30min，棚室内温度可下降6.4℃。强制通风换气，加速温室内的通风速度，达到降温和排湿的目的，能促进作物的生长。

机械通风系统的设计，需确定通风系统的形式和布置方案，计算所需通风量和通风阻力，据此选择风机，确定进排风口的面积与形状，需要时还要对送风管道进行设计。

1）温室中机械通风的基本形式与布置

机械通风一般分为三种通风系统形式，分别为进气通风系统、排气通风系统和进排气通风系统。

（1）进气通风系统。又称正压通风系统，采用风机将室外的新鲜空气强制送入室内。使室内空气形成高于室外的正压，迫使室内气体从排气口流出。其布置形式如图6-16（a）所示。其优点是：①对温室的密封性不高；②可直接对进风加温，便于对温室实施加温处理。其缺点是：风口朝向室内，风速较高，如果风量过大，会造成作物的损伤。为使气流在室内分布均匀，往往在风机出风口连接塑料薄膜风管，通过风管上分布的小孔，将气流均匀分配输送入室内。

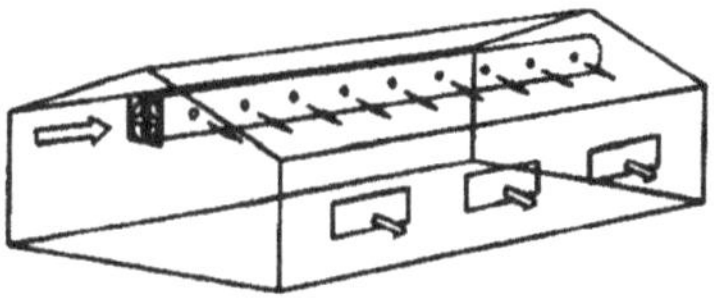

(a)

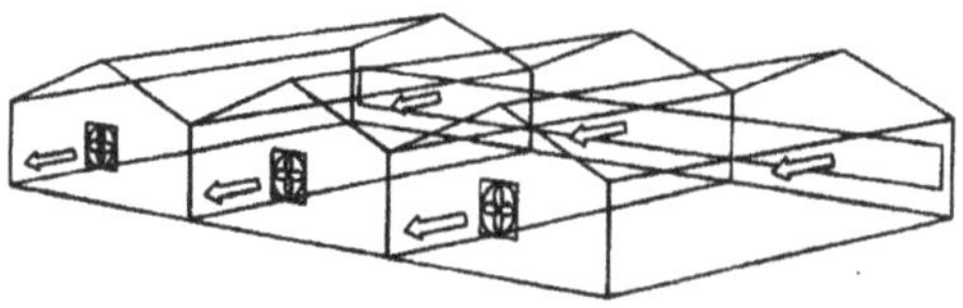

(b)

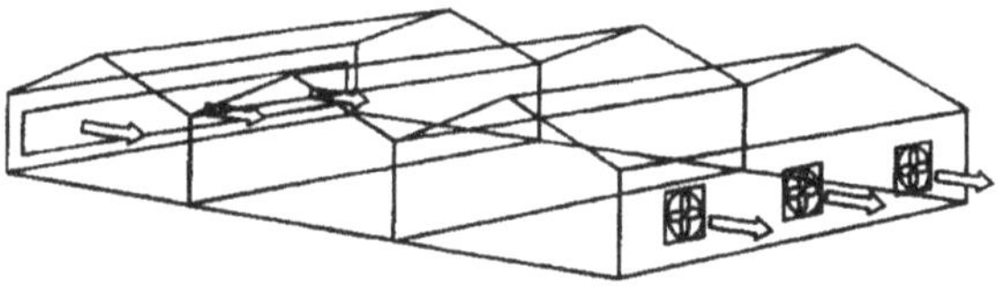

(c)

图 6-16　机械通风的几种布置形式（周长吉等，2003）

(a) 进气通风；(b) 纵向排气通风；(c) 横向排气通风

(2) 排气通风系统。又称负压通风系统，风机布置在排风口，通过风机向外排风，使室内形成负压，室外空气通过进风口被吸入室内。排气通风系统的优点是：①风机出口朝外，能够实现大流量通风，不会对作物造成损伤；②通过适当配置风机和进风口的位置，可以使室内气流均匀分布；③能够在进风口处布置湿帘等降温设备。其缺点是：要求温室密封性好，在风机附近不能漏风，否则会造成气流短路，降低通风效率。排气通风系统在温室上运用普遍。

排气通风系统布置方式为纵向通风和横向通风两种形式，分别如图 6-16 (b) 和 (c) 所示。如将风机安装在温室的山墙或侧墙上，进风口安装在相对的另一个山墙或侧墙上，分别称为纵向排气通风系统和横向排气系统。横向系统通风阻力小，气流分布均匀，温室中较多采用。在设置室内种植模式时，应尽量使种植行平行于气流方向，减少气流阻力。在进排气通风系统的，风机和进风口的距离应保持在 30～60m；排风口距离其他建筑物的距离应不小于 1.5 倍的风机直径；当相邻两温室的排风机相对时，间距应大于 5m；当温室的出风口和另一个温室的进风口相对时，间距应大于 15m。

(3) 进排气通风系统。又称联合通风系统，是一种同时采用风机送风和风机排风的通风系统。设备投资大，较少采用。其优点是温室内部的空气压力与室外基本保持一致，用于一些有特殊要求的系统。

2) 通风机的类型、性能与选择

通风机是机械通风系统中最主要的设备。通风系统对风机的要求，除了应有足够的风量外，还要求能够克服通风系统的通风阻力，使空气通过风机后压力升高，建立起风机前后稳定的压力差，这个压力差称为风机的静压，其大小应等于通风系统的通风阻力，一般也可近似认为就等于温室内外空气压力差。此外风机的耗能（功率）与效率、噪声大小也是选用时考虑的性能指标。对于确定的风机，其实际使用时的风量和通风系统的阻力大小有关，一般情况下阻力增大时风量减小。风机在不同阻力（或静压）下可达到的通风量可由风机生产厂家提供的风机特性曲线或风机性能表中了解。选用风机时应根据通风系统的阻力大小，从风机特性曲线或风机性能表中查算出风机所能提供的通风量的大小。

通风机一般有轴流式和离心式两种基本类型，均主要由叶轮和壳体组成，其结构外形如图 6-17 所示。

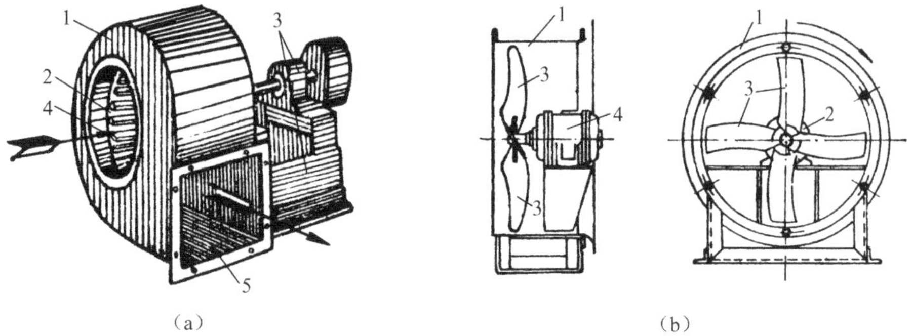

图 6-17　通风机的结构示意图

(a) 离心风机；(b) 轴流风机

1-机壳；2-叶轮；3-电机；4-进风口；5-出风口　　1-机壳；2-轴；3-叶轮；4-电机

(1) 离心风机。离心风机是依靠输入的机械能提高气体压力并排送气体的机械，它是一种从动的流体机械，主要有机壳、叶轮、电机、进风口和出风口五部分组成。

(2) 轴流风机。轴流风机的叶片倾斜，与叶轮轴线呈一定夹角，叶轮转动时，叶片推动空气沿叶轮轴线方向流动。用于温室的轴流风机通常在其外侧设有防风雨的活页式百叶窗，在风机未起动时，活页关闭，防止室外冷空气进入；风机启动时，活页打开使空气流通。轴流式风机的特点是流量大而压力低。温室通风系统一般通风阻力较小，而要求通风量大，因此，轴流风机的特点正满足温室通风系统的要求。并且轴流式风机在低静压下耗能少，具有较高的效率，此外其价格便宜，也容易安装和维护，因此轴流式风机在温室系统中得到了广泛应用。选择轴流风机时应尽量选用流量大、压力低的风机为宜。一般常用风机的参数是，风机叶轮直径为 80～100cm，转速在 900r/min 以下，排风量在 200m^3/min 以上。

轴流风机的流量和静压大小等性能与叶片倾斜角度等结构参数以及叶轮转速有关。对于确定构造和在某确定转速下工作的轴流风机，当其在一定静压范围内工作时，风机效率较高的静压范围较小，考虑风机的选择和运行中的调节方式时，应注意不使其在偏离该范围的情况下运行。因此，在实际生产中，一般都不采用设置调节风门的方法来调节轴流风机的流量，需要调节时，可采用改变转速的方法，或采用数台风机，通过改变投入运行的风机数量的方法来改变温室的通风量。

6.2.3　湿帘-风机降温系统

为使作物在适宜的环境温度内生长，炎热的夏季必须解决室内气温过高的问题。控制室温的措施通常采用通风换气的方法，如果通风换气措施仍然无法满足栽培要求，就必须采用降温设备。

为了使通风降温效果更好，人们经常将湿帘和风机配合使用。湿帘降温系统是蒸发冷却降温原理在农业建筑中的应用。当蒸发降温原理运用于农业建筑中时，如果静止空气通过水的表面与水接触，蒸发降温过程将进行得非常缓慢，通过强迫空气与水接触的面积可以提高湿热交换率。强迫空气运动可以利用风机加大空气与水接触面积，然后使空气通过一种浸湿的、多孔的材料，起到良好的降温作用。

1. 系统的构成

湿帘-风机降温系统由加湿系统和风机组成。湿帘加湿系统包括：湿帘材料、支撑湿帘材料的湿帘箱体或支撑构件、加湿湿帘的配水和供加水管路、水泵、集水池（水箱）、过滤装置、水位调控装置及电动控制系统等，湿帘系统简图如图6-18所示。

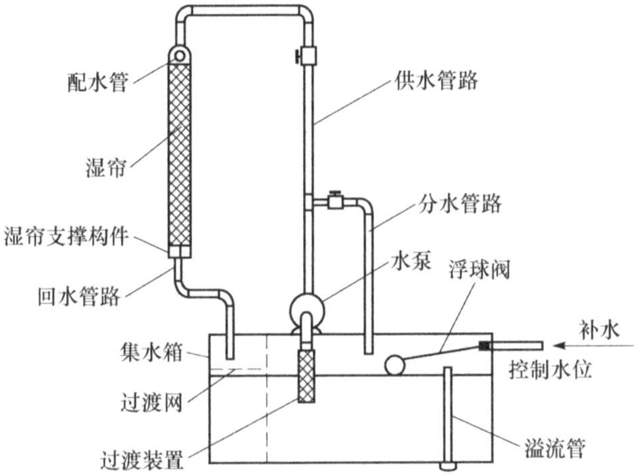

图6-18 湿帘系统简图（周长吉等，2003）

2. 湿帘-风机降温系统在温室中的布置

湿帘-风机降温系统一般是将风机和湿帘集中布置在温室相对的两面墙上。布置时，要注意湿帘应位于温室的上风向，风机应位于温室的下风向，湿帘沿墙全长布置，湿帘设置的高度应略高于植物的高度，以使进入温室的空气从植物的顶上流过。湿帘上下宽度为1.5m，湿帘与排风扇之间比较理想的距离为30～60m，湿帘进气口不一定要连续，但要求分布均匀，如进气口不连续，应保证空气的过流风速在2.3m/s以上，如图6-19所示。

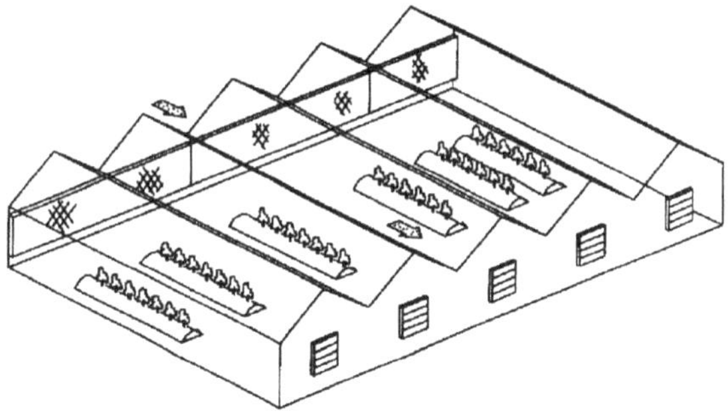

图6-19 温室中湿帘风机系统（周长吉等，2003）

3. 湿帘类型

湿帘材料的研究开始于20世纪50年代，最初采用各种材料进行试验，包括：杨木刨花、猪鬃、草热垫、竹编、铝箔、塑料等，采用杨木刨花外加网套置于框架内制成的湿帘，降温效果良好、价廉并易于取材，因而得到推广使用。后来研究发现，在纸浆中加入强湿剂制成纸板，压出波纹，以一定的形式排列叠放，用耐水胶黏合，切制成型用做湿帘，具有湿强度好、水和空气接触面积大、性能稳定、易于工业化生产等优点，应用的十分广泛。目前人们根据陶瓷所具有的吸水性强、可冲洗、不易腐蚀等特性研制出陶瓷湿帘。

4. 湿帘-风机系统排风量和湿帘面积的确定

1）夏季室内外设计气象条件的确定

室外设计温度应根据当地气象条件来确定，一般情况下室外设计温度 t_0 的取值范围为34～35℃，沿海一带地区可取较小值，华北、黄河、长江流域等内陆地区可取较高值；新疆吐鲁番地区 t_0 的取值范围为 40～45℃。

室外设计相对湿度为高温季节正午时的空气相对湿度，一般 Φ_0 为 40%～60%，沿海地区取高值，内陆地区取低值，而新疆吐鲁番地区 Φ_0 为 30%。

温室内的设计温度和设计湿度取决于园艺作物对环境的要求，不同作物有各自的最低温度、最适温度和最高温度，即作物的"三基点温度"。同一作物在不同的生育阶段其三基点温度有所不同。夏季温室产生的高温环境对作物生长产生不良影响，室内的设计温度应参照作物的最适宜温度，一般作物光合作用的最适温度 20～25℃，呼吸作用的最适温度为 36～46℃。当光合产物大于呼吸消耗时，植物体内有机质才会有积累，温度超过光合最适温度后，光合强度减弱而呼吸强度增强，将减少有机物质的积累，所以应限制过高的温度指标。

温室内相对湿度的大小对作物产生影响，过低的湿度将使作物受到水分胁迫而使生长受阻，过高湿度将使病害发生的可能性增加，可能发生某些生理障碍。通常多数蔬菜适宜的空气相对湿度为 60%～85%，多数花卉适宜的空气相对湿度为 60%～90%。

2）夏季温室通风量的确定

由于进入温室的太阳辐射与温室地面面积成正比，在稳定状态下，温室通风流量为单位温室地面面积单位时间内进入或排出温室的空气量，单位为 $m^3/(min \cdot m^2)$。美国温室制造业协会制定的《温室设计标准》指出，适度遮阳温室，当温室所处地理位置的海拔高度<300m，室内最大光照强度在 50000lx 左右，温室气流从湿帘到风机的允许温升为 4℃，湿帘风机之间的距离≥30m 时，温室通风流量达到 $2.5m^3/(min \cdot m^2)$ 即可大体满足温室夏季降温要求。

在实际的温室降温设计中，温室通风流量的确定要考虑温室所在地区的海拔高度、室内太阳辐射强度、温室气流从湿帘到风机的允许温升和湿帘风机之间的距离等因素影响，用相应的系数进行修正。例如，对于地处海拔高度 300m 以下的温室，其内部光照强度为 54798lx，湿帘到风扇之间温升为 4℃的情况下，每平方米日光温室播种床面积约需要 $144m^3/h$ 的排风量，此值乘以日光温室面积，就得到整个日光温室所需的风量，根据排风量确定湿帘的面积。对于白杨花木材料温帘，理想情况是每平方米约通过 $360m^3/h$ 的空气量，用此值去除整个日光温室的排风量，即可得到湿帘的面积。湿帘宽度一般等于墙宽，据此可计算出湿帘的高度。

5. 风机的选择

湿帘风机降温系统一般采取负压纵向通风方式，在温室中风机与湿帘间距离最好选在 30 至 70m 之间，其流道阻力约为 25～40Pa。风机的选择必须满足在 25.4Pa 静压下所需的通风量。根据实际需要，可以采用大小风机搭配的组合通风方式，风机数量的计算应满足 $q_1n_1+q_2n_2+q_3n_3>Q$，式中 q_1、q_2、q_3 分别为几种不同型号风机的风量，风量均应满足工作静压25.4Pa以上。

6. 系统设备的布置维护使用需注意的问题

（1）湿帘的选择除需考虑湿帘材料的换热效率和阻力特性外，还须注意其湿帘强度、耐腐蚀性、寿命及尺寸精度和表面质量。

（2）提高湿帘或湿帘箱体与进风口周边的密封，避免热风渗透影响湿帘降温效果。

（3）湿帘供水在使用中需进行调节，确保有细水流沿湿帘波纹向下流，以使整个湿帘均匀浸湿，并且不形成未被水流过的干带或内外表面的集中水流。

（4）保持水源清洁，水的酸碱度在6～9，电导率小于1000μs/cm。

（5）30min后再关停风机，保证彻底晾干湿帘。

（6）运行后，检查水槽中积水是否排空，避免湿帘底部长期浸在水中。

（7）形成水垢或藻类，在彻底晾干之前有软毛刷轻刷，然后启动供水系统进行冲洗，避免用蒸汽或高压水冲洗。

6.3　灌溉系统与设备

6.3.1　温室灌溉的方式与设备

1. 温室中的主要灌溉方式

温室是相对封闭的设施，自然降雨不能直接被利用。温室内作物所需的水分完全依靠人工灌溉措施来保证。温室内灌溉方式主要有漫灌、喷灌、微灌等方式，微灌又分为微喷、喷灌带、滴灌和渗灌等。温室内灌溉方式的选择，与作物的品种、栽培方式、温室结构形式、水源及动力供应情况、投资能力、使用者的知识技术水平等诸多因素相关。

漫灌是使用最简便、最原始的灌溉方式，从古到今被广泛应用。在早期的温室中，也把在大田中广泛应用的漫灌方式移植应用。但随着科学技术和人类社会进步，人们对农产品的品质要求不断提高，特别是随着人口的剧增，水资源的紧缺已成为全球关注的焦点，农田灌溉技术也发生了革命性的巨大变化，节水灌溉技术微灌已成为发展的趋势。不同灌溉方式的比较如表6-15所示。

表6-15　不同灌溉方式比较

项　目	浸　润	微灌			
		微喷	喷灌带	滴灌	渗灌
灌溉作物部位	作物根部	作物叶面、根部	作物叶面、根部	作物根部	作物根部
湿润区域	土壤表面部分湿润	地表面湿润	地表面湿润	局部表面湿润	地下局部湿润
对土壤结构的影响	因渗透而使土壤更加密实	因雨滴撞击可能使土表板结	因雨滴撞击可能使土表板结	影响很小	影响很小
蒸发蒸腾	较大	大	大	较少	少
植物冠部湿润	不湿润	部分湿润	部分湿润（地膜覆盖时，不湿润叶面）	不湿润	不湿润
灌水效率	50%～65%	65%～85%	65%～85%	85%～95%	85%～95%
灌水均匀度	差	高	高	高	高

续表

项　目	浸　润	微灌			
		微喷	喷灌带	滴灌	渗灌
对田间小气候的影响	较大	大	大	较小	小
灌溉施肥控制精度	差	高	高	高	高
对水中含的杂质颗粒的敏感程度	要求低	有限（喷嘴直径大于 2mm）	高度敏感	高度敏感	高度敏感
水源压力要求	低压	较高	低压、稳定	一般	一般
对耕作的影响	无	无（悬挂式） 有（扦插式）	有	有	有
设备投资	低	较高	中	较高	较高

资料来源：周长吉，2003，略修改

温室的灌溉方式主要采用微灌方式，最根本的区别仅在于灌水器的差异，其系统的主要组成部分基本上是相同的。

2. 温室中灌溉的主要设备

1）水泵及水泵的类型

（1）离心泵。是利用叶轮旋转的离心力扬水的水泵。其流量小，扬程高，类型规格多，是园艺生产中，尤其是喷、滴灌系统里应用广泛的主要泵型。离心泵按叶轮的数量分为单级泵和多级泵；按吸水的方式分为单吸泵和双吸泵；按轴的安装型式分为立式泵和卧式泵。园艺生产中应用的泵型有如下几种：单级单吸离心泵、单级双吸离心泵、喷灌离心泵和喷灌自吸离心泵和井泵。单级单吸离心泵是单个叶轮，单侧吸水，悬臂安装的卧式离心泵；单级双吸离心泵，是单个叶轮双侧吸水的卧式离心泵；喷灌离心泵和喷灌自吸离心泵是专用于喷灌系统的离心泵；井泵有浅井泵和深井泵，浅井泵是单级单吸立式短轴离心泵，深井泵是多级单吸立式长轴离心泵。

（2）轴流泵。是利用叶轮旋转时叶片对水的轴向推力引水的水泵。其流量大，扬程低，适用于低扬程的平原和山区。轴流泵按叶片的安装型式分为固定叶片式、半调节式和全调节叶片式；按泵轴的安装型式分为立式泵、卧式泵和斜式泵，其中立式泵应用较多。

（3）混流泵。既利用叶轮的离心力又利用叶轮的轴向推力扬水。其流量和扬程介于离心泵和轴流泵之间，适用于平原和丘陵地区。混流泵按其外形和结构分为蜗壳式混流泵，其结构外形类似 B 型离心泵；导叶式混流泵，其结构外形类似轴流泵。

（4）潜水泵。是由立式电动机与离心泵（或轴流泵、混流泵）组成一体的提水机械，整个机组潜入水中，有作业面（浅水）潜水泵和深井潜水泵。

2）离心泵的构造和工作原理

离心泵一般由叶轮、泵体、轴与轴承、密封装置与支架组成（图 6-20）。叶轮对水作功，实现能量形式的转换，把动力机的机械能传递给水，转变成水流的动能和压能。其结构型式有闭式、半开式和开式三种［图 6-21（a）～(c)］。闭式叶轮适于清水，半开式叶轮适用于污水，开式叶轮适用于浆液或粪水。泵体外形似蜗壳（图 6-22），内腔与叶轮外缘间的过水断面呈由小到大的渐变的蜗旋形流道，用于汇集叶轮甩出的水并形成水流，消除涡流与紊流，使水流降速增压，最大限度地将水流的动能转化为压能。

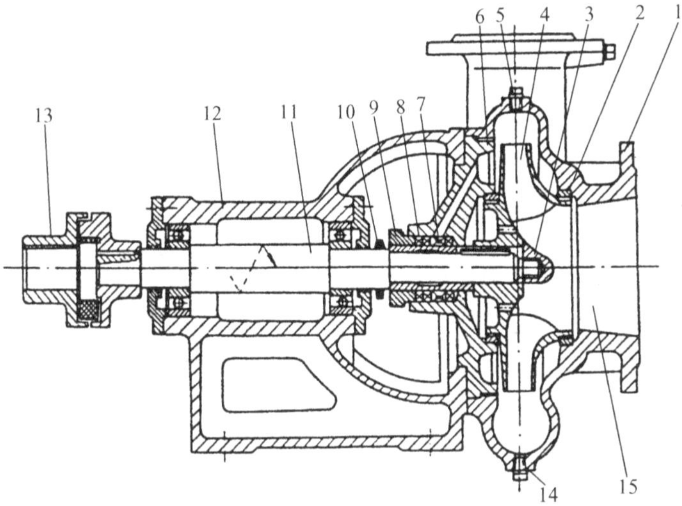

图 6-20　离心泵的构造（丁为民等，2001）

1-泵体；2-减漏环；3-叶轮固定螺母；4-叶轮；5-放气螺塞；6-后盖；7-水封环；8-填料；9-填料压盖；10-挡水圈；11-泵轴；12-托架；13-联轴器；14-放水螺塞；15-吸入室

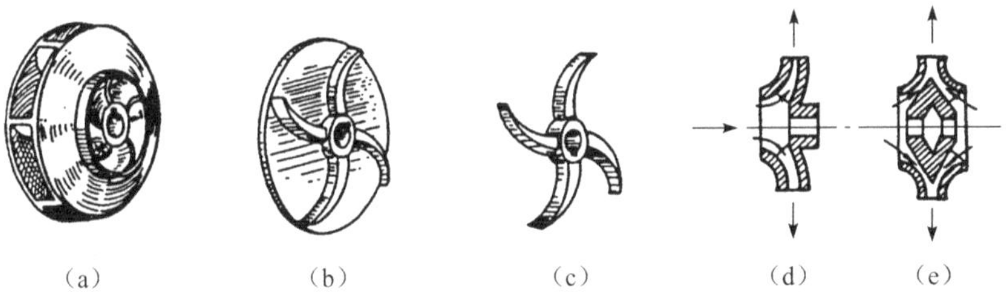

图 6-21　叶轮结构与型式（丁为民等，2001）

(a) 闭式叶轮；(b) 半开式叶轮；(c) 开式叶轮；(d) 单吸泵叶轮；(e) 双吸泵叶轮

单吸泵的轴一端安装叶轮［图 6-21（d)］，另一端安装联轴器或皮带轮，中部用轴承支承。双吸泵的轴中部安装叶轮［图 6-21（e)］，两侧由轴承支承，一端的端头安装联轴器。轴承一般采用滚动轴承，少数采用滑动轴承。为了减小轴与泵体轴孔间的间隙，减缓泵内压力水沿轴的渗漏，常用密封装置密封。常用的密封装置有填料密封和橡胶密封。大中型离心泵还采用其他密封措施。

离心泵的工作过程分压水和吸水两个过程（图6-23）。压水过程是指在起动前，需向泵内灌水，使叶轮浸在水中，起动后，叶槽中的水随叶轮转动，受离心力的作用，水沿叶片切线方向以高速甩入泵体蜗道并最终形成具有较高压力的水流，沿出水管流向高处的过程。吸水过程是指叶轮叶槽中的水被甩离开，在叶轮的中心处形成真空，而水源水面受到大气压的作用，在压力差的作用下，水沿进水管被吸入到泵内叶轮处的过程。叶轮连续转动，水泵的吸水与压水过程连续进行，水源源不断地被提往高处。

3）自吸离心泵的构造和工作原理

自吸离心泵（图 6-24）是在单级单吸离心泵的基础上作两项改进设计而成的。首先是

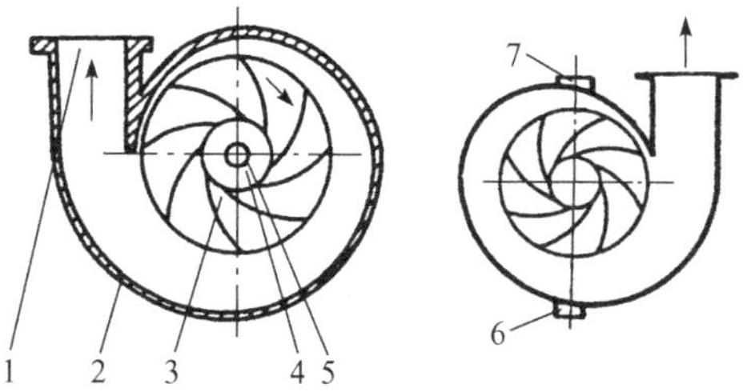

图 6-22　泵体（丁为民等，2001，并略修改）
1-出水口；2-泵壳；3-叶轮；4-进水口；5-泵轴；
6-放气螺塞；7-放水螺塞

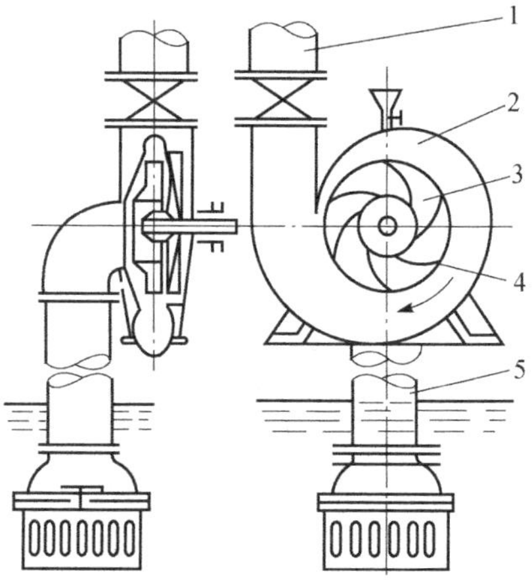

图 6-23　离心泵的工作原理
（丁为民等，2001）
1-出水管；2-泵壳；3-叶轮；4-叶片；5-吸水管

将泵体的进水口位置增高，构成一储水室，使叶轮淹没在水中；其次是将泵体增大，并在泵体内部设置一隔板，将原来一个流道隔成内外两个流道，泵体出口处膨大，构成气水分离室，使气水混合物降压脱气。

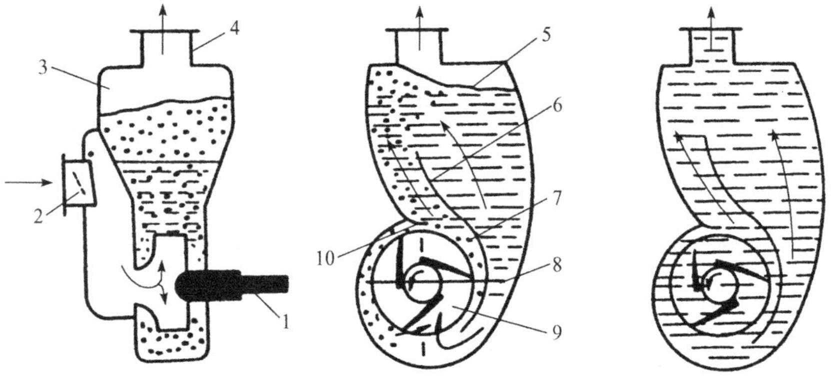

图 6-24　自吸离心泵的构造与工作原理简图（丁为民等，2001，并略修改）
1-泵轴；2-吸水口；3-泵体；4-出水口；5-气水分离室；
6-隔板；7-内流道；8-外流道；9-叶轮；10-泵舌

工作原理同离心泵，如图 6-24 所示，其工作过程分为吸气混合过程和脱气回水过程。吸气混合过程是指叶轮旋转将叶槽中的水甩至蜗室，叶轮中间形成真空度，进水管中的空气被吸入叶轮并被叶轮甩入叶轮四周的水，与水混合，形成气水混合物的过程。

脱气回水过程是指气水混合物压力增高后被压出蜗室，经内流道进入气水分离室的过程。由于容积增大，压力下降，气体逸出，而水则下沉，经外流道进入叶轮处。

两过程连续进行，利用储水室内少量的水反复与进水管中的空气混合并排出泵体。最终进水管中压力下降，在内外压差作用下，水充满进水管和叶轮，水泵开始正常泵水。

4）离心泵的选用

离心泵的选配包括两个方面的内容，一是根据喷灌或滴灌系统所需的流量和扬程选择具有与之相适应额定流量和额定扬程的离心泵；二是根据离心泵的额定转速和轴功率选配合适的动力机。离心泵动力机组只有在离心泵铭牌上所标注的额定转速、额定流量、额定扬程及动力机铭牌所标注的额定转速、额定功率等参数下运行，才能在满足灌溉要求的前提下，达到高效率及使用经济性的要求。

（1）流量和扬程的选择。首先要计算出系统所需的流量和扬程，而后在离心泵性能规格表中选择相适应的泵型。对于固定式和半固定式喷灌系统、滴灌系统，扬程和流量的计算较复杂，一般应交由专业工程技术人员进行。泵的选型也应按照前面所述的原则进行，或可交由工程技术人员去做。

另外，在选择水泵时，还要结合地形、水位高低及海拔高度选择适当的允许吸上真空高度。一般海拔每增高 1000m，泵的实际允许吸上真空高度比其铭牌所标注的值要降低 1m，因此，所选泵的允许吸上真空高度应大于实际所需的吸上真空高度才能适用。

（2）动力机的选配。包括选择动力机的类型、额定功率、额定转速等内容。在有电源的地区应尽量选用电动机，在没有电源的地区或移动式喷灌系统中才采用柴油机。动力机的功率和转速的选择也很重要。若功率选大了，会造成电力或油料的浪费，经济性不好，且易发生事故；功率选小了，会造成动力机带不动，或长期超负荷，损坏动力机。若动力机转速选大了，当其转速大于水泵额定转速 10%时，水泵很快就会损坏；但动力机转速过低，水泵的流量、扬程都显著下降，甚至抽不上水，一般规定不允许水泵在低于额定转速 50%的情况下工作。

对于固定式、半固定式喷灌系统和滴灌系统的动力机选配可请专业工程技术人员进行；对于移动式喷灌机组，其水泵、动力机及其他辅助装置均由厂家配好，无需自行选配，买回即可使用。

5）水泵的安装

（1）安装场地的选择。应选择土质坚固、干燥并有足够平坦面积的地方，以便于操作维护。尽量靠近水源，以降低吸水扬程。

（2）压水管的安装。喷滴灌系统的压水管直接与系统的干管相接，可看成是干管的一部分。压水管应安装牢固，根据需要采用多个支承固定压水管，防止由于机组的震动引起管道系统的震动破坏。

（3）吸水管的安装。所选吸水管的内径应大于水泵进口内径，采用变径管连接。吸水管上的任一点，不得高于水泵进口，否则会造成吸水管内空气排不尽，造成出水量不足或抽不出水。吸水管的正确安装如图 6-25 所示。

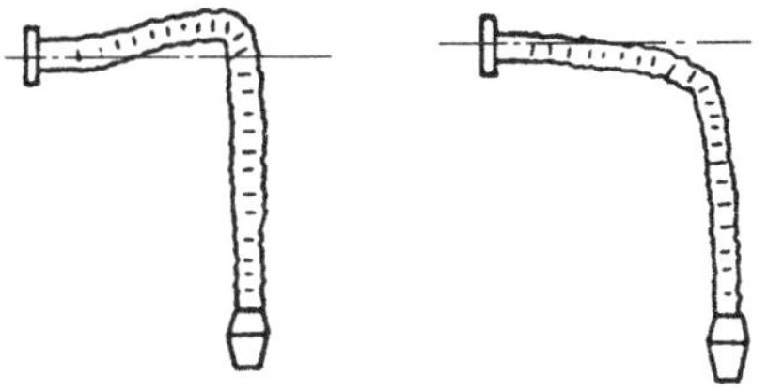

（a）　　（b）

图 6-25　吸水管的安装
（丁为民等，2001，并略修改）
（a）错误；（b）正确

（4）吸水管和弯头及底阀的连接处，应加垫片后再拧紧螺钉，以免漏气。

（5）水泵与动力机的连接。两者要有共同的底座，且应安装在同一平面上；泵轴与动力机轴需同心，否则会损坏机件、浪费动力。

6）离心泵的使用

（1）启动。应向吸水管及泵壳内灌满水，将空气排尽再起动。压水管装有闸阀的水泵，起动前应将闸阀关闭，待水泵转速达到正常后才慢慢打开闸阀，调节到所需流量。闸阀关闭后，水泵的运转时间不应太长，不宜超过3min，避免引起水泵发热。

（2）停车。压水管有闸阀，应先关闭闸阀，使水泵进入空转状态后再停车。如压水管上没有闸阀，则应慢慢降低转速后再停车，以防止水柱突然倒流回泵内损坏机件。冬季停车后，应放尽泵内及管内的水，以防冻裂泵壳及管道。

（3）安全操作。运行中应注意听机组声音是否正常，若有不正常的声音，要停车检查，排除故障后再起动。注意轴温，以不烫手为宜，一般不超过50℃，每工作800～1000h，应更换新润滑油。检查填料压盖的松紧度，一般以每分钟渗出30～50滴水为宜，这样可起到密封和冷却的作用，填料压得过紧或过松对水泵工作都不利。水泵运行时，切勿触及任何转动部件。

6.3.2 微灌系统的组成与分类

1. 微灌系统的组成与特点

微灌，全称微水灌溉，它是根据作物的需水要求，采用微灌系统设备，通过管道系统与安装在端部管道上的灌水器，将水（或者水和作物需要的养分）以较小的流量，均匀、准确地直接输送到作物根部附近的土壤表面和土层中或作物叶面，实现局部灌溉，使作物叶面或者根部保持合适的水环境要求的灌溉方法。微灌具有以下优缺点。

1）优点

（1）节水。这是微灌最显著的优点，按照作物需水要求，用微灌进行灌水，仅湿润作物根区附近的土壤。蒸发损失小，而且由于灌水流量小，不易发生地表径流和深层渗漏，可以有效地降低灌溉水的损失和浪费，同时微灌能比较精确地控制水量，可适时适量地按作物生长需要供水，水的利用率高。因此，微灌一般比地面灌溉节水30％～50％，比喷灌节水15％～25％；

（2）省工。由于微灌灌溉水量小，运行费用相应降低，且微灌不需平整土地，装有自动运行设备，劳动力费用也随之降低。另外，微灌田块的大部分土壤表面保持干燥，减少了杂草，相应清除杂草的劳力和除草剂的费用减少。同时，因在作物行间的土地仍然是干的，方便田间作业。再者，微灌时，肥料、杀虫剂等能注入灌溉水中，随灌溉施入田间，不需另外耗费劳力进行喷施，从面大大节省了劳动力。

（3）灌水均匀。微灌系统能够有效地较精确地控制各个灌水器的出水流量，一般可达80％～90％。

（4）增产。微灌能适时适量地向作物根区供水供肥，且不会破坏土壤结构，养分也不易被淋溶流失，为作物生长提供了良好的条件，有利于实现高产稳产。实践证明，微灌较其他灌水方法一般可增产30％左右。

（5）对土壤和地形的适应性强。微灌的灌水强度可根据土壤入渗能力进行调节，即选用不同型号的灌水器，使作物根区能保持适宜的土壤水而不会产生地表径流和深层渗漏，造成水的浪费。由于微灌是用压力管道输水，可以适用于不同的地形条件，即使是坡度很大甚至多石土壤无法用其他灌溉方法，也可利用微灌进行灌溉，产生一定的效益。

(6) 可用咸水灌溉。由于微灌灌水周期短，灌水频繁，土壤维持在稳定的湿度，可使土壤水中的盐分稀释，因而在一定条件下可用含盐量较高的水进行微灌。

2）缺点

(1) 堵塞问题。堵塞问题是微灌系统存在的主要问题，也是目前必须解决的关键问题。堵塞可能减少灌水器的出水流量，使配水均匀度降低而对作物造成伤害，严重时会使整个系统不能正常工作。

实际中，由于微灌灌水器出口（或出水流道）很小，很容易被水中的矿物杂质颗粒堵塞，因此，微灌对水质要求较高，一般均需对水进行化学处理和过滤。

(2) 盐分积累。微灌可能造成盐分在湿润表层的边缘积聚起来，并且少量的降水可能将这些盐分冲到作物根区而引起盐害。因此，当积盐达到一定程度后，在雨水不足时，应继续灌水，以使盐分淋洗到根区以下，避免伤害作物。

(3) 限制根系的发展等其他危害。由于灌溉仅湿润作物根区附近的一部分土壤，作物根系的向水性会使作物根系集中向湿润区生长，限制了根系的发展。因此，在规划设计微灌系统时，应正确布置灌水器，保证微灌作物生长的均衡性。另外，由于作物只能从相当小的湿润土体中吸取水分、养分，一旦灌水期间发生意外，作物可能很快受到伤害。因此必须注意微灌系统的维修养护，保证其正常工作。

(4) 成本高。由于微灌系统需要大量的管道用于净化水的过滤设施和处理，所以投资造价较高，各地应根据具体情况因地制宜地进行规划设计，并进行经济可行性分析，以获得预期的经济效益。

按灌水时水流出流方式的不同，微灌可分为滴灌、微喷灌和渗灌等，以断续滴出的形式供水称为滴灌，以喷洒方式出流称为微喷灌，以微孔隙缓慢渗出出流称为渗灌。

滴灌是通过微灌系统毛管上的灌水器为滴头或滴头与毛管制成一体的滴灌带将有一定压力的水消能后以滴状滴到作物根部进行灌溉的方法。使用中可以将毛管和灌水器放在地面上或者埋入地下深 30～40cm 处，分别称为地表滴灌和地下滴灌。

微喷灌其灌水器为微喷头，微喷头将具有一定压力的水以细小的水雾喷洒在作物叶面或根部附近的土壤表面。

渗灌技术也是温室内节水灌溉的一种。渗灌是一种地下微灌形式，通过埋于作物根系活动层的微孔渗灌管，低压水通过渗水毛管管壁的毛细孔以渗流的形式湿润其周围土壤，根据作物需要定量供应水分、养分。

不同的灌溉方式其流量、工作压力、湿润面积及一次性投资成本各有不同，如表 6-16 所示。在选用时综合考虑各种因素，选出适用于系统所要求的最佳的微灌系统。

表 6-16　不同微灌方式参数的比较

项目	滴灌带	滴头	微喷	渗灌
流量/(L/h)	1～3	1～20	20～150	1～5
工作压力/MPa	0.03～0.10	0.05～0.40	0.15～3.0	0.03～0.1
湿润直径/m	0.3～0.8	0.3～1.2	3.0～11.0	0.3～0.8
单位面积投资	低	中等	中等	中等

资料来源：周长吉等，2003，略修改

温室内微水灌溉系统的主要组成部分为水源、首部枢纽、输配水管路和端部的灌水器以及附属设备（包括流量、压力控制部件和测量仪表等）。典型的微灌系统如图 6-26 所示。

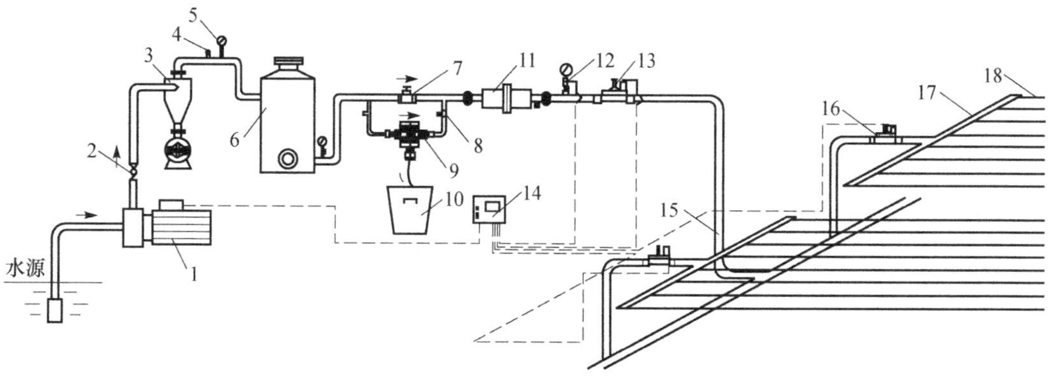

图 6-26　典型微灌系统（周长吉等，2003，并略修改）
1-水泵及动力机；2-止回阀及总阀；3-水砂分离器；4-排气阀；5-压力表；6-介质过滤器；7-施肥控制器；8-施肥开关；9-水动施肥器；10-肥液桶；11-叠片过滤器；12-压力传感器；13-主控电磁阀；14-电控箱；15-供水干管；16-灌区阀门；17-供水支管；18-滴灌管（或毛管＋滴头、微喷头）

2. 微灌系统的分类

根据输配水管道是固定的还是移动的，可将微灌系统分为固定式微灌系统、半固定式微灌系统和移动式微灌系统。有时，也可按系统获得压力的方式分为自压式微灌系统和泵压式微灌系统。

1）固定式微灌系统

固定式微灌系统的各个组成部分在整个灌溉季节固定不动，干、支管埋入地下，毛管有的埋在地下，有的放在地表或悬挂在离地面几十米高的支架上。固定式微灌系统因主要管道埋在地下不仅大大减少了工程占地，便于田间管理和机械化操作，而且管道使用寿命大大延长，运行费用也低。但是由于微灌设备常年固定不动，使得设备利用率低，需要的管材量大，单位面积投资高，所以固定式微灌系统一般常用灌水次数频繁、经济价值较高的经济作物。另外，在一些地面坡度陡、地形复杂的丘陵山区，其他灌水方式不适用时，也可安装固定式微灌系统。

2）半固定式微灌系统

半固定式微灌系统是系统的干、支管在灌溉季节固定不动，毛管连同其上的灌水器可按设计要求移动，一条毛管可在多个位置工作。半固定式微灌系统较固定式微灌系统设备的利用率提高，较移动式微灌系统劳动强度小，也用于大田作物和经济作物。

3）移动式微灌系统

移动式微灌系统是系统的各个组成部分在灌水季节都可按要求进行移动，安装在灌区内不同位置进行灌溉。移动式微灌系统由于节省了大量管材和设备，提高了设备的利用率，降低了单位面积工程投资，但是操作管理比较麻烦，劳动强度大，常用于大田作物，适合在干旱缺水、经济条件较差的地区使用。

以上三种微灌系统形式各有特点，应针对具体情况，根据灌区特点和作物种类确定布置安装。

6.3.3 微灌设备

1. 滴灌及滴灌设备

1）滴灌的特点

滴水灌溉简称滴灌。它是一种高度控制土壤水分、营养、含盐量及病虫害等条件种植中耕作物、蔬菜、瓜果等作物的一种农业技术。它的基本原理是，将水加压、过滤，必要时连同可溶性化肥（或农药）一起，通过管道输送至滴头，以水滴形式，适时适量地向作物根系提供水分和养分。滴灌的施水特点如下：

(1) 只部分地湿润土体，作物行间保持干燥。当水滴离开滴头进入土壤后，在重力的作用下，水分垂直向下运动，逐渐湿润深处的土壤；并且在毛管张力和土壤的基质张力作用下，水分水平运动向四周扩散，逐渐湿润滴头所在位置附近的土壤。

(2) 缓慢地、经常不断地浸润根层，使作物主要根区土壤经常保持在最优含水量状态。

(3) 低压管路输水、配水，运行压力低。

滴灌的施水特点决定着他的优缺点。其优点是省水、省肥、省工、节能、作物产出高、品质优、适应性强，并且不妨碍其他农事活动；其缺点是滴头易堵塞，易在湿润体边缘产生盐分积累，受湿润体范围的影响，作物根系发展受到限制。

滴灌最适合应用于果树、蔬菜等园艺作物和经济作物，并将会在具有洁净水源的干旱地区、土壤渗漏严重的地区、丘陵山区和水资源紧缺的城市郊区得到优先发展。我国水资源贫乏，干旱半干旱地区占国土面积的1/2，人均水量只相当于世界人均值的1/4，美国的1/5，加拿大的1/50。按单位耕地面积占有水量计算，只相当于世界平均值的1/3～1/2。我国适合采用滴灌的作物面积大，2007年统计资料，我国有蔬菜和瓜类面积2371.72万hm^2，所以在我国推广发展滴灌很有必要。

另外，我国石油资源丰富，石化工业强大，滴灌设备原料来源充足。近二十多年来，我国引进了国外的一些先进滴灌技术和设备，培养了一批技术骨干和管理队伍，加之从中央到地方都十分重视推广节水灌溉技术，滴灌技术在我国的发展前景十分广阔。

2）滴灌系统的组成和类型

(1) 滴灌系统的组成。由水源、首部枢纽、输配水管网和滴头组成（图6-27）。首部枢纽有水泵动力机组、化肥罐、过滤器和量测控制设备等；输配水管网包括干管、支管、毛管以及管道接件、控制调节设备。

一个完整的滴灌系统，包括从水源到滴灌受水点的全部设备，除其中的一部分为专用设备外，其余为通用设备。

(2) 滴灌系统的类型。按系统加压方式分为机压式和自压式；按设备安装状态分为固定式滴灌系统和移动式滴灌系统，用固定式滴灌系统所有设备都作固定安装，毛管和滴头用量多，设备投资大，适宜于经济条件好，产品价值高、灌水频繁的作物。移动式滴灌系统首部枢纽、干管和支管作固定安装，毛管和滴头作移动进行轮灌。该系统毛管和滴头的用量少，投资低，但用工量大。

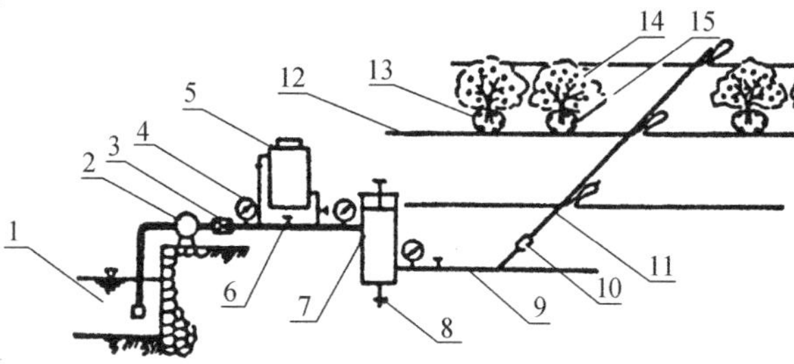

图 6-27　滴灌系统的组成（丁为民等，2001，略修改）

1-蓄水池；2-水泵；3-流量表；4-压力表；5-化肥罐；6-闸阀；7-过滤器；8-毛管；9-干管；10-控制阀；11-支管；12-堵头；13-滴头；14-作物；15-定植杯

3）滴头

滴头被称为滴灌系统的心脏，其施水性能的优劣决定着滴灌系统的质量。压力水流由毛管进入滴头，经滴头减压，以稳定、均匀的小流量施入土壤，逐渐湿润作物根层。滴头的种类很多，有多种分类方法。如根据流道内水流状态、结构形式与毛管的连接方式等分类。根据在田间的施水特点，滴头可分为线源滴头和点源滴头。

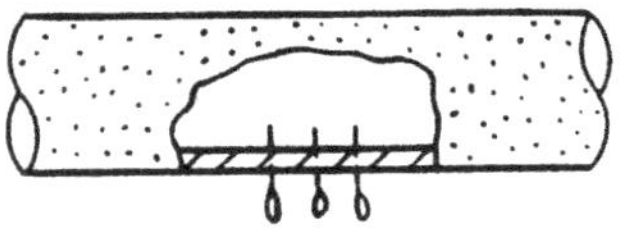

图 6-28　微孔毛管

（1）线源滴头。最适合于行播作物，由于他能沿毛管均匀施水，因而能提供所需要的直条形湿润区。线源滴头要求的工作压力低，且毛管与滴头合为一体，造价低。

微孔毛管（图 6-28）：在毛管管壁上有许多微小孔眼，管中的压力水从孔中向外渗出时压力得到消散。微孔毛管一般用丙烯腈-丁二烯-苯乙烯共聚合物或类似的材料为原料，微孔在制造过程中形成。微孔毛管放在地面上易损坏，应埋入地下。

（2）点源滴头。适宜于植株行距较大的作物使用。有长流道滴头和孔口式滴头。

典型的长流道滴头有微管滴头、层流型螺旋流道管式滴头和紊流型迷宫管式滴头。

① 长流道滴头

A. 微管滴头［图 6-29（a）］。又称发丝滴头，是一根插进毛管壁孔的微细塑料管，内径为 0.7～1.5mm，国产微管滴头内径为 0.95mm，工作压力在 2.5～12m 水柱，长度为 1～4m。该滴头优点是可将其切割至适当长度以校准和调节流量，造价也低，但易老化、易堵塞，施工安装麻烦。

B. 层流型螺旋流道管式滴头。该滴头种类繁多，就其与毛管的连接方式，可分为过流式［图 6-29（b）］和旁插式［图 6-29（c）］。过流式滴头需剪断毛管安装，毛管长且昼夜温差大时易发生滴头拔脱。由于该滴头水流流态为层流，易塞。

C. 紊流型迷宫管式滴头［图 6-29（d）］。由美国 Aglifin 公司制造，其特点是采用迷宫流道，使通过的水流呈紊流状态，消能效果好，减少了堵塞机会。

② 孔口式滴头。孔口式滴头主要有单出水口孔口滴头、涡流型孔口滴头和自冲洗补偿式滴头。利用小管嘴或小孔口产生的局部阻力来消能降压，使连续的压力水流变成水滴后进入土壤。

A. 单出水口孔口滴头［图 6-30（a）］。其特点是结构简单，过水断面大，不易堵塞，用料省、成本低，与毛管连接可靠，但流量大，均匀度欠佳。

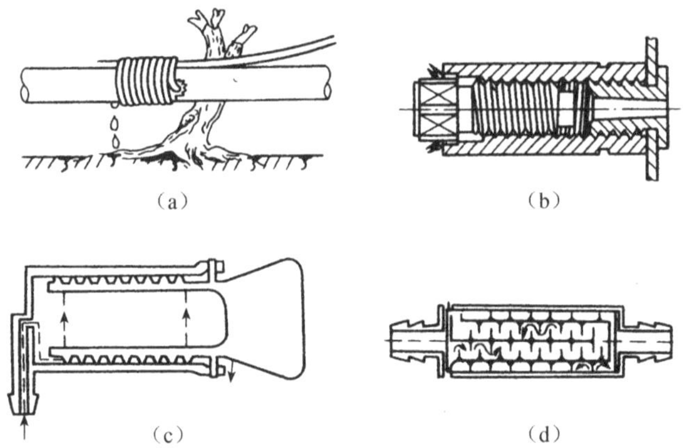

图 6-29　长流道滴头（丁为民等，2001，并略修改）

(a) 微管滴头；(b) 过流式；(c) 旁插式；(d) 迷宫管式

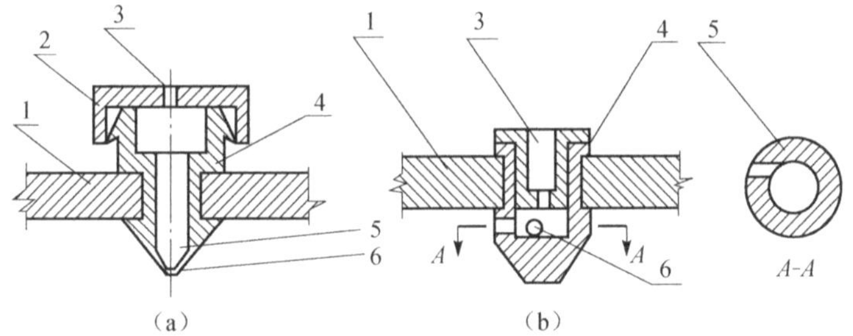

图 6-30　孔口式滴头（丁为民等，2001，并略修改）

(a) 单出水口滴头；(b) 涡流型滴头

1-毛管管壁；2-滴头罩；3-出水口；4-滴头体；5-减压孔；6-进水口

B. 涡流型孔口滴头［图 6-30 (b)］。水流进入滴头时形成涡流，由于水流的旋转，离心力迫使水流趋向涡流体边缘，在涡流中心产生一低压区，在此处的出口压力低，水流量小。但流道小，易堵塞，需提高过滤器标准和精心管理。

C. 自冲洗补偿式滴头。该滴头具有压力补偿功能和自冲洗能力，具有流量稳定、不易堵塞的优点（图 6-31）。

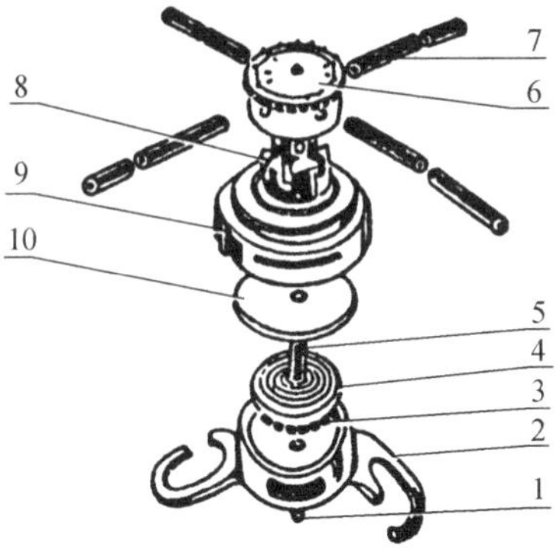

图 6-31　自冲洗补偿滴头

（丁为民等，2001，并略修改）

1-进水管口；2-固定爪；3-齿形过滤膜；4-螺纹圆盘；5-带槽中心柱；6-滴头盖；7-分水管；8-分水插头；9-可拆封闭盖；10-弹簧橡皮膜

(3) 内藏滴头式滴灌管。滴灌系统中，毛管和滴头的用量很大，二者分别生产，在现场由人工安装，工作量极大，且安装质量不易保证，回收和再铺设很困难且易损坏。滴头和毛管合为一体的内藏滴头式滴灌管，解决了上述难题，且满足农作物模式化栽培的需要。

该滴灌管如果滴头间距密，即为线源滴头，反之为点源滴头。他性能好，使用寿命长，适应范围广，但价格高。图 6-32 (a) 是德国生产的滴灌管，原理类似于缠绕在毛管上的微管滴头。图 6-32 (b) 是意大利 AMVT 公司生产的滴灌管，利用紊流消能，内径均匀一致且管壁光滑，制造精度高，性能良好。另外，美国 NETAFIM 公司也生产多种型号和规格的内藏式滴灌管。

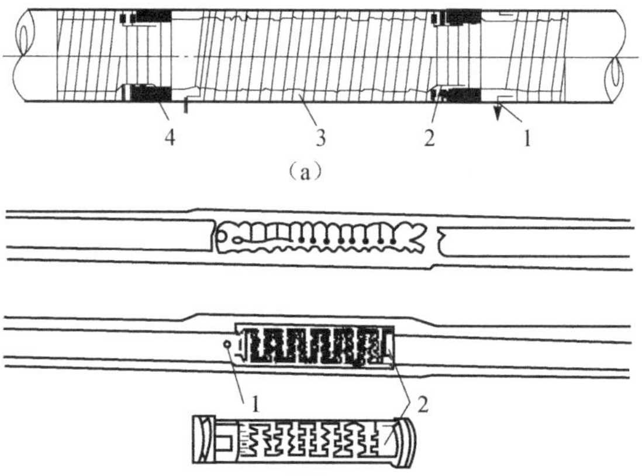

图 6-32　滴灌管（丁为民等，2001，并略修改）

(a) 毛管与滴头合一的滴灌管；(b) 内藏紊流型滴头滴灌管

1-出水口；2-进水口；3-螺旋型消能通道；4-密封装置

4）首部枢纽

（1）过滤器。滴头由于出水孔口细小而易堵塞，所以滴灌系统对水质的要求较高，过滤器是保证滴灌系统正常工作的关键设备。它安装在化肥罐后方，用以滤去水中的悬浮物质。常用的过滤器有滤网式、离心式和砂砾式。

滤网式过滤器外形如图 6-33 所示，由外壳和缠有滤网的内芯构成。滤网有两层，由尼龙丝、不锈钢或含磷紫铜（可抑制藻类生长）制成。滤网容易堵塞而增大水力损失，应经常清洗。

离心式过滤器结构如图 6-34 所示，由锥形筒和排砂装置构成。进水管沿锥形筒切线安装，水流进入后产生旋转运动，离心力使质量较大的砂粒、杂质分离，沿内锥面下沉，水经出水管从上口流出，他不能清除悬浮物质和有机质。

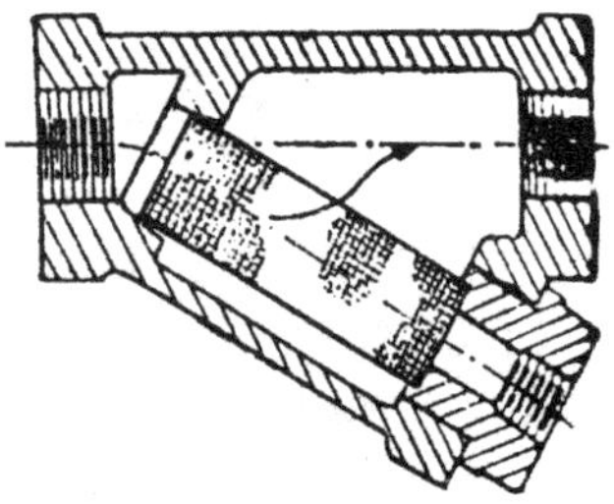

图 6-33　滤网式过滤器

（丁为民等，2001，并略修改）

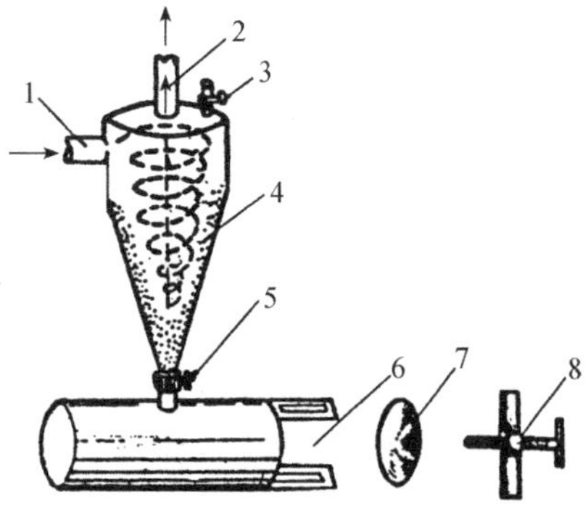

图 6-34　离心式过滤器（丁为民等，2001，并略修改）

1-进水管；2-出水管；3-放气阀；4-砂粒；5-闸阀；

6-排砂口；7-压盖；8-压盖丝杆

（2）施肥装置。通过施肥装置将化肥溶解后注入管道系统随水滴入土壤，不仅省工，而且施肥均匀，能充分发挥肥效。向管道注入化肥的方法有压差原理法、泵注法等。

压差式施肥罐压差注入工作原理如图 6-35 所示，罐的进水管和出液管与干管并联，干管上设有减压阀。将化肥加入罐内，密闭罐口，适当关小减压阀，减压阀前后的干管中形成压力差，干管中的部分水流经进水管入罐，溶解化肥，肥液经出液管进入干管。为防止肥液逆流腐蚀水泵，干管上设有单向逆止阀。肥料罐应有良好的密封，能承压且耐腐蚀。

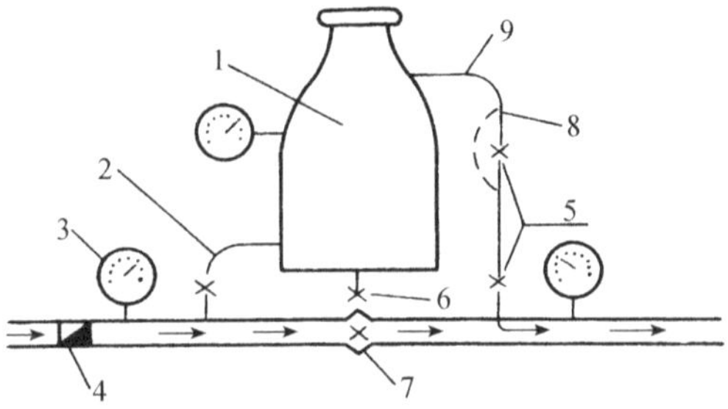

图 6-35　压差原理注入肥料
（丁为民等，2001，并略修改）
1-化肥罐；2-进水管；3-压力表；4-单向阀；5-阀门；6-放水口；7-减压阀；8-微管旁路；9-出液管

还可使用泵注法，常使用活塞泵或隔膜泵向滴灌系统注入肥料。其优点是肥液浓度稳定，施肥质量好，但价格高。

（3）控制设备。用于控制管道系统中的流量和压力。常设有监测装置和控制装置。监测装置有流量表、压力表和真空表，控制装置设有闸阀、气阀和流量调节器。

5）管道与接件

用以组成输水配水网。滴灌系统中，过滤器以下都应避免使用钢管、铸铁管或水泥等易于产生化学反应或锈蚀的管道。塑料管是滴灌系统的主要用管，主要有聚乙烯管、聚氯乙烯管和聚丙乙烯管。这三种材料的滴灌管材，我国均已大批量生产，规格系列达很多。

将各级管路连接为一整体的部件称为管接件。各种规格的管材均有相应的接件，主要有接头、三通、弯头、螺纹接头、旁通和堵头等，所有接件均已大量国产化。

6）滴灌系统的规划设计

滴灌系统规划设计的内容和程序与喷灌系统的规划设计基本相同。根据滴灌的特点，这里仅介绍确定设计用水率、选择滴头和布置滴灌系统的一般原则和方法。

（1）设计用水率的确定。只要滴灌系统能满足作物高峰需水要求，就能满足作物全生育期的灌水要求，所以就用高峰用水量作为设计用水率。滴灌条件下的高峰用水量，国内现有的试验资料很少，只有通过计算确定，以地面灌或喷灌最高耗水量估算。

$$W = K_r m A \tag{6-24}$$

式中，W 为滴灌设计用水率（L/d）；K_r 为覆盖影响系数，由表 6-17 选用；m 为地面灌或喷灌最高耗水率（mm/d）；A 为计算面积（m^2）。

表 6-17　覆盖影响系数 K_r 的推荐值

覆盖率	10%	20%	30%	40%	50%	60%	70%	80%	90%	100%
K_r	0.20	0.30	0.40	0.50	0.60	0.70	0.80	0.90	1.00	1.00

（丁为民等，2001，并略修改）

（2）滴头的选择。滴头流量按下式来确定：

$$q = \frac{WT}{t\eta n} \tag{6-25}$$

式中，q 为滴头流量，点源滴头（L/h），线源滴头［L/(h · m)］；W 为设计用水率，点源滴头

[L/(d·株)]，线源滴头 [L/(d·条)]；T 为灌水周期 (d)；t 为每次灌水历时 (h)；η 为滴灌水利用率，取 0.9～0.95；n 为点源滴头每株所配滴头数（个），线源滴头为其长度（m）。

滴头结构型式的选择要与种植作物相匹配，蔬菜、瓜果或粮食等条播带植作物，沿种植行布设滴头，应选用线源滴头，即各种形式的滴灌带；果树，特别是中等间距或大间距果树，应选择点源滴头。土壤质地不同，选用的滴头也有差异，轻质土壤，水分扩散范围大，可选用流量较大的滴头，使用中控制其滴水时间；重质土壤，其渗透性差，宜选用较小流量的滴头。从经济角度考虑，应尽可能地选用小流量滴头，并相应地增加灌水历时，这样就可以减少水泵动力机组的投资。

(3) 滴灌系统的布置。滴灌系统的布置包括首部枢纽、输配水管网、管网辅助部件的布置以及毛管和滴头的布置。

首部枢纽是滴灌系统的操作控制中心，常布置在水源处，最好处是置在灌区中央，这样可缩短输水距离，节省管材和动力。干、支管的布置取决于水源、地形及作物分区。丘陵山区干管多沿山脊布置，支管垂直于等高线，从两边向毛管配水；平坦地区，支、干管尽量双向控制，以节省管材。

辅助部件包括排气阀、进气阀、闸阀、调压阀和流量调节器等。进气阀、排气阀安装在较高处的干、支管上；干、支管进口处应安装闸阀；流量调节器安装在支管进口处。

毛管和滴头的布置是滴灌系统的关键，需考虑诸多因素，如作物特征、土壤质地、水质和农业技术等，并且应充分重视农民在长期生产实践中所总结出的经验。这里就不同作物，重点介绍毛管和滴头的布置方式。

如果栽培的是蔬菜，推荐使用工作可靠、价格低廉的塑料薄膜滴灌带。为便于管理，滴灌带宜铺设于地表，地膜栽培时应铺设于膜下，并与作物顺行铺设。为节约投资，应尽可能地增大行距，缩小株距，以加大间距，减少滴灌带用量，一般尽量采取宽窄行栽培，滴灌带设置于窄行，一条滴灌带控制两行作物 [图 6-36 (a)]。

若是果树，设计果树滴灌系统时，应综合考虑树木的大小、根系特点、土壤、农业技术及土壤水分状况对作物产量和质量的影响。对于老果园，开始采用滴灌时应慎重地进行试验，宜采用点源滴头；对于小间距果园，可采用较厚管壁的塑料滴灌带。滴灌系统必须与果树栽培技术和种植间距相适应。从滴灌系统设计考虑，按栽植间距将果树分为小间距果树（株距小于 3m）、中等间距果树（株距 3～6m）和宽间距果树（株距大于 6m）。

小间距果树，如葡萄，毛管的布置方式是沿作物行铺设一根毛管，滴头在果树的两边作对称布置，距果树 0.2～0.5m [图 6-36 (b)]。

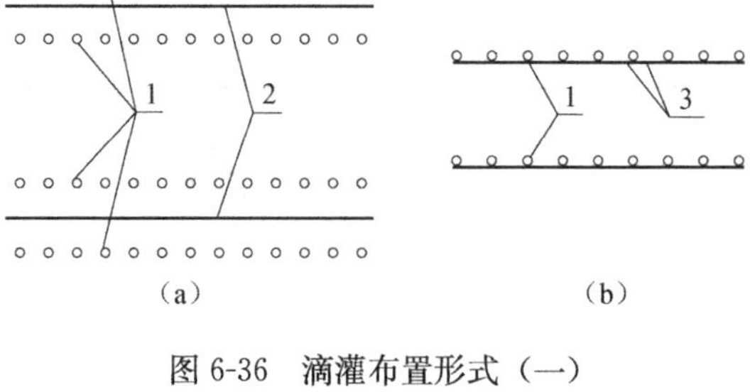

图 6-36 滴灌布置形式（一）

(a) 蔬菜滴灌；(b) 葡萄滴灌

1-植株；2-薄膜滴灌管；3-滴头

中等间距果树，如苹果、梨、桃、杏等新果园。这类作物滴灌系统的布置方式是：顺种植行埋设一条支管，支管上安装绕树的毛管，滴头绕果树环形排列，距树干 1m。在粘重土壤上每棵树至少需 4 个滴头，在中等质地土壤上每棵树需 5～6 个滴头［图 6-37（a)］。

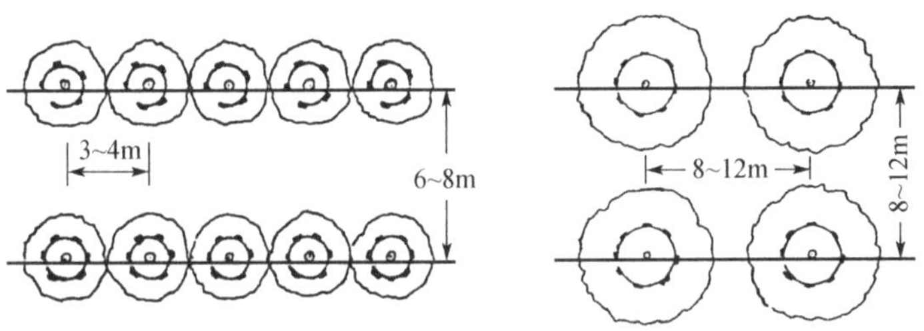

（a）　（b）

图 6-37　滴灌布置形式（二）（丁为民等，2001）

(a) 中等间距果树；(b) 大间距果树

大间距果树，如香梨、核桃等，毛管和滴头的布置方式是：每行树埋设一条支管，支管上安装绕树毛管，呈环形，半径约 120～150cm，每棵树需 8～10 个滴头。滴头位置应保持不变，以免根系发育发生变化［图 6-37（b)］。

鉴于滴灌条件下作物根系的分布特点，在严寒和多风地区的多年生作物易受风灾和冻灾，因此在进行滴头布设时，应尽量采用地下滴灌，将滴头埋设在一定土层深度，使湿润区下移，引导根系下扎；在多风区，滴头还应尽量绕作物作对称布设，以免根系偏向一侧易受风吹倒，而且应尽量照顾到主风向方向布设滴头，以增强抗风能力。

2. 渗灌设备

1）渗灌及渗灌的特点

渗灌是指灌溉水以滴渗方式湿润作物根系层，实现对作物灌溉。目前工程上常用的做法是将灌溉水通过低压渗灌管管壁上的微孔（裂纹、发泡扎）由内向外以滴状渗出，随即渗入管壁周围土壤颗粒，不断地向土体扩散，给作物根系供水的灌溉方式。渗灌水进入土壤后，仅湿润作物根系层，地面没有水分，故蒸发量更少，比其他灌水方式更为节水。

渗灌是在低压条件下，通过埋设在作物根系范围内的渗灌管，向作物根部适量适时灌水的灌溉方法，因为这种灌溉方法中灌溉水在作物根系层进行，具有省工、省时、省水、增产、增收、便于管理及耕作等优点，有效地降低了地表蒸发量，特别适合于宽行距的行播作业。

渗灌灌溉技术虽然具有诸多优点，但由于渗水管埋于作物根系层，出水口小且不均匀，作物根系具有趋水性，很容易产生堵塞，清理也很困难，埋设地面以下的管道属于隐蔽工程，不同位置的出水量、堵塞情况、深层渗漏等问题不易被发现。每季作物收获后，检查清理渗灌管难度较大。

渗灌灌溉技术，虽经过了多年的研究，但由于土质差异、作物差异，合理确定不同土质、不同作物灌水技术要素指标还存在一定问题。同时，不合理的渗管出流量也会引发灌溉水出现深层渗漏现象。土壤渗透性很大或地面坡度较陡的地方采用渗灌技术都存在一定的问题。

2）渗灌的组成及主要设备

渗灌系统由水源工程、首部枢纽、输配水管网、渗水管道、流量监测设备、水流控制部件等组成。

（1）水源。河流、湖泊、塘、渠道、水库、井泉等，只要水质符合要求，都可以作为渗灌工程的灌溉水源。

（2）首部枢纽。渗灌系统的首部枢纽通常由水泵（自流取水除外）、控制阀门（水闸）、水质净化装置、施肥（药）装置、压力及量水设备等组成。首部枢纽是渗灌系统的调度中心，它肩负着渗灌系统的供水、净化、加肥、检测和调控的任务。

水泵是渗灌系统的动力源，水泵分为离心泵、轴流泵、潜水泵、混流泵、活塞泵、水轮泵等。因为渗灌系统的灌水器出口微小，很容易堵塞，所以要采用水质净化方式，常用的设备和滴灌的水质净化设备基本相同。

（3）输水管网。输送水管网是将首部枢纽处理过后的水按照要求输送分配到每一级主管、支管道中，起着按作物需水量要求向田间作物输送水的作用。管网布设的好坏，直接影响到工程的投资大小、管网效益的发挥。

输送水管网的布设原则：①主管道尽量少转弯，避免过大的水头损失；②尽量使用不易生锈的管道，防止增加管道粗糙率；③支管在与主管道连接时，水流方向夹角保持在90°范围；④在不需要加装仪表的管道中，尽量不加仪表，避免产生局部水头损失。

管道及连接件的要求：对于大型渗灌工程或主要输水管道，当塑料管及连接件不能满足设计要求时，可以考虑采用铸铁管、钢管或其他形式管道。其他管网部分建议采用UPVC管道及管件，目前市面上的UPVC管道与管件品牌繁多，管道壁厚相差较大，因此，在采用UPVC管道及管件时应从以下几个方面考虑。①管道与管件能承受一定的水压力，确保正常输水；②使用耐腐蚀抗老化性强的材料保证在输水送水过程中不易锈蚀，不易产生化学沉淀，不利于藻类微生物繁殖，避免出现管网系统堵塞，延长管网的使用寿命；③尽量选用标准件，便于日后检修与更换。

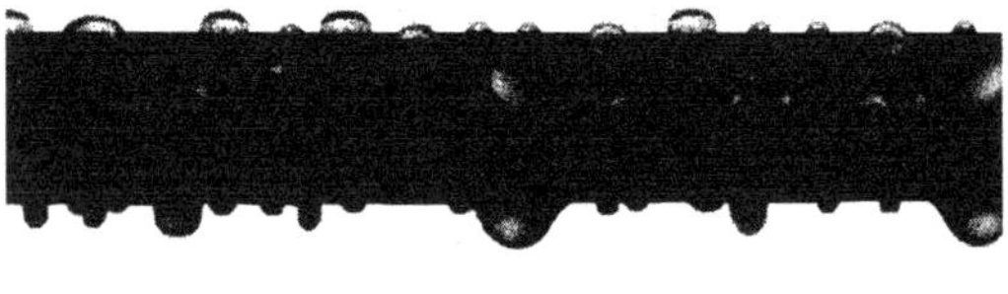

图 6-38　渗灌管

（4）渗灌的灌水器渗灌管。渗灌管是渗灌系统的关键部件，如图6-38所示。渗灌管是利用废旧橡胶轮胎粉末、PVC塑料粉末和发泡剂掺混后，经发泡、抗紫外线和防虫咬等特殊技术工艺处理后挤压成型，具有大量的微孔的渗水管。

① 原理。灌溉时，渗灌管埋入地下，水流经输水管道进入地下渗灌管，经渗灌管上密布的微孔隙缓慢渗入附近的土壤，依靠毛细管的作用将水分扩散到整个根系层，供作物吸收利用。

② 优点。不破坏土壤结构，保持作物根系土层的疏松透气，减少地面蒸发，理论上最符合作物需求、最节水（表层蒸发少、无径流现象）。

③ 缺点。出水点分散、无规律、管孔大小不一，出水量小，易堵塞，因虫咬、堵塞、或机械损坏后，不能发现。

渗灌系统全部采用管道输水，灌溉水是通过渗灌管直接供给作物根部，地表及作物叶面均保持干燥，作物棵间蒸发减到最小，计划湿润层土壤含水率均低于饱和含水率。因此，渗灌技术使得水的利用率理论上是目前所有灌溉技术中最高的一种。

渗灌系统首部的设计和安装方法与滴灌系统基本相同，所不同的是渗灌毛管对于空气的通透较差，需要渗灌毛管尾部安置排气装置，一般是将尾部串联起来后与排气阀相连。另外一点不同的是：地埋渗灌管水量的主要制约因素是土壤质地和渗灌管的入口压力，所以渗灌系统运行时的主要控制条件是流量，而滴灌系统完全是通过调节压力而控制流量的。

随着工业技术的发展，国外的渗灌技术有了很大的进展，但我国刚刚起步，与发达国家的差距很大，目前应用的渗灌管品种较少，实际应用的技术手册和配套产品不甚完备。国产渗灌管的流量和规格性能如表 6-18 和表 6-19 所示。

表 6-18　国产渗灌管（ϕ20mm）100m 渗水量（L）参考表

压力状态	长度/m						
	1～10	11～20	21～30	31～40	41～50	51～60	91～100
1	3.88	3.78	3.73	3.53	3.50	3.30	1.50
2	4.83	4.60	4.31	4.06	4.00	3.71	2.31
3	5.08	4.81	4.63	4.41	4.29	4.15	3.30

表 6-19　渗灌管规格性能

渗管内径/mm	壁厚/mm	土壤湿润半径/cm	最大安装长度/m	出水率/(L/(h·m))	工作压力/MPa
9.5	2.6	50～65	180	0.7～1.6	0.6～0.8

3）渗灌的施工管理

管道埋深、灌水定额、管道埋设间距、管道长度等的合理设置关系到渗灌系统性能的好坏，下面分别介绍这些参数的合理配置。

（1）渗灌管埋设深度。渗灌管埋设的深度取决于土壤性质、耕作条件、作物种类等条件。管道埋设的深度要考虑灌溉水能借助土壤毛细管作用使水分湿润作物根系层，同时使灌溉水到达计划湿润层，产生深层渗灌的可能性最小。一般蔬菜根系浅，管道埋设深度应小。有研究表明，渗灌管埋深 35cm、管间距 60cm 的处理方式，对黑龙江省地区塑料大棚黄瓜栽培有利（倪淑君等，2004）；而对于番茄则管间距为 50cm 最好（于锡宏等，2003）。果树等经济林根系深，管道埋置深度要大。另外，管道的埋深与土质质地密不可分。一般黏质土埋深要大些，砂性土质埋深要小，因地区差异、作物种类差异，渗灌管埋设深度还必须满足耕作深度要求。同时要考虑到管道本身的抗压强度，不致因拖拉机或其他耕作机具行走而产生破坏。对于北方较冷地区，还应考虑冻土层深度，一般渗灌管应放在冻土层以下，防止管道中水流产生冰冻现象。目前我国渗灌管一般埋设深度为 40～60cm。在免耕地中可浅埋、大多埋在深 10cm 左右。不同作物埋设深度也有差异，参照表 6-20。

表 6-20　渗灌管埋设深度参考值

作　物	草莓、春菊、西瓜、菠菜、韭菜、生菜、葱等	黄瓜、茄子、番茄、青椒	葡萄、玫瑰、康乃馨、草坪	果　树
埋深/cm	5～30	20～40	10～30	30～60

（吴普特等，2002，并略修改）

（2）渗灌管埋设的方法。渗灌管埋设的方法一般分为两种，一种是在作物根系附近开沟，将渗灌管埋入沟内。主要适应于干旱、半干旱地区，如图 6-39（a）所示。在多雨地方，采用第二种埋设方式，即在地表铺设渗灌管，然后填垄，如图 6-39（b）所示。

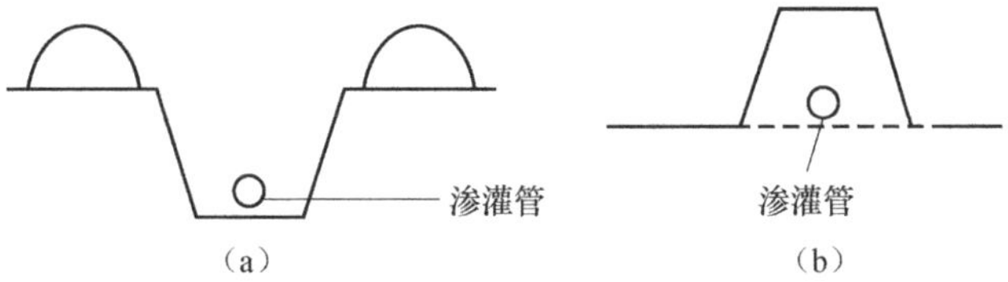

图 6-39　渗灌管埋设方法示意图（吴普特等，2002，并略修改）
（a）渗灌管沟埋；（b）渗灌管垄埋

采用沟埋渗灌管时，应注意沟上填土及可能出现的外力作用，防止沟埋渗灌管在过大外力作用下产生破裂或变形，影响渗灌质量，严重者会产生局部破坏而堵塞。

（3）灌水定额。渗灌灌水定额应以相邻两条渗灌管之间的土层得到足够湿润，要以不发生深层渗漏为准。不同的土质、不同的土填密实度、不同初始含水率、不同直径渗水管及不同供水压力对渗灌都有一定程度的影响。要做出不同地区、不同作物的潜水定额，只能根据当地的实际情况，通过实际测量，制定该地区某种作物的灌水定额，在没有实测资料的地区，一次灌水量一般控制在 $7500m^3/hm^2$ 左右。

（4）渗水管间距的确定。渗灌管间距的大小主要决定于所填土性质、供水压力大小和作物种植条件。两管间距过大，中间部分作物水分得不到满足，影响整体产量，过小则会增加工程造价，不够经济。因此，确定管道间距时应充分考虑当地土质，供水管道水压力，种植作物品种。土壤颗粒愈细，则土壤的吸水能力愈强，渗灌时灌溉水的湿润范围也愈大，渗水管管道间距可适当布置大些。在设计管道间距时，应考虑相邻两条管道的浸润曲线重合的部分，以保证埋土润湿均匀，一般砂质土壤管道间距较小，而粘质土壤中的管道间距较大；管道中水压力较大，管距可以较大，而水压较小时，渗灌的管距较小。目前，渗灌管的间距多在 1.0 至 3.0m 之间。对于较大面积的可按实测资料设计，在没有实测资料的地方，可参考表 6-21 选用。

表 6-21　不同土壤渗灌管埋设间距（cm）

土壤质地	砂　土	砂壤土	黏　土
管道间距	70～100	90～180	120～300

资料来源：吴普特等，2002，略修改

（5）管道供水压力及管道长度确定。供水压力和渗灌管长度直接影响灌水均匀性。承受的管道压力应根据所选渗灌管的性能参数确定，同时应该考虑作物所在地的地形坡度。管道长度的确定应保证管道首尾两端土壤能湿润均匀。一般情况下，管道坡度陡、供水压力大时，管道可长些，否则管道应短些。目前国内外渗灌管埋设长度一般不长于 100m，特殊情况可延长到 200m。

（6）渗灌系统的规划设计。在渗灌工程的规划设计中，正确确定设计参数是获得最优设计方案的关键。渗灌工程的设计参数包括作物需水量、渗灌耗水强度、土壤湿润比、灌溉水均匀度、灌溉水有效利用系数和管道工作水头等，这些参数的取值大小直接影响到渗灌工程的投资、运行管理成本和灌溉质量，对工程的综合效益评定至关重要。

管网布设方式也是渗灌系统规划设计的一个重要的方面，灌溉系统的管道布设通常是在地形图上做初步的布置、然后将规划方案带到实地与实际地形作对照，并进行必要的修正。渗灌管的布设方式与作物的品种有很大的关系，对于密植的作物应沿作物行方向布置。根据作物株距，一行作物可布置一条渗水管或两行作物布置三条渗灌管。每条渗灌管的最大长度以不超过 60m 为宜。干、支管的布置应达到管理方便、工程费用尽量小的原则，支管则尽可能垂直于干管，干、支管布设应尽可能多地控制灌溉面积，要以双向控制为宜，以节省管材。

6.3.4 其他灌溉方式

1. 喷灌系统与设备

喷灌也是常用的一种灌溉方式，在温室中常用的经改造的喷灌系统为微喷灌系统。喷灌就是利用水泵和管道系统，在一定压力下把水喷到空中，碎成细小的水滴，均匀降落在田间，供给作物水分的一种灌溉方法，它又称喷洒灌溉，有较显著的省水增产效益，是一种比较先进的灌水技术。喷灌具有节水、保土、提高作物产量和品质、节省劳动力和适应性强等优点，故在现代化灌溉中，喷灌占有相当的比例。我国现代化灌溉面积约 153.3 万 hm^2 (1998 年)，其中喷灌面积约 133.3 万 hm^2，而澳大利亚的喷灌面积能占总灌溉面积的 76%、德国为 53%、意大利为 100%、美国为 87%。

1）喷灌系统的组成、类型与选用

（1）喷灌系统的组成。喷灌系统由水源、水泵动力机组、管道系统和喷头组成。有的还配有行走、测量和控制等辅助设备。

① 水源工程。喷灌系统的水源可以是河流、湖泊、水库、池塘、井水或渠道水等。喷灌的建设投资较高，设计保证利用率一般要求不低于 85%。水源应满足喷灌在水量和水质方面的要求。对于轻小型喷灌机组，应设置满足其流动作业要求的田间水源工程。

② 水泵和动力机。除利用自流水头以外，喷灌系统的工作动力均需要水泵提供，与水泵配合的动力机在有供电的情况下应尽量采用电动机，无电地区只能采用柴油机，轻小型喷灌机组为移动方便，通常采用喷灌专用的自吸泵，动力为柴油机或者汽油机。在井灌区等建设的小型喷灌工程往往采用水泵一次完成提水和加压工作，建设大型喷灌工程时为了降低系统工作压力，通常采用分级加压的方式，喷灌系统实际工作流量变化大时，应对水泵的运行进行调节，最常用的有增减水泵开启台数和通过配备压力罐调节水泵工作时间等方式。

③ 管道系统。喷灌使用有压水，故一般采用压力管道进行输水和配水。喷灌管道系统应能承受一定的压力，并通过一定的流量，通常分为干管和支管两级。干管起输配水的作用，支管是工作管道，支管上按一定间隔安装竖管，竖管上安装喷头，压力水通过干管、支管、竖管经喷头喷洒到田面上，必要时可增加一级分干管。管道根据铺设状况可分为地埋管道和地面移动管道，地埋管道埋于地下，地面移动管则按灌水要求沿地面铺设。部分喷灌机组的工作管道往往和行走部分结合为一个整体。

④ 喷头。喷头是喷灌系统的专用设备，形式多种多样，但作用都是将管道内的连续水流喷射到空中，形成众多细小水滴，撒落到地面的一定范围内，补充土壤水分。对喷头的基本要求是使连续水流变为细小水滴，使水滴较均匀地喷洒到地面的一定范围内，

单喷头的喷洒范围很有限，水量分布难以达到均匀，故实际应用中经常是多喷头作业，称为喷头组合。

(2) 喷灌系统的类型。为分别适应不同地形与使用条件，喷灌系统有多种类型。按系统获得工作压力的方式分为机压式喷灌系统和自压式喷灌系统。按系统中喷头是定点喷灌还是边喷边移动分为定喷式喷灌系统和行喷式喷灌系统。较普遍的是按系统的主要组成部分在喷灌季节的可移动程度，分为固定式喷灌系统、移动式喷灌系统和半固定式喷灌系统。

固定式喷灌系统除喷头外，其他设备均作固定安装。水泵动力机组安装在固定泵房内，干管和支管埋入地下，竖管安装在支管上并高出地面，喷头固定或轮流安装在支管上作定点喷洒。该系统操作简便，生产率高，可实现自控，便于结合施肥和喷药，占地少。但设备投资大，竖管影响机耕。适用于坡度较大的丘陵区和灌水期长且频率高的作物或经济作物，如蔬菜、茶园、果园和苗圃等。

移动式喷灌系统中组成该系统的全部设备均可移动，仅需在田间设置水源。移动式喷灌系统的优点是喷灌设备能在不同地点轮流使用，设备利用率高、投资少。缺点是移动费力、路渠占地多。按喷头的数目分如下两种形式：

单喷头移动喷灌系统由水泵动力机组、一根输水软管和一个喷头组成，在田间按一定间距布设水源（塘、井或明渠）。机组傍水源移动作定点单喷头喷洒。按机组移动方式分为手抬式、推车式（图 6-40）、拖拉机牵引式和悬挂式等。

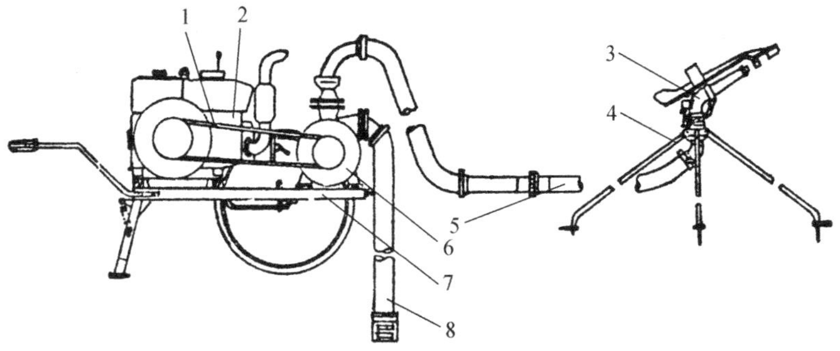

图 6-40　手推车式喷灌机组（丁为民等，2001，并略修改）

1-传动装置；2-柴油机；3-喷头；4-支架；5-压水管；6-离心泵；7-机架；8-吸水管

多喷头管道式移动喷灌系统（图 6-41）由水泵动力机组、一根或多根管道和装在管道上的多个喷头组成的移动式机组。需在田间设置水源（水渠或水塘）。机组移动并作定点多喷头喷洒。与单喷头系统相比，其突出优点是可采用低压小喷头，能耗低、雾化好、受风影响小和喷灌质量高。

半固定式喷灌系统如图 6-42 所示，该系统综合了固定式和移动式喷灌系统的优点，克服了两者的部分缺点，将水泵动力机组和干管固定安装，只移动装有若干喷头的支管，干管上每隔一定距离设有给水栓给支管供水。支管和喷头反复使用，减少了管材与喷头的用量，节省了投资，但要在喷灌后的泥泞中移动支管，劳动强度仍较大，为此可采取以下措施：一是选用轻便管材和附件；二是每个系统多配备几组支管，等地面稍干后依次移动；三是使支管能自走。支管能自走的半固定式喷灌系统有滚移式、绞盘式和时针式等多种型式，它们一般在大面积喷灌中得到应用，多适用于大田作物。

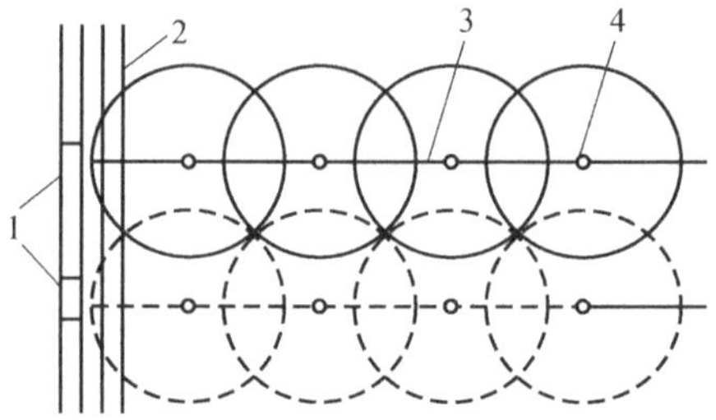

图 6-41　管道式移动喷灌系统示意图
（丁为民等，2001，并略修改）
1-机组；2-机行道；3-移动管道；4-喷头

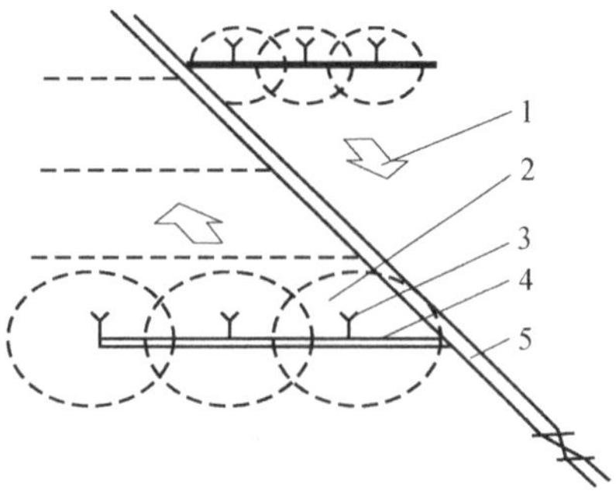

图 6-42　半固式喷灌系统示意图
（丁为民等，2001）
1-支管移动方向；2-喷洒面积；3-竖管与喷头；4-支管；5-干管

（3）喷灌系统类型的选择。喷灌系统的选型应根据当地地形、作物、经济和设备条件等具体情况，考虑各种形式喷灌系统的特点，综合分析比较，以作出最佳选择。一般可按如下原则选择：在喷灌次数频繁、地形坡度陡、经济价值高以及劳动力成本高的作物种植区（如蔬菜区），可采用固定式喷灌系统；在地形平坦、灌溉次数少的大田作物区宜采用移动式或半固定式喷灌系统，以提高设备利用率；在有 10m 以上自然水头的地方应尽量选用自压喷灌系统，可降低动力设备的投资和运行成本，在温室内可根据温室的大小选用固定式或者半固定式的能达到良好的效果。

2）喷灌系统的主要设备

喷头又称洒水器，是喷灌系统的主要组成部分。他将具有一定压力的水流喷射到空中，散成细小的水滴并均匀地散布在所控制的灌溉面积上。喷头的性能直接影响喷灌的质量。喷头的种类很多，按其工作压力和控制范围的大小可分为低压（近射程）喷头、中压（中射程）喷头和高压（高射程）喷头，按结构和喷洒工作特性分为固定散水式喷头和旋转射流式喷头。

（1）固定散水式喷头。又称漫射式喷头。其特点是在喷灌过程中，所有部件相对于竖管是固定不动的，水流在全圆周或部分圆周（扇形）同时散开。其结构简单，没有旋转部分，水流分散，水滴细，射程短，要求的工作压力低，常用于公园、草地、苗圃和温室等处；另外还适用于时针式和平移式等喷灌系统上，以节约能源。固定散水式喷头按结构形式分为折射式、缝隙式、离心式和孔管式。

① 折射式喷头（图 6-43）。水流由喷嘴垂直向上喷出，遇到散水锥即被击散成薄水层沿四周射出，在空气阻力作用下即形成细小水滴散落在四周地面上。折射式喷头有外支架式［图 6-43（a）］、内支架式［图 6-43（b）］和扇形［图 6-43（c）］三种。

② 缝隙式喷头［图 6-44（a）］。在管端开有一条缝隙（宽度为 2～6mm），当水流在压力作用下流过缝隙时，被散成细小水滴。

③ 离心式喷头［图 6-44（b）］。由喷管和带喷嘴的蜗形外壳构成的，水流沿切线方向进入蜗壳，经喷嘴喷出的水膜具有较高速度向四周散开，在空气阻力作用下被粉碎成水滴散落于四周。其优点是在工作压力低的情况下可获得较好的雾化。

④ 孔管式喷头［图 6-44（c）］是由一根或几根较小的管子组成，在管子的顶部分布些

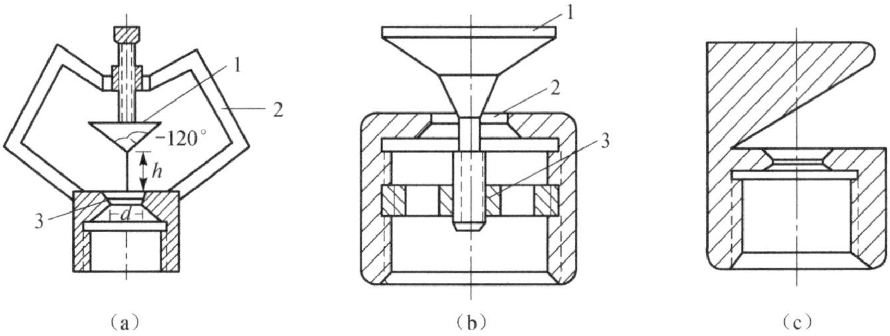

图 6-43　折射式喷头（丁为民等，2001）

(a) 外支架折射式；(b) 内支架折射式；(c) 扇形折射式

1-散水锥；2-喷嘴；3-支架

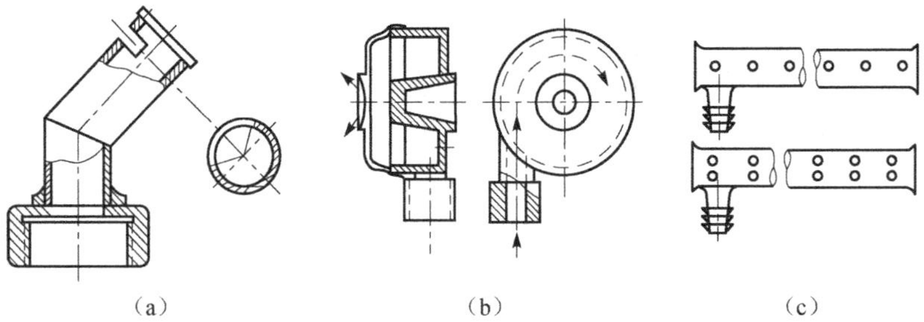

图 6-44　喷头的结构型式（丁为民等，2001，并略修改）

(a) 缝隙式；(b) 离心式；(c) 孔管式

小喷水孔，孔径仅为 1～3mm。根据小孔分布型式分为单列孔管和多列孔管。孔管式喷头可自行制作，使用方便，但其喷射水流较细，各孔口的工作压力分布不均匀，易堵塞，故雾化质量不高。

(2) 旋转射流式喷头。主要由喷嘴、喷管、转动机构和扇形机构等部分组成。根据其转动机构的不同特点，分为摇臂式、叶轮式和反作用式三种，根据是否装有扇形机构分为作扇形喷洒的喷头和作全圆喷洒的喷头。

摇臂式喷头结构简单，型号齐全，由全国联合设计，PY1、PY2 和 PYS 系列喷头，其性能参数可在《喷管设计手册》中查阅，他们是目前应用最广的喷头。这里简要介绍摇臂式喷头的结构和工作原理，摇臂式喷头主要由喷头体、驱动机构和换向机构组成（图 6-45）。

2. 喷水管（带）

喷水带是投资较低的一种节水灌溉方式，它是按一定间距在薄壁塑料管带的一侧或两侧打孔，孔的间距可按实际需要确定，孔径小于 1mm。喷灌带一般沿作物栽培行铺设在地面，灌溉在较低的水压下（0.01～0.06MPa），由微孔喷出，即可增加环境湿度，又可将灌溉水控制在作物根部的地表（图 6-46）。喷水带由于直径较大，出水口均在上部，防堵塞性能较其他滴灌好，不需特别水质处理。但由于没有压力消能和补偿装置，喷水带对压力较为敏感，出水均匀度随铺设长度的增加变化较大。另外由于壁薄及出水口没有加强处理，较易老化破损。喷水带以其价格低廉而多应用于短期或临时及铺设长度不大的灌溉工程中。国产常用的喷水带的规格性能参数如表 6-22 所示。

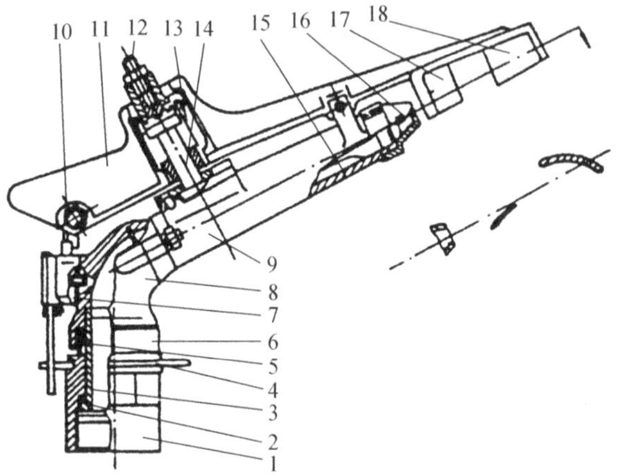

图 6-45　摇臂式喷头（丁为民等，2001，并略修改）

1-轴套；2-减磨密封圈；3-空心轴；4-限位环；5-防沙弹簧；6-弹簧罩；7-扇形机构；8-弯头；9-喷管；10-反转钩；11-摇臂；12-调节螺钉；13-摇臂弹簧；14-摇壁轴；15-稳流器；16-喷嘴；17-偏流板；18-导水板

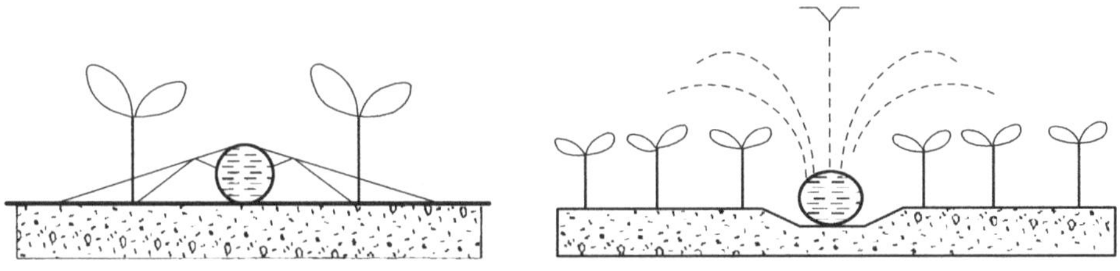

图 6-46　喷灌带灌溉（周长吉等，2003）

(a) 双上孔喷水管（覆盖）；(b) 多孔喷水管

表 6-22　喷水带规格型号

型　号	规格/mm	工作压力/MPa	流量/[L/(h·m)]	铺设长度/m
双上孔微喷带	ϕ35	0.01～0.03	12～22	≤60
3 孔微喷带	ϕ40	0.03～0.06	30～50	≤140
5 孔微喷带	ϕ40	0.03～0.06	50～60	≤100

资料来源：周长吉等，2003，略修改

6.4　光照设备

植物利用光能将 CO_2 和水转化为碳水化合物的过程称为光合作用。光合作用是地球上生物赖以生存和发展的基础。光是光合作用的能量源泉，同时又是控制光周期的一种信息。温室内蔬菜、花卉等植物的栽培，一般是在冬春季节，此时光照时间较短，光线较弱，光照通常是作物生长发育的主要限制因素。生产者建设温室常常要求能够在周年任何季节生产各种不同环境要求的作物或出于商业目的的考虑，要求在室外光照不利的作物生长的季节生产一些光敏性作物。在这样的条件下，温室补光就成了温室设计必不可少的设备。

温室光源用于两个目的：一是为了照明，二是为了人工补光。下面所述光源及光源设备主要是针对温室光照调节。

目前温室常用的人工光源均为电光源，习惯上称这些电光源为电灯，其具体名称通常根据其发光原理而命名，如白炽灯、卤钨灯、荧光灯、高压气体放电灯等。

6.4.1 人工光源的种类与选用

1. 人工光源的选择标准

人工光源的使用，可以有效地解决长期阴雨天对植物生长造成的光胁迫，选择合理的人工光源，提高光能利用效率是生产者要求的最终目的。人工光源的选择主要考虑以下几方面的因素。

1）人工光源的光谱性能

根据植物对光谱的吸收性能，光合作用主要吸收波长为400～500nm的蓝、紫光区和600～700nm的红光区。因此要求人工光源光谱中富含红光和蓝、紫光。

2）发光效率

光源发出的光能与光源所消耗的电功率之比，称为光源发光效率。光源发光效率越高，所消耗的电能越少，这对节约能源减少经济支出都有明显的效益。光源所消耗的电能，一部分转变为光能，其余则转变为热能。人工光源发光效率 η 的表示方法有 η=lm/W（流明/瓦）、η=mW/W（毫瓦/瓦）或者 η=μmol/W（微摩尔/瓦）。部分常见的人工光源的发光效率如表6-23所示。由表可以看出，白炽灯的发光效率最低，而低压钠灯的发光效率最高。

表6-23 部分常用人工光源的发光效率

光源名称	发光效率		
	lm/W	mW/W	μmol/W
白炽光	17	6	0.34
荧光灯	70	19	0.95
金属卤化物	87	26.5	1.06
高压钠灯	106	26.1	1.22
低压钠灯	143	27.6	1.35

3）其他因素

在选择人工光源时还应考虑到其他一些因素，例如，光源的寿命、安装维护以及价格等。进行光照设计、选择最佳光源时，需要了解光源的结构、效率及电性能。表6-24给出了温室常用补光灯的综合性能比较。由表可知，白炽灯是热辐射，红外线比例较大，发光效率低，但价格便宜，主要应用于光周期的照明光源；荧光灯发光效率高、光色好、寿命长、价格低，但单灯功率较小，只用于育苗；高压水银灯功率大、寿命长、光色好，适合温室补光；金属卤化物等具有光效高、光色好、寿命长和功率大的特点，是理想的人工补光光源。

表 6-24 温室常用人工光源及其发光原理和主要性能参数

光源灯型	发光原理	功率/W	发光效率/(lm/W)	主要光谱	寿命/h
白炽光	由电流通过灯丝的热能效应而产生光	15～1000	10～20	红橙光	1000
荧光灯	电流通过灯丝加热→氧化钍发射电子→冲击汞原子→刺激管壁荧光粉，发光	40	60～80	类似阳光	12000
高压水银灯（高压汞灯）	高强度放电管，管内装有主副电极，并充有 2～4 个大气压的水银蒸气和少量氩气，电子冲击引起激发和电离产生辐射	400～1000	40～60	蓝绿光 紫外辐射	5000
金属卤化物灯	放电管内除放有高压汞蒸气外，还添加碘、溴、锡、钠、镝等金属卤化物	200～400	70～90	蓝绿光 红橙光	数千小时

资料来源：周长吉等，2003，略修改

2. 温室内常用的人工光源

目前，作为温室补光用的光源主要有白炽灯、卤钨灯、高压水银荧光灯、高压钠灯、低压钠灯及金属卤化物灯等（Coaton 等，2000）。

1）白炽灯

白炽灯属于热辐射光源，其发光原理是在抽成真空的灯泡中利用电流通过钨丝发光，其结构如图 6-47 所示。

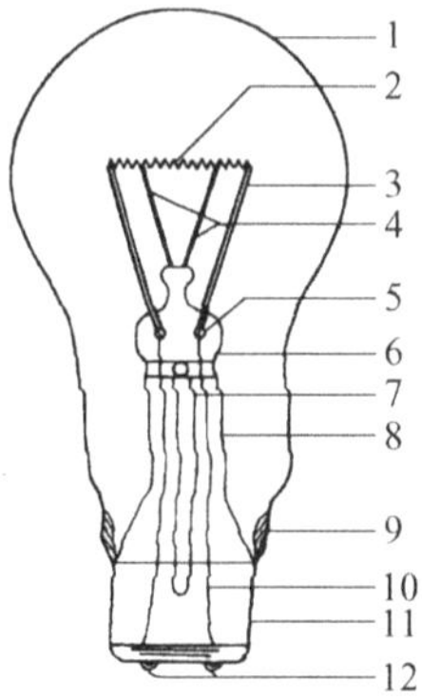

图 6-47 白炽灯的结构

（王晓东等，2004，并略修改）

1-玻璃泡壳；2-钨丝；3-引线；4-钼丝支架；5-杜美丝；6-玻璃夹封；7-排气管；8-芯柱；9-焊泥；10-引线；11-灯头；12-焊锡

白炽灯是低温光源，其色温一般为 2400～2900K，光谱范围主要是红外线，可见光所占比例较小，因而发光效率较低，为 9～12lm/W。标准的白炽灯主要用于天长的控制，灯的大小在 40～50W（115V 和 230V）。生产者可以通过改变灯具之间的安装距离来调节作物表面的光照度。其平均寿命为 750～1000h，其寿命受电源电压的影响，随着电源电压升高，灯泡寿命将大大降低。白炽灯通常带一球面形反射罩，使光线向下照射。白炽灯具有高度的集光性，便于控光、适于频繁开关、点燃或熄灭，对灯的性能和寿命影响较小、辐射光谱连续，显色性好、价格便宜、使用极其方便等优点。白炽灯现在的发展方向分别为：①白炽灯向小型化发展，其目的是为了减少气体热能的损失，更好地抑制灯丝的蒸发；②反射型白炽灯，这类灯主要应用在特殊的场合，如商店的橱窗和展览厅等处，只需局部照明的地方；③向带红外反射层的方向发展。白炽灯由于其工作温度较低，绝大部分辐射集中在红外区，只有很少的能量被转换成可见光，因此光效较低。白炽灯可以减少维持灯丝于某一温度所需的电功率，节约了电能，提高了灯的光效。

2）卤钨灯

填充气体内含有部分卤族元素或卤化物的充气白炽灯称为卤钨灯。卤钨灯也是一种热发光源，其发光原理基本与白炽灯相似。卤化钨丝蒸发形成碘化钨或溴化钨，蒸气中的卤化钨会在钨丝上沉积，从而防止玻壳黑化，并在整个使用期间光输出保持不变，使用寿命比白炽灯长 1 倍多。在温室光照中最常用的卤钨灯是抛物线状灯泡带反光板。灯泡寿命 2000h，最大功率可达1500W，但光输出效率比其他光源低。卤钨灯分为两端引出和单端引出两种，如图6-48所示。两端引出的灯管用于投光照明、电视、电影、摄影等场所。卤钨灯的技术参数如表6-25～表6-29所示（OSRAM系列产品）。

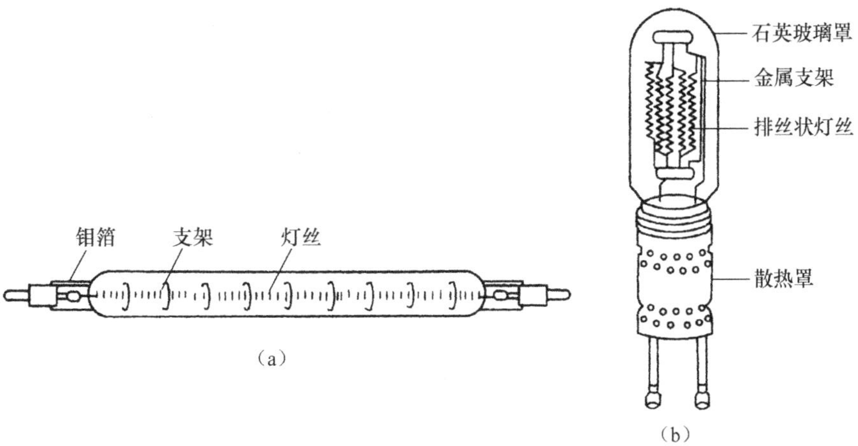

图6-48　卤钨灯外形（王晓东等，2004）

(a) 两端引出；(b) 单端引出

表6-25　照明直管形卤钨灯

型　号	电压/V	功率/W	光通/lm	显色指数	色温/K	寿命/h	尺寸（直径×长度）/mm	灯头型号
LZG220-300	220	300	5000	95～99	2800±50	1000	ϕ12×140±2	Fa4

表6-26　单端卤钨灯

型　号	电压/V	功率/W	光通/lm	色温/K	寿命/h	尺寸（直径×长度）/mm	灯头型号
64478BT	220	150	2550	2900	2000	ϕ48	117

表6-27　卤钨反射灯

型　号	功率/W	光强/cd	光束角	色温/K	寿命/h	开口直径/mm	整灯长度/mm
64836FL	50	1100	30°	3000	2000	ϕ64.5	91

表6-28　低压卤钨反光杯灯

型　号	电压/V	功率/W	光束角	光强/cd	寿命/h	开口直径/mm	整灯长度/mm
44865WFL	12	35	38°	1000	2000	ϕ51	45

表6-29　冷光束卤钨灯

型　号	电压/V	功率/W	光强/cd	光束角/(°)	色温/K	寿命/h	开口直径/mm	整灯长度/mm
LDJ12-50N	12	50	9050	12	3000	3000	ϕ50×45	G×5.3
LDJ12-50M	12	50	3000	24	3000	3000	ϕ50×45	G×5.3
LDJ12-50W	12	50	1500	38	3000	3000	ϕ50×45	G×5.3

3）荧光灯

荧光灯是一种低气压汞蒸气弧光体放电灯，又称日光灯。内壁涂有荧光粉，管内充有水银蒸气和惰性气体，其光色随管内所涂荧光材料而异，其结构如图 6-49 所示。采用卤磷酸钙荧光粉制成的白色荧光灯，其发射波长范围在 350～750nm，峰值在 580nm，比较接近阳光。采用混合荧光粉制成的植物生物灯，除在红橙光区有一个主峰值外，在紫外光区还有一个峰值，因而，与叶绿素吸收光谱相吻合，故在温室或者人工气候箱是首选的光源之一。

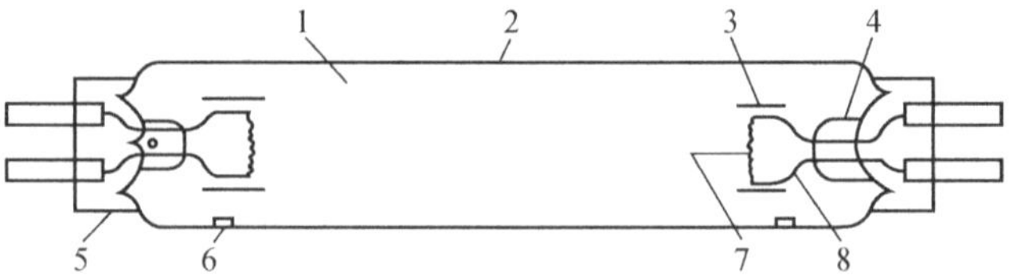

图 6-49　荧光灯的结构（王晓东等，2004）

1-氩和汞蒸气；2-荧光粉涂层；3-电极屏罩；4-芯柱；5-两引线的灯帽；6-汞；7-阴极；8-引线

荧光灯必须通过特殊设计的镇流器才能与电源相连。镇流器产生瞬时高压后启动放电动作，荧光灯才开始正常工作。荧光灯的镇流器会使所需运行能量提高 5%～15%。如果对光照水平要求较高，可使用高输出（HO）或特高输出（VHO）灯管。

由于荧光灯提供线光源，可获得比白炽灯更均匀的光照，还可通过采用成组灯管创造要求强度的光照。所以，长期以来，荧光灯一直是组培室中幼苗生长的标准光源，其寿命不低于 12000h，能量效率为 60～80lm/W。荧光灯种类很多，按功率分可分为标准型、高功率型和超高功率型三种。

4）高压水银灯

高压水银灯是高强度放电灯的一种。放电管是高压水银灯的核心，采用耐高温、高压的透明石英管，管内除充一定量的汞外，同时还充有少量的氩气以降低起动电压和保护电极。水银蒸气的压力为 2～4 个大气压，气体放电中水银原子增加，由于电子冲击引起激发和电离而产生辐射。管内装有主电极和辅助电极（也称为启动电极），辅助电极通过一个起动电阻和主电极相连，这有助于荧光高压汞灯在干线电压作用下顺利启动，其结构如图 6-50 所示。

典型的水银灯主要产生蓝-白光，很少有红光，除可见光外，高压水银灯还有约 3.3% 的紫外辐射。为了改善高压水银灯的光色，提高光效，采用与荧光灯相同的方法，在玻璃外壳的内壁上涂以荧光材料，而形成高压水银荧光灯。由于这种技术的发展，温室补光中很少采用无涂层的高压水银灯。虽然增加涂层可能会使发光效率略有降低，但高压水银灯的功率可以做得很大，最大功率可到 1000W，光通量可达 50000lm。作物生产中最常用的是 400W 和 1000W 两种，其发光效率在 40～60lm/W，使用寿命在 5000h 左右。

设计灯具时应同时考虑安装镇流器和反光板。由于需要高压，水银灯在启动几分钟后才能达到完全亮度。灯在熄灭后需要 5～10min 冷却才能重新启动，这一点在设计控制系统时非常重要。

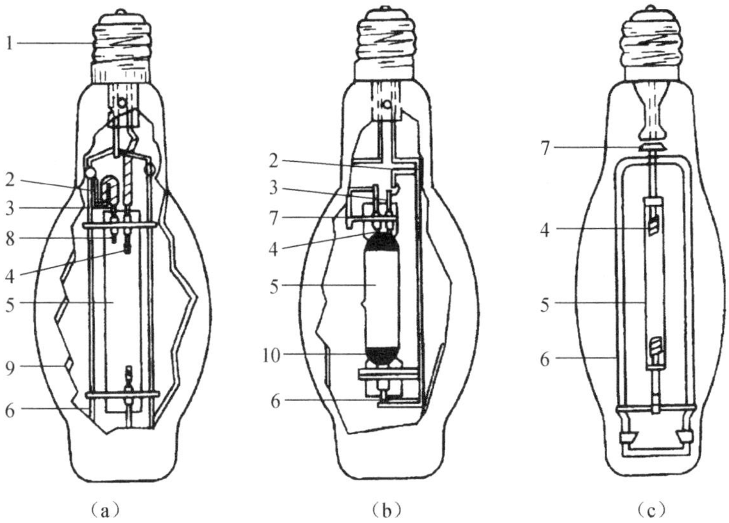

图 6-50　高强度气体放电灯结构（王晓东等，2004）

(a) 荧光高压汞灯；(b) 金属卤化物灯；(c) 高压钠灯

1-灯头；2-启动电阻；3-启动电极；4-主电极；5-放电管；6-金属支架；7-消气剂；8-辅助电极；9-外玻壳（内涂荧光粉）；10-保温膜

5）金属卤化物灯

多数金属卤化物灯是由高压水银灯发展而来。他是由一个透明玻璃外壳和一根耐高温的石英玻璃放电内管组成，其外形和高压水银灯相似，不同之处在于放电管内除充有高压水银蒸气外，还增加了各种金属卤化物，如溴化锡、碘化钠、碘化铊等金属化合物。当灯点燃后，金属卤化物形成蒸气，在放电过程中，这些元素激发产生不同波长的辐射，从而使灯的发光效率和光色得到改善。一般金属卤化物灯的光色可以随不同的金属卤化物成分而改变，一般在蓝-紫区域发出的光更多。

金属卤化物灯中基本气体除了水银蒸气外，还可以加入碘蒸气。他比仅用水银蒸气可多输出 50%的光，光质更好，寿命为 8000～15000h。为调节光质和节约能耗，在作物生长环境下，可以将金属卤化物灯和高压钠灯按 1∶1 搭配安装使用。金属卤化物灯的光电参数如表 6-30 所示。

表 6-30　部分高强度气体放电灯光电参数

光电参数	荧光高压汞灯	金属卤化物灯				高压钠灯		
		钠铊铟	镝		钪钠	普通型	改显型	高显型
型号	GGY-400	NTY-400	DDG-400/V	DDG-400/H	KNG-400/V	NG-400	NGX-400	NGG-400
功率/W	400	400	400	400	400	400	400	400
管压/V	135	120	125	125	130	100	100	100
电流/A	3.25	3.7	3.65	3.65	3.3	3	4.6	4.6
光通/lm	21000	26000	28000	24000	28000	28000	36000	35000
稳定时间/min	4～8	10	5～10	5～10		5	5～6	5
再起动时间/min	5～10	10～15	10～15	10～15			1	1
色温/K	5500	5500	6000	6000	5000	2000	2250	3000
显色指数	30～40	60～70	≥75	≥75	55	15～30	60	>70
寿命/h	6000	15000	2000	2000	1500	2400	12000	12000

6）高压钠灯（HPS）

高压钠灯类似金属卤化物灯，不同之处在于灯泡内填充了高压钠蒸气，由电流通过高温高压钠蒸气后放电发光，此外还添加少量氙和水银等金属的卤化物用以帮助起辉。这种极高输出的光源主要产生黄橙色光，由于其效率极高，所需灯具很少。研制开发的新型陶瓷弧形灯管使灯管的使用寿命高达 20000h。这种灯在熄灭后需 1min 才能重新启动，启动后 3～4min 才能达到完全亮度。

高压钠灯是目前温室中最常用的人工补光光源，其中 400W 和 1000W 是温室补光中最常用的两种规格，且 1000W 比 400W 的性能价格比更好。高压钠灯的光电参数如表 6-30 所示。

7）低压钠灯（LPS）

低压钠灯类似于高压钠灯，只是放电管内用低压钠蒸气代替了高压钠蒸气。这种灯是一种很特殊的光源，其发射光谱为 589nm 的黄色光质，因为发光光谱单一，LPS 很少单独使用于温室补光。将 LPS 与白炽灯配合使用可使作物品质比仅用 LPS 时有较大改善。

在设计上，LPS 灯的灯管与荧光灯相近，但能发出更多辐射能。例如，3 只 180W 的 LPS 产生的辐射能相当于 8 只 150W 荧光灯，LPS 平均寿命为 18000h。这种灯在关闭后可立即启动，控制上与白炽灯非常配合，由于产热量少，安装 LPS 可比 HPS 离作物距离更近。

8）反光板

反光板不是光源，但却是光源不可缺少的附件，没有反光板就不可能实现均匀布光。反光板的设计旨在使生长区域中获得均匀一致的光照。这里将反光板作为一条列在光源部分，主要是强调其与光源的密切关系。为了减少补光系统中灯源产生的阴影，白炽灯和荧光灯可配内置式反光板。人们在为高强度放电灯（HID 灯）配置反射板方面进行了大量研究，最初的设计将灯间距离限制在灯高的约 1.5 倍，现在新的设计可以使此间距达到灯高的 4.5 倍，而仍能保证光均匀分布。这在低屋顶或有培养架的温室或多层生长室中特别重要。温室和生长室的屋顶和墙壁涂成白色可作为反射板设计，他可以减少投射到无用区域中的光线。

9）发光二极管（LED）光源

发光二极管（图 6-51）是一种新型的光源，是一种将电能直接转换为光能的固体元件。LED 具有光质可控性比较高、体积小、寿命长、可靠性高等优点，不仅如此，LED 能在低电压下工作，可以与集成电路等外部电路配合使用，便于实现控制，也可以选择不同颜色的发光二极管组成不同光谱特性的光源，以供使用。几十年来，科学家一直致力于研究开发发光二极管，拓宽其使

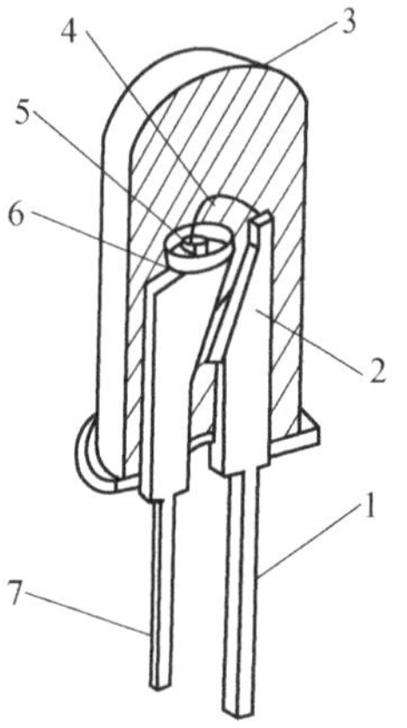

图 6-51　LED 的组成结构
（王晓东等，2004，并略修改）
1-阳极引线；2-阳极；3-环氧封装、圆顶透镜；4-阳极导线；5-带反射杯的阴极；6-半导体触点；7-阴极引线

用面。目前主要局限于小规模的应用，主要应用于组培室，设施内的应用有良好的前景。白色 LED 与普通白炽灯性能差异如表 6-31 所示。

表 6-31 白色 LED 与普通白炽灯性能比较

性 能	发光二级管	白炽灯
色温/K	3000～10000	2500～3000
光效/(lm/W)	＞15	15
冲击电流	无	额定电流的 10 倍
寿命/h	＞20000	＜1000
耐冲击性	很强	封接玻璃、灯丝易断裂
可靠性	非常高	低

综上所述，可用于温室补光的光源种类较多，而且每一种类还有多种规格，其对应的发光光谱、发光量和发光效率等都各不相同。设计中应根据种植作物的特性和不同要求合理选择。

3. 光源的选用

光源的选用，应本着以下两个原则进行：①补光的目的；②光源的性能价格比。

补光的目的通常有两个，一是以抑制或促进作物花芽分化、调节开花时期，即以满足作物光合作用周期的需要为目的，这种补光一般要求有红光，但光照度比较低，只要有几十勒克斯的光照度就可满足需要，多用白炽灯。二是以促进作物光合作用，促进作物生长，补充自然光照不足为目的。这种补光对光源的要求是，补光照度应高于植物的光补偿点，一般在 3000lx 以上；光照度具有一定的可调性；光线中富含红光和蓝光；有一定的光谱成分，最好是近似于太阳光的连续光谱。这种补光多使用高压气体放电灯或萤光灯。另外，作物种类和品种的不同，对光照度的要求及对光谱特性的要求也不相同。

因此，选取光源时应充分考虑作物的种类及不同生长期对光照的需要，表 6-32 给出几种蔬菜的人工补光参数值，以供选配光源时参考。在没有相关参数的条件下，最好先通过试验，确定出最适宜的补光参数。

表 6-32 温室蔬菜人工补光参数

蔬菜种类	幼苗		植株	
	光照度/klx	光照时间/h	光照度/klx	光照时间/h
番茄	3～6	16	3～7	16
生菜	3～6	12～24	3～7	12～24
黄瓜	3～6	12～24	3～7	12～24
芹菜	3～6	12～24	3～6	12～24
茄子	3～6	12～24	3～6	12～24
甜椒	3～6	12～24	3～7	12～24
花椰菜	3～6	12～24	3～6	16

在确定了应采用的光照度值之后，具体选取和置配光源时，还应按照后面所介绍的光照度计算式，确定应选用光源的光通量，再依光通量值选取光源类型，而选取光源类型时还应注意到不同品种的光源，其光通量是不同的；即使是同一品种的光源，随着它的

功率不同，其光效（发光效率），即每瓦功率所产生的光通量也是不同的，所以在选用光源时，不能只以光源的功率作为依据，而应考虑到他具有的实际光能。几种常用光源的光能量，如表 6-33 所示。

表 6-33　几种常用光源的光通量

白炽灯		萤光灯		碘钨灯		高压汞灯	
功率/W	光通量/lm	功率/W	光通量/lm	功率/W	光通量/lm	功率/W	光通量/lm
15	101	6	210	300	5700	50	1500
25	198	8	325	500	9750	80	2800
40	340	10	410	1000	21000	125	4750
60	540	15	580	2000	42000	175	7000
100	1050	15（细管）	665			250	10500
150	1845	20	930			400	20000
200	2660	30	1550			700	35000
300	4350	30（细管）	1700			1000	50000
500	7700	40	2400				
1000	17000						

以上从作物补光的需求方面对光源的选取作了介绍，以下再说明选取光源时应考虑的第二个基本原则，即光源的性能价格比。

不同类的光源，其初装费、使用寿命、光效、光谱特性、可用能量等均不相同，选用时应综合考虑。一般而言，光效高的光源，初装费较高，但经多年运行后，其年均费用却比较低，这是因为光源的光效愈高，相同的照度水平消耗的电能愈小，综合经济效益就愈高。因此，对于长期运行的光源，应选取光效高者为宜。表 6-34 给出几种常用光源的有关性能参数及经 6 年运作后的年均费用比（以萤光灯为参照），以供参考。

表 6-34　几种常用光源的性能参数及费用比

光源类型	主要光谱	光效/(lm/W)	平均寿命/kh	能量/W						初装费用比	六年平均费用比
				输入		光合有效辐射输出					
				灯	总计	400～500nm	500～600nm	600～700nm	总计		
白炽灯	红橙光	10～26	1～3	100	100		0.8	2.2	3.9	6.9	
萤光灯	类似日光	51～81	9～12	40	50	2.7	4.5	1.9	9.1	1	1
				215	235	13.5	22.5	9.5	45.5		
金属卤灯	蓝绿光 红橙光	80～90	8～10.5	400	425	26.2	50.3	12.1	88.6	2.8	0.69
高压钠灯	黄光	117	15	400	425	10.3	55.3	39.6	105.2	4.5	0.47
荷兰飞利浦农用钠灯	紫外光	130	16	400	432						

4. 光源的布置

为使被照面的光照分布尽可能均匀，为此，布置光源时，应充分考虑光源的光度分布特性及合理的安装位置。不同的光源，其光度分布特性是不相同的。如家用 100W 白炽灯，其光度分布特点是，除灯泡上方近 60°角内近于无光外，在其他各个方向的光度分布是比较均匀的；若配置近于 120°角的反光灯罩，光线集中向下方 120°范围内，则可获得分布较均匀的照度；而栽培专用的 60W 灯泡，光度主要分布在其斜下方的 120°角内；其余方向则近于无光。

又如长弧氙灯，在灯两端 20°角内基本无光外，其余方向光度分布基本是均匀的。安装位置包括安装高度及灯的布局，一般光源的安装高度在距作物 1～2m 的范围内，而布局方式有单排均匀布局、双行网格均匀布局等，具体采用哪种布局方式，应以被照面的几何形状通过一定的计算、试验选定。同一被照面，不同的布置方式，所得到的光照分布将是不同的。如对于跨度 5.4m，长 18m 的温室，在高度为 1.5m 处挂 8 盏 60W 栽培专用灯，按单行均匀布局，其结果是 20lx 以下的面积率为 4%，4 个角的最低照明度为 10lx，平均照度为 46lx；按双行网格状均匀布局，其结果是照度在 20lx 以下的面积率为零，平均照度为 34kx，可见，按双行网格状均匀布局，照度比较均布。

6.4.2 光的基本物理量及其照度计算

在选配光源时，需要根据作物的光照度要求进行照度计算，为了说明照度计算的基本方法，需先了解有关光度学的一些基本概念。本节首先介绍光度学的基本知识，然后给出照度计算的基本公式。

光度学研究的是光在发射、传播、吸收和散射过程中的能量计算问题。关于光能的量度有两个标准，一是能量标准，他是以客观能量的大小为标准的；另一是视觉标准，他是以人眼对光的感觉为标准的，在研究光对作物的作用时，应采用能量标准，但在实际中因视觉标准测量技术简单的缘故，故常采用视觉标准。

1. 能量标准中的几个基本概念

辐射通量 Φ：光是电磁波，光的传播过程就是能量的传递过程。单位时间内自辐射源发出的通过面积元 dA 的辐射称为通过这一面积元的辐射通量 Φ，$\Phi=\mathrm{d}Q/\mathrm{d}t$，国际单位中辐射通量 Φ 的单位为“瓦特”(W)，因为他具有功率的量纲。

辐射强度 I_e：辐射强度的概念与点光源和立体角的概念相关，以下先介绍点光源和立体角的概念。

点光源是指光源本身的线度比他与讨论点的距离小得多，以致可以把他当作一个点，在距光源某一距离处光波的波面可以看做球面。

立体角（ΔW）是指一个锥面所围成的空间部分，单位为“球面度”。一个球面度是指以锥的顶点为球心，锥在球面上所截的面积与球半径平方的比值，按照这一规定，球面上任一面积 ΔS 对球心所张的立体角（图 6-52）为

$$\Delta W=\frac{\Delta S}{r^2} \tag{6-26}$$

显然，整个球面对球心所张的立体角 $W=\frac{4\pi r^2}{r^2}=4\pi$。若任一面积元 ΔS，它到定点 O 的平均距离为 r，面积元的法线与 r 的夹角为 α，则它对 O 点的立体角（图 6-53）为

$$\Delta W=\frac{\Delta S\cos\alpha}{r^2} \tag{6-27}$$

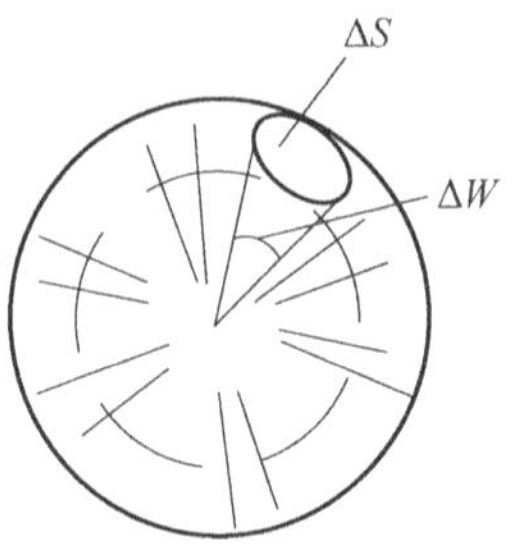

图 6-52　立体角（1）

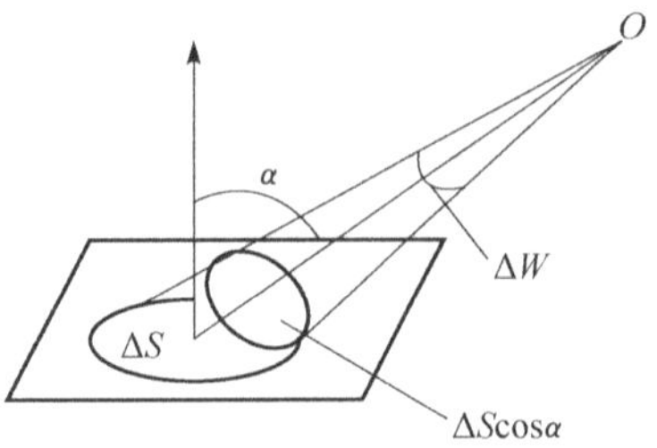

图 6-53　立体角（2）

建立了点光源与立体角的概念后，现给出辐射强度的定义：点光源在给定方向上单位立体角内所发生的辐射通量，称为辐射强度（I_e，W/球面度），即

$$I_e=\frac{\Delta\Phi}{\Delta W}\tag{6-28}$$

对于均匀发光的点光源，它所发出的辐射通量均匀地分布在 4π 球面度的立体角内，所以他的辐射强度为

$$I_e=\frac{\Phi}{4\pi}\tag{6-29}$$

辐照度 E_e 投射到单位面积上的辐射通量为辐照度，即

$$E_e=\frac{\Delta\Phi}{\Delta S}\tag{6-30}$$

式中，ΔS 为被照面上一小面积单元；$\Delta\Phi$ 为 ΔS 上所接收到的辐射通量。辐照度单位为 W/m^2。

对于点光源，从式（6-27）、式（6-28）可以推得

$$\Delta\Phi=I_e\Delta W=\frac{I_e\Delta s\cos\alpha}{r^2}$$

所以，与辐射强度为 I_e 的点光源距离为 r，法线与 r 夹角为 α 的面积元 ΔS 上的辐照度为

$$E_e=\frac{I_e\cos\alpha}{r^2}\tag{6-31}$$

2. 视角标准中的几个基本概念与照度的计算

对于可见光（光谱波段为 0.38～0.77μm），常用视觉标准即人视觉的感觉来计算能量问题，与之相应的几个基本概念以及它们与能量标准中相应概念之间的关系如下。

1）视觉灵敏度（或视觉函数）[$V(\lambda)$]

人眼对不同波长的光有不同的灵敏度，且不同的人，对各种波长的光的灵敏度也常有差别。规定众多正常人对各种波长的平均灵敏度为视觉灵敏度，实验表明，人眼对波长为 555nm 的黄绿光最敏感，取此波长的视觉灵敏度为 1，则其他波长的可见光的视觉灵敏度可依下式求得：

$$\frac{V(\lambda_1)}{V(\lambda_2)}=\frac{\Delta\Phi(\lambda_1)}{\Delta\Phi(\lambda_2)}\tag{6-32}$$

式中，$V(\lambda_1)$、$V(\lambda_2)$ 分别表示波长为 λ_1、λ_2 的光的视觉灵敏度；$\Delta\Phi(\lambda_1)$、$\Delta\Phi(\lambda_2)$ 分别表示波长为 λ_1、λ_2 的光波在相同面积上引起同样强度光感觉所需要的辐射通量。以 555nm 的

黄绿光的视觉灵敏度为基准 1，其他波长的光的相对视觉灵敏度如表 6-35 所示。

表 6-35　光波的视觉灵敏度

λ/nm	V(λ)	λ/nm	V(λ)	λ/nm	V(λ)
400	0.0004	530	0.862	650	0.107
410	0.0012	540	0.954	660	0.061
420	0.0040	550	0.995	670	0.032
430	0.0160	555	1	680	0.017
440	0.023	560	0.995	690	0.0082
450	0.038	570	0.952	700	0.0041
460	0.060	580	0.870	710	0.0021
470	0.091	590	0.757	720	0.00105
480	0.139	600	0.631	730	0.00065
490	0.208	610	0.503	740	0.00025
500	0.323	620	0.381	750	0.00012
510	0.503	630	0.265	760	0.00006
520	0.710	640	0.175		

2）光通量 *F*

光通量是用以描述光源的客观辐射通量对人眼所引起的视觉强度的物理量。它与能量标准中的辐射通量相对应。波长为 λ 的光当其辐射通量为 $\Delta\Phi(\lambda)$ 时，他的光通量为

$$\Delta F = V(\lambda)\Delta\Phi(\lambda) \tag{6-33}$$

对于复色光，原则上可用下式计算光通量：

$$F = V(\lambda_1)\Delta\Phi(\lambda_1) + V(\lambda_2)\Delta\Phi(\lambda_2) + \cdots = \sum_{n=1}^{\infty} V(\lambda_n)\Delta\Phi(\lambda_n) \tag{6-34}$$

光通量的单位为流明（lm），因为他和辐射通量相当，都是描述光源辐射能量特性的物理量，所以二者的单位-流明与瓦特之间具有以下关系：

$$1\text{W} = 680V(\lambda)(\text{lm}) \tag{6-35}$$

将式（6-35）代入（6-33）中，当辐射通量为 $\Delta\Phi(\lambda)$ *W* 时，其所相当的光通量为

$$\Delta F = 680V(\lambda)\Delta\Phi(\lambda)(\text{lm}) \tag{6-36}$$

3）发光强度 *I*

与辐射强度相对应，在视觉标准中，定义点光源在给定方向上单位立体角内所发出的光通量为发光强度。

$$I = \frac{\Delta F}{\Delta W} \tag{6-37}$$

在国际单位制中，规定发光强度的基本单位为坎德拉（cd）。对于各向均匀发光的点光源，它发出的总光通量平均分布在 4π 球面度内，所以他的发光强度为

$$I = \frac{F}{4\pi} \tag{6-38}$$

光通量的单位——流明与坎德拉间的关系为：发光强度为 1 坎德拉（cd）的点光源发出的光通量为

$$F = 4\pi I = 4\pi \tag{6-39}$$

4）照度 E

照度是描述被照面的照亮程度的物理量。它定义为投射到受照面上的光通量与受照面面积之比值，即

$$E=\frac{\Delta F}{\Delta S} \tag{6-40}$$

照度在数值上等于投射到单位面积上的光通量，单位为勒克斯（lx）、1lx=1lm/m²。利用式（6-31）的推导方法，可以求得与发光强度为 I 的点光源相距为 r，法线与 r 夹角为 θ 的面积元 ΔS 上的照度为

$$E=\frac{I\cos\theta}{r^2} \tag{6-41}$$

该式即为常用的点光源对被照面的照度计算式。

例 6-5　有一个均匀发光的点光源，其总辐射通量为 100W，设此光源只发出 $\lambda=5900\text{Å}$ 的黄光（$\text{Å}=10^{-12}\text{m}$）。把他挂在离地面 2m 高的灯架上，求灯架正下方地面上的照度。

解　由表 6-35 查得波长 $\lambda=5900\text{Å}$ 的光的视觉灵敏度 $V(\lambda)=0.757$。由式（6-36）得辐射通量为 100W 的点光源所相当的光通量为

$$F=680V(\lambda)\Phi(\lambda)=680\times0.757\times100=51476(\text{lm})$$

其发光强度为 $I=F/W$，对于点光源，立体角为 4π 球面度，所以 $I=51476/4\pi=4096$（cd），由式（6-41）得所求照度为

$$E=\frac{I\cos\theta}{r^2}=\frac{4096}{2^2}=1024(\text{lx})$$

常用的基本辐射度量和光度量的名称、符号和单位及光照度单位之间的换算关系见表 6-36、表 6-37。

表 6-36　基本辐射度量和光度量的名称、符号和单位

名称		符号	单位
基本量	辐射通量	$\Phi=\frac{\Delta Q}{\Delta t}$	瓦（W）
	光通量	$\Phi\frac{\Delta Q}{\Delta t}$	流明（lm）
面积密度	辐照度	$\Phi=\frac{\Delta\Phi}{\Delta S}$	瓦/平方米（W/m²）
	光照度	$E=\frac{\Delta\Phi}{\Delta S}$	勒克斯（流明/米²） （lx）（lm/m²）
强度	辐射强度	$I_e=\frac{\Delta\Phi}{\Delta W}$	瓦/球面度（W/Sr¹）
	光强度	$I=\frac{\Delta\Phi}{\Delta W}$	坎德拉（流明/球面度）（cd）

表 6-37　光照度单位换算表

光照度	英尺烛光	勒克斯	流明/每单位面积	辐透
单位	fcd	lx	lm/s	ph
1 英尺烛光（fcd）	1	1.076×10	1lm/ft²	1.08×10^{-3}
1 勒克斯（lx）	9.290×10^{-2}	1	1lm/m²	10^{-4}
1 辐透（ph）	9.29×10^{-2}	10^4	1lm/cm²	1

注：勒克斯是光照度在 MKS 制和 SI 制中的单位；辐透是光照度在 CGS 制中的单位，流明/每平方米（lm/m²）；英尺烛光是光照度在英制中的单位，流明/每平方呎，lm/ft²

6.4.3 光照测量与控制

1. 光照测量

根据测量光辐射波段的不同，对应每种光照单位，测量光照的仪表分别有辐射表、照度计、光量子仪和光合有效辐射仪等。

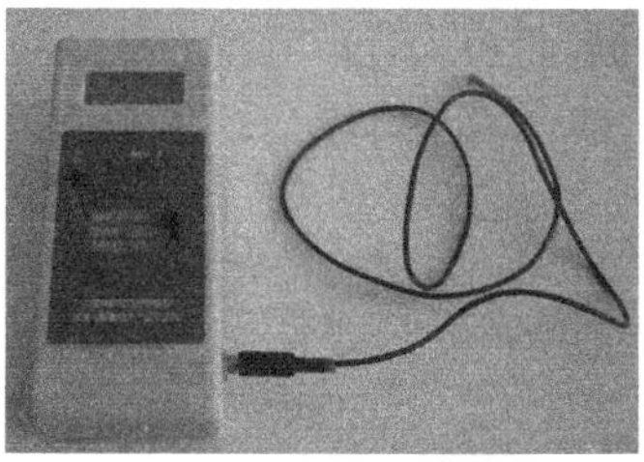

图 6-54 辐射表的外形图

1）辐射表

目前，测定光辐射的仪器主要是以测定吸收辐射所产生的热量为基础，辐射表外形如图 6-54 所示。黑体接受辐射后，热量增加、温度升高，其中温度升高的程度与接受的辐射能成正比，因此测定辐射，实际上就是测定黑体表面温度增加的情况。

辐射表分为总辐射表、直射辐射表和散射辐射表。辐射表分为黑白片型和全黑型两种。黑白片型辐射表受光平面为黑白相间的小方块，对应每个小方块接一个测温电极，从而形成两族电极，称为热电堆。由于黑白面吸收辐射量不同，黑白片间将产生温差，测定该温差值，即可相应地获得接受的辐射量。显然，这种仪器热电堆的低温端位于白片下，热端则位于黑片下，而全黑辐射表热电堆的热端直接接触黑片，冷端则藏在仪器体内。

散热辐射的测定也是利用总辐射表。为了能够测到天空半球的散射辐射，仪器应水平安置，然后用固定在金属支杆顶端的圆片遮挡太阳直射光线使产生的阴影正好落在总辐射表的半圆球罩上。也有采用遮光环的，可以省去随太阳阴影移动而要经常调节遮光圆片位置的麻烦，但需进行散射测定值的修正，因为遮光环还遮掉了一大部分不应遮的天空。

直射辐射的数值，可以用总辐射数值减去散射辐射而获得。但在温室补光设计中一般常用总辐射，而很少独立使用直射辐射和散射辐射。

2）照度计

照度计是专用于测量光照度的仪表，测量的单位是勒克斯（lx）。由于光照度在温室光照设计中应用较多，所以照度计是温室光照测量中最常用的一种仪表，由于通用性强，相应地价格也较低。

照度计的光敏传感器是光电池，通常使用最多的光电池是硒光电池和硅光电池，它吸收了光能后产生电能，进而推动一个小型电流计指示光照的大小。为获得准确的读数，照度计必须对光的颜色和余弦效应进行修正。光的颜色修正是通过在光电池加装一个滤光片以使输出与人眼的敏感性适应；余弦效应的修正是因为硒光电池对垂直入射直线更为敏感。由于其灵敏性，照度计还可用于获取辐射能的相对数值，并可对同一类型灯的输出进行比较。但如果不对波段进行参数修正，则不能对一个荧光灯和一个白炽灯进行比较。照度计的外形图如图 6-55 所示。

图 6-55 照度计的外形图

3）光量子仪

光量子仪是专用于测定作物接收光量子数的仪表，其测定的单位是每平方米单位时间内的微爱因斯坦数。主要用于研究作物的光合作用，也可以用作测量光合有效辐射（PAR）。

光量子仪的光敏元件仍然是硅光电池。根据光电效应及光辐射与电流之间特定的物理关系，通过测定光电池的电流来获得吸收的光辐射量。假设与光合作用有关的辐射能限于 400～700nm 的光辐射波段，通过特殊滤光片的处理，按照不同光量子之间所具有能量的比例加以修正，最后将辐射能（400～700nm）换算成光量子数（假设 550nm 光量子的能量为 400～700nm 光量子的平均能量）。

2. 光照控制

光照控制的内容主要有光照强度控制和光周期控制两种方式。不论是光照强度还是光周期控制，控制系统设计中都离不开光照强度测定仪和定时器这两个基本的传感控制部件。通过实时检测动态光照强度变化，配合时钟控制，可完成对光强和光周期的各种控制要求。

1）光照强度控制

一般光照强度的控制在光源选择和灯具布置中实际上已经确定了其最大值，光照强度控制只是在夜晚或自然光照达到设定下限时打开全部光源即可。只有在凌晨或傍晚时分增加强度时才会涉及调节补光的光强。这种情况下，可采用时钟和光照强度测定仪共同控制人工光源。如果室外光照条件很差（如春季的接连阴天或某些地域雾天或阴雨天较多之时），室外光照不能满足作物生长要求时，白天也需要进行人工补光。这时，人工补光应尽量利用室外的光照，以节约人工光照的能源消耗。

对于自然光照条件下的人工光照，光照强度的控制首先要通过光照传感器获得温室内光照强度的变化，由于室内光照可能会受到短时云层遮盖或骨架阴影等因素的影响，温室光照控制不能以传感器测得的瞬时值作为控制依据，一般应以一段时间内的平均值、最高值或延时测定值等作为控制依据。当测定到光照强度控制值低于设定值下限后开始人工补光，而当补光强度大于设定值上限后应调节光照强度，以最大限度节约能源。

调节人工光照强度的方法主要有两种：一是采用组合灯具，将其中部分灯具开启，部分灯具关闭，这种方法要注意补光的均匀度；二是采用改供电电压的方法，一般像白炽灯、荧光灯、金属卤化物灯等，其光输出随供电电压的升高而升高，但在具体使用中要考虑电压的调节应在光源的额定电压调节范围内，因为长时间过高的电压会直接影响光源的使用寿命。

如果不是在自然光照条件下进行人工光照补充（如夜间温室人工补光、生物培养箱光照、组培室光照等），则对人工补光的控制可省去对光照的测量，而仅用时间控制即可完成，按照设计功率定时完成对光源的开启或关闭。这种情况下，用定时器即可完成对人工光源的控制。

综上可以看出，对光照强度的控制主要有两种方式：一是无外界自然光照条件下的光照控制；二是有部分自然光照下的光照控制。前者控制设定强度或按照最大设计能力打开部分或全部光源即可，是一种开关控制；而后者则需要通过测量、比较、判断和分析后才能确定，对于比较精细的控制，往往要引入计算机控制系统。

2）光周期控制

当进行光周期控制时，因不同季节、不同作物其控制策略有较大差别，但主要是根据时钟控制。常用的光周期控制方法有以下几种。

（1）延长日照。于傍晚天色变暗的时候开始补光，使短日照植物花芽分化处于临界日照长度以上，控制花芽分化或给予长日照植物开花所需要的适宜日照长度促进其开花。这种控制方法，也称为初夜照明。

（2）中断暗期。针对短日照植物在日照长度变短时和长日照植物在日照变短时有利于促进开花的特性，不是将日照长度延长，而是应用光照将暗期分为两段进行补光，即进行深夜照明。暗期中断通常以 2～4h 为标准。

（3）间歇照明。在大规模温室生产采用人工补光栽培时，受电源容量的限制，同时暗期中断有困难，可采用反复数次轮流暗期中断的方法进行补光。一般间歇时间为光照 15min 熄灯 45min。

（4）黎明前光照。短日照植物在自然日照长度显著缩短至适宜的日照长度以下时，会出现节间变短、花瓣数减少、顶叶变小、花芽变小等不良变化。花芽的分化与发育仍需要光照来维持适当的日照长度。为此，采用从黎明前到清晨进行光照，给予短日照植物超过临界日照长度的光照。这种方法也称为清晨光照，其效果类同于傍晚延长日照的方法。

（5）短日中断光照。在菊花的冬季生产中，由于光照中止后，日照长度显著变短，上部叶片小型化，重瓣花品种的舌状花数量减少、管状花增多，出现露心，而使切花品质降低。为了防止上述现象的发生，于光照停止 10～14d 后，在小花形成时进行 5～7d 人工光照。这种方法称为再次光照。

6.5　温室环境自动控制设计与控制系统

温室控制系统就是依据温室内外的各种传感器（温湿度传感器、光照传感器、CO_2 传感器等）及室内外气象站等采集或观测的信息，通过控制设备驱动/执行机构，对温室内的环境气候和灌溉施肥进行调节控制以达到栽培作物的生长发育需要。

6.5.1　温室自动控制系统的分类及系统组成

温室控制系统根据控制方式可分为手动控制系统和自动控制系统。温室自动控制系统可分为数字式控制仪控制系统、控制器控制系统和计算机控制系统。

1. 数字式控制仪控制系统

往往只对温室的某一环境因子进行控制。如果此控制系统是用来调控温度的，控制仪通过温度传感器对温室内的温度监测，并对其设定上限值和下限值，然后控制仪可通过风机、湿帘降温等手段来调节温室的温度。这种系统成本较低，对运行要求不高的温室非常适用。其组成系统图如图 6-56 所示。

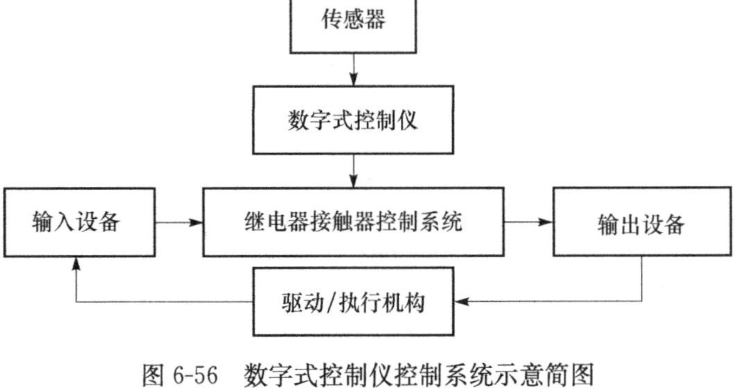

图 6-56　数字式控制仪控制系统示意简图

2. 控制器控制系统

数字仪控制系统只能单因子控制，控制器控制系统采用了综合调控，可以进行多因子的环境调控。实际上各环境因子相互影响，当某一环境要素发生变化时，相关的其他要素也要相应改变才能达到作物对各种环境要素的配合关系，当某一要素发生变化时，其他要素自动做出相应改变和调整，能更好地优化环境组合条件。控制器控制系统由单片机或者可编程控制器与输入输出及驱动/执行机构组成。控制器组成的系统结构图与数字式控制系统基本相似，如图 6-57 所示。

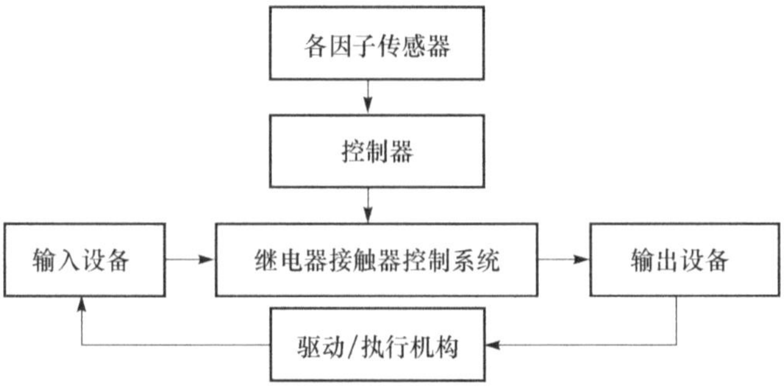

图 6-57　控制器控制系统示意简图

3. 计算机控制系统

计算机控制系统有两种控制模式，一类由控制器系统与计算机系统构成，这类系统的控制器可以独立控制，将控制系统的核心设置在计算机的主机中，计算机只需完成监视和数据处理工作，温室管理者可以利用微机进行文字处理及其他工作，此类工作模式人们有时也通俗地称他为上、下位机模式；另一类计算机作为专用的计算机，一般称他为工控机，他是控制系统的核心，不能用于从事其他工作，其控制组成简图如图 6-58 所示。

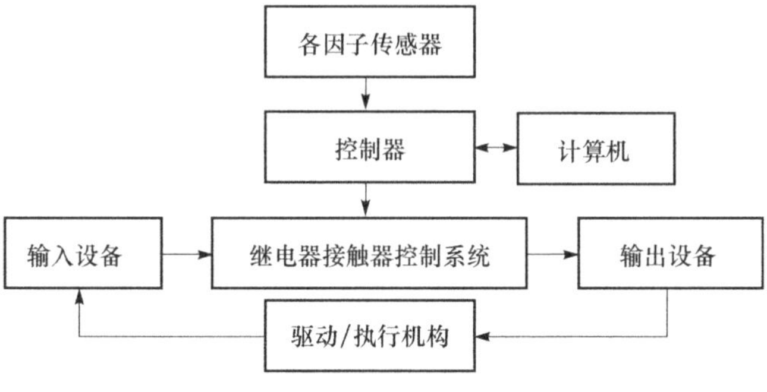

图 6-58　计算机控制系统示意简图

控制器控制系统和计算机控制系统就其本质而言，他们都是计算机控制系统，只是计算机系统使用了计算机，工作人员有了更友好的界面，可以进行人机交流，操作非常方便和直观。

在以上控制组成图中的输入设备指的是一些手动开关（如按钮）或者限位开关等，输出设备指的是接触器或者继电器之类，继电器接触器控制系统指的是由继电器、接触器等元器件组成控制电路，包括继电器、接触器和连接导线，驱动/执行机构指的是开窗控制系统、风机控制系统、拉幕控制系统、风机湿帘水泵控制系统（双层充气膜温室专用）等。

6.5.2 计算机控制系统的组成

计算机控制系统由两大部分组成：一部分为计算机及其输入/输出通道，另一部分为工业生产对象（包括被控制对象和工业自动化仪表）。

1. 计算机控制系统的硬件

计算机控制系统硬件主要包括微处理器或微控制器、存储器（ROM/RAM）、数字I/O接口通道、A/D与D/A转换器接口通道、人机接口设备（如显示器、键盘、鼠标等）、网络通信接口、实时时钟和电源等（李正年，2003；白广存等，1998）。它们通过微处理器或微控制器的地址总线、数据总线和控制总线（亦称系统总线）构成一个系统，其硬件框图如图6-59所示。

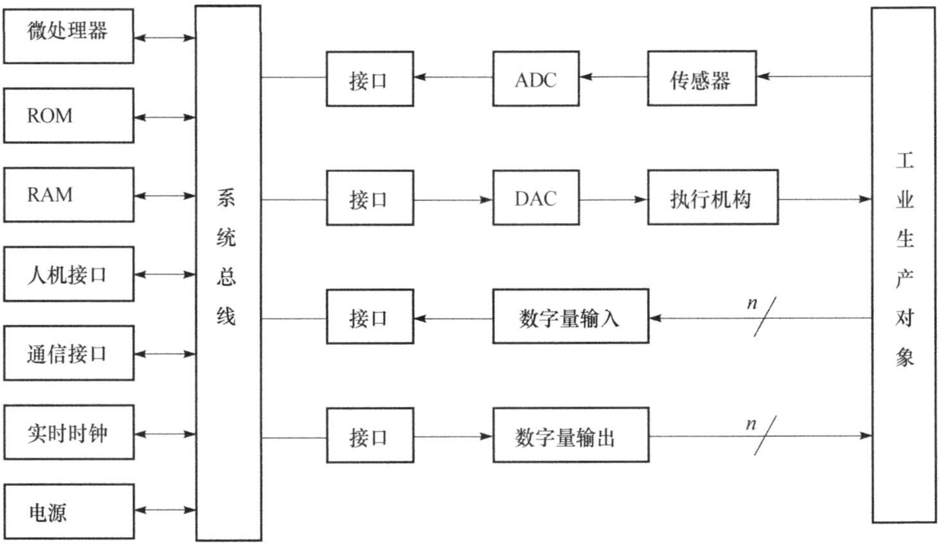

图6-59 计算机控制系统硬件框图

1）主机（计算机）

主机由CPU和存储器构成。它通过过程输入通道发送来的生产对象的生产工况参数，按照人们预先安排的程序，自动地进行信息的处理、分析和计算，并做出相应的控制决策或调节，以信息的形式通过输出通道，及时发出控制命令。主机中的程序和控制数据是人们预先根据被控制对象的特征编制的控制算法。计算机控制系统执行控制程序和系统程序，完成事先确定的控制任务。

2）常规外部设备

常规外部设备可分为输入设备、输出设备和存储设备，并根据控制系统的规模和要求配置。

常用的输入设备有键盘、鼠标等，主要用来输入程序和数据等。常用的输出设备有显示器、打印机等。输出设备将各种数据和信息提供给操作人员，使其能够了解过程控制的情况。存储设备主要有磁盘等，被用来存储文件和重要的数据。

3）输入输出通道

计算机的输入输出通道，又称过程通道。生产对象的过程参数一般是非电物理量，必须通过传感器（又称一次仪表）变换为相应的电信号。为了实现计算机对生产过程的控制，必须在计算机和生产过程之间设置信息的传递和变换的连接通道，这就是过程输入输出通道。他是生产过程控制特殊要求的。

过程通道一般可分为模拟量输入通道、模拟量输出通道、数字量输入通道、数字量输出。测量变送单元、电动和气动的执行单元以及电力拖动的交流和直流驱动装置也是计算机控制系统设计人员应该掌握的基本知识。

4）外部设备

过程通道是不能直接由主机控制的，必须由接口来传送相应的信息和命令。计算机控制系统的接口，根据应用的不同，有各种不同的接口电路。从广义上讲，过程通道属于过程参数和主机之间的作用接口。这里所讲的接口是指通用接口电路，一般有并行接口、串行接口和管理接口（包括中断管理、直接存取 DMA 管理、计数/定时等）。

5）运行操作台

每个计算机的标准人机接口是用来直接与 CPU 对话的。程序员使用该人机设备（运行操作台）来检查程序。当主机硬件发生故障时，维修人员可以利用此设备判断故障。生产过程的操作人员必须了解控制台的使用细节，否则会引起严重后果。当然该控制台的软保护也是很重要的。

生产过程的操作人员与计算机控制系统进行“对话”以了解生产过程状态，有时还要进行参数修改和系统维护，在发生事故时还要进行人工干预等。要求计算机系统的操作台应该具备如下功能：①要有屏幕或数字显示器，以显示过程参数、状态、画面和报警；②要有一组简单功能键进行控制操作、要有一组数字键进行数据操作；③采用硬保护和软保护措施，保证键盘的误操作不致引起严重的后果。

6）网络通信接口

当多个计算机控制系统之间需要相互传递信息或与更高层计算机通信时，每一个计算机控制系统就必须设置网络通信接口。如一般的 RS-232C、RS-485 通信接口，CP/IP 以太网接口，场总线接口等。计算机控制系统的网络结构可以分为两大类：一类为对等式网络结构（peer-to-peer），一类为客户/服务器结构（client/server）。这种分类主要是按照各网络节点之间的关系确定。

7）实时时钟

计算机控制系统的运行需要一个时钟，用于确定采样周期、控制周期及事件发生时间等。常用的实时时钟电路，如美国 Dallas 公司的 DS12C887 等。

8）自动化仪表

自动化仪表是被控对象与过程通道发生联系的设备。有测量仪表（包括传感器和变送器）、显示仪表（包括模拟和数字显示仪表）、调节设备、执行机构和手动-自动切换装置等。手动-自动切换装置在主机故障或调试程序时，可由操作人员自动切换到手动，实现无扰动切换，确保生产安全。

2. 计算机控制系统的软件

计算机控制系统的硬件是完成控制任务的设备基础，而计算机的操作系统和各种应用程序是履行控制系统任务的关键，通称为软件。软件的质量关系到计算机运行和控制效果的好坏、硬件功能的充分发挥和推广应用。软件主要分为系统软件和应用软件，系统软件提供计算机运行和管理的基本环境，如 Windows、WinNT、UNIX 等，以及网络平台；应用软件有语言加工软件，包括汇编、编译软件和控制系统的编程软件，如 Siemens 公司的 STEP7 等，由于属于专业化的软件，它们非常方便用户的二次开发，同时也保证了软件的安全性。当然也有用户根据自己系统的要求开发的特殊控制软件。软件一般对计算机控制系统的依赖性较大。

不同的被控对象和不同的控制任务在软件组成上有很大的区别。在平衡系统硬件和软件的性能和功能时，只有当确定系统硬件后，才能确定如何配置软件。在计算机控制系统中，每个控制对象或控制任务都配有相应的控制软件。这些应用软件采用何种语言和技术，也是各不相同的，不过现在的主流语言是面向对象的 VC 和 VB 等，采用的主要技术有 OLE，DDE，ActiveX，OPC 等。在控制系统中，应用软件是一个直接的控制程序，而其他的程序是为他服务的。所以，应用程序的质量会给系统的精度和效率带来很大的影响。

从系统功能角度来分，除作为核心的监控程序外，应用程序可分为前处理程序、服务程序和后处理程序。前处理程序是指那些直接与生产过程有关的处理程序，即这些程序直接参与系统的控制过程，提供系统工作的基本服务；服务程序是指计算机控制系统对所有外设和人机联系等工作的程序，这些程序有时也称为监控程序，它与控制过程没有直接的联系，但他承担的工作是系统所不可少的；后处理程序是指那些与系统控制过程完全无关的部分，如对硬件和软件的诊断程序等，他保证系统本身的可靠性。一个典型的控制系统的软件至少包括初级监控程序和前处理程序。

思 考 题

1. 进行温室采暖设计时所要遵循的一般设计步骤有哪些？
2. 如何进行最大采暖负荷的概算？
3. 如何进行最大采暖负荷的细算？
4. 如何进行期间采暖负荷的计算？
5. 如何计算燃料消耗量？
6. 利用锅炉采暖时，如何计算锅炉容量和放热管长度？
7. 配管设计时应该注意哪些问题？
8. 地上采暖的形式有几种？
9. 画图说明酿热物温床的结构。

10. 酿热物温床的加温原理是什么?
11. 地下热采暖的方式有几种?
12. 以温度控制为目的的通风量是如何计算的?
13. 如何计算为了维持室内 CO_2 浓度所需的必要通风量?
14. 如何计算为控制温室内湿度所需的必要通风量?
15. 如何进行热压作用下的自然通风量的计算?
16. 如何进行风压作用下的自然通风量的计算?
17. 温室中自然通风系统的布设原则是什么?
18. 用于温室自然通风的设备有哪些?
19. 排齿开窗机构和推杆开窗机构分别由哪些构件组成? 工作原理是什么?
20. 常用的卷膜开窗机构有哪几种类型? 工作原理是什么?
21. 温室通风降温的方式有哪几种?
22. 通风窗应按什么要求布置?
23. 采用自然通风系统时，通风量主要考虑哪部分的作用?
24. 采用机械强制通风时，当与湿帘配套使用时，湿帘和风机应该怎样布置?
25. 温室中常用的灌溉系统有几种? 各有什么优缺点?
26. 温室中常用的灌溉系统的主要构成是什么?
27. 温室中常用的人工光源有哪几种? 各有什么优缺点?
28. 温室中人工光源的选用原则是什么?
29. 如何计算光通量?
30. 常用的测量光照的仪表有哪些?
31. 温室中常用控制系统有几种形式? 各有什么特点?

第7章　设施园艺的配套设施设备

7.1　日光温室土墙建造机械

我国节能日光温室的墙体以土墙结构为主，近年来出现了以山东寿光为代表的厚墙大跨下挖式机打土墙高效节能日光温室，其突出特点是建造成本低，保温效果好。建造土墙下挖式日光温室必须具备土层深厚、土质均匀、地下水位低等基本条件。墙体建造主要使用挖掘机和推土机筑墙，建成厚墙体底宽3.0～6.0m，上宽1.5～2.0m。开始筑墙之前，先用推土机将温室内30cm表土推向棚址的南侧，以便表土回填。然后推平墙基，墙基宽6m，碾压5～6次后，用挖掘机挖土筑墙。每次筑高40～50cm，要用压路机错开车辙碾压6～8次，大约筑4～5层，墙高达到4.3m（相对原地面），然后用挖掘机切削出有一定斜度的后墙。下面将挖掘机、压路机和振动压实机械做一简要介绍。

7.1.1　挖掘机

挖掘机又称挖掘机械（excavating machinery），是用铲斗挖掘高于或低于承机面的物料，并装入运输车辆或卸至堆料场的土方机械。挖掘的物料主要是土壤、煤、泥沙以及经过预松后的土壤和岩石。从近几年工程机械的发展来看，挖掘机的发展相对较快，而挖掘机作为日光温室墙体建造之主要机械设备，其正确的选型也就显得更为重要。

常见的挖掘机结构包括动力装置、工作装置、回转机构、操纵机构、传动机构、行走机构和辅助设施等。从外观上看，挖掘机由工作装置、上部转台、行走机构三部分组成。常见的挖掘机按驱动方式有内燃机驱动挖掘机和电力驱动挖掘机两种。按照行走方式的不同，挖掘机可分为履带式挖掘机和轮式挖掘机。按照传动方式的不同，挖掘机可分为液压挖掘机和机械挖掘机。按照用途来分，挖掘机又可以分为通用挖掘机、矿用挖掘机、船用挖掘机、特种挖掘机等不同的类别。按照铲斗来分，挖掘机又可以分为正铲挖掘机（图7-1）和反铲挖掘机（图7-2）。正铲挖掘机多用于挖掘地表以上的物料，反铲挖掘机多用于挖掘地表以下

图7-1　正铲挖掘机

图7-2　反铲挖掘机

的物料。最常见的是反铲式，向后向下，强制切土。可以用于停机作业面以下的挖掘，基本作业方式有沟端挖掘、沟侧挖掘、直线挖掘、曲线挖掘、保持一定角度挖掘、超深沟挖掘和沟坡挖掘等。正铲挖掘机的特点是“前进向上，强制切土”。正铲挖掘力大，能开挖停机面以上的土，宜用于开挖高度大于 2m 的干燥基坑，但须设置上下坡道。

现今的挖掘机占绝大部分的是全液压全回转挖掘机（图 7-3），一般由工作装置、回转装置和行走装置三大部分组成。工作装置是直接完成挖掘任务的装置。他由动臂、斗杆、铲斗等三部分铰接而成。动臂起落、斗杆伸缩和铲斗转动都用往复式双作用液压缸控制。为了适应各种不同施工作业的需要，液压挖掘机可以配装多种工作装置，如挖掘、起重、装载、平整、夹钳、推土、冲击锤等多种作业机具。回转与行走装置是液压挖掘机的机体，转台上部设有动力装置和传动系统。发动机是液压挖掘机的动力源，大多采用柴油，要在方便的场地，也可改用电动机。液压传动系统通过液压泵将发动机的动力传递给液压马达、液压缸等执行元件，推动工作装置动作，从而完成各种作业。

图 7-3　全液压全回转挖掘机

7.1.2　压路机

压路机在工程机械中属于道路设备的范畴，广泛用于高等级公路、铁路、机场跑道、大坝、体育场等大型工程项目的填方压实作业，可以碾压沙性、半黏性及黏性土壤、路基稳定土及沥青混凝土路面层。以机械本身的重力作用，适用于各种压实作业，使被碾压层产生永久变形而密实。又分钢轮式和轮胎式两类。

钢轮式压路机（图 7-4、图 7-5）的主要技术参数是机重和线压力。碾轮构造有光碾、

图 7-4　单钢轮式压路机

图 7-5　双钢轮式压路机

槽碾和羊足碾等。光碾应用最普遍，主要用于路面面层压实。采用机械或液压传动，能集中力量压实突起部分，压实平整度高，适于沥青路面压实作业。按轮轴布置有单轴单轮、双轴双轮、双轴三轮和三轴三轮等多种。以内燃机为动力，采用机械传动或液压传动。一般前轮转向，机动性好，后轮驱动。为改善转向及碾压性能，宜采用铰接式转向结构和全轮驱动。前轮框架和机架铰接，以减少路面不平时的机身摆动。后轮和机架为刚性连接。采用液压操纵、用液压缸控制转向。前后碾轮均装有刮板以清除碾轮上粘结物。

图 7-6　轮胎式压路机

轮胎式压路机（图 7-6）碾轮采用充气轮胎，一般装前轮 3～5 个，后轮 4～6 个。如改变充气压力可改变接地压力，压力调节范围为 0.11～1.05MPa。轮胎式压路机采用液压、液力或机械传动系统，单轴或全轴驱动，宽基轮胎铰接式车架结构三点支承。压实过程有揉搓作用，使压实层颗粒不破坏而相嵌，均匀密实。其机动性好，行速快（可达 25km/h），可用于道路、飞机场等工程垫层的压实。

7.1.3　振动压实机械

振动压实机械（双钢轮振动式压路机，图 7-7）的出现是压实机械发展过程中的一个划时代的革命，从此压实效果的增长不再简单地依靠重量或线压力的增加。随着不断改进和探索，陆续推出了铰接式轮胎振动压路机和铰接式双钢轮振动压路机。由于振动压路机压实效果好，影响深度大，生产率高，所以适用于多种类型的填料压实。因此，振动压路机已逐渐成为许多压实工作的标准设备和首选设备。

图 7-7　双钢轮振动式压路机

7.2　设施土壤耕作机械

土壤耕作机械，指对耕作层土壤进行加工整理的农业机械。根据耕作措施分基本耕作机械和表土耕作机械（又称辅助耕作机械）两大类。基本耕作机械用于土壤的耕翻或深松耕，主要有铧式犁、圆盘犁、凿式松土机、旋耕机等；表土耕作机械用于土壤耕翻前的浅耕灭茬或耕翻后的耙地、耢耱、平整、镇压、打垄作畦等作业，以及休闲地的全面松土除草，作物生长期间的中耕、除草、开沟、培土等作业。

土壤耕作机械按动力传递方式有非驱动型和驱动型两类。非驱动型土壤耕作机械主要依靠牲畜或拖拉机的牵引力进行作业，其工作部件与机体之间没有相对运动，或只在土壤反力作用下做被动旋转或弹跳运动，如铧式犁、圆盘犁、凿式松土机、圆盘耙等；驱动型土壤耕作机械除由动力牵引做前进运动外，其工作部件同时由动力驱动做往复式或旋转式运动，如旋耕机、动力锹、旋转锄、旋转犁等。有些土壤耕作机械能一次完成两项或多项土壤耕作作业，称为联合耕作机，如耕耙犁、种床整备机等。

7.2.1　微耕机

微耕机以小型柴油机或汽油机为动力，具有重量轻、体积小、结构简单等特点。微耕机广泛适用于平原、山区、丘陵的旱地、水田、果园等。配上相应机具可进行抽水、发电、喷药、喷淋等作业，还可牵引拖挂车进行短途运输，微耕机可以在田间自由行使，便于用户使用和存放，省去了大型农用机械无法进入山区田块的烦恼，是广大农民消费者替代牛耕的最佳选择。微耕机按其动力类型可分为直传动机型和皮带传动机型两大类。

1. 直传动机型

其大体结构是发动机与变速箱之间通过法兰盘直接相连，动力通过湿式摩擦离合器或锥面摩擦离合器直接传递到变速箱内，变速箱与行走箱各为一体，变速箱内有主轴、副轴、倒挡轴三种轴，通过拨动主轴、倒挡轴上的双联直齿轮位置，可实现快挡、慢挡和倒挡，再通过两组直锥齿轮换向、减速后将动力输出。直传动机型结构紧凑，快挡、慢挡和倒挡速度参数比较合理，一般采用 F178、F186 风冷柴油发动机作动力，动力本身可靠性较好，整机重量适中，一般在 100kg 左右，其耕作效果好、作业效率高、适用范围广，图 7-8 显示的履带微耕机即属于直传动机型。

2. 皮带传动机型

该机型发动机动力是通过皮带传递到变速箱，用张紧皮带的方式来实现动力的离合；变速箱体多为整体式结构，其上为变速部分，其下为动力输出部分，动力输出轴部分与变速部分之间一般采用链条传动。皮带传动微耕机（图 7-9）即属于此机型，该机型一般以通用汽油发动机或小型水冷柴油机作动力，整机重量轻，转运方便，成本低；采用皮带传递，可减小对动力机构的冲击力，对发动机有一定的保护作用。这类机型自重较轻，一般在 45～70kg 左右，对于硬、板地入土效果较差，耕作困难。

图 7-8　履带微耕机

图 7-9　皮带传动微耕机

7.2.2　田园管理机

田园管理机（图 7-10）也称为万能管理机，是专门为果园、菜地、温室大棚、丘陵坡地和小块地（水、旱田）作业而设计的农机产品。它包括机架、可调高低扶手，机架上设有（风冷或水冷）柴油机或汽油机、机架和扶手上设置有变速箱，变速箱的输出轴上设置有能够沿轴移动的驱动轮或链轨。

传动方式主要有全齿轮传动（图 7-11）、皮带传动、链条传动三种传动方式。该机具有重量轻、油耗低、相对功率大、结构紧凑、机动性强、操纵轻便灵活的特点。配上相应机具可进行抽水、发电、喷药、喷淋、收割、起垄、铺膜、打孔、碎草、根茎收获、复土、培土、开深沟、施底肥、除草碎土、偏培土、埋葡萄藤等作业，还可牵引拖车进行短途运输，是大中型农机无法媲美的多功能田园管理机。其具有工作稳定可靠、使用寿命长、维修方便等特点。

图 7-10 田园管理机

图 7-11 全齿轮传动田园管理机

现田园管理机的发展出现如下趋势：

1. 多功能化

不断配套新机具，增加新功能，在完善农用功能的基础上，逐步向城市园林、园艺领域扩展，如配套除草（图 7-12）、开沟培土（图 7-13）、耙地（图 7-14）等。

图 7-12 带除草功能的田园管理机

图 7-13 带开沟培土功能的田园管理机

图 7-14 带耙地功能的田园管理机

2. 选用适应性强的发动机

低噪声、排放少、动力强劲和适应性强的发动机将更多地被应用。

3. 操作更加简单

操向手柄、前进和后退速度的调节更加方便。

4. 更换工作部件快速化

为了减轻操作者的劳动强度和节约更换农机具的时间，田园管理机与配套机具的挂接采用快速挂接装置，拆换农具简单、快速。

7.2.3　培土覆膜设备

培土机（图 7-15）采用犁刀旋抛原理，利用导板使培出的土流向畦中间；同时，采用比较合理的犁刀转速，不仅作业效率高，而且使培起的土呈颗粒状，达到畦土细碎落实、垄体饱满的效果，主要由柴油机、铝合金底盘、双胶轮、培土机具等组成。

目前生产上使用的培土机同时具有旋耕、中耕、起垄、铺地膜、喷农药、灌溉、除草功能（图 7-16），开沟深度可达 38cm，宽度 11～40cm。其作业土量适中，土粒细度均匀合理，土粒流向控制准确、调整方便，地沟整洁美观，质量好，重量轻，配套铝合金风冷汽油、柴油机，动力输出强劲、转速稳定。

图 7-15　培土机

图 7-16　培土铺膜过程

7.3　播种育苗设施设备

7.3.1　种子处理设备

种子处理设备即作物播种前，根据农艺和机械播种的要求，采用生物学、化学、物理学和机械方法处理种子的设备。播种经过处理的种子，能提高种子的发芽率和出苗率，促进幼苗生长，减少作物病虫害，为作物高产稳产创造条件。常用的种子处理设备包括种子拌药机、种子表面处理机械、种子单粒化机械和种子包衣机等，以及用 γ 射线、高频电流、红外线、紫外线、超声波等物理方法处理种子的设备。广义的种子处理设备还包括种子清选机械和种子干燥设备，其构造和原理与谷物干燥设备基本相同，但使用热气流的温度较低，以免影响种子发芽。现在拥有成套设备的现代化种子加工厂（图 7-17）已逐步取代了种子处理的单机作业。这种工厂拥有自动化的运输系统、控制中心和完善的检验设备，种子处理的全过程实行流水线生产，形成了种子处理和供应的中心。

1. 种子清选机械

种子清洗机（图 7-18）是利用籽粒和夹杂物在形状、尺寸、比重、表面特性和空气动力学特性等方面的差异，选出合格优良种子的机械，包括清种机和选种机。清种机用于从种子中清除夹杂物；选种机用于从清杂后的种子中精选出健壮饱满、生活力强的籽粒，必要时按种子的外形尺寸分级。

图 7-17 种子加工厂厂房

图 7-18 种子清选机械

1）旋轮式气流清种机

用于稻麦种子的初清选，其主要部分为顶端或上侧装有风扇，下方设有排料口的锥筒。当风扇由电动机驱动旋转时，气流从排料口向上抽吸，驱动锥筒内的叶轮旋转，混有杂质的种子由喂入斗落到叶轮上，在离心力的作用下被连续均匀地以薄层甩向靠近锥筒内壁的环形气道中，轻杂质向上漂浮，经风扇排出，重籽粒则下落至排料口排出。锥筒底部直径为0.4m，驱动风扇的电机功率为0.64kW，每小时可清选种子3～4t，清洁度达99%以上。

2）复式种子精选机

采用多种清选部件，能一次完成清种和选种作业，以获得满足播种要求的种子。常用的复式种子精选机具有气流清选、筛选和窝眼筒3种清选部件。物料喂入后，经前、后吸风道两次气流清选，清除轻杂质和瘪弱、虫蛀的籽粒，又用前、后数片平筛和窝眼筒分别按长、宽、厚3种尺寸去掉其余杂质和过大、过小的籽粒。改变吸风道的气流速度，更换不同筛孔尺寸的平筛筛片或调节窝眼筒内收集槽的承接高度，可以适应不同的种子和不同的选种要求。

3）重力式选种机

用于按比重精选种子。精选前的种子需经初步清选，籽粒尺寸比较均匀，且不含杂质。重力式选种机由振动分级台、空气室、风扇和驱动机构等组成。振动分级台的上层是不能漏过种子的细孔金属丝编织筛网，下层是带有许多透气小圆孔的底板，分级台的上方用密封罩罩住，内部形成空气室，密封罩的顶部与风扇的入口相通，因而使空气室处于负压状态，气流可自下而上穿过底板小圆孔和筛网。分级台框架由弹簧支承，纵横方向均与水平面成一倾角，并在电机和偏心传动机构的驱动下改纵向往复振动。喂入的待选种子积聚在分级台筛网上，在上升气流和振动的综合作用下，按比重大小自行分层，比重最大的种子位于最下层，直接触及筛网，因而在筛网的振动下被纵向推往高处；比重小的种子处于上层，不直接受筛网振动的影响，因而在自重的作用下向低处滑动；所有种子同时又沿筛面横向向下滑动，分别落入相应的排料口。根据作物品种与精选要求的不同，喂入量、台面振幅和纵横向倾角、气流压力等均可调节。常用的分级台振幅为8～12mm，频率为300～500次/min，台面横向倾角0°～13°，纵向倾角0°～12°，筛网孔径0.3～0.5mm。当台面种子层厚度为50mm时，气流压力为1.32kPa。若振幅减小，则要求频率相应地增加。此外，尚有一种正压吹风式选种机，风机出风口正对分级台筛网下方。

4）电磁选种机

在电磁场作用下按种子表面粗糙度的不同精选种子。其主要工作部件是种子磁粉搅拌器和电磁滚筒。种子、磁铁粉和适量的水一起在搅拌器中搅拌后喂向旋转的电磁滚筒，滚筒内装有固定不动的半圆瓦状磁块。表面光滑因而不粘附磁粉的种子随即在滚筒的一侧滚落，粗糙籽粒的表面则粘有磁粉，在磁块的作用下被吸附在滚筒表面，随滚筒旋转到无磁区才落下，种子表面越粗糙，附着的磁粉越多，因而吸附力越大，被带动的距离也越远。常用电磁滚筒直径 400～500mm，长 500～750mm，转速为 30～45r/min，生产率可达 200～500kg/h。

5）摩擦分离机

也称布带式清选机，利用不同籽粒在麻布或帆布带上摩擦系数的大小进行分离。由喂料斗、环形麻布或帆布带、上下辊轴等组成，布带安装在上下辊轴上，与地面成 25°～35°的倾角，并以约 0.5m/s 的速度向上转动，摩擦系数大的种子被布带带动向上，表面光滑的籽粒则沿布带下滑。

2. 种子干燥机

种子干燥机械（图 7-19）是采用热空气强制种子中的水分降至安全含水率以下，以减少霉变，保证种子质量等级和发芽率的机具。种子干燥机械可以分为批量式和连续式两大类，目前连续式干燥机使用较多。连续式干燥机又可分为顺流式、逆流式、横流式、混流式等四种形式。

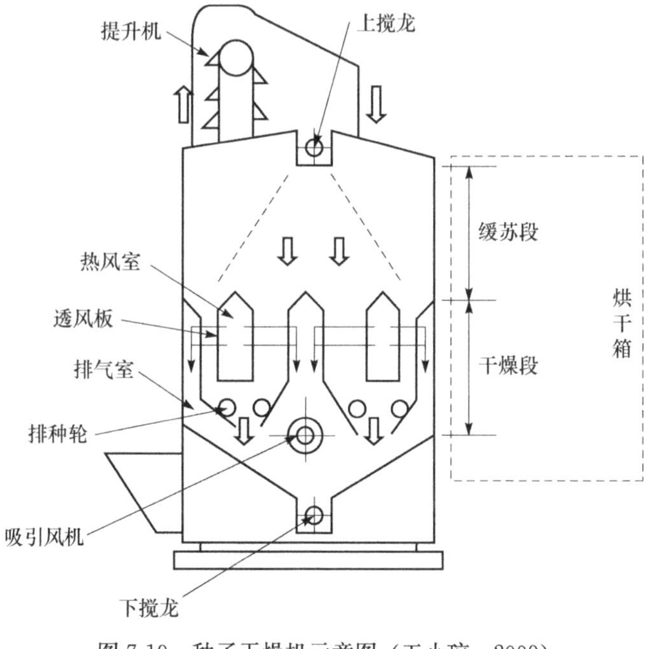

图 7-19　种子干燥机示意图（王小琼，2009）

3. 种子拌药机

种子拌药机（图 7-20、图 7-21）由种子箱、药粉箱、药液桶和搅拌室等组成。可拌药粉或拌药液。在种子箱和药粉箱内设有搅拌推送器，以防物料架空。在搅拌室内装有螺旋片式或叶片式搅拌器。种子箱内的种子通过活门落入搅拌室，与定量进入搅拌室的药粉或药液混合，拌好的种子由排出口排出。

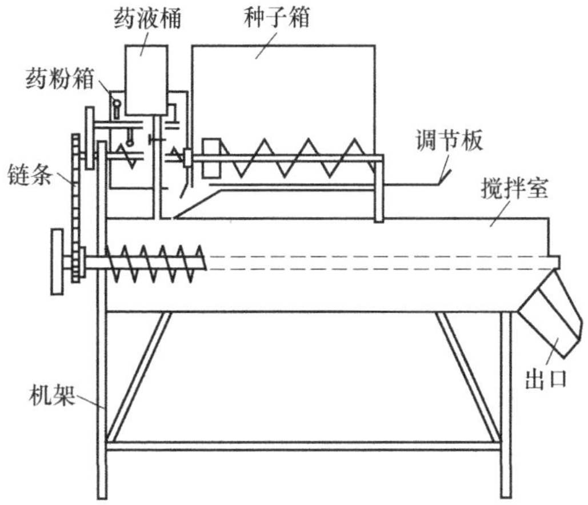

图 7-20　种子拌药机示意图（王小琼，2009）

图 7-21　种子拌药设备

4. 种子表面处理机械

用剥绒机或硫酸清洗设备脱去棉子表面的短绒，其中以泡沫酸洗设备的处理效果较好，脱绒净度高，对棉子的伤害少。苜蓿、草木犀等外皮坚硬、厚实的种子常用气喷装置使其擦过硬磨面，或用碾米机等设备轻微擦伤种皮，使种子在播后能较快地吸收水分，加速种子发芽。用红外线或射频电流处理则效果更好，既能分解硬壳中的马氏层，又不损伤种子胚芽。

5. 种子包衣机

种子包衣机（图 7-22、图 7-23）将种子裹上包衣物料后制成大小均匀的球形丸粒，多用于蔬菜种子和甜菜单粒种子。包衣物料由填料、肥料（包括微量元素）、农药及黏结剂组成。常用的种子包衣机同医药工业上制造药丸或包药片糖衣的机器类似，有一个倾斜低速旋转的扁圆形不锈钢锅。种子投入锅内后随着锅的旋转而滚动，喷入黏结剂溶液及分层加入粉状包衣物料并均匀附着后，即可获得圆粒包衣种子。使用丸粒种子播种，能促进苗齐苗壮。

图 7-22　种子包衣机

图 7-23　小型成套种子加工设备

7.3.2　播种机

播种机是以作物种子为播种对象的种植机械。用于某类或某种作物的播种机，常冠以作物种类名称，如谷物条播机、玉米穴播机、棉花播种机、牧草撒播机等。按播种方法，可分为以下几种。

1. 撒播机

使撒出的种子在播种地块上均匀分布的播种机（图 7-24）。常用的机型为离心式撒播机，附装在农用运输车后部。由种子箱和撒播轮构成。种子由种子箱落到撒播轮上，在离心力作用下沿切线方向播出，播幅达 8～12m，也可撒播粉状或粒状肥料、石灰及其他物料。撒播装置也可安装在农用飞机上使用。

图 7-24　撒播机

2. 条播机

条播机主要用于谷物、蔬菜、牧草等小粒种子的播种作业，常用的有谷物条播机（图 7-25）。作业时，由行走轮带动排种轮旋转，种子自种子箱内的种子杯按要求的播种量排入输种管，并经开沟器落入开好的沟槽内，然后由覆土镇压装置将种子覆盖压实。出苗后作物成平行等距的条行。用于不同作物的条播机除采用不同类型的排种器和开沟器外，其结构基本相同，一般由机架、牵引或悬挂装置、种子箱、排种器、传动装置、输种管、开沟器、划行器、行走轮和覆土镇压装置等组成。其中影响播种质量的主要是排种装置和开沟器。常用的排种器有槽轮式、离心式、磨盘式等类型。开沟器有锄铲式、靴式、滑刀式、单圆盘式和双圆盘式等类型。

图 7-25　条播机

3. 穴播机

穴播机（图 7-26）是按一定行距和穴距，将种子成穴播种的种植机械。每穴可播 1 粒或数粒种子，分别称为单粒精播或多粒穴播，主要用于玉米、棉花、甜菜、向日葵、豆类等中耕作物，又称为中耕作物播种机。每个播种机单体可完成开沟、排种、覆土、镇压等整个作业过程。

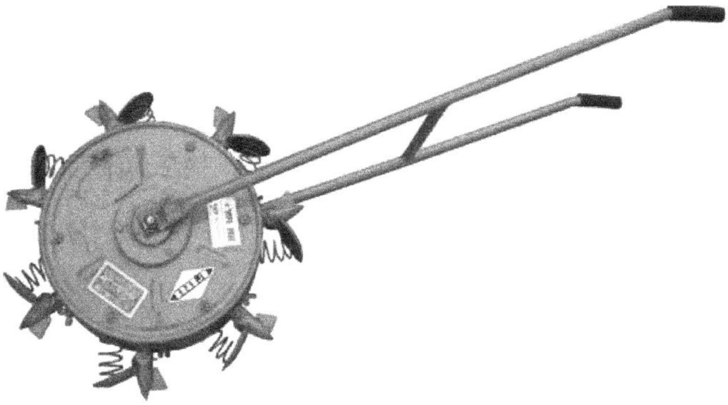

图 7-26　穴播机

针对中耕作物行距较宽且需调整的特点，穴播机常采用单体形式，每一个播种单体包括一整套工作部件，能完成开沟、排种、覆土、镇压等整个作业过程。多个单体按所需行距装在同一横梁上，即构成不同行数和工作幅宽的穴播机，与不同功率等级的拖拉机配套。中国还发展了播种中耕通用机，即在同一通用机架上可以按所需行距安装成组的播种或中耕部件。

穴播机的排种器有多种类型。圆盘式排种器是利用旋转圆盘上定距配置的型孔或窝眼排出定量的种子，根据种子大小、播种量、穴距等要求选配具有不同孔数和孔径的排种盘，选用适当的传动速比。气力式排种器是 20 世纪 30 年代开始研制的新型排种器，对种子的大小要求不严，种子破损少，可适应 7～10km/h 的高速作业。其中，气吸式排种器是利用风机在排种盘一侧造成的负压排种；气压式排种器是利用风机产生的气流在种子箱内产生的正压排种，种子充填过程受风压大小的影响比气吸式小，工作较稳定；气吹式排种器具有类似窝眼轮的排种轮，种子进入窝眼后，由风机产生的气流从气嘴吹压入型孔。棉籽排种器专用于播种带短绒的棉籽，由装在圆筒形种子箱底部的水平搅拌轮和位于排种口下方的垂直拨子轮组成。为避免棉籽短绒缠结，往往先将棉籽与草木灰拌和，再装入种子箱。常用的开沟器多为滑刀式。此外，穴播机尚需配置开沟器的限深装置、覆土器和镇压轮等部件，还可根据需要配置免耕灭茬播种用的凿形铲或波纹圆盘、抗旱播种用的推干土铲、防治病虫害用的农药施撒装置等。

4. 精密播种机

以精确的播种量、株行距和深度进行播种的机械，具有节省种子、免除出苗后的间苗作业、使每株作物的营养面积均匀等优点。多为单粒穴播和精确控制每穴粒数的多粒穴播。一般在穴播机各类排种器的基础上改进而成。如改进窝眼轮排种器上孔型的形状和尺寸，使其只接受一粒种子并防止空穴；将排种器与开沟器直接连接或置于开沟器内以降低投种高度，控制种子下落速度，避免种子弹跳；在水平圆盘排种器上加装垂直圆盘式投种器，以改变投种方向和降低投种高度，避免种子位移；在双圆盘式开沟器上附装同位限深轮，以确保播种深度稳定。多粒精密穴播机（图 7-27）是在排种器与开沟器之间加设成穴机构，使排种器排出的单粒种子在成穴机构内汇集成精确数量的种子群，然后播入种沟。此外，还研制了一些新的结构，如使用事先将单粒种子按一定间距固定的纸带播种，或使种子从一条垂直回转运动的环形橡胶或塑料制种带孔排入种沟等。

图 7-27　精密播种机

7.3.3　育苗设施设备

1. 基质蒸汽消毒机

园艺作物育苗大多采用营养基质育苗。营养基质即采用泥炭、椰糠、珍珠岩、枯枝落叶等堆肥原料，根据不同的植物生长特性，配制适合特定条件下的专用栽培营养基质。常用的无土栽培基质有蛭石、泥炭、珍珠岩、膨胀陶粒、水晶泥和陶化营养土等。营养基质在使用之前要先进行消毒处理，以防病虫草危害。基质消毒主要利用蒸汽消毒法，可有效防治枯萎病、黄萎病、根腐病、根结线虫等。基质蒸汽消毒机大体分为两类：一类是带消毒箱，消毒箱下部为蒸汽室，上部为基质室，用于育苗、盆栽；另一类不带蒸汽室，把带孔的管子埋在基质中，向管道通入蒸汽。

基质蒸汽消毒的基本原理是：基质消毒箱内设置蒸汽管道，管道上分布有通气孔。将待消毒栽培基质投入基质消毒箱中，当蒸汽锅炉产生蒸汽后，通过送汽管将产生的高温蒸汽通入蒸汽管道，然后经通气孔对栽培基质进行加热消毒（图 7-28）。这种热力的方法可消灭基质中对作物有害的微生物、细菌、真菌、线虫、害虫和杂草。

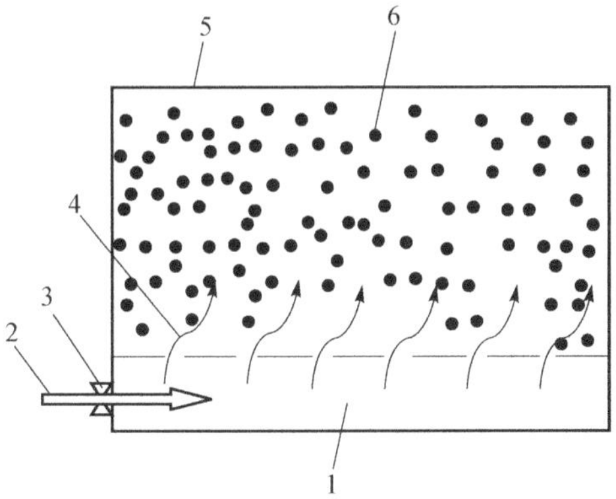

图 7-28　基质蒸汽消毒原理示意图
（王小琼，2009）
1-蒸汽室；2-蒸汽输送管道；3-阀门；4-蒸汽；5-基质消毒箱；6-基质

2. 穴盘育苗

穴盘育苗是现代园艺最根本的一项变革，为快捷和大批量生产提供了保证。穴盘已经成为工厂化种苗生产工艺中的一个重要器具。制造穴盘的材料一般有聚苯泡沫、聚苯乙烯、聚氯乙烯和聚丙烯等。制造方法有吹塑的，也有注塑的。一般的蔬菜和观赏类植物育苗穴盘用聚苯乙烯材料制成。标准穴盘的尺寸为 540mm×280mm，因穴孔直径大小不同，孔穴数在 18～800（图 7-29），也有 15 孔的（图 7-30）。栽培中、小型种苗，以 72～288 孔穴盘为宜。育苗穴盘的穴孔形状主要有方形和圆形，方形穴孔所含基质一般要比圆形穴孔多 30%左右，水分分布亦较均匀，种苗根系发育更加充分。

图 7-29　28 孔育苗穴盘

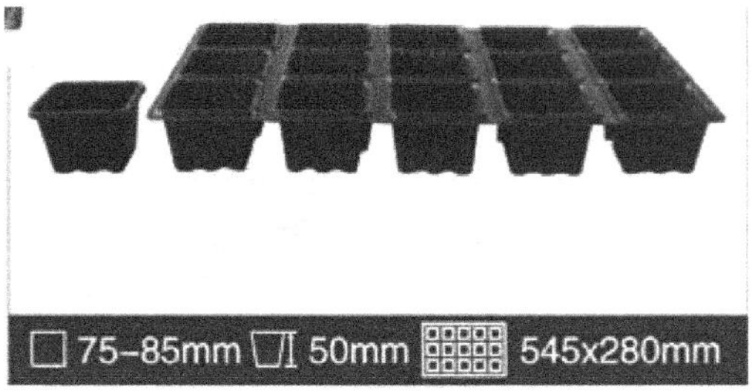

图 7-30　15 孔标准型育苗穴盘

3. 营养钵

营养钵又称育苗钵、育苗杯、育秧盆、营养杯，其质地多为塑料，纸杯大小的多用于育种、育苗，花盆大小的多用于温室种植。黑色塑料营养钵（图 7-31）具有白天吸热、夜晚保温护根、保肥作用，干旱时节具有保水作用；用营养钵育种、育苗便于集中培育和移栽，显著提高经济效益，广泛用于花卉、蔬菜、瓜果等农业种植。使用营养钵其实是相对于苗圃地育苗而出现的一种容器育苗方法。

图 7-31　营养钵

4. 泥炭育苗营养块

泥炭育苗营养块（图 7-32、图 7-33），别名为一体化育苗营养基、压缩式育苗营养块、蔬菜育苗营养块等，采用优质泥炭为主要添加原料。鉴别营养块质量好坏之一，就是看他浇水后膨胀的速度，膨胀快、高、大的营养块质量好，泥炭纤维长、多，保水疏水透气性就好，他膨胀的速度就快，相反则是含土量多。

图 7-32　泥炭育苗营养块

图 7-33　泥炭育苗营养块育成的黄瓜幼苗

泥炭育苗营养块的主要特点是配方先进，原料天然；省工省力，操作简单；节约用种，苗全苗壮；改良土壤，养分均衡；无须缓苗，带基定植；高产增收，预防病害。

5. 嫁接机

嫁接机（图 7-34）即能够自动化、半自动化（手动操作）实现嫁接功能的机械装置。嫁接是利用植物受伤后具有愈伤的机能来进行的。嫁接时，两个伤面的形成层靠近并扎紧在一起，结果因细胞增生，彼此愈合成为维管组织连接在一起形成一个整体。影响嫁接成活的主要因素首先是接穗和砧木的亲和力，其次是嫁接技术和嫁接后的管理。

图 7-34 双向高速蔬菜自动嫁接机

国外研制的嫁接机大部分以贴接法、靠接法进行嫁接，对秧苗的质量要求较高。由我国自主研发的气力旋转自动嫁接机，主要以西瓜、黄瓜、甜瓜为嫁接对象，采用插接法进行嫁接，对砧木苗实施断根作业，两人操作，人工上苗；在 PLC 系统的控制下，自动完成砧木苗的夹持、断根切削、打孔作业，接穗苗的夹持、切削作业，以及接穗与砧木的对插结合，具有嫁接速度快、嫁接质量稳定、机构调节方便、操作简单、嫁接苗愈合缓苗快等特点。双向高速蔬菜自动嫁接机采用双向嫁接机构，充分和有效地利用了机器的取苗、切苗、嫁接等运行时间，实现了不同作业的同时进行，从而在保证作业质量和机器成本增加很少的情况下，使嫁接速度比原来提高 30%以上，在目前国际同类机型中嫁接速度达到了最快。

7.4 设施田间管理设备

7.4.1 施肥设备

1. 固体化肥施用机械

1）离心式撒肥机

离心式撒肥机（图 7-35）是欧美各国用得最普遍的一种撒施机具。它是由动力输出轴带动旋转的撒肥盘，利用离心力将化肥撒出，有单盘式与双盘式两种。撒肥盘上一般装有 2～6 个叶片，它们在转盘上的安装位置可以是径向的，也可以是相对于半径前倾或后倾的；叶片的形状有直的，也有曲线形的。前倾的叶片能将流动性好的化肥撒得更远，而后倾的叶片对于吸湿后的化肥则不易粘附。

2）全幅施肥机

这种施肥机（图 7-36）的基本特征是在机器的全幅宽内均匀施肥。其工作原理可以分为两类：一类是由多个双叶片的转盘式排肥器横向排列组成；另一类是由装在沿横向移动的链条上的链指，沿整个机器幅宽施肥。

图 7-35 离心式撒肥机

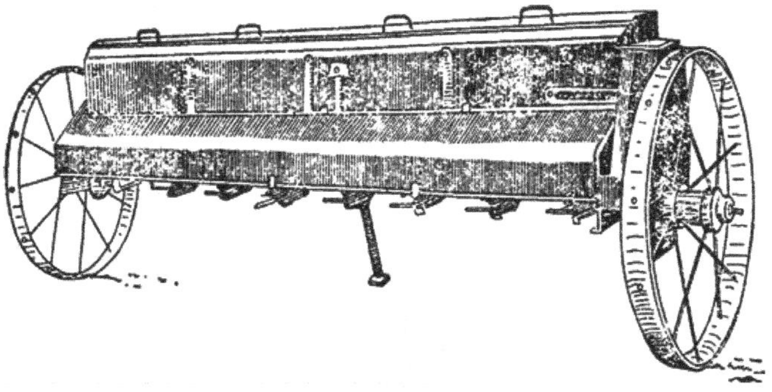

图 7-36 全幅施肥机（李宝筏，2003）

3）气力式宽幅撒肥机

近年来，国外发展了多种形式的气力式宽幅撒肥机（图 7-37），工作原理大致相同，都是利用高速旋转的风机所产生的高速气流，并配合以机械式排肥器和喷头，大幅宽、高效率地撒施化肥与石灰等土壤改良剂。

图 7-37 气力式宽幅撒肥机（李宝筏，2003）

2. 液肥施用设备

液肥有化学液肥和有机液肥之分。化学液肥的主要品种是液氨和氨水。液氨为无色透明液体，含氮 82.3%，是制造氮肥的工业原料，价格较固体化肥低 30%～40%，而且肥效快，增产效果显著。因为液氨必须在高压下才能保持液态（液氨在 46.1℃时的蒸汽压力为 175kPa），因而必须用高压罐装运，从出厂、运输、储存，到田间施用都必须有一整套高压设施，常用的有文丘里施肥器（图 7-38），施肥机上的容器也必须是耐高压的，否则很不安全。这是液氨在我国施用受到限制的主要原因。

图 7-38 文丘里施肥器

有机液肥即厩液，主要是指人畜粪尿的混合物和沼气池的液肥等，他是农业生产的重要有机肥源。厩液施肥机分泵式厩液施洒机和自吸式厩液施洒机两种。泵式厩液施洒机可以装用各种类型的泵，用来将厩液从储粪池抽吸到液罐内（图 7-39），在运至田间后再由泵对液罐增压，或直接由液泵压出厩液。自吸式厩液施洒机是利用拖拉机发动机排出的废气，通过引射装置将厩液从储粪池吸入液罐内，再去施洒，如液肥施肥枪（图 7-40）。这种厩液施洒机结构简单、使用可靠，不仅可以提高效率、节省劳力，而且采用封闭式装、运厩液，有利于环境卫生。

图 7-39　液肥施肥罐

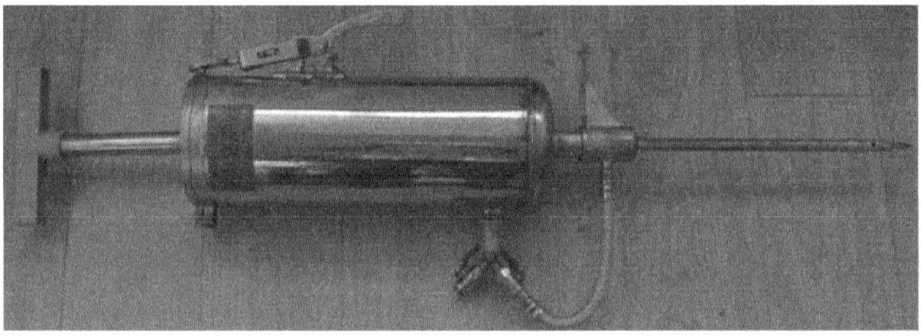

图 7-40　液肥施肥枪

施肥器能将化肥直接施入农作物根部以下的土壤，可根据农作物的不同需要调节肥量大小和施肥深度。使用施肥器比目前农户的施肥方法可节约化肥一半以上，施肥速度提高 4 倍左右，增加产量 15%左右。施肥器具有价格低廉、实用性强、提高产量和化肥利用率、降低劳动强度、较少污染等多种功效，完全适合以户为单位的生产经营活动，特别是在水资源缺乏的地区和在地膜覆盖栽培的作物上，更是应该大面积推广。

3. 水肥一体化设备

水肥一体化技术是将灌溉与施肥融为一体的农业新技术。水肥一体化设备（图 7-41）是借助压力系统（或地形自然落差），将可溶性固体或液体肥料，按土壤养分含量和作物种

图 7-41　水肥一体化机

类的需肥规律和特点，配兑成的肥液与灌溉水一起，通过可控管道系统供水、供肥，使水肥相融后，通过管道和滴头形成滴灌，均匀、定时、定量浸润作物根系发育生长区域，使主要根系土壤始终保持疏松和适宜的含水量，同时根据不同蔬菜的需肥特点，土壤环境和养分含量状况；根据蔬菜不同生长期需水、需肥情况进行不同生育期的需求设计，把水分、养分定时定量、按比例直接提供给作物。

这项技术的优点是灌溉施肥的肥效快，养分利用率提高。可以避免肥料施在较干的表土层易引起的挥发损失、溶解慢，最终肥效发挥慢的问题；尤其避免了铵态和尿素态氮肥施在地表挥发损失的问题，既节约氮肥又有利于环境保护。灌溉施肥体系比常规施肥节省肥料50%～70%；同时，大大减少了设施蔬菜和果园中因过量施肥而造成的水体污染问题。由于水肥一体化技术通过人为定量调控，满足作物在关键生育期“吃饱喝足”的需要，杜绝了任何缺素症状，因而在生产上可达到作物的产量和品质均良好的目标。

4. 气肥（二氧化碳）施肥器

二氧化碳是作物进行光合作用的主要原料之一，空气中的二氧化碳浓度一般为300μL/L左右，远远不能满足作物优质高产的需要，因此二氧化碳气体施肥是设施高产优质栽培所不可缺少的重要措施之一。

1）液态二氧化碳施肥法

把气态二氧化碳经加压后转变为液态二氧化碳保存在钢瓶内（图7-42），施肥时打开阀门，用一条带有出气小孔的长塑料软管把汽化的二氧化碳均匀释放进棚室内。钢瓶出气孔压力为1.0～1.2kg/cm^2，每天放气6～12min。二氧化碳一般为酿酒厂、化工厂的副产品，纯度要求在99%以上。钢瓶可用鞍山市高压容器厂生产的GPT-216-150-40型无缝瓶。

图7-42 不同容量的二氧化碳钢瓶

图7-43 ZR1000型二氧化碳发生器

2）化学反应施肥法

化学反应施肥法主要是在发生器（图7-43）内强酸与碳酸盐进行化学反应，产生碳酸，而碳酸化学性质不稳定，在低温条件下也能分解为二氧化碳和水。目前推广的主要是稀硫酸和碳铵反应法。反应式为

$$2NH_4HCO_3 + H_2SO_4\ (稀) = (NH_4)_2SO_4 + 2CO_2\uparrow + 2H_2O$$

反应产生的二氧化碳可作气肥利用，硫酸铵可作土壤肥料。此法硫酸可以用工业硫酸，

碳铵是化肥，成本低廉。其具体用法是：反应容器为小塑料桶、玻璃缸或玻璃瓶。浓硫酸与水按 1∶3 比例稀释。稀释时将 1 份浓硫酸缓慢倒入 3 份水中，并边倒边用塑料棒或玻璃棒充分与水搅拌均匀，切不可把水倒入硫酸，以防硫酸飞溅伤人。每个棚室吊挂 7～10 个容器，高度为作物的中上部，一般离地 1.2m 左右。把称量好的稀硫酸倒入容器中，称好的碳铵分 7～10 份，用塑料袋装好，每个袋上扎上十几个孔洞，各放入盛酸的容器中，让其缓慢反应，反应后残渣无残留硫酸时可将其作肥料施入土壤。该法是通过控制碳铵用量来控制二氧化碳气体浓度的。

另外，生产中还有用硫酸与小苏打反应法、石灰石与盐酸反应法。在具体施用时，除以上简易施法外，生产上已有成套二氧化碳气体发生装置销售。该装置是用大容器代替上述小容器，产生出的二氧化碳气体经清水过滤后用带孔的塑料管送入棚室。如河北省土肥工作站生产的芳田牌 HTI-8 型二氧化碳发生器，高科技园区或有条件的农户可采用。

3）燃烧施肥法

利用液态石化产品的燃烧产生二氧化碳。燃料为白煤油，在专门的燃烧器内（图 7-44）燃烧，但成本较高。其反应式为

$$2C_{10}H_{22}+31O_2 = 20CO_2\uparrow+22H_2O$$

图 7-44　二氧化碳发生器

固体燃料燃烧法。利用含碳量较高的物质，如木材、煤、焦炭等在空气中燃烧放出二氧化碳。目前已有专门设备用于生产，如一种称为“气肥机”的装置，由燃烧炉、气体过滤装置和气体输送设备组成，燃烧后产生的诸如 SO_2、CO、NO_2、H_2S 以及烟雾被很好地去除。

高级二氧化碳气肥棒是一种新型的燃烧式气肥，他选用高温干馏木炭为碳源，与催化剂和活化剂充分混合压制成型，再经烘干活化，直接用火点燃后置于棚内即可，值得推广。

气体燃烧法。利用液化石油气、天然气、沼气等燃料燃烧产生二氧化碳。一般将罐装的液化气接入燃烧装置，在棚内点燃后产生二氧化碳，同时还可提供光照和热量。其反应式为

$$C_3H_8+5O_2 = 3CO_2\uparrow+4H_2O$$

4）微生物分解法

增施有机肥和在棚室内栽培食用菌均可产生二氧化碳。

5）土壤化学法

利用 $CaCO_3$ 粉为基料，与其他添加剂、载体、黏结剂一起经高温处理形成的固体颗粒，一般为颗粒状或粉状。如山东省农科院研制的固气颗粒肥，撒在地表或埋入 1～2cm 的表土层内，在适当温度和湿度条件下，经土壤微生物的生化和物化作用，缓慢放出二氧化碳。

6）固体二氧化碳施肥法

利用固体二氧化碳即干冰（图 7-45）在常温下吸热后升华为气体进行施肥。干冰贮藏、

图 7-45　干冰

运输条件严格，一般在苗床内施用。使用时人体不要接触干冰，以免发生低温伤害。

7.4.2　设施内植物保护设备

1. 土壤消毒设备

土壤消毒（soil disinfection）是破坏、钝化、降低或除去土壤中所有可能导致动植物感染、中毒或不良效应的微生物、污染物质和毒素的措施和过程。一般在作物播种前进行，通过向土壤中施用化学农药，以杀灭其中病菌、线虫及其他有害生物的现象。除施用化学农药外，利用干热或蒸汽（图 7-46）也可进行土壤消毒。

图 7-46　塑料大棚土壤蒸汽消毒

土壤消毒常用的方法有：

（1）辐射消毒。以穿透力和能量极强的射线，如钴 60 的 γ 射线来灭菌消毒。

（2）化学物质消毒。以活性很强的氧化剂或烷化剂，如环氧乙烷、氧化丙烯、甲醛和活性氯等灭菌，消毒后，应使药剂充分散发，去除残毒。

（3）药剂消毒。在播种前后将药剂施入土壤中，目的是防止种子带病和土传病的蔓延。主要方法有喷淋或浇灌法、毒土法、熏蒸法等。

（4）土壤连作障碍电处理技术。土壤电处理技术的工作原理是土壤电化学消毒处理设备（图 7-47）将直流电流土壤消毒原理、土壤微水分电处理原理、脉冲电解原理集成在一起。这种物理处理技术可以消灭土壤中的各种病菌和害虫，进而消除由土传病菌和害虫导致的各种病害。土壤连作障碍电处理技术，克服了用化学药物防治投资成本高、农药残留多、效果不理想的难题，解决了换土难、药物防治成本高和连作投入大的问题。

2. 电动除草机

温室作物在播种前需要平整土地，清除土地中的杂草，播种及定植后需要在垄间反复松土和除草。为了降低温室种植人员利用锄头工作的劳动强度，用于设施农业的小型蔬菜除草设备（图 7-48）具有很好的前景。该设备以普通照明电源为驱动动力，人工控制其前进速度和方向，可方便实现播种前土地的平整和垄间松土除草作业。

图 7-47　土壤连作障碍电处理机（刘滨疆，2010）

图 7-48　电动除草机实物图

3. 频振式杀虫灯

频振式杀虫灯（图 7-49）杀虫种类广，可诱杀多种蔬菜害虫，如斜纹夜蛾、甜菜夜蛾、银纹夜蛾、烟青虫、黄条跳甲，蝼蛄等。该灯的杀虫机理是运用光、波、色、味四种诱杀方式杀灭害虫。大多数的害虫都有趋光性，他们对灯光敏感，在黑夜里喜欢靠近有光亮的地方，频振式杀虫灯就是根据害虫成虫的趋向性，近距离用光、远距离用波、黄色光源、性信息等原理设计的，他的主要元件是频振灯管和高压电网，频振灯管能产生特定频率的光波，引诱害虫靠近，高压电网缠绕在灯管周围能将飞来的害虫杀死或击昏，以达到防治害虫的目的。频振式杀虫灯具有诱杀力强、对益虫影响较小、集中连片效果好、操作方便成本低和维护生态平衡等特点，具有较好的经济效益、社会效益和生态效益。

图 7-49　太阳能频振式杀虫灯

4. 多功能静电灭虫灯

在农业生产和畜牧养殖过程中，温室、畜禽舍以及菇房内的蚜虫、白粉虱、斑潜蝇、双翅目害虫、鞘翅目害虫、鳞翅目害虫、蚊子、苍蝇等一直是传播病害影响动植物生长的主要因素。多功能静电灭虫灯可有效杀灭多种害虫如苍蝇、蚊子、蚜虫、白粉虱、斑潜蝇、蓟马、双翅目害虫、鞘翅目害虫、鳞翅目害虫等，既可用于露地、温室、畜禽舍、菇房内动植物生产过程中害虫的灭杀，也可用于家庭、酒店等室内场所蚊蝇的灭杀。此外，电极产生的高压静电还可吸附空气中的病菌和灰尘，起到净化空气的作用。

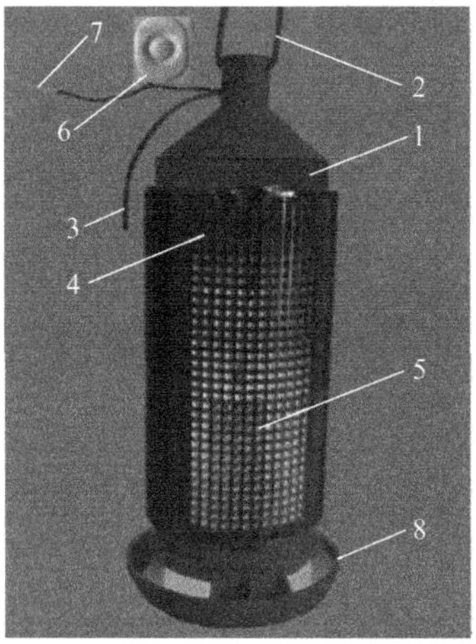

图 7-50　多功能静电灭虫灯
1-灭虫筒体；2-掉挂线；3-模块电源线；4. 电极；5-黑光灯；6-光控器；7-黑光灯电源线；8-托盘

多功能静电灭虫灯（图 7-50）由灭虫筒体、托盘、黑光灯、光控器、吊绳、静电电源组成。灭虫筒体分为诱虫蓝色和黄色两种，其上涂有吸附电极，通电时，灭虫筒周围的电极就会产生高压静电，设备所带的高压静电具有强力的吸附能力，能将临近的飞虫吸附到电极上，电极所带的高压电能将其迅速杀死。黄色引诱趋黄色的蚜虫、白粉虱、斑潜蝇等接近灭虫筒体，蓝色引诱蓟马接近灭虫筒体，黑光灯也能有效地吸引双翅目害虫、鞘翅目害虫、鳞翅目害虫、蚊子、苍蝇等害虫。在温室、菇房内则利用光控器控制黑光灯白天熄灭，夜晚开启。

5. 介电吸虫板/筒

其主要用于蚜虫、白粉虱、潜叶蝇、黄条跳甲、蓟马、棕榈蓟马等趋色的微小害虫的诱杀；可用于吸附空气中病原微生物（菌丝、孢子），预防植物病害的发生；可用于蘑菇接种房的空气净化。

该板/筒（图 7-51、图 7-52）由高压电源、基板或基筒、介电涂层、黄色或橙色或蓝色或白色耐磨保护层构成。由于害虫的恋色性，即菜蚜好橙色，白粉虱、蚜虫、美洲斑潜蝇、黄条跳甲等好黄色，蓟马好白色，棕榈蓟马好蓝色，利用这些害虫对颜色的趋性，采用色板加介电吸附技术就能够把引诱上板的害虫牢牢地吸住致灭。

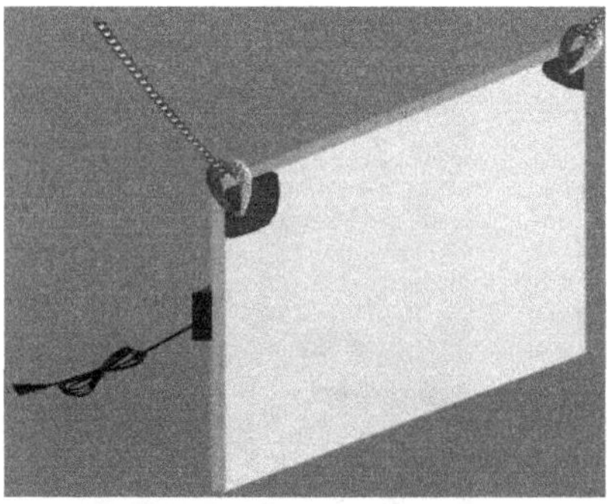
图 7-51　3DX-1 型电子吸虫板

图 7-52　介电吸虫筒

6. 烟雾机

烟雾机也称烟雾打药机、喷药机，属于便携式农业机械。烟雾机分触发式烟雾机、热力烟雾机、脉冲式烟雾机（图 7-53）、燃气烟雾机、燃油烟雾机等。目前最先进的烟雾机是利用脉冲喷气原理设计制造的新型施药、施肥、杀虫灭菌烟雾机机器。全机无一转动部件，不存在任何情况下的机械磨损、经久耐用。该机可以把药物和肥料制成烟雾状，有极好的穿透性和弥漫性，附着性好，抗雨水冲刷强，具有操作方便，大幅度减少药物用量，工作效率高，杀虫灭菌好，利于环保等突出特点。

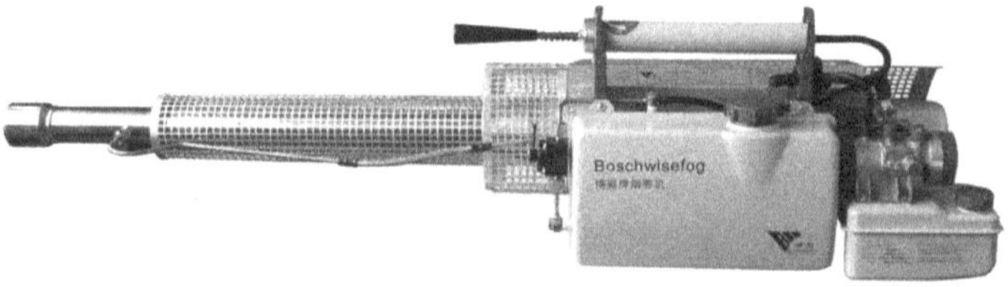

图 7-53　手持脉冲式烟雾机

脉冲式烟雾机是近几年应用于温室病虫害防治的新式植保设备，由燃烧及冷却系统、燃油系统、启动系统和药剂系统组成。其主要工作部件是脉冲式喷气发动机。发动机启动开始工作后，燃烧产生大量高温、高速气体经喷管向外喷射。药箱也借助燃烧室爆炸压力充气增压，使药液被输送到尾喷管内，热裂挥发呈烟雾状，与废气混合排出。为促进药液的雾化，药液中兑有油性专用烟雾剂。

7. 喷雾器

喷雾器即喷雾器材的简称，是利用空吸作用将药水或其他液体变成雾状，均匀地喷射到其他物体上的器具，由压缩空气的装置和细管、喷嘴等组成。喷雾器喷雾的原理分为伯努利原理、高速水流碰到障碍物后裂成小水滴的原理、离心力将液体甩出原理和超声雾化原理。设施园艺生产中使用最为广泛的是农用背负式喷雾器，可分为普通手摇式喷雾器（图 7-54）、高压自动喷雾器、电动喷雾器和机动喷雾器几类。

温室电动精量喷药机（图 7-55）作为设施生产植保的标准设备，其控制模块采用拨打开关或者旋钮式可调电位器调节来实现对压力单元的转速控制，进而控制输出压力和流量的大小。喷药机采用 12V 免维护蓄电池做动力，底盘宽度 480mm，一般温室道路宽度都可满

图 7-54　背负式手动喷雾器

图 7-55　温室电动精量喷药机

足；高压药管长度为 10m，满足一般温室 8m 宽度的作业要求，药管可选择更换 50m、80m 不同规格的高压管，方便更换，在非工作期间可以缠绕在绕管架上。配备有多种喷枪可供选择，根据作物的不同生长期和病虫害情况及时选择合适的喷枪和喷嘴。设备在 0.1～0.6MPa 范围内，能够稳定调整压力。

8. 温室病害臭氧防治机

臭氧是一种具有非常强的氧化性气体，能够很有效地对空气进行灭菌消毒和除臭。臭氧浓度在一定范围内且作用时间一定的情况下，植物、食用菌生长期间的气传病害，诸如蔬菜灰霉病、霜霉病以及食用菌的链孢霉、木霉、拟青霉等杂菌引起的病害才能够得到有效控制而不伤害植物。温室病害臭氧防治机（图 7-56）适用于蔬菜、花卉、果树等植物温室和食用菌房（菇房）使用，特别适用于低矮的农业设施使用，主要解决冬季温室植物生产中如灰霉病、霜霉病等气传病害以及疫病、蔓枯病等部分土传病害的防治问题，对菇房接种室、接种箱的灭菌消毒以及菇房气传病害的预防有较好的效果。

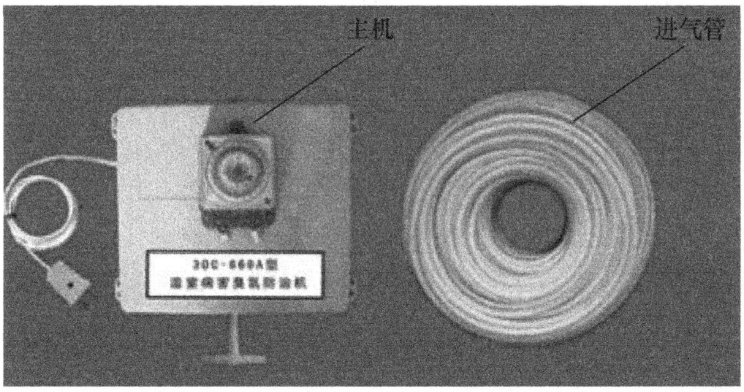

图 7-56　3DC-660 型病害臭氧防治机

温室病害臭氧防治机由臭氧主机、进气管、扩散管、控制器四大部分组成，其中臭氧主机由臭氧发生本体、气泵等组成。

其工作原理是通过对抽入机内的空气进行高压放电而使空气臭氧化，臭氧化的空气又通过机内气泵泵出，并沿铺设在温室空间的塑料软管或 PVC 硬质管均匀地扩散出去。在高压放电激活空气产生的特殊气体物质中，除了含有大量的臭氧以外，还含有氮氧化物。氮氧化物可作为植物、食用菌所需的氮肥使用。环境中温度、湿度、空气成分等因素对臭氧杀菌效果都有显著影响，温度越高杀菌效果越差。棚温在 30℃以上的白天，臭氧灭菌几乎无效，因此，夜晚和阴天使用效果好。

7.5　设施环境监测调控设备

7.5.1　植物声频发生器

植物声频发生器（图 7-57）是建立在植物经络系统的理论基础上，利用 He-Ne 激光多普勒效应测振仪，精确地测定出植物自发声和接受声的频率，并根据不同的植物及当时的温度、湿度研制而成。

植物声频发生器看起来像音箱，四面各有一个喇叭，可支放在田间向四周发射声波。这些声波听起来像长短不一、高低不同的风笛声。植物声频发生器的作用主要是增加作物产量，提高营养品质，增强抗病性，促进生长发育，提早成熟，延长贮藏时间，加快后熟程度，提高种子发芽率。

图 7-57　植物声频发生器

7.5.2　智能超声波驱鸟器

智能超声波驱鸟器（图 7-58）是利用强超声波脉冲干扰、刺激并破坏鸟类神经系统、生理系统，使其生理紊乱以达到驱鸟避害的目的。同时采用特殊扫频设计，实现了 15～60kHz 宽频率范围的连续扫描，有效弱化了鸟类的适应性，确保了本装置能够长期有效驱鸟。有带太阳能和不带太阳能两种型号。

图 7-58　智能超声波驱鸟器

7.5.3　土壤养分检测仪

土壤养分是指土壤提供给作物生长的必须营养元素，包括氮（N）、磷（P）、钾（K）等 13 种元素。土壤养分检测仪简称土肥仪，亦称测土仪，是快速测试、测定土壤养分的专用测土仪器。土壤养分含量的多少，由土壤养分检测仪来测量。然后对照土壤养分丰缺指标，就可判断这块土地的养分含量多寡，从而更好地利用土壤自身含有的养分，及时补充含量不足的元素。

现在市场上能够测试、测定、分析土壤养分的测土仪器主要有多功能土壤养分测试仪（图 7-59）、土壤养分速测仪、土壤化肥速测仪、近红外土壤养分速测仪。除近红外土壤养分速测仪采用近红外光谱技术之外，其他测土仪均属于传统快速测量方法。土壤养分测试仪可以快速测定温室土壤中有机质、氮、磷、钾及其他微量元素的含量，为配方施肥提供科学、有效的参考依据，可以有针对性地进行施肥，避免因大量施肥而使设施土壤理化性状发生变化，解决了因肥料的盲目超量使用带来的环境污染问题，可极大降低生产成本。

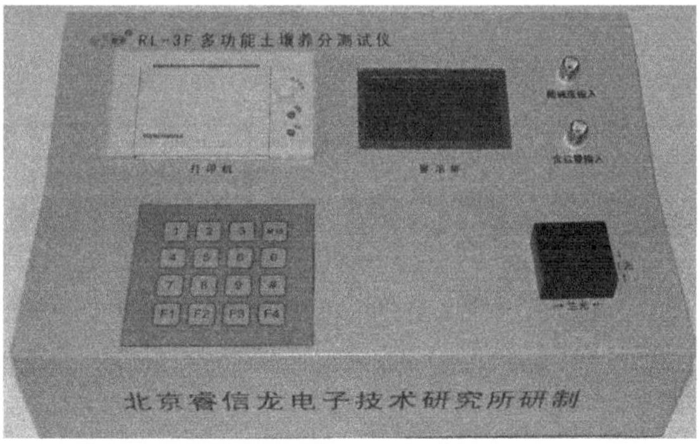

图 7-59　多功能土壤养分测试仪

7.5.4 温室环境测控系统

温室、大棚等农业设施生产是通过增加保温被以提高设施内温度，增加开窗以解决炎热季节设施内降温问题，增加遮阳网以降低阳光的暴晒措施以满足不同条件下作物的环境需求，抵御自然界严酷的环境变化对作物正常生长的侵害和干扰。随着电子信息技术的发展以及工厂自动控制技术的逐步成熟和推广，农业温室环境调控技术也逐步发展起来。

1. 简单型温室测控系统

连栋温室生产中，风机、天窗等设备某一时段被用户频繁使用很有限，对大多数生产者而言，简单型温室测控系统即可满足室内温度或湿度的需求。简单型温室测控系统由传感器、智能仪表和控制设备组成。智能仪表具有标准的传感器接口和标准继电器输出接口，并且用户可以根据不同用途的传感器设置控制点。智能仪表根据传感器采集回来的环境信息，并与用户设定的值进行比较，通过继电器输出接口外加控制柜电路控制设备的运行。

2. 集中式测控系统

温室中影响作物生产的环境因素较多，同时相应的调控设备也多种多样，在许多情况下，单一条件的控制器不能完全满足用户的实际需求。集中式测控系统能同时采集多路环境参数并具备控制多台环境调控设备、内置控制逻辑算法并具有一定智能处理能力。集中式测控系统由主控制器、多路传感器和多路控制设备组成，充分利用了主控制器强大的输入输出以及数据处理功能，可以将多路传感器采集到的环境参数同时读入系统，同时进行复杂的数据处理和各种决策算法，最终得出控制运行方法的结果，输出控制相应多台环境调控设备自动运行。

3. 分布式测控系统

分布式测控系统（图 7-60）即在温室各主要分区就近安装数据采集器和输出控制器，然后通过总线连接到主控制器。这种结构很适合连栋温室的测控系统。数据采集器对分布在附近的各传感器进行采集，并将数据通过总线发送给主控制器。输出控制器与分布在附近的

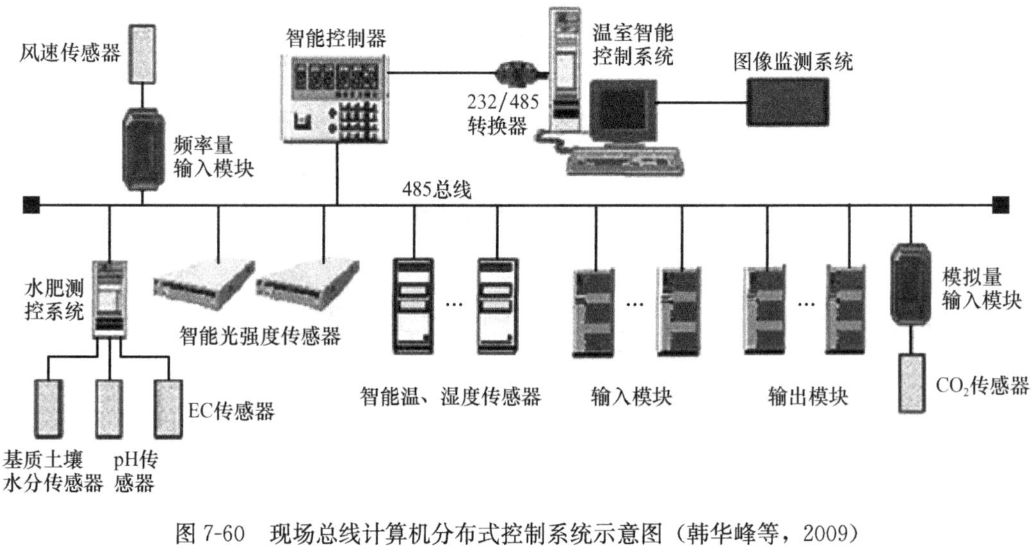

图 7-60　现场总线计算机分布式控制系统示意图（韩华峰等，2009）

强电控制系统相连，并且接受主控制器的命令来对设备进行控制。多个数据采集器和输出控制器之间通过 RS-485 通信总线与主控制器构成一个完整的测控系统。用户在主控制器上观察整个系统的数据采集情况，并根据内置的控制逻辑和算法，同时结合用户的相关参数输入进行相应的运算和决策，并将输出结果传递到相应的数据采集控制器，由该采集控制器发出相应的控制信号以控制相应设备的启动和运行。

4. 网络化远程测控系统

网络化远程测控系统（图 7-61）即在整个温室生产园区内铺设能覆盖所有温室和监控点的基于通用 TCP/IP 协议的局域以太网络。各温室的数据采集器均内置独立 IP 地址并作为一个独立节点接入局域网。数据采集控制器可以独立运行，负责采集本温室内所有环境参数，并通过内置的控制逻辑对该区域的温室调控设施进行自动控制。所有温室的数据采集控制器通过局域网络接入整个控制系统，局域网络采用标准的 TCP/IP 协议，可接入 WiFi 无线网络设备，直接构成无线局域网络。还可以通过路由器及 ADSL Modem 等设备直接接入 Internet，轻松实现远程网络监控。

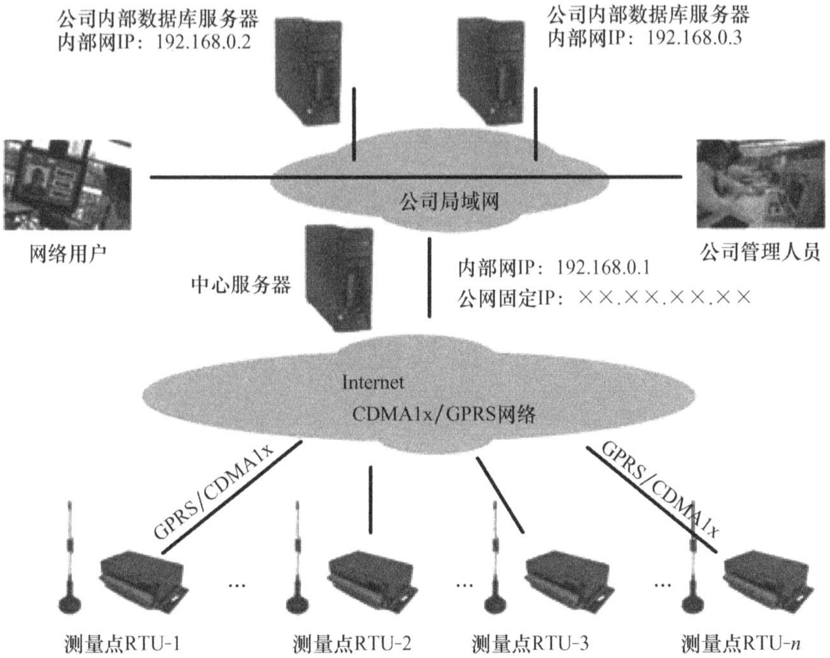

图 7-61　网络化远程测控系统（王成等，2008）

5. 基于 ZigBee 网络的温室环境远程监控系统

ZigBee 技术是一种近距离、低成本、低功耗、低数据速率的双向无线传输技术，主要适用于自动控制、远程控制联网的需要，成为近年来数字农业研究中的热点之一。通过 ZigBee 网络技术实现传感器节点与数据汇集中心节点的无线通信，并可以充当路由器进行信息交换，更加符合农业监测过程中对多测点、多要素、移动性、便捷性等方面的要求，在农业环境监控中具有十分广阔的应用前景。

基于 ZigBee 网络的温室环境远程监控系统（图 7-62）具备数据自动采集、远程传输、存储管理、网络发布、分析处理等功能。从逻辑结构上将系统划分为安装在现场的数据采集与远程传输子系统、服务器端数据接收与存储子系统、基于 Web 的数据管理与应用子系统三大子系统。数据采集与远程传输子系统是由从节点、主节点和带有 GPRS Modem 的 ARM+LINUX 核心模块组成。从节点用于采集现场数据，并通过 ZigBee 无线通信技术将其发送到主节点，再由主节点传输给 ARM+Linux 模块，最终通过 GPRS 网络和 Internet 对接，将数据发送至远程数据监控中心。服务器端数据接收与存储子系统，由 MS SQL Server 数据库服务器平台和运行在数据库服务器上的数据接收存储程序组成。基于 Web 的数据管理与应用子系统，是运行在 Web 服务器上的一套网络应用程序。授权用户登录访问时自动读取 SQL Server 数据库的相关数据，实现数据的实时显示、历史查询、数据下载和数据分析等综合功能。

图 7-62　基于 ZigBee 网络的温室环境远程监控系统

7.6　设施其他配套设备

7.6.1　卷帘机

卷帘机是用于温室大棚草帘（草苫或保温被等）自动卷放的农业机械设备，根据动力源分为电动和手动，目前常用的是电动卷帘机，一般使用 220V 或 380V 交流电源。卷帘机一般由减速机、电动机、机架、支架、摇把、卷绳、卷帘轴及电器开关等组成。卷帘机带有自锁装置，可根据采光需要使卷帘机停在任何位置。如遇停电时，可手动进行卷放。根据减速机的安放位置可分为端部伸缩摆杆卷轴式（图 7-63）、顶部支架卷绳式（图 7-64）、中部折臂卷轴式（图 7-65）和中部拱形轨道卷轴式（图 7-66）等类型。目前国内卷帘机生产厂家

图 7-63　端部伸缩摆杆卷轴式

图 7-64　顶部支架卷绳式

图 7-65　中部折臂卷轴式

图 7-66　中部拱形轨道卷轴式

有数千家，多集中在我国的蔬菜之乡——寿光，其中以金鹏、中昌、鼎立、利农等品牌最为优秀。

7.6.2　卷膜系统

卷膜系统主要用于塑料温室、塑料大棚以及双层充气温室中设置的通风口中，其主要功能是卷、铺操作塑料膜，以达到开启或关闭通风口的目的。卷膜系统一般由卷膜器、卷膜杆、压膜卡和卷膜摇柄等组成，常用的卷膜系统有手动和电动两种，卷膜器工作时带动卷膜轴转动，将塑料膜卷在轴上，由此形成温室的通风口。

1. 手动卷膜器

手动卷膜器（图 7-67）由摇把、齿轮盒及卷膜杆、固定立杆组成。首先将通风口的膜边固定在卷膜杆上，卷膜杆与齿轮盒连接，齿轮盒、摇把由固定立杆固定，但可上下移动。作业时摇动摇把，齿轮盒内齿轮转动，使卷膜杆转动，随薄膜上升，齿轮盒及摇把即沿着固定立杆上升，完成开启通风作业。反向转动摇把，齿轮盒下降，卷膜杆放膜下降，关闭通风口。手动卷膜器可用在塑料大棚肩部通风，也可用在大棚和温室顶部通风。通风口上部的薄膜通常用专用卡槽固定。

2. 电动卷膜器

电动卷膜器（图 7-68）是现代化大型温室最常用的卷膜方式。与手动卷膜器相比，电动卷膜器具有效率高、省力、长寿、运行稳定及可实现自动控制等优点。电动卷膜器实质上

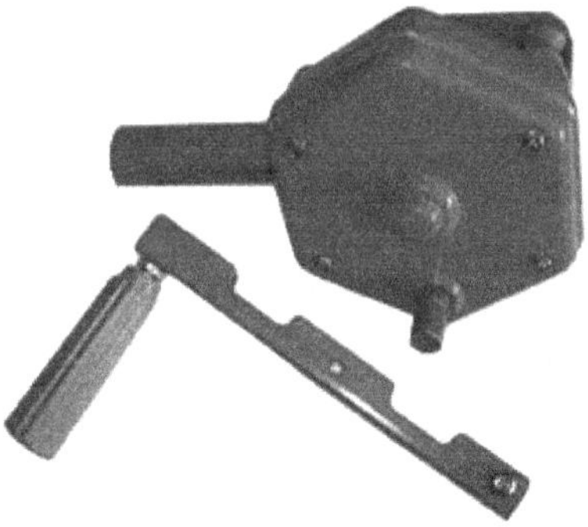

图 7-67　手动卷膜器

图 7-68　侧墙电动卷膜器

是一个带限位开关的直流电机，可用于温室拱圆形通风口卷膜，也可用于竖直通风口的卷膜。通常采用直流小功率电动机，并配置整流器等相关配电设备，以保证电动卷膜器平稳运行。

3. 产品轨道输送装置

温室环境中道路狭窄，车辆进出不方便，传统作业主要靠人工分批少量的方式搬入。温室作物轨道式果肥采收输送装置（图 7-69）是一种适用于日光温室生产资料和产品采摘运输的设备，他可以解决温室作物收获环节采摘产品人工转运的问题，减轻了工人的劳动强度，使得妇女和老年人员也可以轻松地从事设施生产。

图 7-69　轨道式果肥采收输送装置

该装置固定的所有连接点都铰接在温室自身的钢结构上，系统轨道选用铝合金型材，质量较轻。不需要另外在温室内安装其他结构，避免了因为安装支点固定在墙体上而给温室墙体带来的破坏，减少安装维护成本，减少对外围环境及其配套设施的要求。运输小车与轨道滑动轮之间采用链子软性连接的方式，在运输的过程中可以在左右方向适当的偏移，能有效地躲开温室内的障碍物，有利于在狭小的温室内通行。在不使用时，可以方便地将小车从轨道上取下，节省空间。该装置在安装过程中，所有连接点全部采用螺栓活连接形式，没有焊接工作，减少温室结构的破坏，方便安装。该系统也可增加遥控电动机驱动模块，可在 100m 温室范围内实现温室内遥控自动行走和随时停车。

4. 带式捆秧机

带式捆秧机（图 7-70）实际为一便携式轻便机械手，他的动作机理主体采用了订书机原理，再加以捆绑，用塑料带仓、钩带拉带机构和切带装置，通过铆接对焊螺钉销轴的连接固定，实现拉带、捆绑、钉针、切带的循序动作。该机适合于茄果类蔬菜以及葡萄和部分花卉的立架引蔓捆绑，使用方便，捆绑牢固，省工、省力，效率较人工捆绑提高 5 倍以上。

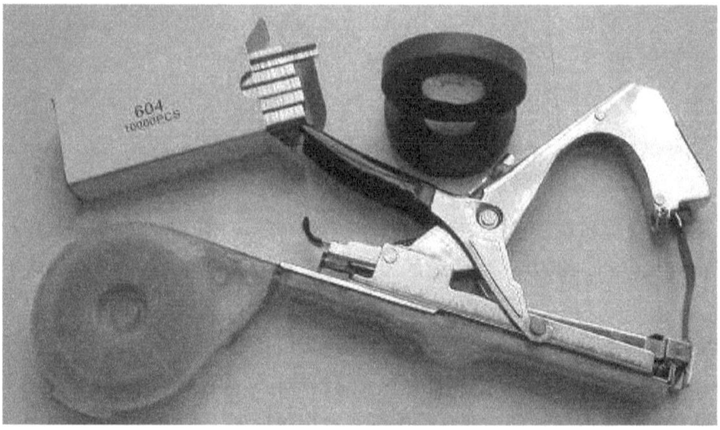

图 7-70　带式捆秧机

思　考　题

1. 厚墙大跨下挖式机打土墙高效节能日光温室的土墙建造主要包括哪些机械?
2. 土壤耕作机械按动力传递方式可分为几类? 各有何特点?
3. 田园管理机的发展有何趋势?
4. 种子清选机械主要包括哪些类型? 各有何优缺点?
5. 播种机主要包括哪些类型?
6. 什么是水肥一体化技术? 有何优点?
7. 二氧化碳气体施肥有哪些方法?
8. 土壤电处理技术的工作原理是什么?
9. 温室环境测控系统有哪些类型?
10. 根据减速机的安放位置，目前温室卷帘机可分为几种?

主要参考文献

白广存，刘明华. 1998. 计算机在农业生物环境测控与管理中的应用. 北京：清华大学出版社

柴立龙，马承伟，籍秀红，等. 2007. 北京地区日光温室节能材料使用现状及性能分析. 农机化研究，8：17-21

陈白凤. 2009. 农用反光幕在日光温室蔬菜生产上的应用. 山西农业科学，37（5）：53-55

陈红武，李晓野，王宏丽. 2009. 日光温室用复合相变储热材料的实验研究. 农机化研究，7：192-194，197

陈友. 1998. 节能温室大棚建造与管理. 北京：中国农业出版社

丁为民. 2001. 园艺机械化. 北京：中国农业出版社

韩华峰，杜克明，孙忠富，等. 2009. 基于ZigBee网络的温室环境远程监控系统设计与应用. 农业工程学报，25（7）：158-163

亢立. 2008. 设施蔬菜栽培中新型覆盖材料的应用. 上海蔬菜，5：61-64

孔云，陈青云. 2009. 设施园艺覆盖材料的五大发展趋势. 中国花卉园艺，23：32-34

李宝筏. 2003. 农业机械学. 北京：中国农业出版社

李亮英，张其林，王勋. 2010. 铝合金温室的节能优化设计. 施工技术，39（S1）：639-642

李天来，2005. 我国日光温室产业发展现状与前景. 沈阳农业大学学报，36（2）：131-138

李天来. 2005. 我国设施园艺的发展方向. 新农业，5：4-5

李晔，孙周平，李天来. 2007. 我国设施园艺产业发展对策探讨. 北方园艺，7：80-82

李正军. 2003. 计算机控制系统. 北京：机械工业出版社

廖远明. 1996. 建筑图学（下册）. 北京：中国建筑工业出版社

刘滨疆. 2010. 现代物理农业模式及其应用. 农业技术与装备，5：19-21

陆叔华. 1994. 建筑制图与识图. 北京：高等教育出版社

马承伟. 2008. 农业设施设计与建造. 北京：中国农业出版社

马淑英，陈友. 2001. 栽培设施工程技术. 北京：中国农业科学技术出版社

孟欣，王双喜，王旭. 2009. 无机复合材料日光温室的建造及其性能研究. 农业技术与装备，4：32-33，35

穆天民. 2004. 保护地设施学. 北京：中国林业出版社

倪淑君，于锡宏，高春艳. 2004. 不同渗灌处理对塑料大棚黄瓜植株生长及产量影响的研究. 黑龙江省农业科学，5（10）：18-20

潘亚东，甘露，刘杰，等. 2002. LJW-1L北方现代型连栋温室主体结构优化设计. 农机化研究，4：120-121

浦秀萍，周秋琴. 2010. 蔬菜防虫网覆盖栽培技术. 上海蔬菜，2：59-60

山东农业大学. 2000. 蔬菜栽培学总论. 北京：中国农业出版社

宋希强，钟云芳. 2000. 日光温室覆盖材料概况. 蔬菜，8：16-17

孙心心，邹志荣，王宏丽，等. 2010. 新型复合相变墙日光温室性能实测分析. 农机化研究，3：168-170

王成，张琼，魏超，等. 2008. 自动监控技术在设施农业生产中的应用系列（八）. 温室环境测控系统在设施农业生产中的应用. 农业工程技术（温室园艺），12：15-17

王宏丽，李凯，王剑，等. 2008. 适于温室生产的无机盐复合相变材料热性能的测试. 西北农林科技大学学报（自然科学版），36（3）：141-144

王铁良，孟少春. 2003. 单坡温室设计与建造. 沈阳：辽宁科学科技出版社

王小琼. 2009. 设施配套微型农用机械. 天津：天津科技翻译出版公司

王晓东. 2004. 电气照明技术. 北京：机械工业出版社
吴明儿. 2009. ETFE薄膜材料. 世界建筑，10：104-105
吴普特，牛文全，郝宏科. 2002. 现代高效节水灌溉设施. 北京：化学工业出版社
徐刚. 2007. 防虫网的规格和覆盖方式. 江苏农业科技报，3
徐刚. 2007. 防虫网的作用. 江苏农业科技报，3
徐闻. 2006. 介绍两种保温覆盖材料. 当代蔬菜，1：24-25
徐学梅. 2004. 蔬菜遮阳网覆盖栽培技术. 现代种业，5：15
闫明明，王秀峰，米庆华，等. 2009. PO薄膜和EVA薄膜对温室内光温环境及番茄生长发育的影响. 山东农业科学，11：36-37，41
叶剑波，钟修洪，刘德盛，等. 2011. 遮阳网的种类、性能及利用方式. 现代园艺，2：54
叶永成，白福臣，于恺. 2002. 我国农膜技术的发展方向. 塑料工业，30（6）：1-3
易中懿. 2006. 设施农业在中国. 北京：中国农业科学技术出版社
于锡宏，胡晓辉. 2003. 温室拉链式渗灌管管间距离处理对土壤性状及番茄植株生长和产量的影响. 东北农业大学学报，34（3）：246-249
张福墁. 2010. 设施园艺学. 北京：中国农业大学出版社
张国芝. 2001. 作物的保护伞. 农村实用工程技术，6：9
张立芸，徐刚毅，马承伟，等. 2006. 日光温室新型墙体结构性能分析. 沈阳农业大学学报，37（3）：459-462
张涛，王国强，张和平. 2000. 新型墙体材料在建筑中的应用. 河南冶金，2：28-29
张晓东，张晋栋，吕笃君. 2002. 棚室设计·建造及配套设施. 哈尔滨：黑龙江科学技术出版社
张彦萍. 2002. 设施园艺. 北京：中国农业出版社
张真和，李建伟. 1997. 我国棚室覆盖材料的应用与发展（下）. 长江蔬菜，8：1-5
周长吉. 2003. 现代温室工程. 北京：化学工业出版社
邹志荣. 2002. 现代园艺设施. 北京：中央广播电视大学出版社
邹志荣. 2002. 园艺设施学. 北京：中国农业出版社